JAMES FAZI

COURS
DE
LÉGISLATION CONSTITUTIONELLE

Elibron Classics
www.elibron.com

Elibron Classics series.

ISBN 1-4212-3934-5 (paperback)
ISBN 1-4212-3933-7 (hardcover)

This Elibron Classics Replica Edition is an unabridged facsimile of the edition published in 1873 by Blanchard, Genève.

COURS

DE

LÉGISLATION CONSTITUTIONNELLE

DE
L'INTELLIGENCE COLLECTIVE
DES SOCIÉTÉS

COURS
DE
LÉGISLATION CONSTITUTIONNELLE

DONNÉ

PAR M. JAMES FAZY
à l'Université de Genève

V. B.

GENÈVE
IMPRIMERIE Ve BLANCHARD

1873

COURS
DE
LÉGISLATION CONSTITUTIONNELLE

PREMIÈRE SÉANCE

De la Méthode à suivre dans ce Cours.

Il n'y a peut-être jamais eu sur la terre une époque où la compréhension des besoins réels de l'humanité et de la destination des sociétés fût plus complète qu'à présent. Quel que soit le gouvernement sous lequel on vit en Europe, chacun est convaincu que l'état social doit viser au bien-être général comme de chaque individu, et que toutes les formes gouvernementales doivent avoir pour but d'arriver à ce résultat.

On n'oserait plus avouer un gouvernement qui ne reconnaîtrait pas vouloir tendre à ce but. La question est donc aujourd'hui de savoir quelle est la forme constitutionnelle la plus propre à l'atteindre.

Plus que jamais les sociétés ont besoin de donner une libre issue au développement du bien-être par une civilisation progressive, qui marche en dépit de tout, pousse plus avant les peuples qui sont favorisés d'un bon organisme social, et laisse en arrière ceux qui ne savent pas seconder le mouvement progressif qui s'est emparé de l'espèce humaine.

C'est donc aujourd'hui une science des plus nécessaires que celle qui établirait d'une manière aussi positive que possible quels sont les faits naturels sur lesquels se fonde la constitution des sociétés.

C'est dans ce sens que je voudrais rechercher, dans ce Cours, s'il existe des règles naturelles ou conditions essentielles qui puissent servir de guide à la constitution des sociétés humaines. Y a-t-il un organisme nécessaire qui repose dans la nature des choses, et sans lequel une société ne saurait subsister? Cet organisme n'a-t-il pas toujours été instinctivement pratiqué plus ou moins bien dans chaque régime social qui a tour à tour régi les peuples, et n'a-t-il pas, lorsqu'il ne fonctionnait pas dans toute sa force naturelle, été la cause des diverses perturbations qui ont affligé les nations dans la longue série des siècles? Serait-il possible, par l'observation, par l'analyse, en allant du connu à l'inconnu, de dépouiller cet organisme nécessaire, de tout ce qui l'obscurcit, et de le faire apparaître tel que la nature l'a déposé dans le sein de l'humanité, sans qu'il soit encore parvenu à une formule qui en présente l'évidence à tous les yeux? C'est ainsi qu'on a procédé dans les sciences naturelles et que l'on est parvenu à constater d'une manière certaine des faits que l'on a classés, et qui ont donné, entre autres à la chimie et à la physique, les moyens d'avancer toujours plus dans l'observation et l'application à nos besoins, des faits qui constituent la marche des choses dans l'univers. Par cette méthode, on est sorti des spéculations de haute métaphysique pour marcher avec sûreté avec des faits secondaires, il est vrai, mais bien reconnus. Sans se perdre dans des recherches sur l'origine de la nature, on a constaté autant que possible comment elle marche secondairement, et l'on a pu en saisir des parties qui ont mis à la disposition de l'homme les forces de cette nature. Que d'applications heureuses sont découlées de cette modeste manière d'observer les faits, sans s'obstiner à se laisser aller à des spéculations philosophiques qui ont plus ou moins égaré l'esprit humain. Nous continuons à ne pas savoir au juste qui a fait l'univers, quelle est l'origine du mouvement et de toutes les forces de la nature. Nous nous contentons aujourd'hui d'étudier les effets saisissables du mouvement universel, pour l'appliquer à nos besoins, quant à l'impulsion supérieure et à la curiosité qui nous pousse à la connaître; nous laissons à chacun le soin de se l'expliquer à son gré, aux uns par la révélation, aux autres par le sentiment intérieur qui le pousse à examiner les choses de telle ou telle façon, suivant les lumières de son esprit.

Quant à la science, elle reste étrangère à toutes ces inspirations qui, peut-être un jour trouveront aussi leur guide naturel, mais qui pour le moment ne l'ont pas encore rencontré scientifiquement. En attendant, la science reste terre à terre, elle constate jour par jour les forces de la nature dont elle peut disposer pour aider et satisfaire les besoins de l'humanité, et par cette voie elle a fait faire des progrès immenses à l'exploitation du globe terrestre par l'homme.

Cette méthode, qui a si bien réussi dans les sciences naturelles, ne peut-elle pas être aussi appliquée aux sciences sociales? Ces sciences ont été aussi engagées dans cette route indéfinie qui faisait dépendre des hautes spéculations religieuses, philosophiques ou métaphysiques les conditions du sort de l'homme sur la terre. Ne peut-on pas aussi se dégager, pour les sciences sociales, comme on l'a fait pour les sciences naturelles, de ce qui est au-dessus de nous, de ce qui confond notre esprit et de ce qui à l'occasion l'embrouille et l'égare? Bien des essais ont eu lieu dans ce sens. On a déjà mieux classé les diverses parties de l'étude de l'homme en société.

C'est un pas de fait que d'avoir presque instinctivement divisé cette étude en trois parties qui chacunes subsistent par elles-mêmes comme science, et se composent d'une série d'observations plus ou moins résultant de l'examen de conditions naturelles. Ces trois divisions sont : l'organisme social, c'est-à-dire précisément l'objet de ce Cours, que nous avons intitulé, pour nous servir du langage usité jusqu'à présent, *Cours de législation constitutionnelle;* puis vient la législation proprement dite, c'est-à-dire ce qui règle les rapports de l'homme en société, que l'on a souvent essayé de rattacher à des faits soigneusement constatés, tirés de la nature de l'homme. Enfin l'économie sociale, autrement dite économie politique, qui s'applique à rechercher quels sont les faits qu'on peut constater pour la production par l'homme de ce qui est nécessaire à ses besoins et de la distribution de ces productions pour satisfaire à ces besoins.

De la séparation de ces trois divisions scientifiques il naît plus de clarté dans les définitions propres à chacune. C'est de leur confusion que sont nés quelques-uns des systèmes absolus qui, loin d'éclaircir les questions, ne cessent de les envelopper de nouveaux nuages.

Il ne s'agit pas, lorsqu'on veut sortir des directions métaphysiques, d'y retomber sous une autre forme : celle des panacées universelles appliquées à l'état social.

Le premier pas est donc, suivant nous, de restreindre le champ des observations sur un terrain nettement déterminé, et d'éviter autant que possible les confusions.

Par la division que nous venons d'indiquer et qui résulte de la nature des objets renfermés dans chacune d'elle, on peut plus facilement se livrer à l'examen des faits naturels, les constater et les ranger dans une nomenclature logique.

Est-on parvenu à quelque chose de positif dans cet

ordre d'observations? Disons-le tout de suite : nous croyons que oui, mais pas encore en faveur de toutes les trois divisions scientifiques.

Pour la législation civile et pénale, il y a eu de grands efforts de faits dans ce sens. Dans les derniers temps, Comte en avait fait le point de départ d'un livre remarquable, que malheureusement il n'a pas pu achever, en accusant ouvertement le dessein de suivre la méthode que nous venons d'indiquer. D'autres, sans indiquer cette méthode, sont néanmoins parvenus à donner une certaine précision résultant de la nature de l'homme à des faits législatifs. La route est ouverte dans cette voie.

Déjà dans une foule d'écrits plus ou moins anciens, on avait fait des efforts pour arriver à constater les faits naturels, sans l'application desquels les hommes auraient de la peine à vivre paisiblement entr'eux.

Bien plus que par les écrits, il s'est trouvé que la plupart des législateurs, soit ceux de l'Asie, soit ceux de la Grèce, soit ceux du moyen-âge, soit contemporainement, se sont trouvés d'accord sur des points essentiels, tels que la propriété et le mariage, par exemple. Il y a donc des faits constatés par l'expérience; il reste à les classer scientifiquement, à trouver leur nomenclature naturelle. Il y a beaucoup de réalisé à cet égard. Il reste beaucoup à faire.

En économie sociale ou politique, on est plus avancé. Il y a réellement des faits constatés, indiscutables, comme les faits établis dans les sciences naturelles. Ceci est nié par des utopistes, par des doctrinaires, par des rêveurs qui s'imaginent que l'on peut ployer les faits sociaux suivant le caprice ou le besoin de certaines théories, les unes se croyant progressives, les autres franchement retardataires, et, ce qu'il y a de plus dangereux, faisant du juste-milieu entre la vérité et l'erreur, croyant les accorder à force de subtilités, et créant ainsi des monstres.

Mais on a beau faire et prodiguer de l'esprit et même du génie à refaire un monde suivant son imagination; un fait reste un fait, c'est brutal mais cela domine tout. Heureuse la science qui est parvenue à constater un de ces faits, elle aura raison envers et contre tout, parce que ce qui est, est.

Comment néanmoins l'appliquer à la société, au sein des divergences d'opinions, de manière de concevoir et de voir les choses, surtout à l'état de société où nous sommes parvenus, et où tant de méthodes d'enseignement diverses et de convictions résultant d'une fausse éducation, se contredisent et donnent lieu à bien de fausses interprétations et surtout de malentendus?

C'est à la science de l'organisation sociale, de l'art de constituer la société, qu'il est donné de résoudre le problème, si cette science elle-même parvient à se débrouiller et à trouver les points essentiels, les faits constatés qui doivent lui donner l'existence.

Moins avancée que l'économie politique, à peu près au même point que la législation civile et pénale, la science de la législation constitutionnelle tâtonne encore.

Le plus grand adversaire de sa consécration scientifique, d'après la méthode employée dans les sciences naturelles, c'est la confusion que les utopistes de diverses natures n'ont cessé d'en faire avec la législation civile et pénale et l'économie sociale.

Les législateurs de l'Asie ont sans cesse confondu l'organisme constitutionnel avec ce qui ne devrait en être que le résultat, c'est-à-dire la loi civile et pénale et l'économie sociale. Se posant en législateurs suprêmes, ils prescrivaient à la fois la loi civile et pénale et la morale, et négligeaient d'indiquer la forme politique qui devait maintenir, améliorer ou perfectionner leurs injonctions absolues, laissant tantôt à des prêtres, tantôt à des rois le soin de continuer la société à laquelle ils avaient dicté des conditions absolues d'existence, ne sachant pas encore trouver le moyen de tirer de la nature elle-même l'organisme conservateur et progressif qui devait assurer l'exécution de leurs prescriptions et en conserver l'esprit, tout en les améliorant progressivement, suivant les circonstances, en les liant intimement à la vie des peuples.

Cependant, nous devons le dire, les institutions de Moïse ne furent pas dépourvues d'un certain mécanisme d'organisation politique qui avait donné à la nation israélite une espèce de gouvernement républicain, mélangé de théocratie et de démocratie, gâté plus tard par l'introduction de la royauté.

Ce n'était pas une république à la grecque, mais il y avait déjà là un certain organisme qui commençait à donner à un peuple une impulsion résultant de sa manière collective de penser. C'est dans ce peuple qu'ont commencé à s'élaborer des principes humanitaires, combattus là comme toujours par l'égoïsme des intérêts privés, mais se faisant jour malgré tout et finissant par s'épanouir dans la morale du christianisme. Nous reviendrons sur cette partie de l'organisation des sociétés plus en avant dans ce Cours.

Mais si nous avons dû nous arrêter un instant sur la constatation de ce que renfermait déjà de progressif les institutions de Moïse, nous devons reconnaître qu'il n'y avait encore là rien d'assez positif pour en faire la base d'une science séparée : celle de l'organisation spéciale de la constitution des Etats.

Ce n'est qu'en Grèce où l'on aperçoit quelque chose de semblable, et nous devons à Aristote de l'avoir recueilli, soumis à une méthode et rédigé en corps de science.

Disons-le franchement, depuis lui nous avons fait scientifiquement très-peu de progrès sur cette matière. Nous en avons fait d'immenses dans ses applications nées des circonstances, mais le plus souvent sans savoir nous rendre compte du pourquoi, et faisant de la science politique comme M. Jourdain de la prose sans le savoir. Expliquons-nous à ce sujet et commençons à revenir à Aristote.

Dans son livre *De la Politique,* il a comme dans tous ses écrits, employé une méthode classificative qui a été certes le commencement de l'observation des faits, qui nous a si heureusement amenés aux méthodes actuelles. Mais, du temps d'Aristote, l'analyse n'était pas aussi correcte que de nos jours, et les classifications d'Aristote sont plutôt descriptives qu'analytiques. En étudiant les divers gouvernements de la Grèce et des Etats similaires de son époque, il a vu plutôt les effets que les causes déterminantes de ces effets.

L'esprit ingénieux des Grecs avait été au-devant des classifications d'Aristote et avait déjà donné les noms de monarchie, tyrannie, despotisme, aristocratie, olygarchie, démocratie et démagogie aux diverses formes politiques qui dirigeaient leurs sociétés.

En les recueillant, les soumettant à la critique de son excellent esprit, Aristote leur a donné une consistance scientifique qui a bravé la longueur des temps et s'est maintenue jusqu'à nos jours.

Dans ce sens, Aristote est le véritable créateur de la science de l'organisation des constitutions sociales.

Le premier, il l'a sobrement séparée de ces théories générales qui, confondant toutes les parties des sciences sociales, comme l'avaient fait les législateurs asiatiques et comme beaucoup de philosophes grecs, tel que Platon, ce qui donnait lieu à des systèmes absolus d'une application presque toujours impossible.

Depuis Aristote nous ne rencontrons guère que des paraphraseurs de son livre. Point d'aperçus nouveaux, pas mal d'utopies générales, quelquefois des monographies, tantôt sur la monarchie, comme par Machiavel qui, au dire de Rousseau, cherchait à la rendre odieuse en la montrant à nu dans son livre *Du Prince*.

Mais si rien de nouveau ne s'écrivait scientifiquement sur l'organisation des sociétés, depuis surtout que les Romains avaient dominé le monde, l'esprit humain ne restait pas inactif ; tantôt chez les peuples celtiques, tantôt dans les communes de l'Italie, tantôt dans celles de France et d'Angleterre, l'instinct humain, joint aux traditions, ressuscitait les diverses formes d'organisation politique qu'Aristote avait définies, et sur bien des points il s'y accomplissait des progrès qu'on fut longtemps sans classer scientifiquement.

La division des pouvoirs, la forme représentative commençaient à s'établir sans être bien nettement définies. On avait aussi beaucoup gagné comme égalité par l'abolition de l'esclavage, malheureusement souvent remplacé par le servage féodal et bien des compressions résultant du privilége, sans que ces changements à l'état social eussent été bien caractérisés par la science.

Montesquieu, je ne dirai pas le premier, mais avec plus d'autorité que beaucoup d'autres, commença à ajouter quelque chose à la politique d'Aristote, mais sans en changer la base.

Enfin survint Rousseau. Il fit entrer dans la science sociale ce qui lui manquait : une plus fondamentale et complète définition de la souveraineté du peuple, de la volonté nationale.

Il les fit reposer sur les droits naturels des hommes et prépara ainsi le mouvement qui doit amener la science de la législation constitutionnelle à reposer sur des faits naturels bien constatés. Son éloquence a démontré un fait primordial qui domine tous les autres ; mais, chose bizarre, il ne sut pas lui-même en tirer toutes les conséquences et grouper d'autres faits autour de celui qu'il avait si glorieusement établi.

Mais l'humanité marchait. C'est en vain qu'en Italie,

en Allemagne, en France le régime communal avait été comprimé ; il s'était maintenu en Suisse, dans quelques villes libres d'Allemagne, en Hollande, en Angleterre, et il germait en Amérique, où bientôt il éclata pour rendre naissance à la République, telle que la Grèce l'avait comprise, mais perfectionnée dans le sens de la division des pouvoirs, du gouvernement représentatif et d'une forme fédérale qui échappait aux imperfections des anciennes alliances fédérales et substituait à une alliance d'Etats une constitution fédérale.

C'est dans cet épanouissement prodigieux de la liberté humaine, par des constitutions organiques bien entendues que se révélât combien les sociétés marchent plus sûrement au but qu'elles se proposent par des formes organiques bien entendues qui font penser et agir l'ensemble d'un peuple, que par les rêveries tout d'une pièce des législateurs absolus.

Bientôt cet exemple passa les mers et vint agiter l'Europe. Une terrible révolution éclata en France : l'Europe monarchique tout entière se souleva contre elle.

Dans ce conflit, que devint la science de l'organisme social? Elle passa par tous les degrés des expériences qui résultaient de ce qu'elle n'était pas encore bien assise. Néanmoins, ne jetons pas un regard dédaigneux sur tout ce qui fut fait à cette époque, malgré le peu de consistance des constitutions diverses qui se succédèrent. Il y a dans leur étude un grand enseignement, et ces travaux ne seront pas perdus pour la science, mais c'est une preuve de plus qu'elle a besoin d'être mieux fixée.

En France, on passa de l'essai d'une monarchie constitutionnelle à un régime révolutionnaire qui devait être transitoire, et qui fut motivé par le besoin de combattre les conspirations monarchiques et la coalition de l'Europe contre l'effort que faisait le peuple français pour s'affranchir d'un long servage. Une constitution républicaine des plus démocratiques avait été élaborée pendant ce régime; malheureusement, elle ne fut pas appliquée; elle aurait peut-être dès le début établi solidement la république française, car cette constitution renfermait bien des éléments de consistance et de sincérité. Une réaction provoquée par les excès du régime révolutionnaire substitua à cette constitution une autre constitution républicaine, celle de l'an III, qui aurait pu peut-être subsister, si le déchaînement de l'Europe contre la France ne l'avait pas fait dévier et ne l'avait pas enfin fait tomber entre les mains d'un chef militaire qui, sous le prétexte d'ordre, rétablit à son profit le régime monarchique. Sous lui, ce régime monarchique se montra bien à découvert, tel qu'il est, lorsqu'il n'est retenu par aucun frein. Au lieu de profiter de l'ascendant de son génie militaire qui lui avait fait triompher des ennemis de la révolution française, et de fonder et de consolider la république, il ne fut plus qu'un vulgaire usurpateur et conquérant comme tant d'autres qui, avant lui, avaient fait le malheur des peuples, même avec gloire et génie.

Son ordre monarchique coûta à la France plus que n'aurait pu faire bien des révolutions; enfin, l'Europe, coalisée aussi contre lui, comme elle l'avait été contre la république, imposa à la France un retour à la monarchie dite légitime, qui crut réconcilier la France avec elle, par l'octroi d'une charte, par laquelle on essayait d'établir une certaine balance des pouvoirs, mais dans laquelle la part du peuple fut si étroite, que tous les abus de la monarchie et d'une certaine aristocratie ancienne et nouvelle reprirent vivement le dessus. Cette constitution tomba par elle-même. Après sa chute, l'école doctrinaire imposa à la France une continuation de ce régime, qui dut chuter encore par lui-même. La république fut de nouveau proclamée, mais à peine était-elle née que, trahie par celui qui avait été chargé du pouvoir exécutif, elle retomba dans la monarchie absolue, qui aboutit de nouveau à plonger la France dans un état déplorable.

Quel enseignement résulte de cette succession de faits qui, en définitive, présentent la monarchie absolue et la monarchie constitutionnelle tout aussi peu stables que l'on prétend que le sont les républiques. On a beau changer les dynasties, prendre tantôt pour souverain un militaire audacieux, un prince dit légitime ou son cousin, ou enfin l'héritier du militaire, c'est toujours la même chose : la misère des classes inférieures dans la paix, et la misère de tout le monde dans la guerre.

Il nous semble que les peuples doivent être bien dégoûtés de l'ordre se présentant sous cette forme, et qu'il est temps de se convaincre qu'il y a d'autres moyens de le trouver.

Nous avons déjà cité l'exemple de l'Amérique du Nord. Sur le continent européen un autre exemple s'est produit. Pendant les saturnales monarchiques qui comprimaient partout l'élan des peuples vers de meilleurs régimes constitutionnels, un petit peuple avait senti également le besoin de refaire ses vieilles formes constitutionnelles, hérissées de traditions mal justifiées et qui ne répondaient pas au besoin de développement de la civilisation actuelle. La Suisse, d'abord dans ses cantons, puis au centre fédéral, fit aussi sa révolution. Elle eut le bonheur de l'accomplir, si ce n'est sur le modèle de l'Amérique, du moins dans les mêmes circonstances, et sur les mêmes principes, qui sont comme l'expression naturelle de la société actuelle, telle que l'a faite la civilisation progressive qui marche en dépit de toutes les entraves qu'on lui oppose. Ce que la Suisse a fait pour se constituer à nouveau, suivant les inspirations du siècle, s'est si bien justifié qu'il en est résulté pour elle déjà vingt-cinq années de stabilité, d'ordre, de véritable liberté et de progrès.

Ainsi, on peut le dire, l'Amérique et la Suisse, sont

venues apporter à la science de l'organisation constitutionnelle des sociétés, des faits nouveaux, dont l'heureuse application ajoute à la science des Anciens. Ainsi, l'Amérique et la Suisse ont démontré l'efficacité des déclarations de droits pour constituer le peuple et définir dans quel cercle il doit se mouvoir. Elles ont montré l'emploi démocratique du gouvernement dit représentatif; enfin, elles ont su substituer aux alliances fédérales entre Etats souverains, toujours incertaines par les rivalités des Etats, une forme constitutionnelle fédérale qui, en introduisant à côté de la représentation des Etats celle du peuple, a trouvé moyen de résoudre les questions fédérales sans malentendus, sans rivalités et presque toujours dans l'intérêt général. Cette découverte des temps modernes est, suivant nous, le plus grand pas que la science de l'organisation sociale ait pu faire.

C'est appuyé sur ces exemples réussis et en scrutant avec soin les causes de la non réussite des mêmes aspirations dans d'autres pays que nous essayons de recomposer la science sociale sur les bases nouvelles de la nature des choses.

La science de l'organisme social ainsi envisagée, résoudra les difficultés du sujet, parce qu'elle n'a pas la prétention de composer elle-même une utopie sociale, elle n'a que celle de rechercher par quel mécanisme une nation se forme une intelligence collective, par laquelle elle pense et agit, et par laquelle elle se fait elle-même son utopie, suivant ses besoins et sa situation.

C'est là, suivant nous, ce que doit être la science de l'organisme constitutionnel des sociétés.

Comme point de départ, nous ne rechercherons pas ce que l'homme a pu être dans l'état sauvage et comment il s'est aggloméré en société. Nous n'avons aucune donnée à ce sujet.

Nous croyons que l'homme est en société parce que c'est un instinct de sa nature. Il y a d'autres êtres animés qui n'ont pas son intelligence, qui ne vivent jamais seuls et qui se groupent avec leurs semblables partout où ils se rencontrent. Des philosophes et Rousseau entre autres, ont pris l'homme seul, l'ont présenté comme se débattant contre la nature, tout en tirant le meilleur parti possible de ce qu'elle lui offrait pour sa nourriture et son abri, et l'ont fait associer à d'autres hommes dans un intérêt individuel. Cela peut être vrai et peut très-bien s'accorder avec l'instinct qui pousse l'espèce humaine à vivre en société, comme les abeilles et les fourmis. Mais il nous est impossible de remonter à la première agrégation qui a eu lieu. Dans ce que nous avons sous les yeux, soit historiquement soit en ce moment, nous ne trouvons aucune indication à ce sujet. Les peuples dits sauvages qu'on a rencontrés n'étaient pas si sauvages qu'ils ne fussent déjà munis de langues perfectionnées qui supposaient une longue existence en société.

Nous n'avons donc pas le dessein, dans ce Cours, de rechercher péniblement comment s'est formée l'agrégation de l'homme en société, nous la prenons comme un fait existant.

Pour construire notre édifice, nous prenons la société telle qu'elle est en ce moment dans le monde civilisé.

Dans ce monde, toutes les aspirations sont les mêmes, toutes tendent à obtenir la plus grande somme de bien-être et de bonheur que puisse procurer l'existence en société. Les individus comme les peuples sont dégagés de toute idée préconçue de suivre en société quelque destination excentrique, comme de se constituer en vue de la conquête ou en vue de pratiquer des vertus particulières. On veut vivre pour vivre le mieux possible; c'est là la société actuelle. Or, est-il possible de suivre à cette destination sans autre direction qu'une forme organique qui lui donne issue, et cette forme comment peut-elle être conçue pour favoriser la liberté et l'industrie de chacun sans nuire à autrui, sans tomber dans le désordre ou la corruption? Le frein contre les mauvaises passions peut-il être efficace sans être serré, et doit-il reposer dans les mains de pouvoirs dominant la société, ou doit-il ressortir de la société elle-même?

C'est ici que se présente la complication des temps modernes.

Doit-on chercher en dehors de la société elle-même le moteur qui la dirige, ou doit-elle penser et agir collectivement par elle-même?

C'est là le problème, et, pour le résoudre, il n'y a qu'un moyen: c'est de se rendre bien compte de la manière dont se passent naturellement les faits sociaux.

Si l'on peut parvenir à démontrer que quelle que soit la forme qu'on adopte, on ne peut réellement faire marcher la société que par des ressorts puisés en elle-même, et que, sous quelle apparence qu'elle se présente, c'est toujours elle-même dans son ensemble qui décide de son sort, et que lorsque ce sentiment est comprimé elle souffre, le problème sera résolu.

Il sera prouvé par les règles naturelles qui le font penser et agir collectivement, que c'est par elle-même, par le *self government*, le gouvernement de soi-même, que la société est dans la nature des choses.

Nous croyons que cela est possible, et c'est là tout notre Cours. Pour cela, les agissements du corps social doivent être considérés comme des fonctions et non pas comme des pouvoirs.

Expliquons notre pensée à ce sujet.

Aujourd'hui l'on appelle pouvoirs chacune des parties gouvernementales tantôt soumises à un pouvoir supérieur, tantôt fonctionnant par elles-mêmes, et faisant résulter l'ensemble des décisions sociales d'une espèce de balance entre elles.

Par une rigoureuse analyse on arrive à découvrir que chacun de ces pouvoirs n'est, en réalité, qu'une fonction nécessaire à la vie du corps social, qui ne subsiste pas par convention ou par concession mutuelle et en se contre-balançant avec d'autres, mais comme indispensable dans le corps social.

Nous nous sommes servis et nous nous servirons peut-être encore de ce mot pouvoir, usité jusqu'à présent, mais le sens que nous lui donnons n'est autre que celui de désigner par là des fonctions propres au mouvement du corps social.

Dans notre méthode, nous commençons d'abord par définir le corps social et déterminer les conditions qui le composent nécessairement.

Ce corps social bien défini, nous nous efforçons d'en faire sortir l'intelligence collective qui doit le régir.

Nous examinons comment il éprouve des sensations, comment ces sensations forment la pensée sociale, se mûrit de l'expérience et comment elle forme la volonté sociale, puis comment cette volonté bien déterminée devient la loi et exécute ses décisions.

Partant de cette manière d'envisager le mouvement social, on comprend que nous élaguons de la constitution d'un peuple tout ce qui s'appelle balance des pouvoirs. Nous ne reconnaissons dans cette méthode aucun pouvoir préexistant, avec lequel d'autres pouvoirs émanant d'un peuple ou d'une aristocratie aurait dû composer et entrer en transaction. Tout émanant du corps social, son action se compose de fonctions diverses qui vont toutes à une fin dans laquelle il n'y a d'autre lutte que celle de la délibération, telle qu'elle se passe dans la pensée de l'homme individuel, comme de l'homme collectif. Cette délibération n'a jamais pour mobile, à côté de l'intérêt général, celui d'un homme ou d'un corps en particulier. La résolution qui en résulte n'est donc pas le produit d'intérêts particuliers qui sont parvenus à se balancer, mais l'expression de l'intérêt général en lui-même.

Pour détailler le mécanisme social, nous ne nous servirons donc pas des mots de monarchie, aristocratie ou démocratie, autrement que pour mettre en rapport les définitions actuelles avec les nôtres. Nous nous garderons surtout de mettre en équilibre chacun de ces pouvoirs.

Ainsi donc, une fois le corps social défini, nous expliquons comment la sensation y prend naissance par les organes qu'il s'est donné, et nous partons de là pour établir par la représentation tous les corps qui concourent à la formation de la pensée sociale, et à l'exécution de ses décisions.

Nous venons d'exposer sommairement quel est l'objet de ce Cours et de la méthode que nous emploierons dans le développement de notre sujet.

Dès ce moment on peut juger que, par la forme que nous lui donnons, nous nous dégageons de tout antagonisme. Nous cherchons à fonder et non pas à critiquer ce qui est. Si nous parvenons à trouver quels sont les organes essentiels de la constitution des sociétés, chacun pourra s'y ranger sans se croire vaincu dans ses opinions. D'après nous il n'y a dans les sociétés bien organisées ni monarchie, ni aristocratie, ni démocratie, il y a corps social, pensée et action collective dans lesquels personne ne commande et tout agit d'ensemble sans que rien dans l'organisation donne lieu à considérer l'une des fonctions en exercice comme supérieure ou inférieure à l'autre.

Puisque tout doit émaner du corps social et en même temps en faire partie, celui-ci étant lui-même composé du peuple entier, il y a souveraineté du peuple si l'on veut, mais comme dans l'homme individuel, il est son propre souverain qui commande et obéit à la fois.

Néanmoins, sa souveraineté n'est réelle que lorsqu'il est parvenu à se constituer de manière à penser et agir collectivement par des organes qui lui donnent cette faculté.

La souveraineté du nombre, sans organisme, n'est pas

celle du peuple : c'est celle d'une masse inerte, et n'a pas plus que tout pouvoir qui n'est pas émané de l'ensemble, par des formes qui lui donnent une intelligence collective, le droit d'imposer sa volonté à la société. Cela peut être une transition, jamais une souveraineté absolue. La suite de notre Cours rendra plus claire cette définition qui, examinée à la légère, pourrait faire croire que nous nous prononçons contre ce qu'on a appellé jusqu'ici la démocratie, alors qu'en fait nous n'aspirons qu'à lui donner une base certaine, en la mettant en action suivant les règles immuables de la nature des choses.

DEUXIÈME SÉANCE

De l'Intelligence collective des Sociétés.

Nous avons dit que nous prendrions pour base de l'examen des conditions essentielles de l'organisation sociale, la société actuelle, au point où la civilisation l'a amenée en Europe et en Amérique. Ce que tous ceux qui font partie de cette société désirent, c'est de pouvoir agir en liberté, pour obtenir la plus grande somme de bien-être et de bonheur, en vivant avec leurs semblables. Pour y parvenir, les uns croient qu'ils ont besoin de tuteurs, rois, aristocratie, clergé auxquels ils donnent une existence propre en dehors de la société, et qui commandent de par des droits, soit considérés comme descendant du ciel, soit comme établis sans définition exacte, mais subsistant de fait. Tantôt ces pouvoirs sont arbitraires et ne rendent compte qu'à eux-mêmes de leur action sur la société, tantôt ils sont entrés en transaction avec elle et ont accordé des droits au troupeau qu'ils sont appelés à gouverner. Néanmoins, les uns et les autres, tout en tenant à leurs prérogatives, ne sont jamais parvenus à gouverner les peuples sans les consulter, soit d'une manière indirecte, soit directement. Les pouvoirs arbitraires sont obligés de se former des conseils, de se confier à des ministres pour mettre leurs volontés tant bien que mal en harmonie avec le bien général.

Ceux qui sont entrés en transaction avec les peuples qu'ils gouvernent, reçoivent suivant des règles établies, des émanations de la nation, presque toujours aristocratiques, rarement démocratiques, mais limitant leur pouvoir souverain, quoiqu'ils soient toujours censés posséder une souveraineté qui leur vient on ne sait d'où, mais qu'ils prétendent subsister par elle-même, et ne céder aux vœux du peuple que de leur libre consentement.

Quoiqu'il en soit, il est un fait, c'est que, dans la société actuelle, ces tuteurs des peuples, qui se donnent pour supérieurs et pour indispensables, ne peuvent cependant pas agir sans le concours des peuples qu'ils veulent dominer.

Il y a dans ce concours quelque chose de nécessaire qui, exercé de quelle manière que ce soit, n'en est pas moins la condition naturelle de la vie active des sociétés actuelles.

Pour qu'elles marchent suivant leurs besoins, il faut que ces besoins soient clairement définis, et que, pour les satisfaire, les individus ne soient point entravés dans l'exercice des facultés que la Providence leur a donné à cet effet.

Convaincus de cette vérité, il y a des peuples qui ont examiné jusqu'à quel point, pour parvenir à ce but, la présence de ces tuteurs qui se croient indispensables, est plutôt un obstacle au but qu'on se propose qu'un moyen d'y parvenir. On a essayé de s'en débarrasser malgré la menace que l'ordre serait compromis si l'on élaguait ces pouvoirs mystérieux qui prétendaient tenir la férule pour forcer les hommes à être heureux, si cela se rencontrait, suivant de certaines manières, mais où la supériorité de leurs pouvoirs prenait toujours la première place.

On s'est demandé si l'on ne pourrait pas se passer de ces pouvoirs qui se placent en dehors, veulent commander, et font souvent dévier la société du but qu'elle se propose par des intérêts et des caprices peu conformes à ce but. On crut remarquer qu'au fond ces tuteurs ne pouvaient pas se passer du concours de tout le monde pour faire le bien et que lorsqu'ils faisaient le mal c'était par eux-mêmes.

Organisons-nous sans eux, s'est-on dit, aussi bien ils ne peuvent pas gouverner sans nous, réglons pour nous et par nous la manière dont on nous emploie et voyons si nous ne pouvons pas nous gouverner nous-mêmes, instituer un *self government*, c'est-à-dire le gouvernement de *soi-même*.

Ce sentiment a donné lieu à toutes les recherches où l'on s'est efforcé de retrouver dans la nature de l'homme lui-même les titres perdus du genre humain. On a proclamé les droits de l'homme et l'on s'est appliqué à les assurer et développer par des organismes sociaux, qui, sous prétexte de les mieux garantir ne les étouffassent pas. C'est le point où la science de l'organisation constitutionnelle des sociétés devient le nœud décisif de la question entre les pouvoirs exceptionnels, se disant nécessaires pour maintenir l'ordre et les formes constitutionnelles qui assurent cet ordre, sans mettre la liberté en péril, et en assurant à l'homme en société tout le développement de ses facultés naturelles.

Si l'on pouvait parvenir à fonder ces formes sur une déduction résultant de la nature des choses, si l'on prouvait qu'au fond toute existence morale d'une société repose sur des conditions indispensables que tous les pouvoirs exceptionnels ont tous été forcés d'employer, tout en les dominant ou les contournant, et que la présence de ces pouvoirs exceptionnels, non-seulement n'est pas utile, mais nuisible, on serait arrivé à la preuve que le *self government* est le meilleur et le seul suivant les règles naturelles qui dirigent l'homme en société.

Qui dit gouvernement de soi-même, a déjà la réponse à la question !

Cela veut dire que le gouvernement de la société est comme le gouvernement personnel de l'individu raisonnable, instruit et doué de toutes les qualités de la moralité et de l'intelligence, se dirigeant dans les affaires de la vie.

Cela nous porte tout simplement à rechercher si l'on peut faire de l'ensemble d'un peuple un corps collectif, auquel, pour le rendre parfait, on donnerait toutes les attributions de l'homme individuel. En un mot, si l'on parvenait à lui donner une intelligence collective.

C'est ici que commence l'application de notre méthode allant du connu à l'inconnu et n'avançant que sur des faits constatés.

L'homme seul, intelligent, est là, il existe ! Nous n'aurons pas besoin de rechercher d'où lui vient cette intelligence, c'est un fait, et nous n'avons besoin que de prendre ce fait en lui-même pour constater qu'il est notre guide suprême et que c'est en lui que nous trouvons la direction de toutes nos actions. Que par la rencontre des diverses intelligences elles se soient perfectionnées, c'est encore un fait qu'on ne saurait nier.

Sur la terre, c'est l'intelligence de l'homme qui est le reflet de la nature, c'est cette intelligence qui la voit, la conçoit, jusqu'à de certaines bornes, il est vrai, mais presque à l'infini, dans l'application à son bien-être matériel de toutes les forces de la nature.

On a beau dire, on a beau faire, il n'y a pas sur

notre globe d'autre intelligence connue agissant directement sur la manière de se conduire que celle de l'homme lui-même ; s'il y a des inspirations venant d'en haut, elles passent par son intelligence pour se manifester. C'est donc cette intelligence qui est son guide suprême. Par elle l'homme a vu clair dans l'univers, il est parvenu à reconnaître où il est, quelle est sa modeste place dans cet univers, quel est son sort sur notre petite planète, et à reconnaître que ce que nous avons de mieux à faire pour remplir convenablement le court espace que nous avons à y rester, c'est de l'employer à être heureux, sans dédaigner de continuer à l'être dans l'avenir si, en effet, notre intelligence nous survit, ce qu'il faut espérer.

Mais, en attendant, cette intelligence, toute terrestre quant à la satisfaction de nos besoins, doit décider de tout ce qui nous concerne sur terre.

C'est en elle que nous puisons toutes nos volontés ; c'est par elle que nous les exécutons.

C'est à son action que le ciel a remis toute notre destinée sur la terre. C'est donc en elle que résident les moyens de nous guider.

Or, un invincible instinct nous réunit en société ; là il semblerait que les diverses intelligences devraient se heurter. Oui et non : oui, si elles ne savent pas s'expliquer et qu'elles n'aient pas encore trouvé le moyen de s'entendre, en reconnaissant que le plus grand intérêt de chacun n'est pas en désaccord avec l'intérêt de tous, et qu'en associant leurs efforts ils se rendent service les uns aux autres ; non, si une fois cela est méconnu. Or, s'il a fallu des siècles et bien des malentendus, bien de fausses interprétations et bien des désastres pour arriver à se convaincre que l'existence en société est le plus grand bien de l'homme, on ne peut nier qu'aujourd'hui l'on n'y soit parvenu.

Le problème n'est plus là, il est dans l'art de consolider cette conviction, et dans les moyens de la maintenir en se rapprochant de plus en plus des conditions naturelles de l'existence en société.

Or, cette intelligence qui est individuellement notre guide suprême, doit l'être encore lorsque nous voulons agir collectivement, et nous sommes ainsi conduits à formuler un entendement social, une intelligence collective de la société sur le modèle de celle de l'homme.

C'est ici où l'on peut m'arrêter et me dire : vous vous livrez à votre imagination, et, sortant des faits constatés que vous nous avez promis de prendre pour base de toute votre argumentation, vous nous jetez dans une théorie hasardée.

En effet, au premier abord, ce que je considère comme un fait subsistant par lui-même, l'existence préexistante d'une intelligence collective dès que les hommes se sont mis en société, semble une supposition, une hypothèse devant servir à des déductions plus ou moins logiques, mais n'établissant pas encore un point de départ certain pour la constitution des sociétés.

Ici, l'observation doit nous servir de guide. Examinons-bien : y a-t-il un acte social raisonnable qui ne soit pas à la fois le produit de la conviction générale de tous les membres de la société et de l'examen de la décision, par les plus sages, les mieux doués de la nation ?

De quelle manière que l'on s'y soit pris pour consulter le corps social tout entier, il est évident que sans son consentement tacite, volontaire ou même forcé, on n'a pas pu arriver à mettre en vigueur une décision sociale. Il est également évident qu'à moins d'un acte insensé de quelques-uns de ces pouvoirs qui se placent en dehors de la société et veulent lui commander, il n'y a pas une décision qui ne soit précédée d'une délibération examinant le pour et le contre de la question, et consultant plus ou moins bien, si ce qui sera le produit de cette délibération, peut être utile à l'ensemble du corps social. Il est également vrai que toujours, pour maintenir le corps social debout et régler les différends de ses membres on a institué des corps judiciaires qui font exécuter les lois qui sont le produit de la délibération des sages et du consentement de tous, soit que ce consentement se soit produit par des votes réguliers ou par leur facile exécution, sans réclamations de la part de la multitude.

Eh bien ! qu'est-ce que cette façon d'arriver à guider le corps social, si ce n'est en réalité l'action d'une intelligence collective, procédant dans l'ensemble comme l'intelligence individuelle.

Il y a dans cette action le sentiment du besoin général que la nation éprouve. Ce sentiment est soumis à des corps délibérants qui examinent sous toutes ses faces quelle décision il y a à prendre dans l'intérêt général pour satisfaire aux besoins et aux vœux qui se manifestent, et, enfin, si le corps social, l'ensemble des membres de la société se sent satisfait des décisions prises par la raison publique, il en facilite l'exécution de toutes les manières, et se soumet volontiers aux corps chargés de les exécuter, soit administrativement soit judiciairement.

Il est évident que ce travail social est exactement le même que celui qui s'opère dans l'individu.

C'est la sensation qui est pour lui la première perception des besoins qu'il éprouve ; pour y satisfaire, il examine comment il doit s'y prendre, il délibère avec lui-même à quel parti il doit s'arrêter ; une fois fixé par l'usage de sa raison, c'est-à-dire par la comparaison dans son esprit des obstacles et des moyens d'arriver à son but, il donne suite à sa décision et il l'exécute par le retour de sa volonté arrêtée, sur les membres qui peuvent y donner cours.

L'ensemble du corps social étant composé d'individus qui n'ont d'autre instrument pour accomplir leur destinée sur terre que l'intelligence qui leur est donnée, il est clair que dans une action collective de toutes les intelligences individuelles, on ne peut parvenir à s'entendre que par le moyen de cette intelligence, agissant collectivement, qui n'est autre que l'intelligence individuelle de chacun, assouplie dans un tout, et ne pouvant agir que par les mêmes phénomènes qui dirigent l'intelligence de chacun.

La loi, la règle suprême de la direction des sociétés, sa direction naturelle, c'est de faire sortir de toute agglomération d'hommes qui veulent agir en commun, l'usage collectif de l'intelligence de chacun, procédant de l'ensemble de la même manière que chacun le fait en particulier dans tous les cas où il agit en liberté.

De là résulte qu'il y a des conditions indispensables imposées par la nature des choses, conditions qui subsistent par elles-mêmes, que l'on ne peut pas changer, pour donner à une société une direction d'ensemble en rapport avec la position du peuple qui se les donne.

C'est ainsi que nous établissons que le suprême guide d'une société est dans une forme constitutionnelle qui lui donne une intelligence collective par laquelle elle sent, elle pense, elle compare, elle forme la raison sociale, se décide, agit et se conserve.

Nous l'avons déjà répété plusieurs fois, cette intelligence collective n'a jamais cessé d'agir instinctivement, dans toutes les agglomérations d'hommes, mais plus ou moins contrariée par des accidents divers, même des nécessités qui lui donnaient une autre direction que celle du but de chaque association humaine, celle d'arriver à la plus grande somme de bien-être et de bonheur, par cette association.

Quel doit être l'objet d'une étude de la meilleure législation constitutionnelle? C'est précisément de faire sortir du corps de nation qu'on veut organiser son intelligence collective, sans mélange des accidents divers qui maintes fois l'ont obscurcie.

C'est en étudiant bien comment se forme la sensation

dans le corps social, exprimant bien réellement les besoins de ce corps.

C'est en recherchant comment cette sensation est examinée avec soin pour se transformer en exécution.

Et comment du corps social lui-même il sort le sentiment de conservation, inné dans chaque individu, pour l'appliquer au corps social tout entier, dans le but de sa préservation et de sa continuité. Qu'est-ce que doit-être l'intelligence collective de la société? *Un homme de génie permanent* dirigeant la société.

Elle doit être cela, quand le corps est sain, que la sensation est vraie, que la délibération, la formation de la pensée sociale qui dérive de la sensation est bien réellement confiée aux plus sages, aux plus instruits.

Que leur exécution est remise aux plus capables et la conservation aux plus intègres.

Comment obtient-on une sensation véritable du corps social, l'avènement des plus sages et des plus instruits à la délibération, à la formation de la raison sociale, pour l'exécution aux plus capables et pour le maintien du corps social aux plus intègres ?

Ce sont là les questions qui découlent nécessairement de la constatation du fait principal qu'il n'y a pas de société, sous quelle forme qu'elle se présente, qui ne soit soumise à la nécessité d'être gouvernée par une intelligence collective si elle veut subsister.

De ce fait général se déduisent naturellement tous les faits secondaires tout aussi réels que le fait général qui constituent la formation de la pensée générale qui doit guider le pays.

C'est l'étude de ces faits qui une fois le point de départ bien déterminé constitue la science de l'organisation constitutive des sociétés.

Ici, nous le dirons franchement, si nous avions trouvé par cette étude qu'il fallût absolument, pour former l'intelligence collective, de ces pouvoirs dominateurs de la sociétés, qui ont la prétention d'avoir leur vie propre et pourtant de la diriger, nous nous serions inclinés devant un fait plus fort que toutes les révoltes de l'esprit contre de tels pouvoirs, en faveur de la liberté; nous nous serions inclinés, nous aurions déploré une destinée sociale si remplie des contraintes, des désastres et des amertumes dont ces pouvoirs ont affligé les sociétés où ils se déclaraient nécessaires pour maintenir ce qu'ils appelaient de l'ordre.

Mais, plus nous avons cherché, plus nous avons trouvé que la société, pour se conserver, n'a pas besoin de ces agents supérieurs que l'intelligence collective se forme d'autant mieux qu'ils ne figurent plus dans la constitution des sociétés.

Je ne veux pas nier que dans les premiers temps où l'homme suivait son instinct de vivre en société, il y a eu peut-être des hommes éminents supérieurs à leurs semblables, qui, pour donner de bonnes lois aux sociétés dans lesquelles ils vivaient, se croyaient obligés tantôt de faire dériver ces lois de puissances surnaturelles au nom desquelles ils les imposaient, d'autres de se servir de leur ascendant, comme chefs reconnus par les besoins de la multitude, pour imposer aussi des lois non consenties. Mais c'étaient là des exceptions justifiées par l'ignorance de ceux qu'on cherchait à discipliner au bien-être et au bonheur. Ce n'était pas une négation du fait de l'intelligence collective, c'en était une application, par des esprits supérieurs, qui avaient étudié les besoins de la société, les rapports des hommes entre eux, et leur donnaient des règles reposant sur des conditions naturelles pour maintenir un état social. Ces sortes de législation venues d'en haut, ou imposées par des hommes qui exerçaient une domination, se sont maintenues si elles étaient vraies, et après avoir passé au creuset des délibérations des sociétés une fois organisées.

De ce qu'il y a eu dans le monde des pouvoirs bienfaisants qui, pour mieux agir sur les sociétés qu'ils civilisaient, ont cru devoir les tromper ou les contraindre, faut-il en conclure que de tels pouvoirs sont aujourd'hui nécessaires? on pourrait montrer qu'en perpétuant l'erreur et la contrainte, ils ont dans la suite des temps causé plus de malheurs que de bien : que l'on énumère tous les maux produits par la superstition et tous ceux nés de la guerre, cette occupation favorite des princes?

Nous sommes heureusement arrivés à une époque où la société, après avoir passé par tant d'épreuves diverses, sent qu'elle peut hardiment se confier à elle-même, et tirer de son sein tous les éléments nécessaires pour se guider et continuer le perfectionnement de la société, en puisant en elle-même cette intelligence collective que nous nous efforçons de démontrer comme préexistant dans les sociétés, n'acquerront la perfection dans les bornes données à tout ce qui est de l'homme, que lorsqu'elle sera formée de toutes ses parties par l'étude des faits sociaux qui doivent la composer.

Résumons-nous ici et constatons que le fait principal sur lequel nous fondons la science de l'organisme social est que dans une société le phénomène de la pensée s'élabore d'une manière collective, tout comme elle se produit dans l'individu, et que tout ce qui contrarie cette élaboration collective est un dissolvant à la marche naturelle et régulière des associations humaines. Rechercher comment dans le corps social se forme cette pensée collective, quels sont les faits nécessaires pour la produire, est l'étude qui amène à reconnaître quelles sont les constitutions les plus propres à remplir la destination sociale de l'humanité.

Il y a longtemps que j'avais cru entrevoir la méthode que je recommande aujourd'hui pour trouver un guide certain dans le dédale des systèmes sur lesquels on se fonde pour organiser les sociétés humaines.

J'avais conçu cette méthode à cette époque de la vie

où encore sans expérience pratique on étudie théoriquement en comparant tout ce qu'on peut apprendre sur l'objet qu'on se propose d'élucider. C'était dès lors pour moi la principale étude à laquelle je me livrai, elle dominait pour moi toutes les autres.

Depuis lors j'ai cherché dans l'application de la méthode que je m'étais tracée à me rendre compte des causes des diverses perturbations constitutionnelles auxquelles j'ai assisté en France et en Suisse. Appelé moi-même à coopérer dans les assemblées représentatives où le suffrage de mes concitoyens m'avait placé, je n'ai cessé d'employer en moi-même la méthode que j'indique pour tâcher de me rendre compte de ce qu'il y avait d'essentiel à introduire dans les constitutions dont nous nous occupions.

J'ai vu dans le radicalisme, qui était devenu pour moi le point de ralliement de ma manière de procéder, non pas un parti, mais une application de ma méthode; je l'ai répété souvent, et si j'avais été compris, j'aurais peut-être amené mes concitoyens à examiner plus froidement les questions qui nous divisaient et à rechercher, comme moi, s'il est des conditions naturelles à l'organisation des sociétés qu'il est défendu de méconnaître sous peine de les voir dérailler dans leur marche même avec les meilleures intentions.

Mais, évitons ici tout prétexte à une polémique qui ne reposerait pas sur l'examen scientifique de la question.

Je n'ai pas l'intention de faire prévaloir un parti sur un autre, je n'en ai d'autre que d'établir des faits qui puissent servir de guide à tous.

C'est par les déductions qui vont suivre, que j'espère parvenir à démontrer que la constatation du fait général qu'une société ne peut marcher que par un entendement social, une intelligence collective, sera complétement établi.

En attendant, suis-je parvenu à jeter quelque conviction dans l'esprit de mes auditeurs, sur le fait général qui doit servir de base à la science de l'organisation sociale telle qu'elle me semble résulter de l'observation ?

C'est ce que je n'ose encore espérer, mais à mesure de l'examen en détail des différents ressorts qui doivent participer à la formation de cet entendement social et de l'intelligence collective qui en résulte, peut-être que l'évidence se présentera et donnera quelque valeur à la méthode que je suis, qui, dans tous les cas, ne pourra pas nuire à l'étude de la science, car je mettrai sans cesse en comparaison les anciennes dénominations avec celles que je croirai devoir indiquer et les ferai valoir les unes par les autres.

TROISIÈME SÉANCE

De la Formation du Corps social.

Ainsi que nous avons essayé de l'établir dans notre précédente séance, le fait principal de la constitution des sociétés, c'est de fonder un corps social à l'image du corps humain, dans lequel le phénomène de la pensée puisse s'élaborer d'une manière collective.

Ce qu'il faut donc constater en premier, c'est de se rendre compte si les conditions qui lient l'homme à la société sont bien celles qui l'y attachent volontiers et concourent en même temps à la marche régulière de l'ensemble. Quelles sont ces conditions, qui les stipulera? Il semblerait que le meilleur moyen serait de consulter l'individu lui-même à son entrée dans l'association. Mais, le premier jour d'une entrée en société ne saurait se rencontrer, chacun est déjà classé dans des Etats existants; il faut donc rechercher ces conditions dans quelque chose de supérieur à la volonté personnelle, qui pourrait d'ailleurs se tromper et consentir des conditions qui ne seraient pas celles nécessaires à l'organisation du tout qui doit reposer sur la nature des choses. N'y a-t-il pas eu bien des servitudes qui ont eu pour origine un consentement volontaire?

Ici, comme dans tout ce qui va suivre dans ce Cours, nous devons faire partir ce qui concerne les droits individuels, par lesquels se constitue le corps social, non de la volonté, mais de la nature des choses elle-même, qui commande des conditions sans lesquelles la société n'est pas complète.

Ce n'est pas seulement dans l'intérêt de l'individu que ses droits doivent servir de base à tout l'organisme social, mais dans celui de la société elle-même. Il faut que dans l'association générale, l'individu puisse agir en plein, suivant les inspirations de sa nature, pour que la société ne cloche pas dans son allure.

Pour que l'ensemble puisse penser et agir collectivement, il faut que chaque partie conserve l'usage plein de ses facultés. S'il en était autrement, la vie en société ne serait pas complète; ce qui lui manquerait surtout ce serait la progressivité; il y aurait embarras, résistance, conflits intérieurs. En un mot, pour que l'intelligence collective de l'ensemble soit vraie et représente bien en corps toute la vitalité qui donne la pensée, il faut que cette pensée n'aie pas été comprimée chez l'individu.

Ainsi donc, le premier fait à reconnaître et à respecter dans un corps social, sans lequel celui-ci n'existerait que d'une manière imparfaite, c'est que l'individu ne soit pas empêché dans l'exercice de ses propres facultés, et reçoive de la société plutôt un concours à leur développement que d'y rencontrer des entraves.

Ce fait a toujours dominé instinctivement toute société, et tant qu'il ne recevait pas son accomplissement, il y avait inquiétude, malaise, asservissement d'une partie de la société par l'autre. Ce n'est que par la suite des temps, les expériences diverses, les aspirations tumultueuses ou raisonnées des opprimés, et l'observation scientifique qu'on est parvenu à démêler les conditions primordiales nécessaires pour assurer à l'individu, de la part de la société, les droits inhérents à sa nature, qui sont imprescriptibles, et sans le respect desquels la société n'est pas ce qu'elle peut être pour le bonheur de tous, et ne peut pas arriver à se gouverner elle-même. Jusqu'à présent, on était parvenu, tantôt en respectant une partie de ces droits, tantôt même en les méconnaissant, mais avec l'intention d'y revenir, composé des Etats, qui se rapprochaient de la reconnaissance du premier fait nécessaire, pour donner aux associations humaines leur véritable direction. C'est en étudiant ce qui est déjà reconnu dans nos Etats modernes que nous pouvons nous convaincre que les droits individuels sont la base essentielle sur laquelle se fonde le corps social. Ces droits ont été même revêtus d'une extension, produit de la civilisation. Ainsi, par exemple, la liberté de publier ses opinions a été étendue jusqu'à reconnaître comme sacré le droit de la répandre par des moyens plus généraux que la parole.

Le contrat qui lie l'homme individuel à la société sort donc de par lui-même des diverses péripéties sociales comme un fait naturel; il surgit sans effort toutes les fois que, dans un intérêt exceptionnel, on ne cherche pas à le contourner ou à le contrarier, et, comme de tous les faits naturels, on a beau faire, s'il n'a pas sa plénitude d'action, il ne peut y avoir de constitution sociale marchant aisément.

La pierre de touche de toute organisation politique est là. S'il y a respect des droits individuels, il en résulte comme de soi-même une bonne organisation d'ensemble, si non le corps social est malade et ne peut donner que des résultats incomplets.

Avant tout, comme base essentielle de la science

constitutionnelle, il faut donc se rendre compte des conditions qui lient l'individu à la société. Si elles sont conformes à sa nature, le corps social est dans l'état de vitalité qui le prépare à recevoir l'organisme collectif qui lui donne la pensée.

Dans nos sociétés actuelles, cette première formation d'un corps social sain et vigoureux, dégagé des entraves qui le faisaient dévier de ses fonctions naturelles, a été un premier pas des plus difficiles pour parvenir à l'établissement de bonnes formes constitutionnelles.

Il a fallu pour se reconnaître et se former un corps social libre de se constituer suivant ses besoins, traverser bien des épreuves; rarement on a pu y parvenir sans passer par des révolutions, quelquefois par des guerres civiles ou des guerres d'indépendance, comme celle de l'Amérique du Nord.

Au sein des contrariétés que les anciens pouvoirs faisaient naître contre cette nécessité de ne fonder les institutions nouvelles que sur la nature des choses, bien souvent pendant qu'on essayait de conquérir cette liberté d'agir on s'est vu contraint d'imiter les anciens pouvoirs et d'employer contre eux la violence. Cette nécessité a compromis à bien des reprises le progrès social et a fait calomnier le peuple, qu'on a essayé, par des exemples mal appliqués, de représenter comme incapable de se gouverner lui-même. Les questions mal posées par la passion ont engendré des malentendus, et bien souvent des gens ont confondu les nécessités auxquelles la démocratie était entraînée par la résistance, avec le gouvernement régulier de cette démocratie une fois organisé suivant les règles naturelles qui sont la loi de toutes les sociétés.

Si, dans les conflits qui naissaient du débrouillement des intérêts au sein des nations qui, dans les derniers temps, ont cherché à se constituer, il y a eu bien des faits qu'on a cru devoir mettre à la charge du peuple, combien plus, si l'on est de bonne foi, il y en a à mettre au compte des pouvoirs exceptionnels qui voulaient continuer à s'imposer.

Ils sont loin d'être parvenus à prouver leur nécessité pour maintenir l'ordre social, par leur obstination à entraver l'établissement paisible des constitutions que les peuples voulaient se donner pour seconder l'élan de la civilisation progressive qui nous presse de toutes parts.

Dans ces luttes, on n'est guère encore parvenu à se faire un corps social aussi bien préparé que possible, pour se donner à lui-même l'organisation nécessaire pour penser et agir collectivement.

Néanmoins, on en a eu des exemples en Amérique, en Suisse et en Belgique. En France, les essais dans ce genre ont échoué, surtout par la pression de l'idée monarchique et des efforts des diverses aristocraties, secondées par l'Europe entière, mais les essais non encore réussis qui ont eu lieu en France ne sont pas sans être profitables à la science, et, par les causes bien étudiées de leur insuccès, ne font que confirmer de plus en plus que pour qu'un peuple puisse se constituer librement, se former en corps social, il soit d'abord dégagé de toute intervention en dehors de lui-même, de ces pouvoirs qui veulent rester les dominateurs de la société.

S'ils étaient naturellement nécessaires à la bonne organisation de l'entendement commun, il faudrait certes les accepter, mais leur intervention par la force, comme elle a toujours eu lieu, prouve assez qu'ils ne sont bons qu'à jeter un dissolvant dans le corps social, et, tant qu'ils existeront, ils empêcheront la société de se constituer d'après les règles naturelles.

Pour parvenir à l'application de ces règles, il faut donc d'abord un corps social dégagé de tout ce qui peut l'empêcher de se donner la forme constitutionnelle que nous recherchons, qui constitue le *self government* (le gouvernement de soi-même).

Le corps social, c'est le peuple tout entier, sans aucune exception, composé d'individus exerçant avec égalité les fonctions qui participent à la fondation comme ensuite à la marche de la constitution qui doit donner à la société un entendement collectif. Ce peuple n'est composé d'aucune classe en particulier, d'après les aptitudes individuelles de ses membres ; il n'y a peuple qu'autant qu'ouvriers, entrepreneurs, négociants, propriétaires, capitalistes, prolétaires, etc., concourent tous également à la formation de la pensée sociale.

Ce peuple, qui apparaît d'abord comme formant le corps social d'où doit jaillir la pensée, est, pour se servir de termes vulgaires, que l'ancien antagonisme a fait naître, le véritable et seul souverain. Cependant, nous dirons que s'il est tout, comme point de départ, il n'est véritablement souverain que lorsqu'il est parvenu à se donner la pensée sociale, et qu'alors ce souverain de lui-même n'agit plus qu'en vertu des fonctions nécessaires qu'il remplit dans la formation de l'entendement commun.

Cette partie des fonctions nécessaires qui préexiste dans le corps social comme source de toutes les autres fonctions, est la plus essentielle ; elle est tout, et pourtant elle n'est que partie dès que le corps social fonctionne. En se servant de l'ancienne terminologie, tout partant de ce peuple et revenant à lui, ce serait une véritable démocratie qui résulterait de l'organisation constitutionnelle du peuple, et alors tous les lieux communs contre cette démocratie seraient mis en avant pour prétendre que la formation de la pensée sociale pèche par sa base.

Mais il y a peuple et peuple, et en faisant tout partir de lui, et en le faisant se donner un entendement commun dans lequel il joue un rôle conforme à sa nature, il se trouve organisé de manière à n'être plus agissant que dans son propre intérêt général et de façon à porter dans l'ensemble toute la force d'expansion qui est en lui sans que cette force puisse nuire au corps social, car le corps social c'est lui-même, et ce serait le suicide que de s'agiter contre soi-même.

Si l'on vient dire que le peuple, composé de tout le monde, sera souvent exposé à se méprendre sur ses véritables intérêts, nous dirons que c'est peu connaître la nature de toute réunion d'hommes. Il y a quelque chose de communicatif entre les facultés intellectuelles des hommes rassemblés, chacun a plus ou moins de compréhension de l'objet qui se traite, et c'est une chose à observer combien ce sens se grandit par le contact entre individus qui ajoutent chacun une nuance propre à leur intelligence. Il se forme en réalité, au sein d'une masse attentive, des opinions et des décisions qui sont le produit de l'ensemble de la réunion, et non celui d'un individu plutôt que d'un autre.

C'est une des plus grandes erreurs des constituants doctrinaires, qui semblent dédaigner l'intervention du peuple dans ses affaires, et ne lui donnent une place, tantôt que comme surveillant de ses intérêts, tantôt comme simplement un corps propre au recrutement des employés de l'Etat, tantôt comme un corps inerte recevant ou repoussant l'impulsion qu'on lui donne. Non, le peuple a une propriété d'action, il est une partie intégrante de la pensée sociale sans la participation de laquelle on ne parvient jamais à un sentiment vraiment intime des besoins des masses, et à l'accomplissement fidèle des sensations nationales. Le peuple n'est pas seulement le juge, le contrôleur d'une décision prise en dehors de lui ; il est, pour être utile, partieintégrante de la décision. Il doit l'être dans la pensée générale comme dans l'exécution ; le peuple doit être co-penseur et co-exécuteur en législation, administration et justice : il est partout partie intégrante, ou bien, au lieu d'être un secours il devient un embarras.

Dans cette façon d'envisager la participation du peuple dans la machine sociale, nous élaguons tout ce qui l'a fait accuser de se livrer à des caprices, à des violences, il doit être partie intégrante de la pensée sociale, mais il n'en est pas le maître absolu, il en est le générateur mais non le souverain absolu, il ne fait rien sans que ses décisions n'aient passé au creuset de son intelligence.

Toutes les fois qu'il a agi dans sa mission sociale, il s'est montré aussi peu turbulent qu'il l'a été lorsqu'une partie d'entre lui, et jamais lui tout entier, s'est montrée menaçante pour la société. Quand luttant contre l'oppression, un peuple se révolte, les actes qui se commettent alors ne sont plus des actes du gouvernement du peuple par lui-même, c'est un état de guerre où chacun se défend ou attaque par tous les moyens. Ces guerres sociales, toujours engendrées par des provocations, sont, quoique plus excusables que les guerres froidement entreprises entre nations par des idées de balance politique ou d'esprit de conquête, non pas l'expression d'un peuple organisé, et ne sauraient servir d'argument pour prouver que le peuple n'est pas habile à se constituer et à se gouverner lui-même.

On ne pourra, dans l'histoire, nous citer que difficilement des exemples de désordres issus d'un gouvernement populaire bien organisé bouleversant son propre état social, c'est toujours par des accidents en dehors des votes réguliers du peuple, que les démocraties ont succombé. Elles ont eu leurs perturbations comme les monarchies, mais rarement par elles-mêmes. Elles ont eu cela de réel, c'est qu'elles ont donné au monde les législations les plus propres au développement des facultés humaines, le perfectionnement des arts, des sciences, de la littérature; elles ont les premières écrit l'histoire autant que possible sans mélange de fiction, nous leur devons le point de départ de notre civilisation actuelle.

Des doctrinaires ont essayé d'établir que si la société était livrée à la direction du peuple les mauvais instincts y prévaudraient. D'abord, qu'est-ce que les mauvais instincts ? L'homme est-il naturellement porté au mal et ne préfère-t-il pas le bien lorsqu'on le laisse librement prononcer entre le bien et le mal. Et, dans tous les cas, qui donc serait plus en état de distinguer l'un de l'autre que le peuple, qui doit profiter du bien et à qui le mal ne peut qu'être nuisible. Où trouver en dehors de lui la sagesse qui saurait distinguer entre le bien et le mal? Nous sommes loin des temps où on se servait de l'intervention divine pour décider à ce sujet, et nous ne saurions, dans des exceptions monarchiques et aristocratiques, rien trouver qui nous prouve qu'elles en savent plus là-dessus que tout le monde.

Ici, précisons bien de nouveau ce que nous entendons par l'action du peuple dans son gouvernement, nous ne lui attribuons pas plus qu'à un homme seul, pas plus qu'à une caste ou une classe particulière, la faculté de se diriger sans avoir rempli les conditions essentielles d'une organisation d'entendement social qui lui donne le moyen de faire passer les décisions qu'il prend au creuset d'une intelligence collective.

Ce qui prime ses droits, c'est la nature des choses, il ne peut pas plus s'y soutraire que ceux qui prétendent le dominer. Mais, ce que nous avons voulu démontrer, c'est que c'est par lui seul que peut se former l'entendement dont la société a besoin pour marcher et que c'est par lui seul, constitué en corps social, d'où émanent toutes les fonctions gouvernementales nécessaires, que la société peut se mouvoir et se perfectionner.

Nous avons également établi que, par la formation d'une intelligence collective, nous n'entendons pas qu'un régime civil soit d'avance imposé. Nous prenons le régime civil tel qu'il est au moment où nous nous constituons, et nous laissons à l'intelligence collective de la société le soin de le réformer, si elle en éprouve le besoin, mais nous repoussons toute idée d'imposer d'avance des utopies sociales plus ou moins mal digérées.

C'est à la société seule à décider ce qui lui convient.

Le guide suprême des sociétés est donc, quoi qu'on en dise, le peuple lui-même. Mais, ceci posé, nous voici toujours à la recherche de la manière de composer le corps social d'où doit sortir son organisation pour donner naissance à la pensée sociale ?

Bien des efforts ont été faits dans ce monde pour arriver à cette première composition.

Le plus heureux a été celui adopté nettement par les Etats de l'Amérique du Nord, lorsqu'ils se sont constitués, pendant qu'ils recouvraient leur indépendance Puisant la garantie de leurs droits dans la nature des choses, ils ont les premiers donné l'existence à leur corps social par une déclaration des droits qui définissait les conditions qui réunissaient dans un intérêt commun les individus, les membres de l'Etat qui allait se constituer.

Ces déclarations, en définissant, au nom de tous, les garanties d'existence sociale accordées à chacun, formaient réellement un peuple composé d'individus qui se sentaient protégés et libres dans leurs personnes et n'avaient plus qu'à pourvoir collectivement à la marche de l'ensemble.

Le corps social était formé par ce fait que chaque individu dont on avait garanti l'existence libre en société n'avait aucun intérêt à entraver les conditions qui devaient donner la vie à cette société.

Sûr d'être respecté dans sa liberté individuelle, dans celle de son industrie, dans la propriété, fruit de ses travaux, dans la libre manifestation de sa pensée, dans le libre exercice de sa religion, certain d'être protégé contre toutes les injustices, et assuré qu'il aurait une part égale dans l'établissement des formes gouvernementales et dans leur marche, qu'il serait également accessible à toutes les fonctions, l'individu n'avait plus d'objections contre une telle société. Toutes les défiances disparaissaient, et chacun ne pouvait plus avoir d'autre pensée, en formant un peuple, que de contribuer au bien-être commun. La lutte intérieure de la société contre les oppresseurs disparaissait, et une démocratie uniquement occupée de se bien gouverner succédait à une démocratie de résistance, de lutte et d'antagonisme, qui voyait toujours s'agiter le fantôme des pouvoirs qui l'avaient comprimée autrefois.

Ce n'est pas que dans la société, une fois organisée, il ne puisse rester des germes d'aristocratie de diverses natures se débattant pour continuer à règner, mais dès qu'on sentait qu'elles ne pouvaient plus agir que par ce droit commun, on était rassuré.

Un peuple ainsi constitué était un peuple réel, complet, et non de ces fractions de peuple qui ne pouvaient avoir en eux-mêmes la certitude de former un tout compacte dans lequel tous les intérêts étaient protégés.

L'école doctrinaire a souvent critiqué ces déclarations de droits, mais il est impossible de ne pas reconnaître leur efficacité pour constituer d'abord un corps social et y introduire une homogénéité qui prépare convenablement la constitution définitive d'un Etat.

Pour nous, dans les recherches que nous poursuivons, nous considérons de pareilles déclarations comme indispensables pour bien caractériser la formation du corps social.

On l'a instinctivement senti dans tous les temps, et chaque fois qu'un peuple ou une communauté parvenaient à s'émanciper, le premier soin a toujours été de définir les droits individuels et la participation politique des citoyens, comme base de leurs franchises ou de leurs constitutions. A mesure que les émancipations devinrent plus complètes, et qu'il y eût plus de latitude dans la formation des peuples libres, les déclarations de droits devinrent de plus en plus nettes, plus précises.

Ce fut dans l'Amérique du Nord, alors que les colonies qui dépendaient de l'Angleterre se furent affranchies du joug de la mère-patrie et se furent constituées en république, qu'apparut la plus complète déclaration de droits appliquée à la constitution d'un peuple qui eût encore vu le jour.

L'Etat de Virginie eut la gloire de mettre en tête de sa constitution, proclamée en 1776, une déclaration de droits proposée par Jefferson, qui renferme à peu près tout ce qui est nécessaire dans une pareille déclaration.

Ce premier exemple fut successivement adopté par toutes les constitutions des Etats particuliers faisant partie de la Confédération américaine, enfin celle-ci qui n'avait d'abord contenu dans sa première constitution que les formes organiques fédérales, par un supplément établit dans une déclaration générale quels étaient les droits du citoyen américain sur lesquels reposait tout l'édifice, et qui étaient garantis par la Confédération, ajoutant aux déclarations particulières déjà faites dans chacun des Etats fédérés, la suprême garantie de la Confédération, fixant ainsi la base immuable du corps social américain.

Sans se rendre tout à fait compte que par cette reconnaissance des droits individuels on ne faisait qu'appliquer à la vie sociale un fait sans lequel il n'y a pas de société fondée sur une vitalité naturelle, on posa le vrai principe, la base nécessaire à la construction de toute constitution organisant les associations humaines.

Par suite des institutions anglaises, dans lesquelles de certains droits, comme la liberté individuelle, le droit de réunion, d'association, de publication de sa pensée, de la liberté religieuse, se trouvaient déjà reconnus de fait, sans l'être tous légalement, les Américains purent proclamer ces droits sans trop rechercher à quel titre ils les établissaient.

Il en fut autrement en France.

Quand celle-ci entreprit, en 1789, la réforme de son organisation politique, l'Assemblée nationale considéra comme son premier devoir de bien déterminer, dans une déclaration précédant la constitution qu'elle préparait, quels étaient les droits des citoyens français, elle le fit en faisant remonter ces droits à la nature même de l'homme, qui ne pouvait pas sans contrainte faire partie d'une société sans que ceux-ci eussent été reconnus. On les considéra comme inaliénables et imprescriptibles; en le faisant on avait bien compris que sans la reconnaissance de ce fait fondamental, la société ne pouvait être qu'une agglomération d'êtres humains plus ou moins exposés à des oppressions diverses. Le point de départ adopté était un progrès sur l'Angleterre et les Etats-Unis.

L'élaboration de cette déclaration donna lieu à plusieurs rédactions, parmi lesquelles on peut distinguer celles de Lafayette, de Sieyès, rédactions plus ou moins claires, quelques-unes déclamatoires, mais toutes d'accord avec le principe que sans un tel préambule une constitution manque de sa base naturelle.

Les déclarations françaises reposaient sur un caractère plus philosophique que celles d'Amérique, parce que en France il n'y avait pas de précédent et qu'il fallait prendre son titre dans les droits de l'humanité. C'était surtout en adoptant ce point de départ pour établir le contrat social entre l'individu et la société, que Rousseau avait préparé les esprits à remonter à l'examen de la nature des choses, pour parvenir à trouver les règles naturelles de l'organisation de la société. Si Rousseau ne fut pas aussi heureux pour trouver et déterminer les formes organiques qui résultaient de ces règles, d'après sa propre méthode, il n'en est pas moins le grand initiateur pour y parvenir, en démontrant incontestablement qu'il y a dans la nature de l'homme quelque chose de nécessaire à reconnaître, si l'on veut fonder la société sur la justice et le bien-être de tous.

Après l'Assemblée nationale, la Convention, dans la rédaction de son projet de constitution républicaine, qui porte la date du 24 juin 1793, et n'a jamais été mis à exécution, plaça en tête une déclaration de droits très-claire, très-nette, très-avancée, et qui prouve que cette éminente assemblée comprenait très-bien les droits nécessaires à la qualité de citoyens, sans aucunc excentricité.

Dans la constitution de l'an III, émanée aussi de la Convention, une déclaration de droits qui la précédait rcconnaissait les mêmes droits inaliénables comme première condition.

Mais bientôt la réaction en faveur du rétablissement de pouvoirs exceptionnels eut soin de n'insérer dans la constitution consulaire de l'an VIII ni dans la constitution impériale, rien qui rappelât les droits individuels, que cependant dans la constitution impériale on semblait reconnaître implicitement, puisque le Sénat conservateur était chargé de les protéger spécialement, quoiqu'il ne l'ait jamais fait, et que ces droits aient été méconnus pendant toute la durée de l'Empire. Preuve que ces droits et le pouvoir monarchique ne peuvent guère subsister l'un à côté de l'autre. Néanmoins, en 1814, alors qu'une charte monarchique constitutionnelle fut octroyée, une déclaration des droits précéda ce document, mais son incompatibilité avec la forme monarchique fut prouvée, alors que la branche aînée des Bourbons viola ces droits d'une manière éclatante par les Ordonnances de Juillet 1830. La branche cadette succomba également en 1848, par sa manière sophistique de réglementer ces droits de façon à les rendre nuls.

Le second empire s'est écroulé bien plus par la même

faute d'avoir voulu circonscrire ou comprimer les droits individuels que par ses défaites ; il est vrai que ces défaites elles-mêmes ont eu pour principe l'ignorance où s'est trouvé le gouvernement sur l'état de ses forces et sur l'esprit du pays. Une fausse liberté de la presse et du droit de réunion, n'avait pas permis au pouvoir d'être éclairé sur sa véritable situation.

Un examen impartial de l'histoire constitutionnelle de la France, prouve que nul gouvernement ne peut y subsister s'il ne respecte pas les libertés publiques. Pourquoi ? parce que dans l'Etat de civilisation où ce pays est parvenu, la marche de la société en avant réclame impérieusement une organisation constitutionnelle qui repose sur la nature des choses.

En France, le pouvoir restera à la forme organique seule qui pourra supporter l'exercice plein et entier des libertés publiques.

Ceci est au fond de toutes les questions politiques qui se débattent dans ce pays, et c'est pour nous la preuve la plus évidente que le premier fait naturel à constater comme base de la science de l'organisme social, c'est que le corps social y soit préparé par une reconnaissance sans réserve des droits individuels des citoyens.

On le voit, ces déclarations établissent à peu près comme bases principales de l'ordre social ce que nous avons représenté comme nécessaire pour la marche et le maintien d'une société humaine.

Ce que nous ajoutons et ce que nous nous efforçons d'établir, c'est que l'existence paisible d'une société dans laquelle chaque individu puisse aspirer au bien-être et puisse l'obtenir, repose sur des conditions naturelles qu'il n'est pas donné à l'homme de changer, qui ne sont pas soumises à son caprice et sont parce qu'elles sont.

C'est à la science à bien reconnaître ces conditions

et à les bien caractériser : par cette reconnaissance des faits nécessaires, il serait plus facile de mettre fin à des antagonismes reposant le plus souvent sur des malentendus; c'est le but sincère de nos études.

Nous voici arrivés à caractériser le mieux que nous avons pu le corps social bien préparé à recevoir l'organisation qui lui donne la vie et l'intelligence, c'est à nos études à montrer comment cela peut se faire, et c'est ce que nous allons entreprendre dans les séances suivantes.

QUATRIÈME SÉANCE

De la Sensation dans le Corps social.

Dans notre précédente séance, nous avons examiné quelles étaient les conditions essentielles de la formation d'un corps social d'où pût émaner une intelligence collective, appropriée aux besoins de ce corps, et pouvant le diriger suivant ses facultés.

Aujourd'hui, nous allons rechercher comment la sensation prend naissance dans ce corps, comment elle s'exprime, et comment elle arrive à l'état de maturité qui la régularise et forme les décisions.

C'est ici où, d'abord, nous devons reconnaître que pour que cette sensation soit bien correcte, qu'elle soit bien l'expression véritable de l'ensemble du peuple, du peuple tout entier, il est nécessaire que ce peuple soit constitué sur les bases des déclarations de droit, dont nous nous sommes occupés dans la précédente séance.

En effet, pour éprouver une sensation vraie, il faut

qu'un peuple s'appartienne, et pour qu'un peuple s'appartienne, il faut que les individus qui composent ce peuple s'appartiennent également, c'est-à-dire qu'ils puissent faire usage de toutes les facultés de perception et de sensation, sans que celles-ci soient entravées ou obstruées par des contraintes ou des sophismes imposés.

La liberté la plus complète, pour chacun, de publier ses opinions par tous les moyens que la civilisation met à sa disposition est indispensable pour que, par ces moyens, la perception de ce qui intéresse le corps social lui parvienne par les avertissements des hommes les mieux doués. Sans liberté de la presse, sans liberté de se réunir et de se communiquer ses idées par la parole, il ne peut y avoir aucune perception vraie dans le corps social. Ces libertés sont dans l'intérêt général bien plus encore que dans l'intérêt particulier.

C'est grâce à la liberté de la tribune, devant le peuple assemblé, qu'à Athènes, Demosthènes pouvait dénoncer les projets de Philippe de Macédoine contre les républiques grecques. C'est par la liberté de la presse que les colonies anglaises de l'Amérique du Nord purent expliquer leurs droits, les faire comprendre, et ensuite les faire prévaloir dans leurs assemblées représentatives où ils furent reconnus, prirent un corps, et amenèrent la déclaration de l'indépendance et les constitutions républicaines réunies en un Etat puissant par une confédération. Tout cela fut l'œuvre d'une libre initiative, ayant pris naissance dans la liberté de la presse, le droit de réunion et de liberté de la parole.

C'est par les mêmes moyens, qu'en Suisse, nous sommes parvenus à nous débarrasser d'entraves surannées, qui ne pouvaient plus tenir devant la discussion publique, et qui nous ont conduit à nous constituer enfin sur la nature des choses, et non plus sur un ensemble de restrictions qui, le plus souvent, n'étaient pas même utiles à ceux auxquels elles déféraient des priviléges.

Quels que puissent être de certains inconvénients et les abus d'une liberté complète de la presse, du droit de réunion et de publication de sa pensée, elle n'en est pas moins la manière la plus complète d'avertir le corps social de tout ce qui intéresse la satisfaction de ses besoins, sa perfectibilité et sa conservation.

Notons ici que cette liberté, réglementée, entravée par des cautionnements, des mesures fiscales ou des conditions de surveillance mal entendues, imposées au droit de réunion et d'expression de la pensée par la parole, n'est plus la liberté. Bien loin de là, une telle liberté étriquée, au lieu d'avertir le corps social, contribue souvent à l'égarer. Ce sont de ces fausses libertés qu'est née l'école doctrinaire qui, depuis 1814, a été si funeste au développement économique et politique auquel aspirait l'Europe tout entière.

La presse cautionnée des monarchies constitutionnelles de France n'a jamais représenté qu'une fraction du peuple, celle que l'on a désignée sous la qualification d'aristocratie bourgeoise. De cette façon, on a peu compris les véritables besoins de l'ensemble du peuple, qui ne pouvaient se témoigner que par des mécontentements et des théories utopistes, lesquelles ne passant pas au creuset de la véritable discussion publique et libre, n'imprimaient pas au corps social une sensation d'ensemble pour arriver aux réformes, surtout économiques, dont la société actuelle a besoin pour seconder le mouvement progressif de la civilisation. Il aurait été facile, sans sortir des principes posés par la législation civile, première base de notre civilisation actuelle, de donner à la société moderne les moyens de se développer de façon à ce que le bien-être de chacun fût plus complet, et que tous pussent prendre part aux bienfaits de l'état social. Il n'était pas besoin pour cela d'enfanter des systèmes sociaux qui menaçaient de bouleverser la société. Ces sortes de conceptions ne prennent racine que là où la délibération publique est incomplète, et que l'on croit ne pas obtenir davantage par la liberté que par les anciennes contraintes.

Cette défiance contre la liberté ne peut naître que là où, sous ce nom, l'on avait concédé des libertés bâtardes, bien plus funestes que la compression absolue.

Par un fait récent, palpable, on peut voir ce que ces libertés bâtardes peuvent faire de mal.

Certes, avant la déplorable guerre qui vient d'avoir lieu, toute la France, moins les pouvoirs exceptionnels, voulait la paix. Eh bien, la presse cautionnée et subventionnée par les pouvoirs, poussait à la guerre. D'un autre côté, le peuple des campagnes, qui voulait la paix plus encore que celui des villes, était travaillé par les agents du pouvoir ; on cherchait à lui persuader qu'en consolidant l'empire par un nouveau plébiscite, il assurait la paix, et cependant le contraire se préparait. De telles contradictions auraient-elles pu exister avec une presse réellement libre, et des réunions également libres ?

Le peuple entier se fût déclaré pour la paix, si la question avait pu être bien posée par une liberté complète ; mais, dénaturée par une presse vénale, entravée dans les réunions publiques par les défiances du pouvoir, qui, à force de les surveiller, ne leur laissait plus d'aliment qu'une taquinerie d'opposition par des orateurs peu exercés, les hommes importants se souciant peu de se compromettre avec les commissaires de police de l'empire, institués comme suprêmes censeurs des manifestations publiques, la véritable opinion publique ne put pas se faire jour.

Ces fausses libertés, loin d'avertir, loin de bien poser les questions, ne jetaient que du trouble dans l'esprit de la nation. Ce n'était pas là une perception véritable de de ce qui se passait ; la sensation qui en résultait dans l'ensemble du peuple était confuse et contradictoire, si bien que la nation tout entière, voulant la paix, vota le plébiscite qui menait à la guerre, et que ceux qui entrevoyaient les malheurs qui allaient accabler la France, d'abord par horreur pour toute guerre, et ensuite par l'immense infériorité des préparatifs, furent traités de révolutionnaires absurdes et de séditieux. Jamais il n'y eut contre ceux qui voyaient juste un plus grand dévergondage de langage que celui de ces journaux représentant le privilége et subventionnés par le pouvoir, ou les mauvaises passions des classes exceptionnelles. La France doit rougir de ces publicistes qui poussaient à la guerre, tout en calomniant et insultant ceux qui voulaient la paix.

Jamais il n'y eut d'exemple plus frappant du mal que peut faire une fausse liberté; sous le prétexte d'être la véritable, elle exploite à fond toutes les contre-vérités, tous les moyens d'annuler la véritable liberté.

Quand, à force de restrictions, de cautionnements et de mesures fiscales, on en fut venu au point qu'aucun journal ne pouvait se fonder à moins de sommes considérables, la presse devint la proie des hommes d'argent ou du pouvoir; quand à cela s'ajoutait la rigueur des poursuites pour la moindre inadvertance dans la discussion, que l'on acclablait d'amendes et de prison ceux qui essayaient encore un peu d'indépendance. La presse, loin de servir d'avertissement, loin de reproduire fidèlement les sensations du corps social, ne fut plus qu'un moyen ajouté à tant d'autres, pour égarer sur toute question qui se présentait.

C'est une des plus terribles leçons infligées à un peuple, que tous les maux qui se sont déchaînés sur la France pour n'avoir pas su se faire assurer la liberté nécessaire pour être avertie des dangers dont elle était menacée. La quasi liberté, la liberté réglementée et sournoisement entravée, s'est montrée non-seulement aussi impuissante que l'arbitraire, mais plus trompeuse encore lorsqu'il s'est agi d'apercevoir les dangers qui résultaient pour le pays d'une fausse économie politique et de la défense nationale mal organisée.

Qui pourrait trouver étrange qu'alors la nation française se soit jetée dans les bras de la république, qui, hélas, trouve encore tant d'adversaires dans les résistances des écoles absolutistes et doctrinaires ?

Quant à nous, dans le sujet qui nous occupe, il ne nous est pas possible de ne pas considérer comme une confirmation de la nécessité d'une liberté absolue de la presse et du droit de réunion ce qui vient de se passer en France.

Dans l'ordre d'idées que nous suivons, nous devons les signaler comme le moyen le plus efficace pour donner à une nation la perception de ce qui peut lui être favorable ou la menacer, et pour en faire naître la sensation dans le corps social entier.

Nous devons reconnaître que la civilisation moderne a, d'ailleurs, singulièrement ajouté d'autres moyens pour s'informer et reconnaître ce qu'il importe à un pays de savoir pour prendre des décisions efficaces.

Les promptes communications par la poste, les chemins de fer, les télégraphes, ont rendus facile au peuple d'un grand territoire de se faire une opinion commune pour tout ce qui l'intéresse. On communique, aujourd'hui, aussi vite de Marseille à Paris, que jadis du Pirée à Athènes, la France peut-être une grande cité aussi facilement groupée que, dans l'antiquité, les petites cités grecques.

C'est ce qui a manqué aux peuples anciens pour se constituer en grands États républicains ; les petits peuples seuls trouvaient moyen de percevoir avec facilité quels étaient leurs besoins et leurs interêts communs, en se groupant sur la place publique.

Aujourd'hui, la grande cité américaine, peut-être un jour la grande cité française, trouve ou trouvera le moyen de sentir comme un seul homme. Il y a même ceci à remarquer, que peut-être un grand Etat est, par tous les moyens dont on dispose aujourd'hui, mieux outillé, pour porter, par la presse, sur tous les points du territoire, un sentiment des faits mieux élaboré, que de petits Etats où la propagation de la pensée est souvent plus restreinte parce que les moyens de la répandre sont plus bornés.

Néanmoins, grands ou petits Etats, tous ont aujourd'hui la faculté de se former un sentiment des besoins comme des dangers de la patrie.

Mais c'est à la condition indispensable d'une liberté complète dans l'expression de ce que chacun peut apporter de renseignements particuliers pour éclairer la masse et porter au centre de la pensée nationale un sentiment commun, cette impression toute puissante appelée l'opinion publique, qui se trompe si rarement.

Mais pour provoquer, dans le corps social, le sentiment des intérêts communs, ce n'est pas seulement par l'initiative individuelle de ses membres qu'il prend naissance, il est aussi réveillé par les corps constitués, chargés d'élaborer la raison sociale et de veiller à la sûreté du pays.

Ici, nous parcourons un cercle vicieux, nous devons devancer ce que nous aurons à dire sur la formation de ces corps représentatifs qui sont chargés d'élaborer la pensée nationale, de la transformer en décisions exécutoires et de leur donner cours.

Supposons ici que ces corps sont déjà formés; or, il va sans dire qu'ils n'attendent pas toujours que, de l'ensemble de la nation, il parte une sensation qui leur inspire de s'occuper de l'objet qu'elle indique. Ces corps formés pour recevoir et triturer les sensations générales, sont eux-mêmes organisés pour être souvent les premiers à s'apercevoir de ce qni convient à la nation et à le désigner. Le corps qui doit représenter la maturité de l'expérience, les vertus, les talents constatés, peut souvent débrouiller, dans un sens abstrait, ce qui convient dans ce moment au corps social, l'avertir s'il dévie de son but et s'il s'y introduit des germes de corruption et de décadence.

Le corps directement représentant du peuple pour les délibérations législatives peut, dans l'examen des questions législatives et administratives, découvrir des moyens plus propres à arriver au bien-être général que ceux usités jusque-là, et en porter la connaissance dans le corps social qui, à son tour, les discute par la liberté, et sent le besoin de les renvoyer à l'examen de la raison sociale.

Les agents chargés de l'exécution des lois et de l'administration sont aussi souvent mieux placés pour donner au corps social des renseignements par lesquels il se forme une sensation qui porte le peuple à renvoyer les questions qui en résultent à l'élaboration de la pensée commune. C'est surtout dans des questions internationales d'échanges, de paix ou de guerre, que l'œil vigilant de la fonction exécutive doit être ouvert pour avertir promptement le corps social des dangers qu'il peut courir de la part de l'étranger.

Enfin, le corps éminemment conservateur, le corps judiciaire, doit quelquefois avertir le corps social qu'il y a des lois qui, dans l'application, ne sont plus utiles et qu'il faut changer. Ceci viendrait souvent corroborer des sensations déjà éprouvées dans le corps social et leur donner une plus grande sanction pour que l'opinion publique appelle leur réforme.

Par tous ces moyens, la sensation prend naissance, et, quand elle est bien correctement éprouvée par tout le corps social, il est bien rare que la représentation du pays, divisée en plusieurs fonctions pour l'élaboration de la pensée nationale, éprouve le moindre embarras pour arriver à des discussions conformes à l'opinion et à l'intérêt général bien entendu.

Ce qui doit donner lieu à cette conformité de la sensation dans le corps social, c'est qu'elle émane d'une part d'une liberté complète de délibération sous toutes les formes de la publicité, puis d'une sincère appréciation des faits qui sont plus à leur portée de la part des différents corps chargés d'élaborer la pensée sociale.

Il est évident que si dans les appréciations diverses il y en avait qui partissent d'un point de vue placé en dehors de l'intérêt général, il y aurait embarras ou perturbation dans le sentiment public.

Une autre condition essentielle de la rectitude de la sensation dans le corps social, est autant que possible de la guider par l'instruction. Plus les individus qui composent le corps social seront instruits, moins ils pourront se placer à des points de vue différents que ceux de l'intérêt général.

Il faut que cette instruction fasse bien connaître à chaque citoyen comment la nation dont il fait partie est placée dans le monde, comment elle satisfait à ses besoins, quels sont ses rapports avec l'étranger et quels sont les droits et les devoirs de chacun pour concourir au bien-être général. Afin de parvenir à ces connaissances il faut que chacun, en outre de l'instruction primaire qui lui fournit l'instrument de la lecture, de l'écriture et du calcul, reçoive quelques notions des sciences naturelles, d'histoire, de géographie et de sciences sociales, afin qu'il soit ainsi prémuni contre les erreurs que certains partis se plaisent encore à répandre, afin de fasciner les esprits et les conduire dans des voies suivant des intérêts exceptionnels.

Un peuple ainsi façonné par l'instruction, qui fait arriver à chacun la connaissance du vrai, et par là du progrès, pousse les sociétés actuelles vers un monde nouveau qui doit se dégager des contraintes intellectuelles d'un monde ancien et avancer avec sûreté dans ce que la société actuelle doit trouver pour se perfectionner toujours de plus en plus. Un peuple ainsi façonné sera difficilement conduit hors des voies de l'intérêt général.

Ce qu'il y a de plus dangereux pour fausser la sensation primitive d'un peuple, égarer l'opinion publique, ce sont les erreurs et les sophismes que, dans des intérêts privés, certains docteurs ont l'art de grouper, et dont ils se servent pour combattre l'intérêt général, sous prétexte de le mieux comprendre que tout le monde. C'est une détestable école à laquelle il faut opposer le vrai dans toute son étendue. Elle colore ses erreurs de la fausse éducation que l'on donnait jadis aux masses populaires, en même temps qu'on leur refusait ou mesurait l'instruction. On avait beau jeu pour fausser le jugement de qui n'avait pas les moyens de contrôle par une instruction sur la nature des choses. C'est dans le vaste champ d'erreurs systématisées dont on imprégnait le sens des masses, qu'aujourd'hui encore les sophistes vont chercher les moyens de continuer à obscurcir les esprits qui s'ouvrent à la lumière. Prenez-garde, s'écrient-ils, les clartés qu'on vous présente sont trompeuses, elles vous conduiront à ne voir en toutes choses que la matière, par elles vous serez conduits à ne plus avoir aucun sens de moralité, et à ne voir dans l'existence sociale qu'une satifaction brutale de tous vos appétits.

C'est ainsi qu'on cherche encore à prémunir les peuples contre eux-mêmes et contre une instruction qui irait au-delà de l'éducation primaire, et encore celle-ci leur semble, jusqu'à un certain point dangereuse, lorsqu'elle doit s'étendre au-delà de certaines lectures et enseignements. Ce que l'on craint de voir se répandre dans le peuple, c'est la connaissance de ce que l'homme a pu découvrir sur la marche de la nature, et de là ce qu'il peut apprendre de positif sur les sciences qui tracent les faits par lesquels subsiste la société, car c'est par ces faits que chaque citoyen apprend que l'exercice de sa liberté n'est pas seulement un bien pour lui, mais le moyen le plus efficace d'assurer et de moraliser la société.

La base la plus certaine pour répandre dans un corps social le sentiment sain et correct de ce qui convient à sa marche, à ses progrès et à sa conservation, est donc l'instruction la plus répandue possible.

Devant une instruction telle que nous l'avons définie, les coteries d'intérêt privé tombent toutes seules, elles ne peuvent pas se maintenir devant l'évidence.

Mais combien nos sociétés actuelles sont encore loin de l'avoir donnée !

Nous n'osons même pas dire qu'elle est aussi avancée qu'elle devrait l'être dans ces heureux pays, comme la Confédération de l'Amérique du Nord et celle de Suisse, que nous avons signalés déjà comme les plus avancés dans l'ordre social. Que d'erreurs encore, que de luttes, et, c'est ici le cas de le constater, c'est grâce à ce qu'il y a d'incomplet dans l'instruction de la pluralité que l'on voit encore les divergences qui se manifestent dans l'appréciation des faits qui doivent former la pensée sociale.

Il y a plus : combien y a-t-il encore de peuples dont les gouvernements, tout en ayant l'air de propager l'instruction, sont maintenus dans de profondes erreurs sur leur condition sociale, par le fait du travail des sophistes, que nous avons signalé plus haut.

Ceux-là, trompés par une éducation fautive, troupeaux dociles et égarés, continueront encore longtemps à retenir les progrès de l'espèce humaine, à maintenir des dominations arbitraires, les antagonismes nationaux, et à tenir en honneur les entr'égorgements des nations.

C'est là où nous vous prenons, répondront les sophistes, vous devez convenir avec nous que pour qu'un peuple soit digne de la liberté il doit avoir déjà acquis un certain degré de vertu qui l'y prépare ; tous ne sont pas appelés à en jouir, et longtemps encore ceux-ci devront souffrir des dominations qui, petit à petit, les conduiront à pouvoir prendre rang parmi les peuples libres.

Oui certes, on exerce d'autant mieux la liberté lorsqu'on y est préparé de longue-main, et les peuples qui la possèdent déjà sont plus près de se perfectionner par elle que ceux qui ont besoin de l'acquérir.

Mais si, pour l'obtenir, il fallait attendre que les dominateurs voulussent bien l'octroyer sincèrement aux peuples, on attendrait longtemps ; bien loin de là, ils s'ingénient à pousser l'esprit humain en forgeant des systèmes sociaux où leur domination est toujours représentée comme la chose la plus nécessaire dans la marche sociale.

Ces systèmes se sont eux-mêmes décorés du titre de *culture humaine,* faisant ainsi de la société un champ que les dominateurs d'en haut défrichent à leur guise pour en tirer le meilleur parti possible, tout en se servant à leur profit de quelques lois naturelles, contournées et appropriées au maintien de leur autorité.

La culture mesure aux peuples leur liberté dans tout ce qui peut aider leur exploitation, mais cela ne va pas au-delà. *La culture* est le résultat d'un despotisme intelligent qui dit, va jusqu'à un certain point, mais ne va pas plus loin.

Au contraire, *la civilisation* c'est la société en marche avec toutes ses forces, que la liberté développe de plus en plus, et qui a besoin d'elle pour aider sa progressivité, qui culbute tout devant elle si on ne la seconde.

Plus la sensation du corps social est bien en rapport avec les besoins réels de ce corps, mieux la civilisation est secondée. S'il y a des hésitations, des contrariétés et des divergences dans cette hésitation, c'est toujours un héritage du monde ancien qui agit encore sur la société naturelle et nouvelle, mais ce n'est point un effet de la nature du peuple, comme les sophistes ont voulu le faire croire.

Quelles que soient ces hésitations dans la sensation, il ne faut pas se dire : ce peuple ne parviendra jamais à se constituer. Quand bien même il ne serait pas préparé comme il le sera plus tard lorsqu'il aura pratiqué la liberté, c'est à cette liberté seule qu'il faut s'en rapporter pour l'amener à maturité.

Dans quelle situation que se trouve un peuple pour arriver à se constituer, il ne doit toujours s'en rapporter qu'à lui-même pour y parvenir.

Dans le commencement de cette séance, nous avons montré qu'heureusement, dans la société actuelle, il y a des moyens actifs de renseignements qui, à défaut de l'instruction première répandue dans les masses, peuvent éclairer les peuples sur leur destinée.

Partant de la déclaration des droits que, dans la précédente séance, nous avons montré comme le point de départ constitutif du corps social, le peuple a, par une espèce d'enseignement mutuel, devancé le moment où il sera tout à fait mûr pour la pratique de la liberté.

Les faux-pas qu'il peut faire d'ici-là ne prouvent nullement qu'il n'est pas digne de la liberté, car il ne s'agit pas ici de dignité, mais de réussite.

Et là, nous sommes ramenés au sujet dirigeant de ce Cours, qui est de démontrer que rien de ce qui constitue le gouvernement de la société n'est facultatif, que tout tient à des règles essentielles résultant de la nature des choses.

Quels que soient les accidents que puisse éprouver la sensation dans le corps social, cette sensation est nécessaire, c'est la vie: c'est comme dans l'homme individuel le commencement de la pensée.

Que la science indique comment elle prend naissance, c'est ce qu'elle doit s'efforcer de faire, mais elle ne peut rien imaginer à mettre à la place. Tout ce qu'elle doit constater, c'est que dans tout état de société une première sensation sortant du peuple est le fil conducteur d'où émane l'existence sociale.

C'est lorsque ce fil est rompu que commence la décadence sociale. C'est ainsi que l'Empire romain s'en est allé par morceaux. C'est ainsi que dans les dernières vingt années, à force de compressions, le gouvernement français n'a été averti de rien, pas même sophistiquement comme l'a été la Prusse, qui sentait arriver à elle les vœux du peuple allemand pour quelque chose d'inconnu, qu'on croyait atteindre par l'unification de la société allemande et par la guerre qui devait aider à l'accomplir. Fausse sensation qui, avec le temps, portera des fruits amers, mais qui, pour le moment, devait l'emporter sur cette société française où toute sensation nationale, patriotique et en rapport avec les besoins, devait passer pour séditieuse.

Nous pourrions multiplier les exemples, mais qu'il nous suffise de constater et de rendre nos auditeurs attentifs à ce fait, c'est que pour que la sensation soit véritable, qu'elle réponde bien aux besoins intérieurs du corps social et à la surveillance de ses rapports avec l'étranger, il est impossible de se passer et de la liberté et de l'instruction du peuple.

Cette vérité serait d'autant mieux établie qu'elle passerait au creuset d'une discussion approfondie avec ceux qui prétendraient qu'on peut se passer de l'intervention du peuple à ce sujet.

C'est pour asseoir une telle discussion sur des bases bien établies que la méthode que nous avons adoptée est surtout utile.

En prouvant que c'est dans le sentiment universel du peuple que sous tous les gouvernements se trouve la meilleure indication des besoins de la société, on est invinciblement conduit à donner à ce sentiment toute liberté de se former et de se produire.

Cela conduit à l'évidence que la liberté est le véritable fondement de la sociabilité, surtout au point où, de nos jours, les sociétés sont parvenues.

Quand une fonction est reconnue nécessaire, que

sans elle le corps social souffre et dépérit, comment la repousser ?

C'est en vain qu'on cherchera un autre moyen de faire naître la sensation dans le corps social que par la liberté et l'instruction.

Ceci constaté, notre point de départ, celui que la société doit se donner, une intelligence collective pour statuer sur tout ce qui la concerne, s'affirme de plus en plus, et, en se développant, montre que la liberté est le fondement nécessaire à la constitution de cet entendement social après lequel nous courons.

Ceci résout bien des questions et bien des antagonismes. Notre méthode repousse toutes les subtilités par lesquelles on s'est efforcé d'expliquer et d'exercer des dominations qui ne prenaient pas naissance dans le corps social lui-même.

Si l'on voulait, à propos de la naissance de la sensation dans l'ensemble du peuple, recommencer les déclamations contre le gouvernement d'une démocratie pure et faire considérer la sensation comme contenant en elle-même les décisions à prendre, nous ferions remarquer que ce n'est pas ainsi que le fait se déduit et que nous ne l'avons indiqué que comme le premier degré qui donne naissance à la pensée sociale.

Pour que l'intelligence collective que nous recherchons soit pleinement formée, la sensation spontanée doit arriver à être examinée par la réflexion, par la délibération des corps qui représenteront, dans le corps social, ce que l'expérience et la raison représentent dans le corps humain.

C'est là le frein aux emportements de la multitude, et ce frein, faisant, suivant notre méthode, partie intégrante, nécessaire, et reposant sur la nature des choses, pour donner une pensée commune dirigeante, c'est-à-dire un gouvernement à une société, on ne pourra pas dire que, tout en affirmant que tout dérive du peuple, notre méthode mette à sa discrétion tumultueuse le sort de ce peuple lui-même.

Il se régit lui-même, mais pour se régir, il est soumis aux règles inaltérables qui, formant l'intelligence chez l'homme individuel, doivent être observées pour former l'intelligence collective de tous.

Nous venons de constater les conditions essentielles pour que la sensation, premier degré de la pensée, soit véritable dans le corps social.

Dans la prochaine séance, nous allons examiner comment cette sensation se porte au cerveau, au centre social pour y opérer l'élaboration de la pensée.

CINQUIÈME SÉANCE

De l'Election ou transmission de la sensation du Corps social.

Nous avons reconnu dans nos précédentes séances que l'entendement commun d'un peuple ne peut se former d'une manière convenable que par une organisation qui donne au corps social le moyen d'exécuter les mêmes phénomènes de la formation de la pensée que dans le corps humain individuel. Nous avons vu dans la précédente séance comment la première sensation de ce qui intéresse le corps social doit se former parmi le peuple, pour qu'elle soit véritablement l'expression des besoins de ce peuple. Cette sensation, quelque vivement qu'elle soit éprouvée, et souvent même d'autant plus vivement qu'elle peut l'être, doit être soumise à un examen réfléchi pour arriver à former une pensée collective. Cet examen réfléchi doit avoir lieu par des corps représentatifs où le peuple députe les plus capables. Avant d'arriver à nous occuper des fonctions de ces corps représentatifs, examinons d'abord comment le peuple doit s'y prendre pour arriver à choisir réellement les plus capables.

Nous avons déjà expliqué ce que nous entendons par le peuple : suivant nous, c'est tout le monde sans aucune exception. Si tel est le corps social, il va sans dire que lorsque ce corps est appelé à se faire représenter, tout le monde doit également prendre part à l'élection.

Ici se présente une des plus graves difficultés de l'organisation de la société, et où les meilleurs esprits ne se sont pas trouvés d'accord. Pour nous, tâchons de représenter, d'après notre méthode, ce qu'il y a de nécessaire pour que l'élection soit sincère et réponde bien à son objet.

D'abord, il est évident que l'élection doit partir d'un peuple constitué sur le principe de la liberté, ainsi que nous l'avons défini dans notre dernière séance. Pour que la sensation commune soit vraie, il faut que les sensations individuelles aient pu se manifester et provenir d'une perception qui ne soit entravée par rien. La façon de porter cette sensation dans les corps qui doivent l'élaborer doit reposer sur les mêmes bases que celles qui constituent la formation du peuple lui-même. D'abord il faut que tout le monde soit appelé à l'élection comme tout le monde constitue le peuple. Il ne peut y avoir de transmission vraie d'une sensation collective qu'autant qu'elle s'opère par tous ceux qui l'ont éprouvée.

C'est la consécration du suffrage universel, reposant sur un fait naturel, suffrage qui s'impose comme une nécessité, tout autant que comme une reconnaissance des droits de tous.

Si tout ce qui constitue le peuple ne fait pas partie du corps électoral, ce n'est plus la sensation vraie qui se porte au cerveau, c'est celle de privilégiés qui, dans leur intérêt, n'accusent pas les véritables besoins de l'ensemble du corps social, et donnent ainsi une fausse direction aux décisions à prendre. C'est ainsi que la plupart des monarchies constitutionnelles et des aristocraties, presque toujours d'ailleurs coalisées sur ce point contre une véritable représentation du peuple, ont faussé les questions et créé de ces agitations vagues mais réelles, comme disait Louis XVIII, qui résultaient de ce que le peuple comprenait que ses véritables besoins n'étaient ni bien sentis ni bien représentés. En parlant de cette agitation, Louis XVIII, certes, ne l'attribuait pas à la cause que nous indiquons, mais il constatait un fait. Ce fait se répétait alors dans toute l'Europe; dans les constitutions octroyées d'alors, la fausse organisation, d'abord du peuple lui-même, puis des conditions électorales, n'avaient pas permis de se rendre compte des véritables besoins du peuple. On croyait les connaître en s'en rapportant à des représentants qui n'étaient eux-mêmes que les délégués du privilége et non du peuple.

Les électeurs et députés censitaires que la charte française avaient institués pour remplir le rôle de la transmission de la sensation populaire et de son examen, ne représentait réellement que les intérêts d'une classe qui s'était formée de tous les abus qui, après la Révolution, avaient reconstitué la propriété, l'industrie et le travail sous les compressions de l'Empire. La nation, le peuple, ce n'était pas tout le monde, on l'avait composée de tout au plus deux cent mille électeurs et dix mille éligibles sur trente millions d'âmes. Si encore ces privilégiés de la fortune étaient arrivés à cette fortune par le droit commun, mais non, la plupart le devaient à des priviléges ou à des actes de spoliation. Le sol, divisé entre près de cinq millions de propriétaires, n'était représenté que par tout au plus cinquante mille d'entre eux, dont les grandes propriétés avaient pour origine soit une transmission héréditaire datant d'avant la Révolution, transmission accompagnée dans les familles où elles avaient lieu de tous les préjugés contre le peuple qui enfantaient des systèmes exceptionnels, gouvernementaux, monarchiques et aristocratiques, puis venaient comme grands propriétaires quelques heureux spéculateurs sur les biens nationaux.

Ceux-ci représentaient tant bien que mal les principes de la Révolution auxquels ils croyaient leur propriété liée, mais lorsqu'il s'agissait de lois économiques, ils n'étaient pas plus éclairés que les autres sur les besoins de la masse et faisaient cause commune avec le privilége.

A ces grands propriétaires s'adjoignaient quelques sinécuristes, vivant de places largement rétribuées et, plus que personne, attachés à tous les abus qui constituaient leur fortune.

Les hauts censitaires de l'industrie qui complétaient ce corps électoral privilégié, n'étaient pas mieux préparés pour exprimer l'intérêt général du peuple que les grands propriétaires ou les hauts employés de l'Etat. Ils ne vivaient que par les priviléges ; comme manufacturiers, les prohibitions leur semblaient nécessaires pour maintenir leur industrie ; comme grands négociants ou banquiers, ils tenaient aux priviléges du crédit constitué par le privilége de la banque de France, et qui, en mettant entre les mains de ceux le plus haut placé toutes les ressources du crédit, tenaient en servage la petite industrie et le petit commerce, et faisaient descendre jusqu'au salaire de l'ouvrier tous les inconvénients d'un mauvais régime économique.

Puis, brochant sur le tout, dans ce corps de privilégiés arrivaient les hommes de lois constitués en corporations, qui maintenaient sophistiquement l'excellence d'une organisation tout aristocratique, servaient à corroborer de leur fausse science tout un système qui excluait la véritable représentation du peuple. Par ce faux régime, une nouvelle aristocratie, dont les intérêts n'étaient pas les mêmes que ceux de l'ensemble du peuple, s'était formée. On l'avait qualifiée d'aristocratie bourgeoise, et elle a été la plaie de l'époque plus encore que l'aristocratie nobiliaire, qui n'avait plus que des prétentions et ne pouvait, en fait, reconquérir aucun pouvoir réel qu'en se joignant à l'aristocratie bourgeoise. Celle-ci, pour faire croire qu'elle représentait un certain libéralisme, s'amusait parfois à combattre les vieilleries tombées en désuétude des anciens abus monarchiques, et, partant de là, essayait de se faire croire comme représentant les intérêts du peuple. Mais son ignorance de ces intérêts, comme de son propre intérêt de les rechercher, laissait le peuple se débattre sous un faux régime économique qui n'était pas en rapport avec les besoins nouveaux, avec le développement de tous les rapports et la marche en avant d'une civilisation progressive.

Le mécontentement du peuple était universel. L'aristocratie bourgeoise affectait d'attribuer ce mécontentement aux essais de réaction des partisans de la monarchie absolue, de la vieille aristocratie et d'un clergé qui méconnaissait ses véritables devoirs dans la société. Ces essais de réaction étaient certes à réprimer, mais tout le mal n'était pas là; il était en réalité dans le malaise économique d'un peuple qui n'avait pas été représenté dans l'élaboration de la pensée nationale. Néanmoins, l'explosion du malaise ne fut pas motivée sur une question économique, mais sur une question qui intéressait d'ailleurs le peuple à un plus haut degré, celle de la liberté de la presse qu'on voulut anéantir d'un seul coup. Cette liberté intéressait aussi vivement l'aristocratie bourgeoise que le peuple lui-même; plus peut-tre, car cette liberté, entravée par des cautionnements et des mesures fiscales, était tout entière à la discrétion et à la disposition de cette aristocratie. Le peuple n'avait pas même pu se servir de ce moyen pour faire connaître ses véritables besoins.

Mais, dans l'espérance d'arriver enfin à pouvoir participer au gouvernement de son pays, le peuple français se leva comme un seul homme pour renverser le régime rétrograde qui avait étouffé ses aspirations depuis 1814.

Cette révolution aurait peut-être été la dernière, si, au lieu d'un déplacement de dynastie, elle eût été opérée à fond en rendant au peuple ses droits. Mais l'aristocratie bourgeoise qui avait abandonné la branche aînée des Bourbons, lorsque celle-ci avait tenté une réaction qui l'eût mise sous le même joug que le peuple, avait dès le principe sophistiqué la révolution, en lui donnant une fausse direction. Elle avait fait crier vive la Charte, comme s'il ne s'agissait que de faire exécuter avec vérité ce contrat léonin entre le peuple et la monarchie, octroyé par la royauté, secondée de la pression de toute l'Europe. La Charte, maintenue sauf un léger élargissement des conditions censitaires pour être électeur et éligible, ne fit que renforcer le mauvais régime représentatif qui pesait sur la France. Sous ce régime, l'aristocratie bourgeoise se renforça de plus en plus, et l'école doctrinaire en fit la base, suivant-elle, de tout bon régime social; mais cette aristocratie, plus avancée, plus à découvert qu'elle ne l'avait été avant, loin d'arrêter le malaise des classes vouées au travail, et, remarquons-le bien, aussi bien du travail intellectuel que du travail manuel, ne fit que l'augmenter encore.

Contre le mécontentement général, qui reprit aussi vif que sous la branche aînée, que de sophismes furent mis en avant par l'école doctrinaire. Elle en accusait les mauvaises passions attisées par l'esprit révolutionnaire. Mots creux que tout cela. Qu'est-ce que les mauvaises passions qui s'emparent de tout un peuple? qu'est-ce que l'esprit révolutionnaire lorsqu'il est partagé par la majorité d'un pays, si ce n'est le sentiment vrai d'une fausse situation qu'il faut changer à tout prix? Mais l'aristocratie bourgeoise, aussi peu intelligente que la monarchie bourbonienne, qu'elle avait d'ailleurs contribué à tromper sur l'état véritable du pays, mais cette aristocratie, armée de ses sophismes, résistait à tous les avertissements de l'opinion publique, elle se servait de la force militaire contre les manifestations du peuple, elle entravait la liberté de la presse, elle proscrivait le droit de réunion, elle s'opposait aux réformes électorales proposées pour amener le peuple à intervenir directement dans l'élection de ses représentants ; enfin, par des mesures arbitraires contre le droit de réunion, elle fit déborder la coupe de tous les mécontements.

La dynastie qui s'était constituée l'éditeur responsable de l'aristocratie bourgeoise, fut balayée en quelques heures, comme l'avait été la précédente.

Cette fois il y eut moins d'équivoque ; le peuple comprit que la forme monarchique était le centre où venaient se grouper toutes les exceptions qui arrêtaient son développement. Il proclama la république ?

Il est remarquable que les deux grands mouvements populaires qui, en France, étaient nés du défaut de consultation sincère des besoins du peuple, avaient eu lieu à l'occasion de la confiscation absolue de la liberté de la presse qu'avait voulu effectuer la branche aînée, et du droit de réunion par la branche cadette, ces deux libertés essentielles, sans lesquelles un peuple ne peut pas être constitué et se rendre compte du sentiment de ses besoins.

On le voit, l'instinct des peuples comprend et sent, malgré toutes les compressions ce qui lui convient et quels sont pour lui les moyens paisibles de remplir sa condition sociale sur terre.

En 1848, il comprit aussi en France que toute restriction électorale empêchait la sensation populaire de parvenir saine aux corps représentatifs chargés de l'examiner.

Sous cette impression, la République française proclama le suffrage universel.

Nous nous sommes étendus sur tout ce qui a précédé en France, depuis 1814, la question de la représentation nationale que l'on avait eu la prétention d'établir avec des restrictions qui, en effet, devaient servir plutôt à tromper qu'à éclairer sur les questions qui concernaient le bien-être social.

Si nous avons choisi la France comme exemple, c'est parce que ce qui s'y est passé est plus universellement connu que ce qui s'est passé ailleurs. Mais dans d'autres pays de l'Europe, les mêmes causes avaient produit les mêmes effets. En Suisse aussi, malgré le régime républicain, les conditions censitaires ou autres imposées dans la pluralité des cantons au suffrage électoral trompaient, abusaient comme en France sur l'expression des véritables besoins du peuple. Lorsque dans nos révolutions cantonales nous nous sommes affranchis des vieilles restrictions aristocratiques, nous sommes presque partout revenus au suffrage universel et à la constitution du peuple par des déclarations de droit. Mais, malheur inhérent à l'application des faits jugés les plus nécessaires, souvent cette application a été si mal faite que les anciens inconvénients se reproduisaient.

Que de fois, alors que vaincus par l'évidence, les sophistes devaient céder, s'appliquaient-ils à dénaturer ce qui était conquis, par des moyens détournés et que l'on ne pouvait pas apercevoir tout de suite.

Par exemple, dans notre canton, par combien d'épreuves a dû passer l'exercice de notre suffrage universel avant d'avoir conquis la complète sincérité qu'il n'a peut-être pas encore. Nous aurons plus loin occasion d'en relater les péripéties.

Mais constatons d'abord ce fait, c'est qu'il y a suffrage universel et suffrage universel, et que lorsqu'il échappe à ses règles naturelles il fonctionne souvent faussement et se rencontre alors quelquefois aussi nuisible que d'autres modes de suffrage électif.

Ceci va être l'objet de notre étude.

Nous l'avons dit au commencement de cette séance, pour que le suffrage universel fonctionne sincèrement, il faut qu'il soit issu de l'ensemble du peuple.

Or, de combien de manières peut-on combattre cette règle naturelle nécessaire? soit par ignorance, soit par mauvaise foi. Dans cette façon d'entraver l'exercice du suffrage universel, la mauvaise foi a peut-être joué encore un plus grand rôle que l'ignorance.

En effet, pour les partisans de toute exception électorale, de toute condition censitaire ou autre, quel triomphe que de pouvoir montrer le suffrage universel commettant des erreurs contre lui-même ou venant confirmer les mauvais choix faits par les corps électoraux privilégiés. Or, ceci ne peut pas être si le suffrage universel n'a pas été vicié par des moyens qui ne ressortent pas de lui-même. Il en est plusieurs que nous pouvons signaler.

D'abord, l'art de composer des circonscriptions électotales qui ne remplissent pas la condition essentielle d'être formée du peuple entier, si ce n'est dans son entier, du moins dans une partie qui soit bien l'expression de ce que serait le peuple dans son entier. Le vote par petites communes, par arrondissements restreints, est dans ce cas. Certes, dans les grands pays on ne pourrait pas faire voter à la fois l'ensemble des citoyens, mais que du moins dans les fractionnements on rassemble un nombre assez considérable de votants pour que le suffrage de chacun ne puisse pas être influencé par des pressions locales comme celle du maître sur son employé, du propriétaire sur le fermier, et dans les petites communes par les agents du pouvoir et le clergé.

L'indépendance de l'électeur résulte d'un groupement considérable dans lequel chaque citoyen puisse voter en dehors de toute pression, suivant sa conscience, et dès lors en secret. Les conditions les plus essentielles d'un vote sincère sont dans une réunion des électeurs, autant que possible composée de toutes les conditions sociales, ou, dans les contrées où domine une de ces conditions sur les autres, du moins en échappant par de grandes réunions au contrôle des hommes intéressés à fausser l'expression des vœux du peuple.

Tout vote sur les affaires générales du pays, recueilli par petites communes ou par cantons peu peuplés, est fondamentalement suspect, il peut être vrai, mais le plus souvent il est à la discrétion de certaines influences locales qui, surtout dans des moments de transition, sont souvent contraires aux nouveaux intérêts qui voudraient se manifester.

L'arrondissement électoral ne doit répondre à aucune division administrative préexistante, il doit être autant que possible un groupement d'individus qui se réunissent dans un intérêt général et non de localité; plus nombreux il peut être, sauf cependant un très-grand excès, mieux cela sera, parce que plus on sera certain que les brigues électorales y seront neutralisées.

Une autre condition essentielle, c'est qu'il ne soit pas donné à cet arrondissement électoral la mission de n'être qu'une fraction d'une plus grande votation. Il doit être appelé à choisir directement les représentants qu'il nomme. Vouloir lui imposer un scrutin de liste qui sera soumis en même temps à d'autres arrondissements pour, de l'ensemble de ces votations partielles, faire ressortir une votation générale, par départements par exemple, c'est embrouiller l'élection et empêcher l'électeur qui ne connaît pas tout le monde de faire un choix indépendant. C'est une des façons que le doctrinarisme a inventé pour falsifier le suffrage universel et l'amener quelquefois à produire ce qui lui est contraire. Voici comment raisonne le doctrinaire pour imposer cette façon de faire: Dans une élection, le scrutin de liste n'est-il pas préférable à des élections individuelles? Supposons que vous consentiez à le reconnaître, ce qui peut très-bien se faire comme ayant en effet son bon côté, eh bien, notre doctrinaire partant de ce point de vue admis comme devant s'appliquer à une élection générale procédant par arrondissement, en déduira qu'il peut s'appliquer à un ensemble de votes fractionnés.

Mais ici le cas n'est plus le même, si je sais ce que je fais dans un arrondissement auquel une élection directe représentant cet arrondissement est confiée, ce n'est plus la même chose lorsque cet arrondissement ne fait qu'apporter son contingent de voix à une élection générale. Quand je vote dans mon arrondissement pour deux ou trois candidats, même plus, que je nomme directement, je sais ce que je fais, je ne le sais plus de même lorsque je vote particulièrement pour une grande circonscription où se présentent des candidats qui me sont inconnus. Si le peuple entier de la grande circonscription était appelé à voter ensemble, ce serait différent, les citoyens se concerteraient pour la confection des listes dans des assemblées préparatoires où les candidats seraient discutés, mais faire voter à ce sujet par fractions, et surtout dans un assez court délai pour empêcher tout examen préparatoire, ce n'est pas là le suffrage universel, c'est on ne sait quoi qui représente l'anarchie des idées plutôt que leur discipline. Et c'est dans de tels gâchis que se complait l'école doctrinaire, pour d'abord fausser l'opinion publique, et ensuite représenter les élus par un tel mode de suffrage comme le produit du suffrage universel, puis après, pour dire que le suffrage universel n'est qu'un mode d'élection exposé à tous les orages extérieurs et à de plus graves inconvénients que le suffrage restreint.

Oui certes, quand il est vicié dans ses applications.

C'est ainsi que sous l'Empire français il n'a jamais fonctionné que d'une manière boîteuse, le vote par petites communes ou cantons trop restreints l'a tué et l'a mis à la discrétion de toutes les influences aristocratiques, cléricales et surtout celles du pouvoir. Quelques élections des grandes villes ont seules fait exception, c'est que là, par la nature des choses, de grands arrondissements électoraux, dans lesquels le secret du vote pouvait être observé et où les électeurs désignaient directement leurs représentants, ont pu échapper aux influences qui s'exerçaient sur les votes des campagnes.

Nous en avons la conviction, ces votes auraient été tout aussi indépendants si le peuple des campagnes avait été groupé par grands arrondissements comme celui des villes, et qu'il eût pu se préparer à donner son vote par des réunions libres, où l'on eût pu s'expliquer sur la valeur des candidats, et surtout sur la nature des besoins populaires à exprimer.

En fait, le véritable suffrage universel n'a pas encore été pratiqué en France.

Depuis la proclamation de la nouvelle République, le peuple français a été appelé à le pratiquer une seule fois. Mais tout lui a manqué pour le faire d'une manière indépendante. D'abord il était sous la pression d'une force extérieure qui lui dictait des conditions de paix *sine quà non.* Malgré la dureté de ces conditions on voulait la paix à tout prix, mais il n'était pas précisément aisé de trouver des candidats parmi les hommes d'une certaine élévation de caractère ou des républicains bien décidés; ceux-là voulaient, malgré la position désespérée la continuation de la guerre, ou du moins répugnaient à attacher leur nom à une paix imposée à des conditions si dures. Le choix des candidats acceptant la paix à tout prix était donc très restreint. Le temps nécessaire pour discuter leur valeur et leur faire connaître les conditions de leur nomination manquait tout à fait; à tout cela on avait ajouté cette condition déplorable d'un vote unique par département et par scrutin de liste. La réaction eut beau jeu pour confectionner ces listes et les imposer aux électeurs sans que ceux-ci sussent ce qu'ils faisaient; à cela joignez le recueillement du vote par commune ou par canton restreints et l'on devra convenir que ce n'était pas là le véritable suffrage universel.

Dans le suffrage vrai, aucune pression extérieure ne doit pouvoir s'exercer, il ne peut confectionner avec connaissance de cause que lorsqu'il peut d'avance discuter la valeur de ses candidats et bien affirmer la mission qu'il leur donne, comme ensuite la votation libre par des arrondissements assez nombreux pour que la brigue et la corruption n'y trouvent pas prise.

Tout cela a manqué à la nomination de la dernière assemblée française, et nous soutenons que cette nomination, telle quelle a eu lieu, ne témoigne en rien contre le suffrage universel. En lui-même ce suffrage tel qu'il a rendu dans cette élection n'a eu qu'une seule signification, celle d'avoir délégué à l'assemblée plein-pouvoir pour la paix, mais rien au delà. On a eu tort en voyant l'esprit réactionnaire d'une partie de cette assemblée d'accuser les campagnes d'abandonner la révolution et la République. Nous croyons que lorsque le suffrage y sera bien organisé, que l'électeur des campagnes se sentira libre, il saura voter suivant son intérêt populaire, qui est au fond le même que celui des villes.

En petit, nous sommes dans notre canton un exemple de ce fait. Que de peine nous avons eu, comme nous le disions au commencement de cette séance, pour donner de plus en plus un caractère de vérité à l'application du suffrage universel.

Ne l'avons-nous pas vu fonctionner en dépit de la majorité réelle du canton, alors qu'il était divisé en dix arrondissements, de façon à donner dans le Grand Conseil la majorité à ce qui était en réalité la minorité.

Il a fallu une révolution pour amener un groupement des électeurs plus vrai. A la manière même dont ce groupement a été attaqué par les débris des anciennes exceptions gouvernementales, on a pu juger combien il leur importait de fausser le suffrage universel par un morcellement qui, plus il était grand, plus il exposait les électeurs à être détournés de leurs véritables intérêts par toutes les influences des hautes positions sociales, qui, sous tous les gouvernements, cherchent toujours à dominer. Combien avons-nous dû faire, et combien il nous reste encore à faire pour combattre les influences illégitimes.

Mais tout cela ne prouve pas que le suffrage universel ne soit pas le seul vrai, le seul efficace pour donner au corps social les représentants les plus aptes à élaborer la pensée sociale.

Il ne s'agit pour cela que de bien établir les règles naturelles qui doivent présider à son fonctionnement.

Mais l'on dira : En quoi, en réalité, le suffrage universel peut-il donner de meilleurs renseignements sur les besoins des peuples qu'un mode électoral dans lequel on se serait appliqué à soumettre le suffrage à des conditions de capacité, par exemple? Certes, nous sommes loin de repousser de telles garanties, et nous avons nous-mêmes exposé combien l'instruction est nécessaire à tout un peuple, pour d'autant mieux comprendre ses besoins et écarter toute influence pernicieuse. Mais nous n'avons jamais entendu qu'une certaine instruction exceptionnelle pût donner, à ceux qui en sont munis, un privilége quelconque. D'ailleurs, aujourd'hui, combien peu de gens instruits ne le sont-ils pas d'une façon dépendante d'une vocation quelconque, qui n'est pas toujours en rapport avec l'intérêt général. D'ailleurs, pour concourir à la pensée commune à tout le pays, n'y a-t-il pas des renseignements à recevoir de la pratique de la vie et d'une foule de professions qui ne passent pas pour être savantes, mais dont le rôle dans la société est des plus actifs et des plus nécessaires?

Surtout dans un temps de transition, combien la capacité du travail le plus infime n'est-elle pas aussi nécessaire, si ce n'est plus, que celle du savant théorique. Un astronome a-t-il plus de capacité pour sentir les besoins des masses qu'un jardinier, par exemple ? certes non. Il ne peut donc jamais être question, sous quel prétexte que ce soit, de créer des classes spéciales d'électeurs, fût-ce même fondé sur ce qu'on appelle des capacités. Nous avons eu, en Suisse, des corps électoraux et des conseils représentatifs où les capacités ne manquaient pas, que savaient-ils faire pour le développement du pays ? Rien, ou du moins si peu de chose que l'on restait sur bien des points dans un déplorable *statu quo*.

A peine le suffrage universel, même incomplet et mal appliqué, a-t-il commencé à déployer ses effets, que la nation s'est occupée de ses intérêts matériels, de ce qui fait vivre les nations, négligés jusque-là ou mal compris.

C'est par le suffrage universel que nous sommes parvenus à mettre à exécution des mesures vainement réclamées jusque-là par l'opinion publique, soit cantonalement, soit fédéralement. Nous avons aboli nos douanes intérieures, nous avons adopté un système monétaire uniforme, nos postes ont mieux fonctionné, nous avons établi des télégraphes, les chemins de fer, et créé des établissements publics de haut enseignement.

Dans les cantons, nous nous sommes débarrassés des ridicules entraves qui résultaient pour le développement des villes d'un système de fortifications qui ne pouvait plus répondre à une défense bien entendue du pays. Nous avons partout perfectionné l'instruction publique, soit en faisant participer toute la population à l'instruction primaire, soit en étendant l'instruction supérieure, nous avons mieux consacré la liberté religieuse, nous avons assuré la liberté de la presse et le droit de réunion, on a créé dans tous les cantons des institutions de crédit qui ont aidé le développement du travail, nous avons donné l'essor à des travaux publics et particuliers qui ont amélioré nos routes, jeté des ponts, embelli nos villes. Nous avons plus correctement séparé les pouvoirs législatifs, exécutifs et judiciaires, nous avons introduit dans nos lois plus de protection pour le travail, plus de douceur dans les applications pénales, nous avons les premiers en Europe aboli la contrainte par corps, la saisie des récoltes sur pied. Nous pourrions encore énumérer bien davantage, et pourtant ce n'est là qu'un commencement, que le début des perfectionnements que nous devrons à une sincère représentation du peuple.

Qui pourrait, après de tels effets, ne pas reconnaître l'efficacité du suffrage universel pour faire suivre la première sensation des besoins du peuple de leur application à l'existence sociale?

De tout ce que nous avons examiné plus haut, que de choses qui étaient dans le sentiment du peuple et dont les gouvernements qui ne recevaient pas leur mandat de lui refusaient l'application.

Les plus légères entraves dans les conditions électorales suffisaient pour ne produire que des corps représentatifs hésitants, dominés par des intérêts privés ou incapables de comprendre les perfectionnements devenus nécessaires.

Ce n'est pas que le suffrage universel ne soit lui-même soumis à des accidents, surtout dans les premiers temps de son application, et lorsque l'harmonisation de l'organisme social n'est pas encore complète et commence à fonctionner.

Les anciennes exceptions qui n'ont pas encore su se ranger à supporter le nouvel ordre de choses luttent en désespérées et font ce qu'elles peuvent pour fausser l'excellent instrument qui a prouvé l'inutilité de toutes les anciennes entraves mises à la libre expansion des vœux de tous.

Mais les efforts même que l'on fait contre le suffrage universel prouvent que c'est bien dans son exercice sincère que l'on reconnaît le moyen le plus infaillible pour arriver dans le corps social à bien rendre le sentiment du peuple.

C'est donc à lui seul que nous croyons que l'on doit confier la transmission des sensations premières du corps social au cerveau qui doit en élaborer l'application possible.

Ce cerveau se compose à la fois d'un corps représentatif qui reçoit d'abord l'impression spontanée de la sensation et la soumet à une délibération, puis d'un autre corps (sénat) qui, après cette délibération, examine la question au point de vue de l'expérience, d'une certaine maturité, et dans ses rapports avec les précédents.

Ces deux assemblées, toutes les deux issues du suffrage universel doivent, vu leurs attributions différentes, provenir de deux élections dont cependant les conditions, les mêmes pour la forme électorale, ne peuvent être semblables pour les conditions d'éligibilité, conditions qui, dans tous les cas, ne doivent constituer aucun privilége, et que tous les citoyens puissent remplir.

Ce sera le sujet de la première séance que d'examiner le fonctionnement de ces corps, suivant la méthode que nous suivons, et qui est de montrer que l'élaboration de la pensée sociale s'y accomplit tout à fait sur le modèle de l'élaboration de la pensée dans chaque individu.

SIXIÈME SÉANCE

De l'élaboration de la pensée sociale.

Nous voici arrivés à nous occuper de ces corps chargés d'élaborer la pensée sociale sous l'impulsion de la sensation émanée du peuple. C'est ce qu'on a appelé le gouvernement représentatif, terme qui n'exprime pas, suivant nous, bien nettement ce que doivent être ces corps. En effet, aucun d'entre eux ne réunit en lui l'ensemble des pouvoirs, ou autrement dit des fonctions qui mettent en action l'entendement social par lequel une société se dirige. C'est dans la séparation exacte des fonctions de chacun de ces corps que se trouvent et la sanité de chacune de ces fonctions et la garantie qu'aucune d'elles ne pourra empiéter sur les fonctions des autres et désorganiser l'équilibre du corps social. Nous aurons occasion plus tard d'insister encore davantage sur la nécessité de cette division des fonctions, non-seulement pour éviter les empiétements d'un corps sur les autres, mais aussi pour accomplir bien correctement chacun leur mission dans l'élaboration de la pensée sociale. Nous avons déjà indiqué que les diverses fonctions qui émanent du corps social, c'est-à-dire du peuple, doivent d'une part faire passer la sensation au creuset d'une délibération approfondie recevant la double sanction de la résolution spontanée issue d'une première délibération, et d'une résolution plus mûrie fondée sur l'expérience et un examen plus approfondi.

C'est ce qu'on a désigné sous le nom de pouvoir législatif. Vient ensuite le corps chargé de l'exécution de ce qui a été décidé ; ce corps, qui représente à la fois ce qui, dans le corps humain, concerne l'usage des membres, doit encore avoir la faculté de retarder l'exécution de la fonction législative, s'il juge qu'elle excède les facultés du corps social. Enfin, comme troisième fonction qui représente la conservation des conditions du corps social, vient ce qu'on appelle aujourd'hui le pouvoir judiciaire. Ce n'est que du fonctionnement de cet ensemble, chaque partie émanée directement du peuple, que naît un entendement commun, une intelligence collective de la société. Il en résulte en réalité, non pas un gouvernement représentatif, mais un *self government,* un gouvernement de soi-même, dans lequel chaque individu du corps social est assuré de ce qui constitue sa liberté, non-seulement comme un droit, mais comme condition nécessaire de la formation d'un peuple apte à se composer une raison sociale qui le fasse agir collectivement, avec la même facilité que l'individu isolé agit sous le guide des facultés que l'intelligence céleste lui a données.

C'est pour ne pas avoir compris que toutes les fonctions qui contribuent à la formation de l'intelligence collective ne cumulent pas chacune en elle tout le pouvoir social qu'on s'est souvent défié de ce qu'on nommait le gouvernement représentatif.

Rousseau lui-même témoigne, dans son *Contrat social,* des défiances contre les corps représentatifs.

Les adversaires des républiques en tiraient la conséquence que la forme républicaine ne pouvait s'exercer que dans de petits Etats. Suivant eux, la représentation du peuple ne pouvait avoir lieu que pour concourir avec un monarque et des corps privilégiés à de certaines parties de la législation. Ce n'était même là, suivant eux, qu'une concession pour aller au devant des réclamations tumultueuses, mais nullement dans le but de donner satisfaction à tous les besoins d'une nation. Nous aurons occasion, plus tard, de revenir sur cet organisme bâtard du gouvernement monarchique constitutionnel qui se croyait seul capable de supporter une représentation du peuple, parce que celle-ci serait tenue en respect par les privautés monarchiques et aristocratiques.

Mais l'Amérique a prouvé que l'on pouvait très-bien, en séparant exactement les fonctions de chacun des corps représentant le peuple, parvenir à conduire la société suivant ses besoins.

Le fait a répondu ainsi soit aux craintes de ceux qui croyaient que par des corps représentatifs on tomberait dans l'aristocratie, et à celles de ceux qui supposaient que sans rois et sans aristocratie la représentation du peuple mènerait à l'anarchie.

Nous venons de le dire, le fait américain a prouvé que le fonctionnement social par la représentation pouvait très-bien marcher sous la forme républicaine; mais, nous devons le dire, à la condition que cette représentation et le concours actif du peuple dans sa formation soit bien réel et constitue en effet le *self government* plutôt qu'un gouvernement représentatif, expression qui n'est pas aussi exacte que l'autre.

Nous espérons que ce qui s'est déjà démontré par un fait, combien la représentation du peuple bien ordonnée peut agir, sans mettre en péril la liberté de chacun, et tout en laissant pure la source d'où elle se tire, la constitution du peuple lui-même peut être encore corroborée par la méthode que nous employons, et qui tend à montrer que c'est bien par là que l'on peut parvenir à se former une intelligence collective, qui est le suprême degré où puisse atteindre une société pour être bien elle-même, se toujours rendre compte de ses besoins et marcher progressivement en avant suivant l'heureuse nature de l'homme de toujours se perfectionner lui-même et son bien-être.

Ceci dit, examinons dans cette séance et la formation et le fonctionnement des deux corps qui doivent être chargés, l'un de la délibération sur la sensation, et l'autre d'apporter dans les décisions à prendre la maturité de l'expérience.

Ici, commençons par exposer la nécessité de diviser en deux corps l'examen des questions soulevées par la sensation avant de les amener à une décision. C'est dans l'intérêt même de ces questions. Pourquoi, dira-t-on, ne pas laisser à une assemblée unique le soin de les trancher? N'est-elle pas déléguée par le peuple et n'est-elle pas ainsi tout à fait apte à exprimer la volonté de ce peuple? Or, c'est ce que nous contestons, non pas d'une manière absolue, mais comme pouvant exposer à des décisions trop brusques et souvent obtenues par les entraînements d'une sensation trop vive chez le peuple, Mais, dira-t-on, vous voilà tombé dans l'aristocratie; vous aussi vous croyez à un frein nécessaire, vous avez peur du peuple. Non, ce n'est pas ainsi que nous l'entendons, ce n'est pas comme frein, mais comme réflexion nécessaire, et notez bien que, d'après notre méthode et d'après le but que nous poursuivons, celui de remettre toute décision à un intérêt commun, suivant nous, la volonté du peuple ne peut pas être considérée comme complète si sa première sensation n'a pas subi l'examen de la délibération et de la réflexion.

Or, nous croyons que pour pouvoir donner à la délibération toute la vigueur de la spontanéité, le premier corps délibérant a besoin de sentir lui-même que la réflexion doit après lui venir à son aide pour réprimer les écarts ou les emportements auxquels il aurait pu se livrer. Il est vrai que dans le règlement intérieur d'un tel corps on peut introduire des formes de délibération qui donnent à ce corps lui-même les moyens d'avoir dans son propre sein recours à la réflexion pour donner plus de maturité à ses décisions. Sous ce rapport, un règlement bien fait et calqué sur la forme des évolutions de la pensée, est un grand correctif aux emportements d'une seule assemblée, et même se trouve toujours utile quand bien même cette assemblée serait contrôlée par une autre pour bien assurer la délibération.

L'usage avait, dans le Parlement anglais, consacré quelques principes à ce sujet, qui conduisaient la délibération avec une espèce de logique de formation de la pensée. En Amérique, Jefferson en établit assez heureusement les règles sous le titre de Tactique des assemblées représentatives; Bentham, en Angleterre, en fit également le sujet d'une direction scientifique, et notre compatriote Dumont en détermina encore mieux les conditions dans ses commentaires sur Bentham.

Ces conditions rentrent tout à fait dans la méthode que nous avons adoptée et qui était déjà instinctivement employée par les bons esprits qui s'occupaient des sciences sociales.

Elles empruntaient à la façon dont l'individu procède à la formation de sa pensée leur mode de délibération, comme alors qu'on veut s'occuper d'un sujet on commence par l'examiner dans son ensemble, puis qu'on passe à l'examen des détails, et enfin qu'on ne prend sa décision qu'après avoir repassé dans son esprit et l'ensemble et les détails, de même pour asseoir une délibération dans une assemblée, il ne s'est rien trouvé de plus logique que de la faire passer par trois débats : l'ensemble d'abord puis les détails, puis l'ensemble et les détails réunis en troisième et dernier débat.

Par cette manière de procéder, il y a déjà, au sein d'une assemblée unique représentative, un peu de ce que nous recherchons par l'établissement de deux assemblées se contrôlant l'une l'autre.

Le premier débat, c'est la première sensation qui vient éveiller les opérations de l'esprit; le second c'est l'examen avec plus de réflexion; le troisième c'est la décision résultant de la délibération ayant déjà passé par deux épreuves.

M. Dumont, qui avait scientifiquement établi ce mode de procéder fit plus, il rédigea pour notre Conseil représentatif, issu de la charte que nous avait octroyée l'aristocratie, un règlement qui, par la manière dont il posait les formes de la délibération, força ce corps à suivre un ordre logique dans l'appréciation des questions qui étaient posées; ce fut un grand correctif à tout ce que ce corps renfermait de peu conforme à une véritable représentation du peuple. S'il ne pût pas empêcher ce corps d'être comme l'aristocratie qui l'avait inventé, presque toujours négatif pour le développement des véritables intérêts du peuple, du moins il servit à poser les questions de façon à ce que des tentatives trop marquées de réaction échouaient dans des délibérations où elles étaient posées, de façon à empêcher l'équivoque et à envelopper l'erreur d'un vernis trompeur.

Malheureusement pour la France, jamais on ne sut dans les assemblées représentatives de ce pays régler la discussion de cette manière; la délibération y fut toujours un peu confuse, s'éloignant sans cesse de l'objet que l'on traitait, et traînante par la malheureuse faculté laissée aux orateurs de venir lire leurs discours à la tribune au lieu de les improviser.

Comme la France n'a pas encore pu faire fonctionner le suffrage universel avec toutes les conditions qui assurent son véritable effet, de même la délibération publique n'a pas encore, dans ce pays, été réglée de manière à la dégager des hors-d'œuvres à la rendre plus prompte, quoique mieux réfléchie, et au lieu d'en faire une tribune aux harangues, en faire simplement une discussion de bon sens.

Nos grands conseils de la Suisse et nos deux chambres de l'Assemblée fédérale n'ont pas su non plus adopter un ordre logique fondé sur les principes naturels que nous venons d'indiquer. Dans leurs règlements il y a lieu à des surprises et à des malentendus dans l'ordre que l'on suit, et dans la manière de poser les questions à la votation il y a un peu de métaphysique allemande.

En parlant des fonctions des corps délibérants chargés d'élucider la sensation du peuple, nous avons cru devoir indiquer ici comment ces corps peuvent le mieux procéder dans leur propre sein aux fonctions dont ils sont chargés.

Nous avons voulu montrer aussi que là où toute la fonction législative est confiée à une seule assemblée, un bon règlement intérieur peut, à l'occasion, former la raison sociale, qui se compose de spontanéité et de réflexion, sans avoir recours à une seconde assemblée en faisant passer les questions au creuset des deux fonctions nécessaires pour les rendre conformes à un bon examen.

Mais, de ce que c'est là un correctif, il ne faut pas en induire que la division en deux chambres des fonctions législatives ne soit pas plus désirable, et la meilleure manière d'arriver au résultat que nous recherchons.

Nous avons expliqué qu'il n'y a qu'un mode électoral, celui du suffrage universel, qui puisse produire une représentation qui soit bien réellement l'expression des sentiments du peuple.

C'est dans une première chambre qui marquera bien qu'elle est le premier degré où la sensation doit être soumise à la délibération que commencera le travail qui enfantera la raison sociale. C'est là que le peuple doit s'efforcer de députer les hommes qu'il croira le plus imprégnés des sentiments de la pluralité. Il doit y avoir dans cette chambre spontanéité, même entraînement, joint à la clarté, à la précision sur tout ce qu'on y traitera. Il y faut surtout des hommes pratiques, tirés de la vie active, bien plus que des théoriciens; c'est l'assemblée aux renseignements positifs, il y faut surtout des hommes adonnés à toutes les espèces de travaux et ayant leur fortune à faire, plutôt que des hommes de loisir qui ne savent rien par eux-mêmes des difficultés de la vie, du positif, du pratique et de la verve pour en rechercher l'application; voilà quel doit être l'esprit qui anime cette assemblée. Sachant qu'elle pourra être redressée dans son trop d'ardeur, s'il s'en manifestait, par l'autre assemblée, il n'y aurait aucun mal qu'elle s'abandonnât quelquefois à une certaine fougue.

Le genre d'éloquence qui résulterait d'ailleurs de la proscription des discours écrits exclûrait de la délibération toutes les phrases déclamatoires qui n'iraient pas droit au but. En un mot, le corps délibératif qui devrait le premier s'occuper de transformer la sensation en résolution législative, devrait joindre à la spontanéité toute la valeur d'un examen consciencieux.

A côté de ce corps, nous avons dit que pour donner à la pensée sociale une maturité nécessaire, un autre corps doit être institué pour apporter à l'examen des questions ce que l'expérience et le savoir peuvent y ajouter. C'est pour ainsi dire la fonction de ce que, dans l'intelligence individuelle, nous appelons la mémoire.

Ici, nous devons le reconnaître, c'est le corps délibératif le plus difficile à composer pour, à la fois, lui donner toute son importance et en même temps l'organiser de façon à ce qu'il n'arive pas à former de ces corps exceptionnels qui finissent par mêler leurs intérêts privés ou de castes, ou de classes, à l'examen des intérêts généraux. C'est en général autour de ces corps que se sont groupées les aristocraties.

Celles-ci ont toujours pris naissance en se présentant comme les dépositaires de l'expérience dans le corps social, comme sachant mieux ce qui convient, comme liant le passé au présent; en un mot, comme plus sages, plus retenues, plus perspicaces dans leurs discours.

Avec ces prétentions, si elles sont acceptées, un tel corps parvient vite à dominer. Il est cependant nécessaire. Comment donc le composer pour qu'à la fois il remplisse bien la fonction qui lui est attribuée et que pourtant il n'empiète pas sur les libres mouvements du corps social entier.

Il faut cependant, si on veut qu'il remplisse son rôle, ne pas en faire tout simplement la répétition du premier corps délibérant dont nous venons de parler.

Si nous voulons rester fidèle à notre méthode et au fait général qui nous sert de fil conducteur, il est pourtant nécessaire que la mémoire ne soit pas détachée du cerveau qui élabore la pensée sociale d'après la première sensation éprouvée par l'ensemble du peuple.

Il ne peut donc pas être question de donner au sénat, car c'est ainsi que, pour la meilleure compréhension de notre démonstration nous désignerons ce corps, des priviléges qui le placeraient en dehors des impulsions du corps social.

On ne peut ni le composer de membres nommés à vie, encore moins héréditaires, et c'est pourtant à ces conditions que l'on a longtemps rattaché l'aptitude de former les corps représentant le mieux la mémoire d'une société.

Nous ne pouvons nous y arrêter, ce sont là des expédients monarchiques ou aristocratiques qui sont un obstacle à la formation correcte de la raison sociale.

Trouverait-on mieux ce que nous cherchons en donnant aux membres de ce corps une plus longue durée dans leurs fonctions qu'au premier corps délibérant? Ici, nous nous rapprochons d'une condition possible, mais qui serait encore dangereuse si elle n'était pas accompagnée d'autres dispositions qui ne permissent pas à ce corps de se détacher de son origine, et pourtant, nous le répétons, il ne peut pas être tout à fait l'image du premier corps, car ce serait une répétition inutile.

Voici comment nous croyons que ce corps pourrait être organisé, pour, à la fois, remplir sa fonction de mémoire, c'est-à-dire de l'expérience dans la formation de la pensée sociale, et rester comme le premier corps délibérant en rapport direct avec la sensation populaire.

Ainsi, son origine devrait être la même; il serait comme l'autre corps, nommé par le suffrage universel, mais avec de certaines conditions, comme l'âge, (par exemple trente ans) qui suppose plus de maturité dans l'esprit de ses membres; puis, comme le corps qui représente la mémoire sociale doit avoir une certaine durée et une suite, le renouvellement du sénat pourrait n'avoir lieu que partiellement, ainsi tous les deux ans une moitié. Afin de bien remarquer aussi la différence de sa destination avec l'assemblée première, il ne faudrait pas qu'il fût nommé en même temps. On pourrait alterner d'année en année. Ceci aurait l'avantage que chaque renouvellement d'un des corps pourrait servir à redresser ce qui aurait pu paraître, dans l'un ou l'autre, comme n'étant pas en rapport avec les fonctions qui lui sont confiées.

Par le renouvellement partiel, le sénat aurait un caractère de perpétuité qui convient à un corps auquel on a confié le soin d'examiner toutes les questions législatives au point de vue de les mettre en rapport avec les traditions, la science, l'à propos, et comme dépositaire de la suite des idées dans le corps social.

Des circonstances peuvent quelquefois se rencontrer qui faciliteraient la formation d'un sénat dont on n'aurait rien à craindre, quand bien même il représenterait un intérêt privé tout en remplissant bien la fonction qui lui est assignée dans l'exercice de la pensée sociale.

C'est ce qui se rencontre dans les confédérations où les représentants des Etats forment un corps à part, par lequel toutes les parties de la législation doivent passer. Aux Etats-Unis de l'Amérique du Nord on l'a nommé Sénat, en Suisse nous l'appelons Conseil des Etats. Ce corps, qui est délégué pour défendre les intérêts locaux des Etats confédérés, en vis-à-vis de la représentation générale du peuple, est bien constitué pour jouer le rôle que nous attribuons au sénat, car les intérêts locaux bien entendus, ne sont jamais contraires à l'intérêt général que par des malentendus qui se dissipent dès que les questions sont bien posées, et, c'est là où se déploie tout ce qu'un corps expérimenté peut apporter de lumière dans les décisions à prendre. Comme garantie de capacité d'un tel corps, le fait qu'il est composé des députés d'Etats qui ont le plus grand intérêt à être bien représentés en répond assez.

D'un autre côté, il y a dans cette forme de députation toute assurance que ce corps ne peut pas se constituer dans un intérêt privé, et se mettre à la tête d'une aristocratie.

Ici encore, comme nous aurons l'occasion de le montrer plus tard, il y a pour donner à une grande nation le moyen d'avoir une pensée commune, un moyen assuré par la forme fédérative telle qu'elle résulte aujourd'hui de la constitution représentative, qui n'était pas connue des anciens, et du concours des représentants directs du peuple des Etats confédérés et des députés des Etats dans la confection des décisions à prendre.

Néanmoins, il ne serait pas impossible à de grands peuples qui ont établi la forme unitaire et qui tiennent à la conserver, de se donner les avantages de la forme fédérale, sans renoncer à leur principe d'unité.

Ceux-ci pourraient aussi se former un sénat par des députés des divisions administratives, des départements par exemple, qui, en venant défendre leurs intérêts locaux qui se trouveraient tous en présence, pourraient faire office de sénat.

Mais ceci n'est qu'une idée en passant, un expédient de circonstance; revenons à la rigueur de nos déductions pour arriver à donner naissance à la raison sociale.

Sommes-nous parvenus à commencer de démontrer qu'il est possible de parvenir à former une intelligence collective pour une société humaine par des combinaisons qui ne soient pas arbitraires, mais qui découlent de la nature de l'homme, et ne font que mettre en mouvement régulier ce qui sous toutes les formes de gouvernement est nécessaire pour arriver au but?

Constater par l'observation quels sont les ressorts nécessaires pour faire marcher une société comme un seul homme, c'est le but de notre étude. Jusqu'ici, nous avons pu heureusement constater que pour former une intelligence collective à une société on n'a pas besoin de faire le sacrifice d'aucune liberté, bien au contraire, que tout dérive de la liberté d'action d'abord de chaque individu, puis du peuple entier d'où toutes les fonctions sociales doivent dériver, et enfin pour la formation de la volonté générale, de corps issus directement du peuple, sans qu'il soit besoin d'aucune combinaison en dehors.

Par l'observation appliquée à la marche du corps social, nous avons constaté qu'il n'y a pas de gouvernement possible sans que les fonctions naturelles à toute société ne soient mises en usage, soit directement soit indirectement, et que lorsqu'on en dévie, le corps social se dissout quelquefois brusquement, mais le plus souvent petit à petit, comme un corps humain atteint de consomption.

Il y a des Etats qui ont pu se soutenir et se guider sans s'être tout à fait dégagés des entraves qui empêchent l'intelligence collective d'un peuple de se former dans toute son étendue, mais au moindre examen on doit reconnaître que la partie féconde de leur existence a été dirigée par une organisation qui, sur bien des points leur inspirait la conception de l'intérêt général. C'est ainsi que l'Angleterre a su tant bien que mal, par sa Chambre des communes et sa Chambre des pairs se former une intelligence collective qui l'a fait voir juste dans ses destinées toutes les fois que les intérêts privés de la royauté et de l'aristocratie ne faisaient pas obstacle. La liberté de la presse, le droit de réunion et de discussion publique par la parole, la liberté individuelle bien consacrée, lui constituaient un peuple où la première sensation des besoins généraux trouvait à s'exprimer.

La Chambre des communes pouvait les accueillir, les discuter et les amener à former des convictions auxquelles la Chambre des pairs et la royauté donnaient leur sanction quand elles ne blessaient par leurs intérêts particuliers. En dehors de ces intérêts, la Chambre des pairs apportait souvent un contingent de lumières à la confection de la loi, mais son intérêt privé disait sur de certains points : n'allons pas plus loin !

C'est avec une peine infinie que les résolutions progressives qui tenaient au bien-être général ont pu se faire jour, elles ont d'ailleurs toujours eu un caractère aristocratique, et, au milieu d'une prospérité inouïe, les classes inférieures de la société sont restées dans la misère. Sans les ressources de l'émigration dans les colonies, la Grande-Bretagne aurait sans doute subi de violentes révolutions intérieures, mais la facilité d'aller chercher la fortune là où les obstacles de la mère-patrie ne s'opposaient pas à une juste rémunération du travail, comme par exemple de posséder le sol que l'on fécondait; cette facilité, en éloignant les esprits les plus audacieux dans le bas-peuple raffermit les institutions anglaises, tout en démontrant qu'on pouvait se passer des restrictions provenant de la royauté et de l'aristocratie.

Mais comme la nature des choses se fait jour partout où elle n'est pas trop vigoureusement comprimée, les obstacles monarchiques et aristocratiques n'ayant plus dans les colonies la même raison d'arrêter le développement, il s'y forma, et il s'y forme encore, des gouvernements qui se dépouillent des obstacles et ne conservent de la forme anglaise que les conditions essentielles à la formation d'une intelligence collective.

C'est ainsi que les institutions des Etats-Unis ont pris naissance et ont tout de suite démontré que le gouvernement, dégagé de la royauté héréditaire et de l'aristocratie privilégiée, procédait avec plus de bonheur au développement du bien-être de tous.

La plaie du paupérisme et de nombreuses classes de travailleurs condamnées à l'indigence malgré tous leurs efforts est inconnue en Amérique.

Que l'on ne dise pas que cela tient aux ressources immenses que possède l'Amérique du Nord. On a vu de semblables ressources tout à fait stériles, alors que les institutions n'en favorisaient pas l'exploitation.

Partout le travail peut avoir sa juste rétribution quand il n'y a pas dans l'administration d'un pays un vice qui entrave la libre production et la libre distribution des richesses.

Comment ce vice existe en Angleterre et dans des Etats constitutionnels monarchiques de l'Europe, c'est ce que nous aurons lieu d'examiner plus tard plus en détail. Qu'il nous suffise, pour le moment, d'indiquer que ce vice a disparu en Amérique, quoiqu'avec des institutions fondamentales identiques, dès que la royauté héréditaire et l'aristocratie héréditaire eurent disparu de ses constitutions.

Cet exemple, dans notre séance d'aujourd'hui, a surtout pour objet de prouver que l'on peut, dans les institutions républicaines, se procurer tout ce qui fait la valeur des institutions constitutionnelles monarchiques, tout en élaguant ce qui est obstacle et nullement moyen.

C'est une erreur de croire qu'il y a des peuples condamnés à la pauvreté par leur situation. C'est toujours la faute des institutions politiques si un peuple ne peut pas parvenir au bien-être. Dans l'antiquité, on a vu un petit peuple qui vivait sur le sol le plus aride de la Grèce, parvenir, par la liberté mieux établie chez lui que dans les autres Etats, au plus haut degré de prospérité. L'histoire des communes libres du moyen-âge nous offre le même exemple.

Nous-mêmes, en Suisse, nous avons déjà eu l'occasion de l'indiquer dans une précédente séance, dès que nous avons su nous débarrasser de nos aristocraties, la prospérité générale du pays a commencé à se développer sur une plus grande échelle qu'avant et à descendre jusqu'aux plus humbles travailleurs. Autrefois l'on disait: la Suisse n'est pas assez grande pour nourrir tous ses enfants, et la ressource était de les vendre à l'étranger pour contribuer à maintenir des trônes. Aujourd'hui l'on se passe bien de cette ressource, tout le monde vit et vivra d'autant mieux que les gouvernements fondés sur le suffrage universel comprendront de mieux en mieux leur tâche et leur devoir dans le mouvement universel de la civilisation moderne.

C'est ici le lieu de constater que l'étude bien approfondie des conditions d'un bon entendement social sont loin de porter en elles cet antagonisme de classes qui semblait inhérent à tout changement à introduire dans la constitution des Etats. Notre étude n'a pas pour but de renverser tel ou tel obstacle, sans savoir que mettre à la place, notre étude est toute de reconstruction, en ne nous appuyant que sur la nature des choses.

Si nous disons que la meilleure direction pour prendre une résolution sociale, c'est d'abord d'en tirer la première intention de la sensation qu'en éprouve le peuple, nous disons, d'un autre côté, que la sensation qu'il a éprouvée, pour prendre un caractère plus saisissable, doit être examinée ensuite par des corps d'élite issus de la nation elle-même, par lesquels se forme l'entendement commun, l'intelligence collective de la société.

En constatant ainsi les conditions naturelles par lesquelles doit se former la volonté nationale, nous ne renversons rien, nous créons, comme tout ce que l'homme crée par la mise en activité de la nature des choses qu'il nous appartient de reconnaître, mais non pas de modifier suivant nos caprices.

D'après cette nature des choses, la société la plus parfaite est celle qui peut penser et agir collectivement comme un seul homme.

Il n'y a rien là-dedans qui puisse soulever des antagonismes, on peut nous opposer que telles que nous les faisons agir, les fonctions nécessaires à la vie sociale ne sont peut-être point assez bien constituées. Si on peut indiquer mieux, nous sommes tout à fait prêts à l'accepter.

Mais ce que l'on ne peut pas ôter à notre démonstration, c'est la nécessité des fonctions elles-mêmes, pour arriver à former une intelligence collective.

Que cette intelligence soit le véritable conducteur d'une société, c'est ce qu'il est impossible aussi de nier.

Il n'y a ni droits ni devoirs qui soient au-dessus. Notre suprême guide sur terre, c'est notre intelligence individuelle, et nous sommes, là-dessus, d'accord avec les théologiens, qui, en disant que Dieu nous a fait à son image, nous a laissé les libres arbitres de nos actions en y attachant une responsabilité terrible.

Notre intelligence étant notre suprême guide, ce n'est aussi que dans une intelligence collective que la société peut trouver le sien.

Plus nous avançons dans notre sujet, plus nous nous convainquons que ce point de départ, pour donner une direction positive à la législation constitutionnelle est le meilleur.

Nous allons donc continuer à le prendre pour guide.

Après avoir vu comment se forme la pensée sociale, nous allons étudier comment elle se complète par un retour sur le corps social, d'où elle repart pour l'exécution des décisions prises par des agents de la volonté nationale.

SEPTIÈME SÉANCE

De la Votation du peuple sur les lois, retour de la sensation du Corps social.

La sensation du peuple a passé par l'épreuve d'une raison sociale s'élaborant dans les corps chargés de l'examen des questions, soit par la délibération ardente d'une assemblée représentative du peuple, soit par la délibération mesurée d'un sénat, également représentant le peuple, mais avec des conditions d'éligibilité et d'organisation qui laissent présumer plus de maturité dans les décisions à prendre.

La loi est votée doublement, il ne lui reste qu'à passer à l'exécution. Mais pour y parvenir n'y a-t-il pas encore un degré à parcourir? Ne faut-il pas constater si la loi est bien conforme à la sensation qui lui a donné naissance, ou si la loi est bien en rapport avec les forces du peuple? Il y a là un retour de consultation nécessaire vers le peuple lui-même. C'est dans le corps humain la constatation de pouvoir exécuter ce que la pensée a conçu.

Presque toujours dans les pays où les corps délibérants ont discuté les questions publiquement, le peuple s'est formé à mesure une opinion sur la valeur et l'à propos des décisions prises. Le premier juge des travaux des corps législatifs c'est l'opinion publique, qui rarement se trompe à cet égard si elle a pu être éclairée par des compte-rendus bien faits des débats des représentants, et si elle a pu les apprécier librement par la presse et les réunions publiques.

C'est comme une délibération populaire qui succède à celle des élus de la nation.

Si, dans l'opinion publique qui se forme, il ne se rencontre pas une opposition au moins un peu générale et accusant une résistance sérieuse à l'application des décrets rendus, leur application peut être considérée comme certaine et les moyens prévus par lesquels le peuple pourrait, ou en retarder, ou en empêcher tout à fait l'application, ne seront dans leur exercice qu'une vaine formalité et quelquefois même n'auront pas besoin d'être employés ; mais, s'il y a répugnance réelle dans le peuple, les moyens mis à sa disposition pour s'y opposer sont de différentes nature.

D'abord les agents chargés de l'exécution des décisions législatives doivent, comme nous l'établirons plus tard, être comme les corps législatifs, issus directement de l'élection du peuple; nous examinerons plus loin comment cette élection, de la plus haute importance, doit être organisée pour être sincère.

Pour le moment, qu'il nous suffise de savoir que la fonction exécutive dérive bien directement du peuple et représente bien ses aspirations.

Cette fonction exécutive joue un double rôle qui se remarque aussi dans l'homme individuel, alors que sa pensée a conçu un projet, et qui consiste à mesurer si ses forces répondent à son désir et s'il peut ce qu'il voudrait.

Or, dans le corps social, ce qui soulèverait le peuple contre des décisions législatives, ce serait que ces décisions ne fussent pas en rapport avec les facultés d'exécution, comme par exemple de charger la nation d'impôts excessifs, de proposer des lois qui ne seraient pas en rapport avec les droits garantis et exprimés par les déclarations de droit, comme aussi d'engager le pays dans des guerres qui excéderaient les devoirs de la défense, etc., etc.

Dans ces cas, le peuple peut d'abord avoir recours à son pouvoir exécutif pour faire valoir le sentiment général vis-à-vis des corps législatifs. La fonction exécutive est à la fois l'œil et le bras de la société. Elle est placée en tête du pays, de manière à apercevoir en premier soit les périls qui menacent le corps social, soit les besoins nouveaux qu'il éprouve. C'est par l'exercice de cette fonction que souvent, sur son avertissement, la première sensation de ce qui est nécessaire et utile prend naissance dans le peuple.

Si la sensation a commencé dans le peuple, sans son intermédiaire, c'est presque toujours par cette fonction exécutive qu'elle vient se présenter dans les corps législatifs.

Il en résulte que cette fonction est l'intermédiaire tout naturellement appelé à recevoir ou recueillir soit l'approbation, soit la désapprobation du peuple sur une décision législative.

Cette fonction doit donc être munie de la faculté de pouvoir, avant qu'une décision législative passe à l'exécution, de l'approuver ou de la suspendre au nom du peuple. S'il prononce la suspension de l'exécution d'une loi, ce sera presque toujours par suite d'un sentiment général bien prononcé dans la nation. Mais, néanmoins, comme ce n'est pas elle qui est chargée de la législation et qu'elle pourrait se tromper et sur le mérite de la loi et sur ce qu'en pense le peuple, il est bon alors que le peuple soit consulté, qu'on lui soumette la question; c'est là le retour à l'ensemble du corps social des décisions des représentants, pour en bien constater l'exécution possible.

Ici nous arrivons au veto, au *referendum;* mais avant d'en expliquer l'emploi, prenons un autre point de la faculté donnée à l'exécutif d'approuver les décisions législatives s'il les juge propres à passer à l'exécution.

Ne se pourrait-il pas, dira t-on, que cet exécutif donna quelquefois son approbation à ce qui déplairait au peuple, et, dans ce cas, le peuple se trouverait à dépourvu de son droit d'appel à lui-même de ce que ses représentants divers auraient résolu contre son gré.

C'est ici un point délicat à examiner. Est-il utile et nécessaire que toutes les lois soient soumises à la votation du peuple, après avoir passé à l'épreuve de la délibération législative et avoir reçu la sanction de l'exécutif? Nous avons admis que cela va sans dire, toutes les fois que l'exécutif a jugé que ces lois n'étaient pas admissibles; mais quand les trois corps représentant les uns et les autres le peuple, chacun dans leurs fonctions ont pris une décision en commun, y a-t-il nécessité de recourir de nouveau au peuple qui, par le fait de l'accord de tout ce qui contribue à l'élaboration de la pensée sociale peut difficilement ne pas être satisfait de ce qui est décidé? Nous croyons que dans ce cas le retour au peuple est inutile, et cependant si, par quelque circonstance improbable, il en était autrement et que les trois corps, les deux législatifs et l'exécutif se fussent coalisés contre l'opinion publique, le redressement de ce conflit pourrait avoir lieu lors du renouvellement électif de ces fonctions.

Ces renouvellements doivent être à courte échéance, c'est la meilleure garantie que ces corps resteront toujours en rapport avec l'opinion publique, que d'ailleurs ils contribuent eux-mêmes à former par leurs délibérations.

Mais si nous croyons que lorsque législatif et exécutif sont tombés d'accord sur une décision, il est inutile de faire voter le peuple sur cette décision, nous n'étendons pas cela à tous les objets qui peuvent être traités dans tous les corps délibérants.

En première ligne, nous estimons que toutes les fois qu'il s'agit de changements constitutionnels le peuple doit être appelé à voter; il est clair que l'on ne peut pas modifier les conditions de son existence sans son aveu. Et ici même nous irons plus loin, il y a des conditions que lui-même n'aurait pas le droit de changer, car avant le peuple il y a l'individu, et l'individu ne fait partie d'une société qu'avec des garanties personnelles qui sont inaliénables, et que, suivant notre méthode, nous considérons comme essentielles à l'existence d'une société.

La majorité d'un peuple ne peut pas renoncer à ce qui constitue en réalité un peuple, à moins de se suicider. Or, le suicide d'un peuple n'est pas à prévoir, et, si l'on en venait là, chacun reprendrait sa liberté naturelle, la société serait dissoute.

Néanmoins, il y a des changements constitutionnels qui n'altèrent pas les bases essentielles de la composition du corps social et de son fonctionnement d'intelligence collective, qui même le perfectionnent, dont on peut s'occuper, mais qui alors évidemment doivent obtenir la sanction du vote populaire pour être définitivement adoptés.

Sur ce point, le vote populaire est donc nécessaire pour être bien assuré que les changements sont réellement dans les besoins du mouvement de la société dont on fait partie.

Il y a encore des objets aussi fondamentaux que les changements constitutionnels, sur lesquels le consentement direct du peuple est nécessaire après qu'ils ont été discutés et approuvés dans les corps délibérants : ainsi la paix et la guerre, ainsi des charges extraordinaires, en dehors des impôts ordinaires, dont l'emploi est coté chaque année; des changements profonds aux lois civiles et pénales doivent aussi être soumis au veto, malgré leur adoption par les corps délibérants, et enfin ces corps délibérants, quand ils le jugent à propos, peuvent décider que tel ou tel décret, sur lequel ils ont eux-mêmes des doutes, doivent être soumis au peuple.

Pour bien préciser notre pensée, ce qui, suivant nous, dans une bonne organisation sociale, peut être dispensé d'un retour au peuple lorsque le législatif et l'exécutif sont d'accord, ce sont en général toutes les mesures administratives, comme le budget annuel, par exemple, et toutes les lois civiles et pénales qui n'apportent pas un changement fondamental aux principes qui les régissent aujourd'hui, comme seraient, par exemple, des modifications dans le droit de propriété, l'hérédité, le mariage, etc.

Résumons-nous. Suivant nous, la votation du peuple nous paraît nécessaire après le travail des corps délibérants, premièrement lorsque la fonction exécutive a cru devoir suspendre l'exécution d'une décision des corps législatifs, secondement sur les changements constitutionnels et sur les objets fondamentaux qui constituent le droit civil et pénal.

Après avoir ainsi bien déterminé comment le contrôle du peuple lui-même peut être appliqué pour que la loi soit bien toujours l'expression réelle de sa volonté, issue des fonctions d'une intelligence collective, il nous reste à examiner l'exercice de son veto.

Ici, nous revenons à tout ce que nous avons déjà dit sur le suffrage universel et des conditions qui le rendent sincère.

Nous l'avons souvent répété, le peuple c'est tout le monde. Ce n'est plus le peuple, lorsque par des fractionnements à l'infini, par de petites communes par exemple, vous ne rassemblez sur un point pour voter que des gens qui, par des influences locales où, en général, le riche domine le pauvre, et où l'on peut profiter de l'ignorance pour dénaturer les questions et opposer des intérêts privés aux intérêts généraux. Ce n'est plus là le peuple ; ce qu'on entend par là ne peut être qu'une réunion assez nombreuse pour qu'il s'y rencontre de toutes les classes de la société, et où le contact des diverses intelligences les fasse s'éclairer les unes par les autres, où surtout que chacun puisse voter avec indépendance et liberté, grâce à ce qu'il pourra, dans la foule, échapper aux influences auxquelles il voudrait échapper. Influences qui, quoiqu'on en dise, jouent malheureusement un grand rôle dans les votations politiques. Que l'ouvrier puisse voter sans que l'œil de celui qui l'emploie puisse deviner ce qu'il fait, que le fermier ne soit pas surveillé par son propriétaire, que lui-même ne domine pas ses valets de ferme, que tous les employés dans les études, dans les maisons de commerce, et même ceux de l'Etat ne puissent être contrôlés dans leur votation, sans cela il ne peut pas y avoir de votation sincère.

Or, cela ne peut s'obtenir que par de grandes réunions et le scrutin secret.

Sans cela, le vote serait vicié, tout comme le serait une élection.

Il faut donc que, pour l'une ou l'autre votation, dans les pays où la nation est nombreuse, il soit créé des arrondissements politiques se composant autant que possible des diverses classes de la société, ce qui est facile en réunissant les votants des communes rurales aux votants des petites villes. Dans les grandes villes c'est encore plus facile, car le mélange de toutes les conditions sociales y est tout fait, et il y est plus aisé que partout d'y voter en dehors des influences que l'on craint en se mêlant dans la foule.

Lorsqu'un peuple est petit, il faudrait autant que

possible le laisser voter rassemblé dans sa totalité, surtout lorsqu'il s'agit de son vote sur les lois.

Une réunion assez nombreuse du peuple étant donnée, comment cette réunion doit-elle procéder intérieurement à l'instant où elle exerce ses devoirs électoraux ou de vote sur les lois? Evidemment, dans ce règlement intérieur, tout doit tendre à s'assurer de l'identité de l'électeur et du secret de son vote. Comme juge de toutes les difficultés, il doit être institué un bureau qui soit en même temps chargé du dépouillement des votes.

Le dépouillement est une opération des plus délicates et qui doit être entourée de toutes sortes de garanties. Le bureau doit lui-même se trouver à l'abri de tout soupçon, et ici se présente une difficulté. Qui le désignera ? Il ne reste évidemment que de s'en rapporter au sort pour cela. Maintenant, après toutes les opérations électorales ou de vote sur les lois terminées, qui décidera de la validité du vote et en proclamera le résultat ? C'est une assemblée qui vient d'agir dans toute la plénitude d'une fonction souveraine, nul corps n'est audessus d'elle, elle est elle-même le dernier terme d'une résolution sociale; il faut donc que ce soit dans son sein qu'ait lieu la validation et la proclamation du résultat du scrutin. Dans ce cas, il est impossible qu'un autre corps en soit chargé que celui issu du sein même de l'assemblée votante. C'est donc le bureau tiré au sort qui, après avoir jugé tous les conflits, suivi les opérations du vote, décide si le résultat du dépouillement peut être considéré comme exact, et, dans ce cas, en proclame le résultat. C'est un jury politique décidant suivant sa conscience.

Le correctif, s'il en résultait un abus, serait dans le fait qu'une votation déclarée non-valable n'aurait pas d'autre conséquence que de la recommencer quelques jours après.

C'est ainsi que nous croyons que le vote sur les lois pourrait avoir un véritable caractère de sincérité.

Nous craignons beaucoup que par la manière dont il est exercé dans beaucoup de cantons de la Suisse il ne produise quelquefois tout le contraire de ce que l'on en attend. Cette mauvaise application ne voudrait rien dire contre l'institution elle-même, comme d'autres fausses applications du suffrage universel ne veulent rien dire contre ce suffrage, mais précisément à cause de cela, il est bon de le signaler. Combien de fois une loi, élaborée avec soin dans les conseils délibérants sera-t-elle méconnue dans les communes où, en général, on recueille les votes. Que de malentendus peuvent résulter de ce que les votants n'ont pas entendu le pour et le contre des questions! Notre presse politique est tellement écourtée en Suisse, elle donne si mal le compte-rendu de ce qui se passe dans les conseils législatifs, que bien souvent le peuple peut être égaré sur les motifs de sa votation, qui serait peut-être tout le contraire s'il était mieux renseigné.

Et, ici, qu'on me permette de revenir sur une opinion que j'ai émise dans la précédente séance, c'est que la délibération introduite dans les assemblées du peuple appelées à voter dans les petits pays pourrait beaucoup contribuer à l'avancement des idées.

Ce qu'il y a de remarquable, c'est que ce serait surtout dans de petites républiques que ce serait nécessaire plutôt que dans les grandes. Dans les petits pays, les moyens de publication sont plus bornés que dans les grands, il est rare qu'ils puissent suffire aux frais de grands journaux et de compte-rendus bien faits des corps délibérants; en Angleterre, aux Etats-Unis, en France, chacun peut très-bien se rendre compte des questions tout comme s'il avait assisté lui-même aux délibérations des assemblées représentatives. En Suisse, il n'en est pas de même, surtout en ce qui concerne ce qui se passe à l'Assemblée fédérale sur quoi, en général, on est mal renseigné dans la plus grande partie de la population.

Croit-on, par exemple, que le peuple, c'est-à-dire tout le monde, soit bien informé des tentatives d'une coterie doctrinaire qui ont lieu pour fausser notre constitution fédérale? Chacun n'en apprend quelque chose que par des compte-rendus tronqués où chaque journal fait, tant bien que mal, ressortir l'opinion de ses amis et défigure celle de ses adversaires.

Comment veut-on que sur des renseignements de ce genre le peuple puisse voter avec pleine connaissance de cause. Pourquoi, jusqu'à présent, l'Assemblée fédérale s'est-elle refusée à donner à ses délibérations une publicité complète? On ne saurait le dire, mais en fait les frais qu'une telle publicité entraîne ne peuvent être supportés que par le trésor public, nul journal dans les conditions où ils paraissent en Suisse ne saurait y suffire ; et pourtant on appellera le peuple à voter sur des points où la généralité n'aura pas eu des renseignements suffisants.

Ceci nous conduit tout naturellement à croire qu'en Suisse la votation sur les lois, pour être donnée avec connaissance de cause, devrait avoir lieu dans de grandes réunions populaires où la délibération sur ce qui est proposé pourrait avoir lieu.

J'avoue que, pour Genève, par exemple, ce serait non-seulement sans danger, mais d'un grand intérêt, bien entendu dans les limites et les conditions du veto telles que nous les avons indiquées plus haut.

Mais, revenons au veto lui-même et au referendum.

Nous avons expliqué comment la votation doit être recueillie pour qu'elle soit sincère. Examinons son utilité pour le maintien du corps social dans ses conditions fondamentales et dans la délégation de l'entendement social.

C'est surtout en matière constitutionnelle qu'elle est utile. En général, sur les questions de cet ordre, le peuple se rend bien compte de ce qui est dans son intérêt. Il a surtout l'œil ouvert sur ce qui peut consacrer son indépendance dans ses votations électorales ou sur les lois.

Nous l'avons vu à Genève, avec un tact exquis, rejeter de certains progrès sophistiques qui n'étaient autre chose que des reculades. Il s'est quelquefois mépris ou il s'est laissé tromper dans les élections, depuis la réforme de nos institutions, mais pas encore sur les questions constitutionnelles.

Néanmoins, remarquons-le bien, le peuple a, sur ces questions comme sur d'autres, besoin d'être renseigné par des délibérations, par son intelligence collective, pour que son vote soit correct et soit bien en rapport avec son intérêt bien entendu.

Et ici, reprenons notre thème favori et disons : le peuple ne peut réellement manifester une volonté nationale que là où elle parvient à se former par les fonctions qui créent pour lui une intelligence collective.

Livré à lui-même, fractionné et sans délibération préalable, les votes individuels qu'on arrache à une nation ne représentent point la volonté du peuple. Après un acte de violence quelconque, qui a mis en vos mains une force militaire et le mécanisme administratif d'un pays, faire voter sur un acte constitutionnel tout fait, sans que celui-ci ait été délibéré par une représentation librement élue, ne peut nullement être considéré comme l'expression de la volonté d'un peuple. Une votation ainsi obtenue ne répond à aucune idée de bonne organisation sociale, c'est un acte de contrainte qui ne lie personne, il est nul de fait, au point de vue de la science et de la liberté.

Les plébiscites de l'Empire français, sous le premier des Napoléon comme sous le dernier, sont nuls de plein droit. Mais ce ne sont pas seulement les Napoléon qui s'étaient permis cette fraude, nous en avons eu un exemple chez nous : c'est ainsi qu'en 1814 on fit voter aux citoyens genevois, appelés un à un à l'Hôtel-de-Ville, la charte aristocratique sur laquelle nous avons eu tant de peine à revenir.

Les Napoléon, en présentant leurs constitutions qui annulaient tous les droits du peuple, prétendaient qu'il s'agissait de choisir entre eux, assurant l'ordre, et l'anarchie créant le désordre.

La moindre discussion aurait prouvé que c'était un mensonge, car la république pouvait aussi bien, si ce n'est mieux, assurer l'ordre sans compromettre la liberté. L'issue néfaste des deux usurpations napoléoniennes a d'ailleurs assez prouvé que l'ordre, créé par de tels despotes, équivalait à des désordres que dix révolutions n'auraient pas enfantés.

Chez nous, notre petite usurpation aristocratique disait: acceptez notre œuvre ou renoncez à l'indépendance. Là encore, si l'on eût convoqué une assemblée constituante, on pouvait dès lors établir un gouvernement tel que celui qui nous régit actuellement, qui aurait tout aussi bien assuré l'indépendance de Genève, sa réunion à la Suisse, et lui eût donné plus tôt le développement qui était dans la nature des choses et qui n'a pu être arrêté que par des entraves et des restrictions sans objet.

Ces exemples, en grand comme en petit, prouvent que pour qu'une votation populaire soit éclairée et bien dans l'intérêt de la nation dans laquelle elle a lieu, il faut qu'elle ait été préparée par tous les genres de liberté qui donnent essor à la pensée, et par des représentants nommés *ad hoc* pour préparer les votations.

Quand, par des circonstances diverses, un peuple est appelé à réformer ses institutions, son premier acte et celui qui, lorsqu'il agit librement, lui est inspiré instinctivement, c'est de nommer des représentants chargés de lui préparer les conditions de sa nouvelle existence. Dans cette grande délibération, tout ce que les hommes ont inventé pour se constituer, tout ce qu'on imagine dans le moment, tout ce que les circonstances et les besoins du peuple inspirent se rencontre, et du tout on parvient à rédiger un acte constitutionnel.

Ce sont les Américains qui ont les premiers usé de ces moyens dans toute leur plénitude, en se dégageant des antécédents et en prenant pour guide suprême les droits éternels et imprescriptibles de l'humanité, si bien définis dans leurs déclarations de droit.

Ce n'est que sur des actes ainsi loyalement préparés qu'une votation populaire, opérée dans les conditions de réunion et d'émission que nous avons indiquées plus haut, peut être considérée comme sincère et liant toutes les parties.

Le peuple lui-même ou une fraction de ce peuple ne saurait présenter une constitution toute faite, élaborée dans une réunion tumultueuse, à la votation de l'ensemble de la nation, sans commettre la même usurpation que celle d'un homme audacieux qui s'impose comme monarque, ou d'une aristocratie qui usurpe le pouvoir constituant.

La votation sur les lois par le peuple ne peut être considérée comme remplissant bien le rôle de contrôler les décisions législatives qu'autant qu'elle est précédée ou accompagnée des éclaircissements les plus complets sur l'objet soumis à son approbation ou à son rejet.

Sans cela, cette votation peut quelquefois tourner contre l'intérêt même du peuple par des malentendus.

Dans les républiques où l'on a trouvé moyen de bien organiser les corps législatifs et où les fonctions exécutives émanent bien directement du peuple, cette votation, sauf dans les cas constitutionnels, est au fond moins nécessaire qu'on ne pourrait le supposer et a même quelquefois des inconvénients. Aussi, chose assez singulière, cette votation a été souvent recommandée par ceux qui, dans les sociétés, tendent sans cesse à faire prévaloir l'aristocratie. Ils se donnent par là une apparence d'avoir la plus grande confiance dans le peuple; mais si l'on examine bien, c'est qu'ils espèrent, lorsqu'ils ont été battus dans les délibérations législatives, de reprendre leur ascendant soit en égarant l'opinion par une presse subventionnée dont ils répandent les imprimés gratuitement et à profusion, soit par les influences locales de clocher. Soyez sûrs que là où la presse populaire est aussi puissante que la leur, et que les votations ont lieu par grands arrondissements où la brigue est étouffée, ils ne seront pas pour la votation du peuple sur les lois.

Ils ne la recommandent que là où ils croient pouvoir la vicier.

C'est ainsi que dans bien des cantons suisses cette votation a souvent très-mal tourné contre des propositions avancées des corps législatifs, approuvées par l'exécutif, et que l'ignorance habilement exploitée rejetait, ce qui était représenté comme l'opinion du peuple.

Nous ne saurions trop insister sur ce fait, que l'opinion réelle du peuple n'est pas celle que l'on peut recueillir en la faisant s'exprimer par des fractions plus ou moins dominées localement ou qui sont mal renseignées.

Le vote populaire n'est désirable, nous le répétons, que là où il peut s'exprimer sans captation, dans de grandes réunions, et lorsqu'il est éclairé par des discussions libres, qui ont mûni chaque votant des raisons pour et contre. Or, ce dernier point ne s'obtient dans les grands pays où une presse puissante débat toutes les questions, que surtout par cet instrument, et par des réunions libres; dans les petits pays, le vote ne peut être véritablement éclairé également, que par de grandes réunions qui arrachent les votants à leurs préjugés de commune, et dans ces grandes réunions par une délibération.

Le plus grand échec que puissent éprouver les institutions républicaines, c'est d'être confondues par elles-mêmes et de produire l'oppression ou la compression du peuple, en se servant du peuple lui-même pour y parvenir. Puis, lorsque l'on a réussi dans une réaction ainsi opérée, on se frotte les mains, on se félicite, et l'on se moque de la démocratie tournant ainsi contre elle-même.

L'histoire suisse nous offre bien des exemples de ces déplorables retours. Croit-on, par exemple, que les démocraties des petits cantons aient été toujours de véritables démocraties? D'où cela venait-il! c'est qu'aucune question n'était discutée à fond. On faisait apparaître le peuple une fois par an, dans cette réunion la parole n'était donnée qu'à quelques personnes désignées d'avance, tout s'expédiait en quelques heures, on nommait, non pas au scrutin secret mais à découvert, un employé supérieur de l'Etat, puis tout était fini. Ce n'était pas là une société possédant un véritable entendement social. Cela nous suffit, faisait-on dire aux pauvres paysans qui se croyaient libres! mais l'étaient-ils, alors que sous le joug de magnats de village le bon peuple gémissait dans la pauvreté, était obligé d'aller au service étranger, ne pouvant pas vivre chez lui, alors qu'il croupissait dans l'ignorance et se trouvait à la merci de la superstition.

Ces démocraties, dépourvues de corps délibérants qui pussent élaborer la pensée sociale, s'opposaient à tout progrès et paraissaient, au nom du peuple, ne trouver le bonheur que dans leur ignorance. Néanmoins, parce qu'ils étaient république, le peuple quoique borné dans ses délibérations, comprenait bien deux choses: l'amour de l'indépendance du pays, et le courage pour la défendre.

Mais pénétrons-nous bien que, dans l'exemple de ces petites démocraties champêtres, nous trouverons de plus en plus la preuve que pour être un peuple vraiment libre et profitant de tous les progrès de la civilisation, il ne suffit pas de s'assembler une fois par an pour bâcler les affaires sous la direction de quelques hommes considérables, presque héréditairement placés à la tête du pays, mais qu'il faut encore soumettre toutes les questions à la délibération des plus capables, et que la sanction du peuple n'est efficace, n'est une garantie, qu'autant qu'elle a été éclairée par une discussion préalable.

Rien n'est plus dangereux pour les peuples que les apparences de liberté qui n'en sont pas, c'est ce que nous ne cesserons de répéter et ce que nous essayons de prouver en montrant par notre méthode d'analyse et d'observation, que ce que l'on a appelé la volonté nationale, ne peut avoir ce caractère qu'après avoir été élaborée par des opérations qui donnent à un peuple une intelligence collective, sans laquelle il ne formerait qu'une masse autoritaire qui mériterait alors tous les reproches qu'on a fait à la démocratie.

Ainsi donc, dans le sujet qui nous occupe aujourd'hui, le retour des décisions de la pensée saciale vers le corps social, nous pensons que dans les limites que nous avons assigné plus haut, la votation du peuple est le meilleur moyen de constater que réellement la raison publique n'a pas dépassé les facultés d'exécution du corps de la nation, mais que cette votation pour être sincère doit avoir lieu dans des conditions d'indépendance du vote de chacun et d'informations exactes sur l'objet sur lequel on vote.

Sans ces conditions mieux vaut se passer de ce vote. Si l'on s'en passait, l'on ne serait pas pour cela dépourvu d'un contrôle sur les corps représentatifs si ceux-ci venaient à méconnaître leurs fonctions.

Nous avons démontré plus haut que leur renouvellement à de courts intervalles était nécessaire pour qu'ils ne perdent jamais de vue qu'ils émanent du peuple et que c'est dans son intérêt seul qu'ils doivent agir. C'est lors du renouvellement de ces corps, que le peuple, averti par tous les moyens mis à sa disposition pour s'éclairer, pourra faire connaître s'il est content ou non de ses représentants et si ceux-ci n'ont pas mésusé de leurs fonctions, soit par leur inaction, soit en favorisant un parti, soit par des extravagances.

Nous espérons avoir bien montré que dans le mécanisme d'une organisation de la société, reposant sur l'objectif de faire de la société un être collectif pensant et se dirigeant comme un seul homme, la votation directe du peuple sur les objets élaborés par les corps faisant fonction d'intelligence collective, ne doit avoir lieu qu'avec prudence.

Plus nous considérons que la société doit être constituée en accordant à chaque individu qui la compose la garantie de droits qui assurent sa liberté, puisque le peuple est formé de tous les individus réunis dans un intérêt commun qui protège la liberté de chacun; plus nous croyons que l'émanation de toutes les fonctions qui donnent à ce peuple la direction de ce qui lui est utile doit strictement rester dans ses mains, plus nous sommes convaincus que son contrôle sur les résolutions prises par ses représentants est nécessaire, plus nous croyons à la gravité de ce moment, où le peuple mal éclairé, pourrait par un caprice renverser tout l'échafaudage si bien construit par lequel on lui donne une raison collective.

C'est pour cela que nous insistons sur ce point essentiel; que sur cette question on ne se paie pas de mots, mais qu'on mette autant de soin à rendre ce contrôle sincère que sur tous les autres points de l'organisation de la société.

Nous insistons là-dessus, parce que nous voyons, à ce sujet, se manifester des entraînements dangereux, qui, se laissant aller à des mots, croient avoir consolidé la démocratie en disant: faisons voter le peuple. Eh bien, si cette votation est mal organisée, elle sera plus contraire qu'utile aux progrès de la société, parce que l'élément aristocratique qui subsiste toujours dans toute société et cherche sans cesse de faire décider les questions dans son intérêt, s'efforcera d'influencer cette votation par tous les moyens à sa disposition, et le vote par petites fractions pour le recueillir, comme le défaut de renseignements ou plutôt de renseignements exacts, faisant effet sur l'ignorance, pourra vicier la votation.

En Suisse, ce danger est flagrant, les habitudes de votation n'y sont pas conformes à ce que devrait être une votation populaire sur un objet déterminé et qui mérite un examen. S'il s'agit de questions constitutionnelles qui sont débattues depuis longtemps et sur lesquelles chacun est assez bien renseigné, peut-être que quel que soit le mode de votation il sera bien conforme à l'intention de chacun.

Mais sur des questions d'administration et de droit civil qui surgissent à mesure et sont nouvellement débattues, en serait-il de même?

Supposons, par exemple, qu'il s'agisse d'un grand travail public d'un intérêt général bien constaté, mais qui, mal compris, n'intéresse pas directement une partie du pays. Que pour accomplir ce travail, on demande au pays ou un impôt ou un emprunt, n'y a-t-il pas chance que dans des communes isolées, mal renseignées sur l'objet, l'on vote contre en disant cela ne nous regarde pas, et prétendant qu'on leur fait tort pour favoriser les localités où les travaux s'exécuteraient. Supposons encore une loi civile dans le sens d'un progrès social, mais contre laquelle on peut invoquer de vieilles habitudes et des préjugés enracinés, si la délibération qui a éclairé la question n'est pas parvenue au peuple et qu'on ne puisse pas la recommencer devant lui, il y a encore chance que cette loi, toute progressive qu'elle soit, et toute favorable qu'elle soit au peuple, soit rejetée par lui. Et le côté de la société qui se dit conservateur, de s'écrier: Voyez, le peuple est conservateur comme nous, et le découragement s'emparant des esprits progressifs.

Mais des individus votant par la manière dont on les fait voter, sous des influences illicites et dans l'ignorance, ce n'est pas le peuple.

Nous nous sommes étendus sur la question du veto parce que cette question est féconde en appréciations diverses.

HUITIÈME SÉANCE

Des fonctions exécutives du Corps social.

Nous voici arrivés à nous occuper de l'objet peut-être le plus difficile à composer pour donner tout leur jeu aux fonctions naturelles et nécessaires, en le maintenant dans les bornes qu'il ne doit néanmoins pas dépasser sous peine de bouleverser l'ordre social, si péniblement élaboré. Nous voulons parler de la fonction vulgairement désignée sous la qualification de pouvoir exécutif, fonction qui doit ête à la fois l'œil et le bras du corps social, comme nous le disions dans la précédente séance.

Ici, nous retrouvons la condition essentielle attachée à chacune des fonctions de notre corps social, c'est que ceux qui seront chargés de l'exécution des décisions arrêtées par l'intelligence collective de la nation, soient comme les corps employés à l'élaboration de la pensée, directement émanés du peuple, et du peuple pratiquant le suffrage universel dans toute sa plénitude, non-seulement d'après les conditions que nous avons énoncées dans d'autres séances pour la nomination des députés à la chambre des représentants et au sénat, mais cette fois par l'universalité du peuple.

C'est ici la première difficulté qui se présente pour arriver à une bonne composition des agents qui sont chargés d'exercer les fonctions exécutives.

Quand la nation est petite, il n'y a aucune difficulté à rassembler tout le peuple et à lui faire procéder à l'élection de son pouvoir exécutif. Mais quand il s'agit d'un grand peuple, comment s'y prendra-t-on ? Il est évident que pour parvenir à faire voter chacun directement, il faudra fractionner l'élection. Pour ce faire, le fractionnement en colléges électoraux d'arrondissement suffisamment étendus pour représenter une partie du peuple, assez considérable pour être l'image du peuple entier, peut-être évidemment adoptée pour recueillir la votation. Mais ici se présente ce que nous avons nous-même indiqué comme pouvant altérer la sincérité d'un vote émis par fractionnement, mais qui se rapporterait à un scrutin de liste auquel devraient concourir plusieurs arrondissements. Nous avons dit que, par ce mode, il pouvait se faire que bien souvent tel arrondissement ne sût pas trop quel choix faire, les candidats présentés lui étant quelquefois inconnus, et, d'un autre côté, n'osant pas présenter les siens de peur qu'ils fussent mal appréciés dans d'autres arrondissements. Ce mode nous paraissait très-favorable à la brigue, et nous déclarions que nous lui préférions de beaucoup l'élection directe par chaque arrondissement, d'un certain nombre de candidats.

Maintenant, nous proposons de faire nommer les agents à qui le pouvoir exécutif est confié, par l'ensemble de la nation votant par les arrondissements établis pour les autres élections, mais cette fois sur un scrutin de liste universel pour le pays tout entier.

Ceci pourrait être considéré comme une contradiction. Nous allons nous expliquer à ce sujet.

Il est évident que dans une telle élection, l'attention est bien plus éveillée que lorsqu'il s'agit de l'élection de quelques députés à une assemblée nombreuse. De quoi s'agit-il pour l'élection du pouvoir exécutif de toute une nation ? uniquement d'un président, vice-président, gouverneur ou d'un conseil exécutif. Nous devons, dès ici, déclarer que suivant nous un conseil exécutif est préférable à un seul homme pour remplir les fonctions exécutives ; un peu plus loin dans cette séance nous expliquerons pourquoi.

Or, lorsqu'il s'agit d'une élection aussi restreinte à un petit nombre de candidats, et surtout lorsqu'il s'agit d'hommes nationaux, universellement connus par des antécédents au service du pays, chaque électeur peut se former une opinion sur le choix qu'il a à faire. L'inconvénient de ne pas connaître les candidats sur lesquels il a à voter disparaît, car nul ne pourrait être, pour une semblable élection, un candidat sérieux, s'il n'est déjà connu de l'universalité du pays. Ceci est évident, et d'autant plus s'il s'agit d'élire un président et vive-président, mais c'est encore vrai s'il s'agit d'un conseil de cinq, de sept ou de neuf membres, nombre que nous croyons ne pas devoir être dépassé.

Maintenant, pourquoi disons-nous que c'est le peuple tout entier qui doit directement contribuer à l'élection du pouvoir exécutif.

Parce que, suivant nous, d'abord l'élection sera plus sincère, elle échappera davantage à la brigue, à la corruption, les partis divers auront moins d'influence. Nous voulons ici parler d'une élection libre et non d'une élection qui serait commandée par une usurpation disposant de moyens en dehors de la libre expression du pays, et s'imposant par la fraude et la violence. Nous avons déjà montré dans la précédente séance ce que c'est au fond qu'un plébiscite, qui est demandé sur un acte non délibéré par les représentants de la nation, et qui est sollicité par un pouvoir usurpé par surprise ou un acte quelconque de violence, disposant de tous les moyens d'une administration, tenant en main les finances, et secondé par une armée dont on n'a besoin de gagner que les chefs, la discipline interdisant au gros de l'armée de manifester ses véritables sentiments. Nous l'avons dit, un vote quelconque provoqué par une telle origine est nul, ce n'est pas celui du peuple; à de telles violences ou tour de passe on ne peut répondre que par les mêmes moyens, c'est ce qui provoque les révolutions et les rend légitimes.

Ici, nous ne nous occupons que du vote de bonne foi destiné à désigner les plus dignes pour exercer le pouvoir exécutif.

Pour cela nous croyons que le suffrage universel direct est le plus efficace.

De bons esprits ont proposé de procéder à de telles élections, à deux degrés, c'est-à-dire que dans des assemblées primaires on nommât un certain nombre d'électeurs qui fussent chargés de l'élection définitive; aux Etats-Unis, pour l'élection du président, on pratique quelque chose de semblable, mais dont les inconvénients sont corrigés par le fait qu'en réalité les électeurs choisis pour arrêter le vote définitif reçoivent des premiers électeurs un mandat impératif, et ne forment en réalité que des bureaux de dépouillement des votes émis. Ce ne serait donc pas là un exemple, il en existe un, non pas pour l'élection du pouvoir exécutif, mais pour celle des corps représentants, c'est dans la constitution de 1791, dans celle de l'an III, et dans les constitutions du consulat et de l'Empire français. L'expérience qui en a été faite n'est pas de nature à bien recommander ce mode, il ne produit que des assemblées molles et indécises, qui ont compromis d'abord la monarchie constitutionnelle, puis la république, et plus tard, sous l'Empire, dans le cercle étroit où on les faisait agir, n'ont eu d'énergie que lorsqu'il n'était plus temps.

En effet, ce mode électif n'offrant aucun intérêt direct au peuple est presque toujours négligé par lui; on a vu de ces élections au premier degré ne pas réunir un nombre de votants égal à celui des électeurs définitifs qu'elles avaient à désigner. Les listes de ces élections présentées au scrutin étaient presque toujours préparées par ceux qui avaient quelque intérêt à les composer, suivant des sentiments qui étaient rarement ceux du peuple pris dans son entier. Ces corps électoraux, au second degré, peuvent difficilement échapper à l'inconvénient de ne représenter en réalité qu'une classe mixte de propriétaires, de capitalistes, ou de certains notables qui ne sont pas toujours bien disposés en faveur des réformes nécessaires.

On le comprend, l'élection du pouvoir exécutif, confiée à de tels corps électoraux, serait loin d'offrir les garanties que l'ensemble du peuple a besoin de comprendre pour qu'il accepte volontiers la direction de l'exécutif.

Mais si ce mode à deux degrés, après examen, ne paraît pas heureux, on a songé néanmoins à faire élire les pouvoirs exécutifs encore à deux degrés, mais par un second degré nommé lui-même avec plus d'entrain et d'intelligence par le peuple et offrant une capacité plus réelle que celle des corps électoraux dont nous venons de parler.

Il s'agit de faire nommer le pouvoir exécutif par les corps législatifs.

Cette manière a malheureusement prévalu dans presque tous les cantons suisses qui ont adopté la forme représentative, et même dans l'élection du pouvoir exécutif fédéral.

C'est une atteinte directe à la séparation des pouvoirs,

si nécessaire pour laisser à chacune des fonctions sociales toute leur indépendance et leur opposer un frein nécessaire pour rester dans leurs attributions respectives.

Il est clair que si le pouvoir exécutif est nommé par le pouvoir législatif il devient dépendant de ce pouvoir, il n'est qu'une commission des corps législatifs, entre les mains desquels passe en réalité l'exécution des lois. Il n'y a plus dès lors que confusion entre les diverses fonctions élaborant la pensée sociale et la mettant à exécution. Alors les craintes manifestées par Rousseau, dans le cas où le peuple confierait ses destinées à des représentants se justifieraient. Quand le pouvoir législatif est mêlé au pouvoir exécutif, les assemblées législatives réunissent en elles tout ce qu'on a appelé la souveraineté, elles arrivent à exercer tout ce qu'on a stigmatisé avec juste raison du nom d'*omnipotence parlementaire,* omnipotence tout aussi dangereuse pour la liberté et le bon gouvernement d'un pays que des directions monarchiques ou aristocratiques. Disons-le avec douleur, c'est là le côté faible de nos institutions en Suisse. Et déjà dans la Confédération il se fait sentir d'une manière notable.

Notre constitution genevoise a la première, dans les gouvernements représentatifs des cantons, su se soustraire à cette confusion des pouvoirs et fait nommer le conseil exécutif directement par le peuple. Quelques cantons l'ont déjà imité, espérons que petit à petit ils le seront par les autres et qu'un jour la Confédération suivra. En attendant, essayons de démontrer d'après notre méthode que tant qu'il y aura dans une constitution un lien quelconque soumettant le pouvoir exécutif au pouvoir législatif, il n'y aura pas complète vérité dans le jeu de l'organisme social.

Nous avons, dans la précédente séance, examiné combien il est nécessaire pour la bonne exécution des lois qu'on soit bien assuré que ces lois sont bien comprises et bien acceptées par le peuple, nous avons examiné les différents modes pour s'en assurer, et nous avons reconnu que celui qui était le plus sommaire et qui pouvait dispenser des autres était dans le fait d'une approbation ou désapprobation donnée aux lois par le pouvoir exécutif au nom du peuple qui, en cas de désapprobation, serait directement consulté.

Mais pour qu'une pareille intervention soit bien l'expression des vœux du peuple, encore faut-il que le pouvoir exécutif émane directement de lui et sente ainsi son indépendance des corps législatifs. Pour contrôler le travail de ces corps puissants il faut se sentir fort, et c'est l'élection directe du peuple seule qui peut donner à la fois l'intelligence de la situation et l'énergie nécessaire dans de pareils cas.

On s'est trop habitué à voir dans les corps législatifs les représentants entiers des besoins du peuple, on les a vu si souvent fonctionner en face de pouvoirs aristocratiques ou héréditaires qu'on s'est habitué à considérer leur dernier mot pour celui du peuple lui-même. Et l'on se roidissait contre le veto d'un roi ou d'une chambre des pairs!

Mais, dans une république les rôles sont changés, ce sont les corps législatifs qui peuvent quelquefois être entraînés dans des voies qui ne soient plus celles qu'affectionne le peuple dans son ensemble. Dans nos sociétés actuelles, de transition surtout, il peut y avoir encore des surprises par lesquels des partis dont les intérêts ne sont pas tout à fait ceux du peuple pris dans son entier, parviennent à dominer dans les corps représentatifs. Dans ce cas, il est bon que les fonctions qui sont chargées de l'exécution ne soient confiées qu'à des élus directs du peuple entier, et que ces élus aient le droit de suspendre l'exécution de décisions qui leur paraîtraient suspectes, et d'en référer à un vote direct du peuple.

Or, nous le répétons, comment cela se pourrait-il si

le pouvoir exécutif émanait des mêmes corps qui auraient travaillé dans un intérêt contraire à celui de l'ensemble de la communauté ?

Non, le pouvoir exécutif doit être l'incarnation la plus complète du peuple, faisant naître ou recevant ses sensations les plus intimes. La pensée sociale ne peut être complétée pour arriver à se traduire en faits que par le concours de ceux qui sont chargés de l'exécution.

Mais, dira-t-on, ceci est bien dangereux, et, en effet, bien souvent les pouvoirs exécutifs se sont substitués à tous les autres ou les ont dominés, certes, mais ce n'est pas dans la suprématie et l'omnipotence des corps législatifs qu'il faut chercher les garanties contre l'usurpation possible du pouvoir exécutif. La première garantie est certainement qu'il dépende directement du choix du peuple et qu'il soit soumis à des élections fréquentes.

Les élections souvent renouvelées sont le meilleur moyen de rappeler chacune des fonctions sociales au rôle qui leur est attribué pour concourir à l'ensemble du gouvernement.

Nous croyons qu'une durée de deux ans est celle qui serait le plus convenable et qu'elle devrait alterner avec l'élection des pouvoirs législatifs, peut-être qu'alors elle pourrait être de trois ans. Une année la chambre des représentants, la seconde le sénat, la troisième le pouvoir exécutif.

Ainsi que nous venons de l'établir, la première condition d'un pouvoir exécutif fonctionnant suivant les conditions qui font penser et agir collectivement le corps social, c'est qu'il soit issu de l'élection, et de l'élection directe du peuple. Nous avons expliqué comment cela se peut.

Maintenant examinons le fonctionnement de ce pouvoir.

Il est l'œil et le bras du corps social, nous l'avons déjà ainsi défini.

Comme œil, c'est lui qui surveille la marche du corps social, qui signale les dangers, qui recherche ce qui est utile, qui fait pénétrer le premier chez le peuple la sensation qui provoque le travail de la pensée sociale; c'est lui qui au besoin formule l'expression de cette pensée.

Pour bien remplir cette fonction il doit être pourvu d'une initiative des lois, mais sans que cette initiative soit un privilége pour lui, comme on le lui a souvent attribué, même dans des républiques. Il peut porter dans les corps législatifs des projets de loi; il y en a qui émanent naturellement de lui, comme les budgets annuels, par exemple, mais sans que cela empêche les corps législatifs délibérant d'user eux-mêmes de leur initiative, même sur des objets concernant l'administration. C'est là un contrôle nécessaire qui tient le pouvoir exécutif en haleine pour apporter dans les corps législatifs tout ce qui doit être soumis à l'examen de ceux-ci.

Ce n'est pas là un empiétement de pouvoir ou fonction sur un autre, c'est le mouvement naturel du travail général du corps social pour faire naître et mûrir la pensée collective; dans ce travail, toutes les fonctions contribuent au tout, en restant néanmoins chacune dans leurs attributions sans pouvoir les dépasser.

C'est ainsi que si le pouvoir exécutif participe à l'initiative des lois, après en avoir laissé l'adoption aux corps législatifs, il n'a plus de prise sur la loi votée, que comme suspension de son exécution, suspension qu'il doit soumettre au peuple qui, éclairé par les discussions qui ont eu lieu, décide en dernier ressort sur le sort de la loi.

Dans sa participation législative, le pouvoir exécutif n'est en réalité qu'un conseiller qui par ses attributions est à même de donner des renseignements, mais en fait de législation ne décide rien. La pensée sociale reste indépendante et libre dans sa formation. Une fois ses décisions admises, elles passent à l'exécution; c'est le bras qui est mis en mouvement, c'est l'administration qui se crée et qui agit.

Nous n'avons pas besoin ici d'examiner tout ce que comporte cette fonction administrative. Il s'agit en premier de la direction des finances dans ses innombrables détails, de levée des impôts.

Ensuite des travaux publics, de l'entretien et de l'établissement des routes, de toutes les voies de communication, des bâtiments publics, etc.

De l'instruction publique, de l'enseignement des sciences et des arts.

Des mesures propres à la défense du territoire. Dans une séance spéciale, nous indiquerons comment cette défense doit être organisée pour que le pouvoir exécutif ne puisse pas en abuser contre les libertés du pays.

Dans l'administration centrale nous ne mentionnons pas ce qu'on appelle la police, c'est-à-dire la surveillance pour tout ce qui concerne la sûreté publique, nous croyons que cette partie de l'exécution des lois doit appartenir aux communes et aux corps judiciaires, ce que nous aurons lieu d'expliquer plus tard.

Ici, disons encore que dans les détails de l'administration exécutive nous croyons que le pouvoir central doit, hors de la sphère de ses bureaux et de quelques postes élevés de confiance, se faire aider autant que possible par les autorités locales de communes, d'arrondissements ou de départements issus de l'élection. Quand il s'agit de l'intérêt général, qu'il n'y a pas d'arrière-pensées en faveur d'un pouvoir exceptionnel quelconque, des employés issus de l'élection offrent presque toujours une présomption plus grande de capacité que ceux choisis par le pouvoir central, qui ne peut pas avoir des renseignements aussi exacts que ceux que les électeurs ont dans leur localité, sur la valeur des individus employés.

L'étendue des fonctions du pouvoir exécutif est immense et comporte une grande responsabilité.

Cette responsabilité doit être bien définie pour être efficace. Elle ne doit pas porter le caractère d'une défiance outrée ni être trop pointilleuse, il faut qu'elle soit digne et sans mettre en suspicion constante ceux qui sont appelés à diriger l'Etat dans des fonctions pleines de difficultés et de hasards. On doit respecter celui qu'on a choisi et ne pas le poursuivre de soupçons et plutôt supposer le bien que le mal. Nous parlons ici de fonctionnaires électifs, élus pour peu de temps, et qui représentent directement le peuple.

Trop souvent on a confondu de pareils fonctionnaires chargés de l'exécution des lois avec les pouvoirs exécutifs des monarchies constitutionnelles ou d'aristocraties, fonctionnaires tantôt héréditaires, tantôt à vie, ou dont l'origine n'a rien de directement populaire, que les peuples tiennent sans cesse en suspicion parce que ces pouvoirs sont plus enclins à maintenir des abus qu'à s'occuper des besoins réels des peuples.

L'habitude d'être sans cesse en guerre avec de tels pouvoirs exécutifs a fait que bien souvent un pouvoir exécutif républicain est tenu également en suspicion, quoiqu'il soit peuple lui-même et tout dévoué au peuple qu'il représente directement.

Nous dirons là, comme nous l'avons dit d'autres fonctions, il y a pouvoir exécutif et pouvoir exécutif, mais cela n'empêche pas que si cette fonction, organisée démocratiquement, mérite de prime-abord plus de confiance qu'elle ne doit éveiller de défiance, elle n'en doit pas moins être soumise à une responsabilité bien établie.

Il y en a de plusieurs espèces, il y a d'abord la responsabilité morale, dont l'application a lieu par l'opinion publique. C'est peut-être la plus efficace: en effet, quand par la presse et les réunions publiques libres une opinion seforme qui condamne les allures d'un pouvoir exécutif, il est bien difficile qu'il y résiste, surtout lorsque cette opinion reçoit une sanction par le renouvellement prochain des membres de ce pouvoir.

Par des investigations annuelles ou même plus fréquentes sur sa gestion, l'exécutif est encore tenu en respect.

Il doit, à des époques déterminées, rendre compte de son administration, et ces compte-rendus sont soumis à l'examen des corps législatifs délibérants.

Que l'on ne s'imagine pas que si ces compte-rendus doivent être présentés dans ces corps, ceux-ci seraient conduits par là à empiéter sur l'exécutif et à le soumettre à leur suprématie.

Ils ont fait la loi, c'est à eux d'apprécier si elle a été bien appliquée, mais cette appréciation ne leur donne aucun ascendant réel sur l'exécutif, s'ils désapprouvent, sans néanmoins trouver en faute l'administration, leur désapprobation n'est suivie d'aucun autre effet que d'avertir l'opinion publique qui, elle-même, apprécie si cette désapprobation est sincère ou non.

Dans une république ce n'est pas comme dans une monarchie constitutionnelle où une désapprobation, même reconnue capricieuse et mal fondée, entraîne la démission d'un ministère. Dans une république, le pouvoir exécutif ne dépend que du peuple et les corps législatifs n'ont pas dans leurs attributions une omnipotence souveraine qui forcerait l'administration à se retirer devant un blâme.

Cela pourrait être, mais n'est pas une conséquence forcée de la marche constitutionnelle, souvent même le pouvoir exécutif fera bien de ne pas se retirer et d'attendre le verdict définitif du peuple qui se prononcera lors des élections.

Mais il y a un genre de responsabilité d'une autre espèce, qui est celui résultant d'abus de pouvoir, de violation de la constitution, de malversation; si les corps délibérants à qui les compte-rendus ont été soumis estiment qu'il y a lieu d'invoquer la responsabilité du pouvoir exécutif pour de tels cas, ils feraient alors fonction d'accusateurs et ils devraient introduire une instance devant le corps judiciaire.

Quelle serait alors la procédure à suivre et quels juges appliqueraient la loi, c'est ce que nous examinerons de plus près lorsque nous en serons venus à nous occuper de l'organisation du corps judiciaire.

Pour le moment, constatons que le pouvoir exécutif ne doit pas pouvoir échapper à une responsabilité matérielle tout aussi bien qu'à une responsabilité morale.

C'est ainsi qu'il sera maintenu strictement dans les limites de ses attributions, qui sont de nature à souvent dépasser les bornes si on n'en surveille pas l'exercice.

Maintenant, examinons comment doit être composé ce pouvoir pour qu'il s'exerce dans toute la plénitude de ses devoirs, tout en donnant par sa composition même la garantie qu'il n'abusera pas de sa puissance.

On comprend que par le fait même de l'objet que nous poursuivons nous excluons des fonctions exécutives tous ces pouvoirs que pendant longtemps on s'était habitué à considérer comme les pouvoirs exécutifs par excellence.

Nous ne nous attacherons à en réfuter que deux, celui en usage dans les monarchies constitutionnelles et celui qu'on pratiquait dans les républiques aristocratiques.

Dans la monarchie constitutionnelle, la base sur laquelle repose ce pouvoir c'est le monarque; on lui fait jouer le rôle que jouerait le peuple dans une république, en supposant que la forme constitutionnelle dans laquelle son rôle est déterminé soit bien sincèrement appliquée, ce qui n'a peut-être pas encore eu lieu d'une manière bien correcte.

Supposons qu'il se bornera à apprécier les débats législatifs et que d'après eux il confiera l'exécution des lois à un ministère qui se conformera aux décisions de la majorité des chambres et les exécutera à leur gré.

Or, où le monarque prend-il cette excellence suprême de savoir apprécier les débats des corps législatifs d'une façon que l'on considère comme infaillible, et de trouver précisément les hommes qui seront en état de suivre à la direction que la majorité des chambres indique.

Le hasard peut faire que le monarque soit un homme intelligent, mais comme le fondement de la monarchie c'est l'hérédité, il y a plus à croire que celui qui occupera ce poste ne soit pas à la hauteur de sa situation que de supposer qu'il y sera.

C'est fort inutile, dira-t-on, c'est son ministère qui sous sa responsabilité aura seul la direction des affaires.

Mais nous dirons, nous, ce ministère c'est lui qui le choisit et sera tant bien que mal à son image. Il aura beau s'efforcer de le composer suivant les inspirations des chambres, il ne songera toujours à les prendre que parmi les hommes de son entourage. Si les chambres lui en désignent ou lui en imposent malgré lui, il y a tiraillement, et sa cour exploite ses répugnances pour entraver les ministères ainsi imposés. Mais, admettons que ce monarque soit un simple soliveau qui se laisse faire, qu'arrive-t-il? ce sont les chambres qui gouvernent et qui cumulent entre leurs mains le pouvoir législatif et exécutif, l'omnipotence parlementaire se consolide et dirige tout. Or, dans une monarchie constitutionnelle, les chambres sont loin de représenter directement le peuple, elles ne représentent guère que des intérêts exceptionnels qui se composent de deux aristocraties, celle nobiliaire et l'aristocratie bourgeoise qui, lorsqu'elles se sont entendues, croient que tout doit se ranger sous elles.

Nous ne pouvons donc reconnaître, dans une monarchie constitutionnelle, la possibilité d'avoir un pouvoir exécutif qui fonctionne suivant les besoins de l'ensemble du peuple et contribue à la formation de l'intelligence collective du corps social.

Nous ne pouvons pas davantage reconnaître aux républiques aristocratiques les formes de pouvoir exécutif qu'elles affectionnaient en Suisse et par lesquelles le pouvoir exécutif était confié à des membres nommés à vie ou à long terme, et ne se renouvelaient jamais par l'élection directe du peuple.

Nous sommes heureusement sortis des savantes combinaisons qui présidaient à la formation de ces pouvoirs, où la jalousie aristocratique s'efforçait d'empêcher que telles ou telles familles s'emparassent seules du pouvoir, où tout était calculé pour que l'ensemble aristocratique y participât également, mais en même temps pour qu'en dehors de ce cercle le peuple n'y participât pas du tout. Combinaison par laquelle l'intérêt général était tout à fait négligé et qui, lorsqu'elle ne faisait pas de mal, constituait un *statu quo* déplorable au milieu du mouvement de la civilisation.

Maintenant, arrivons à examiner comment notre pouvoir exécutif doit être composé pour bien remplir les conditions de sa destination.

Ici se présente la question de savoir s'il sera confié à un seul homme ou à plusieurs.

Aux Etats-Unis de l'Amérique du Nord, c'est à un seul homme, soit dans les Etats, soit dans la Confédération.

En Suisse, c'est partout à un Conseil d'Etat, soit dans chaque canton, soit dans la Confédération.

Il est vrai qu'aux Etats-Unis, dans chaque Etat, à côté du gouvernement, il y a plusieurs charges participant à l'exécution des lois, qui sont nommées directement par le peuple; d'un autre côté, quoique le président des Etats-Unis possède un pouvoir presque égal à celui d'un monarque, il est tenu d'avoir un ministère qui partage avec lui la responsabilité de sa gestion et que, d'un autre côté, pour beaucoup d'actes de son pouvoir exécutif, il a besoin du concours du sénat.

Mais, au fait, il cumule en lui un pouvoir immense, et nous ne craignons pas de le dire, des plus dangereux.

S'il était ainsi placé à la tête d'une république unitaire, que de fois il pourrait être tenté de s'approprier le pouvoir d'une manière permanente en sa personne, et peut-être héréditairement dans sa famille, en s'appuyant pour réaliser cette usurpation sur les sophismes doctrinaires relativement au meilleur maintien de l'ordre, tout en respectant une certaine liberté.

Mais heureusement que le président des Etats-Unis de l'Amérique du Nord est tenu en bride par la forme fédérale, et que s'il essayait d'accomplir une usurpation, chacun des Etats qui forment la Confédération pourrait s'y opposer.

Mais si le danger n'est pas flagrant pour la Confédération américaine du Nord, il ne l'a pas moins été pour les Etats républicains de l'Amérique du Sud. Certes, dans les révolutions sans cesse renaissantes dans ces Etats, le fait de la cumulation des fonctions exécutives entre les mains d'un seul homme y a été pour beaucoup. Trop souvent cette fonction dominait toutes les autres, excitait des ambitions et donnait lieu à des insurrections qui n'avaient d'autre mobile que ces ambitions.

Nous croyons, nous, que le pouvoir exécutif offre bien plus de garanties qu'il ne sortira pas de ses attributions s'il est confié à un conseil ou corps composé de plusieurs membres.

Nous pouvons citer à l'appui de notre opinion à cet égard celle de Distut de Tracy, dans son commentaire sur Montesquieu, il l'établit beaucoup plus en démontrant tous les inconvénients du pouvoir confié à un seul homme, que ce soit sous la forme monarchique, à vie ou à temps, que par l'excellence d'un conseil. Nous y ajoutons que ce conseil est surtout convenable par l'exclusion d'une volonté unique pour exercer les fonctions exécutives, si d'un autre côté nous lui reconnaissons une excellence intrinsèque en ce qu'une réunion de plusieurs intelligences peut bien mieux répondre aux diverses fonctions de l'exécutif qu'une seule.

Suivant nous, un conseil dirigeant peut tout aussi bien qu'un seul homme se faire aider par un ministère nommé par lui, sur lequel il fait peser une partie de sa responsabilité, et si dans son sein il met à la tête de chaque division de ses fonctions un de ses membres qui les surveille plus spécialement; ainsi, à la tête des finances, de l'instruction publique, des travaux publics, de l'intérieur, du militaire, etc., il est à croire que l'administration proprement dite en dehors de la politique sera mieux soignée dans ses détails.

C'est là notre habitude en Suisse et nous nous en trouvons bien.

Nous venons d'expliquer le mieux que nous avons pu comment les fonctions exécutives peuvent s'exercer de façon à mettre en mouvement la volonté élaborée par l'intelligence collective du peuple, sans faire courir au corps social les dangers qui peuvent résulter du pouvoir considérable dont elles disposent pour pouvoir agir.

Il y aurait tout un livre à faire sur cette partie de nos études, mais comme nous ne la considérons ici que comme devant concourir à un organisme dont la composition est l'objet spécial dont nous nous occupons, il suffit d'en avoir montré l'application à cet arganisme.

Pour le compléter, il nous reste à l'examiner dans ses rapports avec le pouvoir éminemment conservateur de la société, le pouvoir judiciaire.

En attendant, nous allons l'examiner dans ses rapports particuliers avec le militarisme et l'économie sociale, qui peuvent l'un et l'autre ou consolider notre organisme social ou le culbuter, suivant la manière dont ces deux objets essentiels sont considérés dans leur application.

Quoique, en réalité, ils dépendent des décisions législatives, nous sommes arrivés dans les temps modernes à leur voir jouer dans les sociétés des rôles souvent funestes, si bien qu'il est peut-être convenable de les soumettre à de certaines conditions constitutionnelles qui, comme toutes celles que nous proposons doivent être fondées sur la nature des choses, telle que nous croyons la découvrir.

NEUVIÈME SÉANCE

De la défense nationale et des dangers pour le Corps social des armées permanentes.

Tout comme le corps humain porte en lui des germes de maladies diverses qui le font languir et amènent sa destruction, ainsi le corps social en renferme de diverses natures qu'il est essentiel d'étudier pour les combattre ou même les prévenir. Les plus dangereux sont ceux qui naissent presque à l'insu du peuple, de l'exercice d'une fonction utile, qui dégénère de son but et tourne contre l'existence du corps social, ce qui avait été institué pour le protéger. C'est ainsi que la défense d'un pays, vis-à-vis de l'étranger, nécessite l'organisation d'une force militaire. Or, qu'y a-t-il à la fois de plus utile, de plus nécessaire et de plus dangereux?

Avons-nous, dans le temps où nous vivons, d'autres exemples à invoquer que ceux qui nous sont contemporains? N'est-ce pas par la force armée que les vœux des peuples sont comprimés dans toute l'Europe?

Partout les armées permanentes, sous le prétexte de maintenir ou de rétablir l'ordre, ont secondé des usurpations ou maintenu des pouvoirs arbitraires.

C'est par l'armée que le premier des Napoléon put renverser la République française, c'est par l'armée que le dernier des Napoléon put opérer le coup d'Etat qui renversa une nouvelle république française, et c'est par l'armée qu'il maintint son usurpation pendant vingt ans.

C'était par des armées étrangères que la monarchie de droit divin avait été rétablie en France en 1814 et 1815. L'armée permanente française qui avait si bien su établir le régime impérial, s'était montrée impuissante pour préserver le pays d'une invasion, phénomène qui s'est reproduit une seconde fois tout récemment. Nouvel exemple qui, comme le premier, démontre tout le danger de ces armées permanentes qui, dans les mains d'un ambitieux, peuvent servir contre la liberté d'un peuple, et qui par le fait même de la manière dont on est obligé de les organiser pour en faire de dociles instruments de tyrannie, n'ont plus ce qu'il faut pour la défense du pays.

On peut très-facilement, par les exemples que nous mettons sous vos yeux, se convaincre de ce fait.

C'est qu'une armée permanente qui a été employée par un ou des ambitieux pour régner sur un pays, perd par-là à la fois ce qu'il faut de patriotisme et surtout de capacité pour la défense du pays. Une telle armée n'a plus à sa tête que des officiers de cour, dont le génie militaire n'a de portée que ce qu'il en faut pour la parade. D'ailleurs en général ignorants et serviles, faisant consister toute leur instruction militaire à quelques exercices de caserne et leur dévouement en une obéissance passive aux caprices de leur maître.

Une telle armée, bien disciplinée contre le peuple, l'est ordinairement très-mal contre l'ennemi, pourquoi, parce que le soldat n'a aucune confiance dans ses chefs.

Le soldat qu'on emploie contre ses concitoyens le fait presque toujours à contre-cœur, il y est contraint par la discipline qu'on peut tenir serrée, alors qu'il est tenu en caserne, et n'en sort que pour aller sabrer ou mitrailler le peuple; mais, dès qu'il est en campagne, il n'en est plus de même. Il s'est habitué à des triomphes faciles sur des gens désarmés, les fatigues et les dangers de la guerre ne le trouvent pas bien disposé, et là où elle serait le plus nécessaire, la discipline se relâche, le soldat que l'on a employé à opprimer ses concitoyens prend sa revanche contre ses chefs, surtout si ceux-ci, choisis pour une autre destination que la véritable guerre, trahissent leur incapacité dès le début d'une campagne.

Mais, dira-t-on, dans la situation actuelle de l'Europe, les mêmes inconvénients se retrouvent des deux côtés, car partout, sauf en Angleterre et en Suisse, le militarisme règne, comprime les peuples, et devant l'ennemi il devrait également faire piteuse figure.

Il y a erreur dans cette appréciation, le militarisme ne règne pas partout au même degré.

Il y a des pays où la monarchie est acceptée sans qu'on aie besoin de contrainte à cet égard.

Ces monarchies recueillent là le résultat d'une administration relativement meilleure que celle d'autres monarchies imposées par la force, et l'on peut presque dire que lorsqu'elles ont à se mesurer, les plus absolues sont presque toujours celles qui succombent.

Nous n'avons pas, à ce sujet, l'intention d'entrer dans des considérations étendues sur les guerers modernes, qui pourraient prouver ce que nous avançons ci-dessus. Nous pouvons nous résumer en faisant seulement remarquer que les armées républicaines françaises ont su résister à toute l'Europe et que les armées impériales, du premier comme du second Empire, n'ont pas su préserver le sol de la France de l'invasion. Il est vrai que l'armée française de Napoléon III a pu triompher de l'armée autrichienne en Italie; c'est que dans cette rencontre l'armée française était, quoique témoignant déjà d'une certaine décadence, dans des conditions meilleures que l'armée qui lui était opposée. Les deux avaient servi à comprimer la liberté, mais l'armée autrichienne avec des circonstances encore plus désorganisatrices de sa valeur intrinsèque que l'armée française; d'ailleurs, il faut en convenir, toutes les deux se montrèrent très au-dessous de leur tâche, quoique la bravoure des deux parts ne fit pas défaut, car ce que nous disons n'a pas pour objet de nier la bravoure des armées mal conduites, mais de montrer qu'elles ne peuvent pas être bien conduites lorsque leur commandement est confié à des officiers qui n'ont d'autre mérite que leur dévouement personnel à un usurpateur ou à un monarque s'imposant par la conquête.

Et l'Autriche et la France durent éprouver des échecs devant l'armée prussienne parce que celle-ci, quoique organisée monarchiquement, avait su trouver quelques inspirations tenant à la forme républicaine. C'est la Prusse qui la première parmi les monarchies a osé appeler tout le peuple aux armes. C'est une audace qu'elle payera peut-être un jour par le renversement de la forme monarchique. Cette audace a été secondée par un appel au patriotisme allemand, fondé sur l'idée de reconstituer cette grande nation sous la forme fédérative. En le faisant on a, pour faire représenter le peuple dans cette confédération, adopté le suffrage universel, on a proclamé des libertés qui n'existaient pas avant; en procédant ainsi, la grande force militaire que l'on créait et dont l'on confiait le commandement à la Prusse n'avait pas en apparence le caractère d'établir un militarisme oppressif et confisquant des libertés, puisque sous son couvert on y créait au contraire ce qui n'avait jamais existé en Allemagne. C'était, disait-on, pour la défense nationale seulement que l'on s'occupait de l'amélioration et de l'agrandissement de l'armée. L'esprit public s'associait à ces efforts et par-là fût créée l'armée la plus formidable des temps modernes, composée à la fois d'une armée permanente et d'une innombrable milice.

Un tel événement est une lueur et comme une surprise dans l'histoire des peuples, cela ne peut se produire qu'une fois, car, en réalité, c'est une monarchie ambitieuse qui a créé pour les besoins de son ambition une armée républicaine sortie des entrailles du peuple et munie de tout ce que l'esprit progressif de l'époque a enfanté pour augmenter les moyens de destruction employés à la guerre. Nous le répétons, cet effort ne pourra pas durer sans que la liberté ou la forme monarchique n'en souffre et ne disparaisse de l'Allemagne.

Mais, en attendant, le peuple allemand, tout préoccupé des grandes destinées qu'on lui promettait en lui reconstruisant une confédération sur la base de la représentation du peuple par le suffrage universel, en surexcitant son patriotisme sous le prétexte qu'il était sans cesse menacé par ses voisins, se comportait pour la formation de son armée comme s'il eût été en pleine république.

Pendant ce temps, le despotisme voisin, occupé seulement des intérêts de sa dynastie, avait complétement négligé d'asseoir son armée sur une base populaire. C'était par elle qu'un coup d'Etat qui avait renversé la république avait réussi, c'était par elle qu'on maintenait un despotisme aveugle, qui subissait le châtiment de tout despotisme, celui de la désorganisation administrative et l'impossibilité d'être servi par des hommes de cœur et de talent.

Son armée, sur laquelle cependant reposait tout son pouvoir, était peu nombreuse, tant on craignait d'armer le peuple; elle était mal commandée, car le talent, le caractère et la haute capacité étaient soigneusement écartés comme séditieux; l'armement n'était pas au niveau des progrès du temps, toujours par l'incapacité de ceux que fatalement le despotisme est obligé d'employer, enfin la corruption était telle que vivres et munitions devaient manquer au sein de l'abondance dès l'entrée en campagne.

Que voulait-on que fît une telle armée, tout au plus de 300,000 hommes, contre les 1,200,000 de l'armée allemande préparés comme nous l'avons vu.

On le voit, l'argument qu'aujourd'hui en Europe les armées permanentes participent les unes et les autres aux mêmes défauts, tombe devant le fait. Peut-être cependant que si l'armée permanente de la Prusse se fût rencontrée seule vis-à-vis de l'armée permanente française le résultat de la campagne eût été différent, mais c'est surtout par les masses formidables dont ils disposaient que les Allemands l'ont emporté, et ces masses, mises si facilement et si docilement en mouvement, à quoi le devait-on? à une organisation toute républicaine, malgré qu'elle fût conduite par une main monarchique.

Que tout ceci serve de leçon et d'exemple aux peuples de l'Europe.

Pour nous, tirons-en ce que la science de l'organisation des sociétés humaines peut y découvrir pour constituer la défense d'un pays, sur des principes qui assurent cette défense, et ne fassent pas courir au corps social le risque d'être bouleversé par l'intervention de l'armée dans les affaires intérieures.

Le premier danger est évidemment dans l'existence d'une armée permanente, surtout si à côté de cette armée il n'y a pas une milice prête à marcher au premier signal et venant retremper la défense du pays dans le patriotisme du peuple, et en faisant surgir les capacités militaires qui ne sortent pas toujours des écoles ou des casernes, mais qui s'improvisent souvent en présence de l'ennemi.

Une armée permanente se crée bien vite des intérêts

qui ne sont pas ceux du peuple. On y prend en dégoût le travail productif, mettant au-dessus de tout les exercices militaires érigés en profession des armes, profession que l'on déclare supérieure à toutes les autres et dont on s'autorise pour les mépriser. Si le simple soldat, recruté dans le peuple, ne s'identifie pas toujours avec cette profession et n'aspire qu'à retourner à ses champs ou à ses ateliers, l'intérêt particulier de l'armée réside dans les officiers et dans les aspirants à l'être.

C'est une classe à part, qui ne participe pas au travail qui nourrit la société, et, sous le prétexte d'être chargée de la défendre, se pose, en attendant, d'une façon qui n'est guère en rapport avec l'esprit de liberté. L'obéissance passive étant le fondement de la discipline, le militaire qui reçoit directement ses ordres du pouvoir exécutif ne connaît que lui et se trouve toujours disposé à l'assister aveuglément, d'autant plus que ce serait de lui que dépendrait son avancement. Les armées permanentes sont aussi quelquefois engouées de tel ou tel chef qui, dans une guerre, les aurait fait triompher. De tels chefs, qui s'imaginent toujours qu'ils ne sont pas assez honorés ou récompensés pour leurs exploits, ces chefs se servent souvent de leur influence sur les troupes permanentes pour soutenir tel ou tel parti, et comme pour eux la première vertu est la discipline, c'est-à-dire l'obéissance, ils sont presque toujours du parti qui veut commander à la multitude, qui méprise le peuple, et pour qui l'ordre c'est la domination

Il faut le constater, par son essence même une armée permanente constitue un danger permanent.

Mais, dira-t-on, dans l'état actuel de l'art de la guerre, il est tout à fait nécessaire d'avoir des armées préparées de longue-main à l'exercer.

Cela est vrai, mais c'est ici le cas d'examiner comment on peut allier cette nécessité avec celle d'éviter les dangers de la présence au milieu d'un peuple paisible, d'une force armée qui se compose d'hommes n'ayant d'autre profession que celle des armes.

Il y a deux manières d'y parvenir; d'abord dans l'organisation même des corps permanents que l'on est obligé d'entretenir pour former des hommes exercés avec plus de soin que dans les milices, surtout en ce qui concerne ce que l'on appelle les armes savantes.

La seconde manière, c'est d'avoir un corps de milice composé de tout citoyen en état de porter les armes, corps qui sera la nation elle-même, armée faisant contre-poids aux forces permanentes.

Nous l'avons dit, c'est surtout dans le corps des officiers et de ceux qui aspirent à l'être, que se trouve cet esprit militaire presque toujours en désaccord avec la liberté et les véritables intérêts du peuple. C'est donc dans l'organisation de cette partie de l'armée qu'il faudrait chercher un remède à ses mauvaises dispositions en faveur du peuple.

Le mal vient surtout de ce que les fonctions militaires, dans le commandement, sont confiées à des hommes qui en font une profession pour toute leur vie. C'est là une anomalie avec toutes les autres fonctions d'un ordre social bien entendu. Tout le monde doit être appelé à la défense du pays et, là, comme dans toutes les autres fonctions qui concourent à la direction des intérêts généraux, nul ne doit être appelé à commander ou à diriger que temporairement et ensuite d'élections émanant du peuple. Le service de l'officier doit être aussi temporaire que celui du simple soldat, d'autant plus qu'en vieillissant sous les armes il n'est pas dit que ses aptitudes grandissent à la mesure de son âge. Il n'est pas dit pourtant que de vieux militaires ne puissent pas être très-utiles, mais ce sont des exceptions, et par l'élection ils peuvent aussi bien être rappelés au service que s'ils y étaient restés en permanence. Ceci s'applique surtout aux hommes exceptionnels appelés à un commandement général. Dans les républiques, après une campagne, ils rentrent dans la vie privée, et si dans une nouvelle guerre leurs talents sont jugés nécessaires, on les appelle de nouveau à les consacrer au service du pays.

C'est dans la paix qu'il est inutile de laisser de pareils chefs à la tête des corps d'élite qui se vouent à une plus grande instruction militaire que les milices.

Ces corps eux-mêmes ne doivent avoir qu'une existence temporaire de quelques années, après lesquelles ils rentrent dans les corps de la milice où l'expérience qu'ils ont acquise vient perfectionner ces corps dans le maniement des armes.

Le temps de ce service d'instruction ne devrait pas être pour les officiers plus long que pour celui des soldats, temps après lequel ils rentreraient dans la milice. En y rentrant d'ailleurs avec leurs grades, ils seraient confondus avec tout le monde, ne formeraient pas une caste à part, et se livreraient comme tout le monde aux travaux qui font vivre une nation.

Par ce moyen, l'armée qu'on intitule aujourd'hui d'armée permanente ne serait composée que d'hommes dont les fonctions n'étant que temporaires ne sauraient produire un esprit de corps à part et seraient toujours identifiés avec l'esprit général de la nation.

L'instruction militaire n'y perdrait rien et cette instruction se répandrait beaucoup plus.

Il n'y aurait aucun inconvénient à ce qu'avant de faire partie de ces corps les citoyens qui voudraient acquérir des connaissances préliminaires à l'instruction des camps fréquentassent des écoles militaires, mais sans que cela leur donnât aucun privilége, tout comme chacun peut étudier le droit sans être pour cela privilégié dans les emplois publics.

Mais il est certain que celui qui est le mieux préparé sera toujours préféré à un autre pour remplir les fonctions les plus élevées.

Tel serait le mérite de l'élection appliquée à la nomination des officiers, comme elle doit l'être pour les fonctions politiques, civiles et judiciaires, qui dépendent de l'Etat.

Il nous semble qu'une armée permanente soumise à de pareilles conditions, tout en pouvant composer des corps bien exercés et possédant toutes les connaissances nécessaires au maniement des armes modernes, n'offrirait plus aucun danger comme pouvant servir à des usurpations de pouvoir.

Mais la plus forte garantie c'est dans l'établissement d'une milice dont tout le monde fasse partie; en un mot, dans l'armement de la nation entière.

Et, chose heureuse pour l'avenir des nations, cela est devenu comme une nécessité.

Qui pourrait aujourd'hui, en face de l'armement prodigieux de toute l'Allemagne, rester sans organiser une défense au moins aussi formidable. Ce n'est plus à une armée permanente, organisée d'après les vieux errements, que l'on peut se fier, il faut qu'avec celle-ci, à l'occasion et derrière elle, il se trouve une masse imposante qui brave les armées d'invasion les plus nombreuses et les plus déterminées.

Or, c'est la république seule qui peut supporter un tel armement, surtout là où les armées permanentes ont prouvé leur impuissance.

On peut le dire, ce qu'a osé la Prusse en levant la nation allemande tout entière et en maintenant en temps de paix cette puissante organisation militaire, force tous les Etats européens à l'imiter.

Jusque-là, il n'y avait que la Suisse qui eût un système complet de défense nationale fondé sur l'emploi d'une milice où chaque citoyen était soldat. Ceci avait créé pour ce petit pays une force armée assez considérable pour le rassurer sur le maintien de sa neutralité dans les débats européens. Il y avait déjà la preuve là, qu'on peut former des milices très en état de se maintenir contre des armées dites régulières. Il y a même dans l'emploi des nouvelles armes quelque chose de rassurant pour des milices qui n'ont d'autre intention que de défendre leur pays et non d'aller porter les ravages de la guerre chez leurs voisins. Il est reconnu que dans les guerres actuelles tout l'avantage sera pour la défense, si on sait bien la combiner. Pour cela il y a tout un ensemble de mesures à prendre, qui seront adoptées tout naturellement dès que la défensive sera plus étudiée que l'offensive.

Tout plaide donc en faveur d'un service de milices composées de tous les citoyens pour une défense effective du pays et pour écarter toute crainte de voir la force militaire servir à opprimer le peuple.

La supériorité dans l'emploi de ce moyen appartient évidemment aux gouvernements républicains ou bien près de l'être.

Nous avons expliqué comment il a pu s'établir en Allemagne, à l'abri de quelques circonstances exceptionnelles qui ont activé le patriotisme allemand et lui ont fait croire qu'une ère de liberté se levait pour lui.

Mais en dehors de telles circonstances il sera bien difficile à d'autres monarchies, même constitutionnelles, de suivre son exemple, du moins aussi radicalement. L'Autriche a quelque chose de semblable en Hongrie, mais dans ses autres Etats le pourrait-elle? On dit que la Russie veut en essayer, ce sera bien dangereux pour elle. Si la France reste en république, ce serait elle seule qui pourrait appliquer ce système de défense d'une façon qui la rendrait à jamais inattaquable et pourrait à l'occasion rétablir la gloire de ses armes. Déjà dans ses levées en masse de sa première révolution, elle avait donné l'exemple et montré qu'un peuple armé trouve en lui des ressources que l'on ne rencontre pas dans les armées régulières permanentes. Du sein des milices sortent à la fois spontanément les meilleurs généraux, les hommes les plus braves et les plus ingénieux pour se servir de toutes les ressources.

Mais, nous le répétons, il faut la république pour que le système s'applique dans toute sa fécondité.

L'instinct français ne l'avait pas trompé, lorsqu'après le désastre de Sédan il invoqua la république comme moyen de défense nationale, et que celle-ci fit un appel à tous les citoyens pour la défense du pays. C'était tard, il fallait tout improviser ! Néanmoins que d'efforts et combien il s'en est peu fallu qu'on ne réussisse. Mais, faut-il le dire, le mauvais esprit de l'armée permanente continuait à compromettre la défense. Les officiers généraux de cette armée étaient d'une incapacité qu'il a fallu voir à l'épreuve pour bien s'en convaincre, les officiers inférieurs étaient en grande partie taillés sur le même patron. Les armes manquaient par suite de la crainte qu'on avait eu de les voir enlever par le peuple. Après ses défaites, l'armée permanente voyait encore dans le peuple un ennemi plus menaçant que les Prussiens eux-mêmes. La direction militaire dans Paris était pleine de défiance envers le peuple qui s'était armé, on ne sut pas l'employer et on livra la ville sans qu'on eut essayé de se servir de la milice, d'un peuple levé à la hâte, comme on avait su le faire sous la première Révolution, alors que des Parisiens improvisés soldats, battirent les Prussiens à Valmy.

Jusqu'au bout, les inconvénients d'une armée permanente qu'on avait façonnée surtout en vue de dompter le peuple, se montraient dès qu'il était question de combattre l'étranger. Mais le jour où on lui a rendu sa destination liberticide, elle s'est retrouvée dans son élément et a combattu le peuple à outrance. Dernière preuve des dangers attachés à une pareille organisation.

Mais, pour notre sujet, qu'il nous suffise d'avoir montré des exemples frappants de ces dangers que fait courir à la liberté l'existence d'une armée permanente, constatons qu'il est possible de s'en passer pour avoir une armée en état de se mesurer avec quelque armée que ce soit, et pour maintenir l'ordre intérieur sans que ceci serve de prétexte à des usurpations.

C'est une nécessité de la conservation de l'ordre social tel que nous le définissons dans ce Cours, que toutes garanties contre les abus du régime militaire, soient prévues constitutionellement.

Il doit être bien entendu que la défense nationale est exclusivement confiée à une milice dont tout le monde fait partie, que, si pour exercer cette force armée, il faut, pour ce qu'on appelle les armes savantes, un plus long temps sous les armes, cela ne constitue pas une armée faisant pour ainsi dire caste à part.

Les officiers n'y sont employés que temporairement comme les simples soldats, ils reçoivent leurs grades de l'élection combinée avec des choix par le pouvoir exécutif, ce dernier choix a lieu surtout pour les officiers supérieurs et le commandement. Les fonctions d'officiers et de généraux ne peuvent être permanentes, elles ne constituent pas une profession à vie, chacun d'entre eux rentre dans la vie privée après le temps de son service qu'il ne reprend dans la milice que pour les temps d'exercice et les campagnes actives.

Il doit être bien reconnu que le service militaire n'exclut pas pour les citoyens la nécessité de pourvoir à leur entretien, en dehors du temps de leur service. Il n'a droit à aucune retraite ou pension pour lui ou ses ascendants, que dans le cas où il aurait été blessé au service ou qu'il aurait péri devant l'ennemi, dans le premier cas une pension suffisante devrait lui être accordée, dans le second cas une pension devrait être donnée à sa veuve, à ses enfants en bas-âge, ou à des parents âgés aux besoins desquels il subvenait.

Mais hors du service, ni émoluments, ni pension de

retraite, et nulle décoration que des mentions honorables pour des actes méritoires.

Toutes ces conditions devraient être constitutionellement établies.

Que l'on ne s'imagine pas que ceci affaiblirait le dévouement à la défense du pays. Au contraire, une émulation constante règnerait entre les citoyens, à qui servirait le mieux le pays.

Les Etats-Unis de l'Amérique du Nord nous en offrent l'exemple.

C'est ainsi que le service militaire était entendu dans les républiques grecques et dans les premiers temps de Rome.

Tous les citoyens s'exerçaient dès leur enfance au maniement des armes, on allait plus loin même que nous ne le proposons, pour la non-permanence des grades militaires qui étaient dévolus à tels ou tels pour une campagne et qui, dans d'autres temps, rentraient souriant dans les rangs des simples combattants: après avoir commandé en chef des généraux se retrouvaient souvent à combattre comme de simples soldats. Pour chaque expédition on désignait les généraux, qui n'étaient plus que de simples citoyens quand la guerre était terminée. Si ce n'est pas poussé aussi loin aux Etats-Unis et en Suisse, et si chacun en rentrant dans la vie privée porte encore le titre du grade qu'il a occupé, et en qualité duquel il sert toutes les fois qu'il est appelé de nouveau, il n'en est pas moins vrai que hors du service il redevient simple citoyen comme tout le monde et pourvoit luimême à ses besoins.

Ainsi les intérêts de la force armée restent identifiés avec ceux du peuple entier, ne peuvent pas en différer, et n'ouvrent aucune perspective de haute position militaire en dehors du service actif.

Ainsi, point de maréchaux, généraux, etc., etc., à entretenir à grands frais pendant la paix, et dont les loisirs ou les méditations ne servent souvent qu'à ourdir des complots contre la liberté.

Que l'on ne dise pas qu'un tel régime militaire est inférieur à celui des armées permanentes; bien au contraire, sous un tel régime les exercices militaires deviennent des amusements et se perfectionnent bien autrement que sous le régime de contrainte qui les distingue aujourd'hui. Ce sont les milices grecques et romaines qui ont perfectionné l'art militaire ancien, art qui les a fait vaincre toutes les armées permanentes qui leur ont été opposées. Dans la transition entre le monde ancien et le monde nouveau, ce sont les communes libres qui ont fondé l'importance du tir et de l'infanterie. C'est dans les montagnes de la Suisse surtout qu'ils se sont développés et que la milice de nos cantons s'est montrée si redoutable que c'était à qui en prendrait à son service. Dans les derniers temps n'est-ce pas les milices américaines qui, dans la guerre de sécession, ont donné un si grand développement aux nouvelles armes de guerre et à la manière de s'en servir. La milice prussienne même, encore trop sous la raideur des armées permanentes, n'a pas encore su autant que les Américains se servir des nouveaux engins. Quant aux Français, ils se sont montrés tout à fait au dépourvu dans leur emploi, tout ce qui tenait à des innovations ayant été systématiquement proscrit par les vieux encroûtés de l'armée permanente.

Mais que demain il s'organise une milice française, libre dans ses allures, et l'on verra les progrès qu'elle trouvera moyen de faire faire à la défense du pays. Puisse-t-elle n'en jamais trouver pour l'offensive!

Pour notre sujet, qu'il nous suffise en ce moment d'avôir bien constaté que le maintien d'armées permanentes est incompatible avec une organisation sociale fondée sur les principes naturels qui constituent une société normale. C'est un chancre rongeur qui mine sourdement tout corps social bien constitué, en entretenant sans cesse dans son sein un élément disolvant qui, bien loin d'être propre à maintenir l'ordre a été la cause des plus grands désordres. Toutes les pages de l'histoire de l'humanité l'attestent surabondamment. Quand ce ne serait que les guerres offensives auxquelles leur existence a entraîné plus d'un roi, qui entraînaient la ruine aussi bien de l'attaquant que de celui qui se défendait contre la conquête. Y a-t-il un plus grand désordre social que cette manière de guerroyer? On parle du désordre des révolutions, y en a-t-il de comparables à celui causé par de pareilles guerres? A l'intérieur, y a-t-il un plus grand désordre que ces répressions sanglantes qui s'exercent sans discernement sur le peuple?

Y a-t-il une plus grande erreur sociale que d'ériger en gloire et l'esprit de conquête et les tristes victoires remportées au profit d'une usurpation sur les peuples désarmés?

Certes, si le courage et le dévouement employés à la défense du pays sont dignes de louange, il n'en est pas de même de celle prodiguée dans des guerres d'ambition ou contre des peuples désarmés. On doit détester de pareils exploits, et c'est fausser toutes les notions du juste et de l'injuste que de célébrer de semblables crimes commis contre l'humanité.

Défions-nous de la gloire militaire et tenons-la à médiocre estime dans un corps social bien organisé, ne l'accordons qu'aux braves et utiles défenseurs de la patrie lorsqu'elle est injustement attaquée.

Espérons que des excès même du militarisme il naîtra contre lui une réaction générale dans l'esprit des peuples. Il s'épuise en ce moment en France : après s'être montré impuissant contre l'étranger, il a pris sa revanche d'une façon impitoyable contre le peuple. Qu'il triomphe ou soit vaincu, c'est son dernier effort, il a vécu; et dût-il après ses derniers exploits survivre encore quelque temps l'opinion des peuples finira par en faire justice.

Les progrès de l'humanité arrivent le plus souvent par des voies inattendues.

Nous avons vu que par la nouvelle forme donnée au militarisme allemand, l'armée permanente s'efface jusqu'à un certain point devant l'armement général du pays. La force qui en résulte doit être imitée par tous les pays, sous peine de croupir dans une infériorité marquée. Or, ce système, favorisé en Allemagne par de certaines circonstances, qui associaient cet armement général à des progrès politiques, pourra-t-il s'établir ailleurs sans de tels progrès? On tentera d'abord de faire de la milice une simple réserve de recrutement pour l'armée permanente, erreur; système bâtard qui laisse subsister tous les inconvénients des armées permanentes, encourage toujours à s'en servir contre le peuple et n'améliore guère la position contre l'étranger, car la milice, tenue toujours en suspicion et sous la tutelle de l'armée permanente, n'aura pas d'entrain, sera mal commandée, recevant ses officiers de la main d'un pouvoir soupçonneux et jaloux. A la première épreuve, le vrai génie du commandement fera aussi bien défaut dans cette armée plus nombreuse mais aussi mal commandée.

La force des choses ici sera plus forte que les mauvaises volontés, et, chose qui confondra le despotisme partout où il cherchera à s'appuyer sur la force militaire, c'est que cette force, pour être réelle, pour être bien appropriée à la défense du pays, devra résulter de l'armement entier du pays. Or, cet armement ne peut pas subsister s'il n'est pas fondé sur la liberté et l'égalité, sur les conditions essentielles de l'existence d'un peuple, l'armement général deviendra une nécessité comme la liberté de la presse, le droit de réunion, les libertés individuelles, enfin toutes les libertés par lesquelles un peuple est constitué.

Dans les futures déclarations de droit, il sera ajouté à toutes celles qui constituent l'existence d'un peuple qui veut jouir du *self government:* tout citoyen se doit à la défense de la patrie et comme tel a le droit d'être armé.

C'est ainsi que la fin du militarisme des armées permanentes viendra de la nécessité même de les remplacer par des moyens plus efficaces, qu'on ne peut trouver que dans l'armement général de la nation, constitué à la fois comme un droit et un devoir.

DIXIÈME SÉANCE

Des systèmes absolus en dehors de l'organisme du Corps social.

Dans la précédente séance, nous avons montré comment le corps social peut être menacé dans son existence, alors que par déviation, une fonction nécessaire cessant de se renouveler dans le peuple se place en dehors, vient à réagir contre le corps social lui-même, dont il détruit toute l'harmonie.

Nous retrouvons le même danger lorsqu'une partie de la nation cherche, en dehors des moyens de délibération qui doivent découler de l'intelligence collective, à imposer des idées fixes sur des points de d'économie sociale par exemple. Ceci se produit surtout à des époques de transition, c'est lorsqu'un peuple cherche à se constituer qu'on voit surgir des systèmes sociaux tout d'une pièce, que leurs auteurs ont la prétention d'imposer à la société, comme ces législateurs de l'Asie qui disaient tenir leurs lois d'une inspiration divine.

Presque toujours, les systématiseurs de cette espèce, en imposant leurs lois, oublient de dire quelle sera la forme progressive par laquelle on pourra, suivant les besoins du corps social, modifier et perfectionner ces lois. Ils n'admettent pas ce perfectionnement, ils croient tout d'un coup avoir trouvé le mieux possible et ils l'imposent d'une manière aussi absolue que le ferait une puissance en dehors de la société, qui lui commanderait par la force ou le mensonge.

C'est ainsi que, dans les derniers temps, nous avons eu des systèmes saint-simoniens, phalanstériens, fouriéristes, communistes, etc., etc.

Ces systèmes absolus, il faut bien le dire, naissent presque toujours en opposition à des systèmes tout aussi absolus et qui n'ont pas été enfantés par des délibérations libres, mais imposés par des pouvoirs exceptionnels qui ne sont pas issus de l'ensemble de la nation.

En face d'un tel absolutisme, on essaie de justifier celui qu'on propose. Partant même du point de vue de l'impuissance de certaines prétendues libertés monarchiques, pour améliorer le sort des classes vouées au travail, on a été jusqu'à dire : Vous le voyez bien, à quoi sert la liberté, elle n'a rien produit en notre faveur ! Il y a là confusion d'idées; pourquoi accuser la liberté, la vraie, des défaillances d'une liberté trompeuse.

Il n'en est pas moins vrai que cette fausse accusation contre la liberté a servi de prétexte pour opposer à ce que l'on considérait comme impuissance de la liberté, des systèmes absolus, prétendant règler d'avance toutes les conditions de la vie sociale et ne laissant en réalité aucune liberté à l'individu.

A l'abri des grands mots de rendre au travail toute son importance et d'en partager les produits avec plus d'égalité, on a souvent conçu des réglementations monstrueuses qui ne tiennent pas devant le moindre examen.

Si de pareilles conceptions étaient présentées comme

devant attirer l'attention du législateur et passer par les délibérations qui donnent un corps à la pensée sociale, rien de mieux; ce serait l'exercice d'une initiative individuelle qui a toujours le droit de se produire. Mais ce n'est pas ainsi qu'elles se sont présentées dans les derniers temps, elles ont prétendu dominer les délibérations publiques, ne pas pouvoir être mises en question et s'imposer en dehors de toute délibération, et déclarant même peu se soucier des formes politiques, ne reconnaissant que leurs utopies comme bases de l'ordre social. Il y avait là de monstrueuses contradictions et un retour vers les usurpations des temps les plus ténébreux où l'on surprenait la bonne foi des peuples.

On comprend très bien comment nous nous défendons de pareilles interventions dans la science de l'organisation des sociétés, fondée sur le principe de faire faire par la société elle-même toutes les lois dont elle a besoin.

Dire d'avance que l'on travaillera en commun au son de cloche, que l'on travaillera de telle ou telle manière, que nul ne pourra posséder individuellement, que la propriété sera commune à tout le monde, en un mot, que l'individu ne sera plus libre mais soumis à des règlements qui auront la prétention de le diriger dans les moindres actes de sa vie privée, c'est tout simplement méconnaître et notre civilisation actuelle et les plus simples conditions de la véritable vie sociale.

Dans ces quelques mots, nous n'avons pas la prétention de définir tous les systèmes qui ont reçu le jour dans ces derniers temps, systèmes qu'on a présentés comme des idées nouvelles et qui n'étaient que la reproduction de rêveries antiques, nous n'avons voulu qu'indiquer le fond d'à peu près tous, qui sont tous également contraires à la liberté et tout à fait en opposition avec les déclarations de droit sur lesquelles nous faisons reposer la première formation du corps social.

Mais, dira-t-on, vous êtes dans vos déclarations de droit tout aussi absolus que dans les systèmes que vous repoussez, puisque vous prétendez que sans ce préliminaire il n'y a pas de formation possible d'un peuple en état de se gouverner lui-même.

Nous n'acceptons pas cette objection. Nos déclarations de droit ne sont pas absolues, dans le sens qu'elles ne font que consacrer des libertés et que les devoirs qui en résultent ne sont imposés que pour la conservation de ces libertés elles-mêmes. Par la forme de notre organisation politique la liberté de l'individu est respectée, elle ne peut jamais s'aliéner, et tout ce qui se décide par l'intelligence collective de la société n'est et ne peut être que dans l'intérêt de la liberté de tous et de chacun, dans les limites de ce que tous les rapports sociaux soient fondés sur la justice.

Qu'on ne perde jamais de vue que notre méthode, fondée sur la nature des choses, a pris son modèle d'organisation sociale sur l'individu lui-même pour arriver à la formation d'une intelligence collective par laquelle s'accomplissent tous les actes de la vie sociale.

Nous n'avons rien laissé à l'arbitraire ni à l'imagination, nous nous sommes efforcés de trouver les conditions naturelles qui font vivre les sociétés, conditions qui subsistent par elles-mêmes, ne sont pas imposées, mais sont parce qu'elles sont, tout comme d'autres forces de la nature que nous ne pouvons pas changer, mais qu'il nous est donné de pouvoir employer. Ainsi de l'état social, plus on sait se servir de ce qui lui donne la vie d'après les lois éternelles de l'intelligence humaine, plus la société offre de bien-être et de sécurité.

Vouloir commander ce bien-être et cette sécurité, sans se servir d'une intelligence collective, mais en se plaçant au-dehors du corps social, c'est manquer son but, malgré les meilleures intentions possibles.

Vouloir imposer à une société un mode de vivre qui

n'a pas passé par l'épreuve d'un examen opéré par une intelligence collective, c'est commettre la même faute, si ce n'est le même crime que le tyran qui impose son autorité. On en recueille le même fruit.

Sous une utopie absolue, la société languit et meurt, comme sous la tyrannie. Tôt ou tard on paie par des décadences la faute commise. C'est sous l'empire de telles utopies que l'Asie n'a jamais offert de société progressive; mais, bien au contraire, tous les genres de décadence qui l'ont couverte de ruines et la tiennent dans un malaise continuel.

Dans les derniers temps, il s'est répandu dans le monde bien des doctrines absolues que leurs auteurs et leurs adeptes prétendent faire prévaloir sur toute organisation sociale, affectant d'ailleurs de s'inquiéter très peu des formes politiques, ce qui a beaucoup compromis l'établissement de la république sur le principe de la liberté. Nous venons de le dire, bien souvent les utopistes ont accusé la liberté elle-même d'être impuissante pour améliorer le sort des travailleurs, ils ont été jusqu'à l'accuser de favoriser ceux qui, par des monopoles divers, trouvaient moyen de tenir le travailleur sous leur dépendance.

Nous l'avons déjà dit, cette liberté n'était pas la vraie, et, au lieu de travailler à établir la vraie, des esprits absolus se sont livrés à toutes sortes de théories plus ou moins impraticables, mais qui avaient pour le moment le funeste effet d'alarmer les intérêts et de faire craindre à tout le monde un régime de réglementation qui eût rendu la vie insupportable.

Dans ce débat, que de sourires malins on a pu apercevoir sur les lèvres des monarchistes et des aristocrates, et que d'encouragements ils ont donné sous-main à ces socialistes qui entravaient l'établissement de la liberté.

Que de fois il y a eu alliance entre eux. Notre canton

de Genève en a offert l'exemple. Nous avons vu le socialisme voter d'accord avec l'aristocratie, qui savait se servir de tout ce que le socialisme absolu apporte de dissolvant dans l'établissement de la liberté, et d'ailleurs ne s'en inquiétant guère, toute prête à secouer cette alliance dès qu'elle deviendrait importune.

Dans de telles circonstances, le socialisme absolu écoutait plus ses préventions contre la liberté que ses propres doctrines, dans son alliance avec l'aristocratie à Genève, nous lui avons vu jouer le rôle le plus déplorable, ne sachant pas profiter de cette monstrueuse alliance pour faire prévaloir quelques-unes de ses doctrines; bien loin de là, aidant comme dans l'abolition de la loi d'assurance mutuelle dirigée par l'Etat à démolir une loi toute socialiste. Après avoir fait beaucoup de mal à la continuation d'un régime radical qui savait choisir dans le socialisme tout ce qui était applicable, le socialisme absolu est mort à Genève, étouffé dans les embrassements de l'aristocratie, mais sa funeste influence contre les progrès du pays survit à son trépas.

Ailleurs, il s'est suicidé lui-même, tout en compromettant l'établissement de la république.

Ses stupides insurrections contre la République de 1848, et la fausse direction qu'il a donnée au mouvement de Paris en faveur des libertés communales et de la république sont là pour l'attester.

On ne peut, même à l'occasion de toutes ses fautes, se soustraire au soupçon que, sous-main, les ennemis de toute liberté et de toute réforme sociale ont encouragé bien des excentricités aussi peu nécessaires que stupides et mal avisées

Nous ne sommes pas de ceux qui ne croyons pas qu'il y a de profondes réformes sociales à opérer dans la société actuelle, mais nous n'accordons à personne, ni l'intelligence nécessaire, ni le droit de les dicter de sa propre antorité. Cela doit être le travail de la société tout entière, organisée de façon à penser et à agir collectivement. Nous le répéterons sans cesse, ce n'est pas là une utopie, c'est le fait qui résulte de la nature des choses qui veut que nulle mesure sociale ne puisse être bien en rapport avec les besoins de l'ensemble du corps social et de chaque individu qui le compose, qu'autant qu'une intelligence collective en a reconnu le *bien trouvé.*

Tout ce qui se produit en dehors de cette constatation collective, sous une forme autoritaire, est une atteinte portée à la liberté, et d'ailleurs vous pouvez reconnaître ce qu'il y a de faux dans de telles injonctions des utopistes à la manière dont elles se produisent toujours sous forme autoritaire qui exclut la discussion.

Néanmoins, quand cette forme autoritaire ne se manifeste que par des paroles et des écrits, elle ne peut pas beaucoup nuire, elle a le droit de se produire comme toute opinion, sauf au bon sens public à en faire justice.

Mais c'est lorsqu'elle veut s'imposer par la violence qu'elle devient dangereuse. A des époques de transition, alors que pour passer d'un régime à un autre, il y a ce qu'on appelle une révolution, si cette forme veut en profiter pour dictatorialement constituer la société, d'après des idées fixes qui n'ont pas été délibérées et approuvées par le corps social, elle commet un attentat tout aussi coupable que quelle usurpation politique que ce soit.

C'est se méprendre entièrement sur le véritable sens d'une révolution ayant pour but de passer d'un régime autoritaire à un régime de liberté. Certes, dans une révolution de cette nature, on rencontre dans les moments qui séparent le régime renversé de celui qu'on veut établir des difficultés d'exécution qu'il n'est pas toujours aisé de vaincre sans employer un peu de dictature. Mais, pour qui est pénétré de la sainte cause de la liberté, ces moyens extraordinaires ne doivent être employés qu'à combattre des obstacles au but généreux qu'on a en vue, celui de mettre la société en position de se constituer elle-même, mais non pas à en profiter pour imposer à une nation des idées fixes auxquelles elle n'aurait pas donné son adhésion, comme par exemple de renverser les conditions de la propriété, de la supprimer tout à fait, d'abolir l'héritage, de soumettre le travail, sous le prétexte de le rendre plus productif, à des règles monastiques, etc., etc.

Quand avant le moment où une société a trouvé le moyen de se débarrasser d'un despotisme il y a eu un enseignement qui, au lieu d'indiquer les véritables conditions par lesquelles la société perfectionne son bien-être, c'est à des utopies qu'on a eu recours, c'est presque toujours à cela que l'on doit les difficultés que l'on rencontre dans la reconstitution de la société.

Les souffrances éprouvées sous un mauvais régime, en aigrissant les esprits, les conduisent souvent dans une fausse voie de redressement, les véritables conditions d'un régime meilleur sont souvent méconnues à l'instant même où l'on avait l'occasion de les appliquer; c'est dans de pareils moments que les idées fixes sur tel ou tel point de l'existence, si elles cherchent à s'imposer par la violence, compromettent les révolutions et les font prendre en horreur par les peuples au lieu d'y voir un mouvement heureux en faveur de réformes nécessaires désirées par tous, mais que l'on ajourne si on les voit entravées par des excentricités intempestives.

Nous n'avons eu que trop d'exemples de semblables déviations, et à l'heure qu'il est nous en avons encore à déplorer.

Ce n'est donc pas exagérer nos craintes que de dire: garons-nous de tout système qui se présente d'une manière absolue et se refuse à être discuté.

Mais, disent les partisans de tels systèmes, qu'attendre de la liberté, qu'attendre des délibérations du peuple, il faut imposer ce que l'on croit bon ou autrement on ne l'obtiendra jamais.

C'est précisément ce langage autoritaire que nous condamnons, et ce n'est pas d'aujourd'hui; qu'on nous permette de redire ici ce que nous disions à ce sujet il y a trente ans à une de ces écoles autoritaires qui se ressemblent toutes sur ce point.

LETTRE AUX RÉDACTEURS DE LA *Phalange*.

« Dans la déclaration de principes qui précède une nouvelle forme de publication que prend la *Phalange*, l'école sociétaire de Fourier jette encore le gant à tous ceux qui se sont occupés de réformes sociales. Me sera-t-il permis de le relever au nom de ceux des réformateurs politiques dont je suis la bannière, de ceux qui croient que tous les phénomènes auxquels les agrégations humaines donnent lieu, se résolvent mieux par la liberté, par le laisser-faire, le laisser-passer, que par des doctrines absolues et des régimes réglementaires?

« Je hasarde, dans ce dessein, l'envoi de cette lettre, toutefois à peu près sûr d'avance qu'elle ne sera point insérée dans la *Phalange*, qui n'en persistera pas moins à dire qu'on ne lui répond pas. C'est la manière du journalisme *cautionné*, et depuis que la *Phalange* est entrée dans la participation du monopole de la presse par l'argent qu'elle a déposé au Trésor, fera-t-elle comme les autres journaux?

« L'école de Fourier reproche sans cesse aux écoles de réforme politique de marcher en avant au hasard, sans plan; cependant il n'y a pas de plus grande erreur que cette opinion. Il est vrai que le rôle des réformateurs politiques est plus modeste que celui des réformateurs sociaux, et consiste à chercher, pour la société, les conditions d'un entendement collectif, qui fasse sortir de son sein et mettre en pratique les instincts sociaux naturels dans lesquels se trouvent la solution de toutes les questions de propriété, d'industrie, de travail, d'éducation, etc.

« Suivant eux, il n'est pas possible que le peuple s'instruise et s'organise autrement que par sa propre délibération et conviction; la science sociale ne peut s'élaborer que par l'entendement collectif d'une nation. Une doctrine absolue, émanée d'un homme ou de quelques hommes, nécessairement fausse dans plusieurs de ses parties, ne peut s'accréditer par sa seule puissance.

« Ce qu'il y a donc d'essentiel avant tout en matière de réforme sociale, c'est de mettre une nation à même de s'y appliquer par l'établissement d'un organisme politique qui lui donne une pensée commune; et cet établissement n'est point une impossibilité, car elle est dans la nature de l'instinct social de l'homme.

« Il n'y a ni perte de temps, ni déviation du but, en s'occupant de perfectionner les instruments politiques avant toute chose.

« Cela ne doit jamais empêcher les esprits élevés d'étudier toutes les questions sociales et de les réduire en sciences; ainsi aujourd'hui il y a trois sciences arrivées tant bien que mal à un état assez précis qui donnent les solutions de toutes les questions que posent les fouriéristes.

« L'organisation politique apprend l'art de faire sortir d'une nation et de toute agrégation d'êtres humains l'expression collective de ses besoins.

« La morale ou législation apprend l'art de mettre d'accord les passions et les intérêts des hommes.

« L'économie politique révèle les conditions naturelles de tout ce qui concerne la production et la consommation.

« Ces trois sciences, fondées sur l'observation des faits naturels, sont plus fortes que tout système, car n'admettant que ce qui est certain, elles répondent à tous les doutes. Il est facile, en s'en servant, de faire tant bien que mal une utopie, où tout aura l'air de concorder, et c'est une occupation innocente à laquelle il est permis à chacun de se livrer; mais quand on arrive à l'application, on s'aperçoit tout de suite qu'il est plus sûr d'obtenir cette formulation générale de la discussion publique fondée sur les conditions essentielles de tout entendement collectif, que de vouloir l'imposer comme produit de sa seule intelligence.

« Voilà pourquoi tout homme réellement positif ne répond point à un système tout d'une pièce par un autre système de la même nature, mais s'applique simplement ou à perfectionner les sciences sociales, ou à obtenir le perfectionnement politique qui doit faire entrer dans la vie active les solutions que la science donne déjà, mais que les peuples ne peuvent adopter qu'après s'en être convaincus eux-mêmes.

« Il n'y a point stérilité dans les gens qui repoussent des systèmes tout faits, ils ne sont pas à court pour cela; ils peuvent aussi bien que les faiseurs de systèmes répondre à tout, et cela par des observations et des expériences faites sur la nature des choses. Ils ont, comme les systématiseurs, amassé les matériaux d'une réforme sociale, il les ont, plus qu'eux, rendus accessibles à tout le monde par des méthodes claires; mais ils croient que la formulation d'une doctrine générale n'est ni possible, ni dans la mission d'aucun homme isolé; c'est un travail social. Ils ne se croient en droit de contribuer à une telle doctrine que par des efforts soutenus pour rendre à la société l'usage libre de ses facultés natives, que d'anciens faux systèmes ont défiguré.

« Dans cette situation, quand il apparaît un nouveau système absolu, se croyant conséquent et lié dans toutes ses parties, ils ne l'attaquent que comme une mauvaise méthode d'enseignement, mais non en ce qu'il peut contenir. Ils l'étudient, et s'ils y trouvent quelque observation juste et bien faite, ils ne refusent point de l'agréger au corps des différentes sciences sociales. Ils repoussent, il est vrai, la prétention qu'ont beaucoup de gens d'appeler nouvelles de certaines définitions, lorsque ces définitions sont exactement semblables à celles que l'observation a déjà classées. Ils repoussent la confusion des choses et l'ignorance, tout en tenant compte de la bonne volonté.

« Il y a beaucoup de bonne volonté dans l'école sociétaire de Fourier, mais il faut convenir qu'elle a encore plus d'amour-propre ; elle suppose constamment que personne ne s'est occupé, avant elle, des questions sociales dont elle se charge de donner la solution, et pourtant il n'y a presque pas une seule de ses déclarations générales qui ne soit tirée des sciences sociales qui l'ont précédée. Avant elle on avait trouvé que l'homme n'est point enclin au mal par nature et tempérament ; c'est là le point de départ de toute la philosophie du dix-huitième siècle. Avant elle il était prouvé que tous les instincts de l'homme, loin de nuire à l'agrégation sociale doivent, dans la libre plénitude de leurs manifestations, aider plutôt que contrarier l'existence en société. Avant elle on avait démontré que l'association dans la vie civile, comme dans la vie politique, est un des meilleurs moyens de concilier les intérêts divers, d'augmenter les produits, et de répandre l'aisance par une distribution intelligente des travaux, suivant les facultés naturelles de chacun. Avant elle on avait analysé les facultés de l'homme et expliqué que chaque individu employé à sa place naturelle, peut être utile à lui-même et à tous, sans éprouver le dégoût et l'ennui qui n'est que trop souvent le lot du travail. On avait été plus loin : il avait été reconnu que les sottes législations enfantées par tous les genres d'oppresseurs qui ont passé sur l'humanité, étaient pour bien peu de chose dans le maintien de l'état social, si elles ne lui étaient contraires. On avait démontré que la société se soutenait comme instinctivement par des conditions naturelles d'existence, qui se trouvent être précisément celles que nous venons d'indiquer plus haut. C'est par la bonté naturelle de l'homme, la liberté laissée au jeu de ses facultés, et l'association appliquée à tous les travaux que la société, même la plus corrompue en apparence, se perpétue. Tout cela y vit en dépit des obstacles, et ce n'est que par là que la société subsiste.

« Maintenant, quand on arrive à vouloir prendre pour moyens dirigeants avoués officiellement, ce qui est vraiment dans la nature des agrégations humaines, il se présente deux manières d'envisager la question, et c'est là seulement où commence en réalité la divergence entre l'école sociétaire et les réformes politiques.

« Elle se compose de toute la différence qu'il y a entre la liberté et une loi absolue qui veut tout commander d'en haut.

« Les réformateurs politiques, pénétrés de la plus haute confiance dans l'excellente nature de l'homme, placent dans la liberté de l'individu, dans la faculté du choix qu'on lui laisse, l'établissement de tous les moyens collectifs d'arriver au plus haut degré de bien-être et de bonheur social. Les réformateurs politiques, contents d'avoir preparé l'intelligence humaine à toujours choisir les meilleurs de ces moyens, par l'étude des phénomènes sociaux, basée sur l'observation, l'abandonnent à elle-même, pour faire les applications suivant ses convictions, les circonstances et les besoins des différentes situations où l'homme peut se trouver, toujours sûrs de la voir revenir à la vérité, tant qu'on la laisse réellement à elle-même, et que son entendement social fonctionne suivant les véritables conditions de l'organisme nécessaire à son existence.

« L'école sociétaire a la prétention au contraire de savoir d'avance, mieux que tout le monde, non-seulement les faits généraux qui concernent l'espèce, et que tout le monde étudie comme elle, mais aussi les applications qu'on en peut faire, et de déterminer une forme invariable par laquelle tout s'accomplira suivant ce que sa doctrine aura fixé. Or, nous disons, nous, que non-seulement une telle doctrine est au-dessus des forces du plus grand génie, mais que même il y a danger de recommencer par elle tout ce que les doctrines absolues du même genre de législateurs passés ont déjà enfanté de mal.

« Il y a entre les réformateurs politiques et les sociétaires, la différence qu'il y a entre la cité et le couvent. Dans la cité l'homme consent à ce qu'il fait, il participe aux bienfaits de l'association appliquée au travail et à la consommation, par la conviction que cela lui est utile; dans le couvent sociétaire, cette association lui est comme imposée. Si on me nie cette contrainte, il ne vaut plus la peine de discuter: la commune sociétaire n'est plus le produit d'une doctrine, mais de la liberté; c'est alors la république, il n'y a plus la moindre différence entre elle et nous. Si, au contraire, l'individu est forcé d'accepter malgré lui les conditions sociales de communauté civile, il est bien et dûment moine, il est l'esclave d'une règle absolue, et de là il n'y a qu'un pas pour recommencer tous les avilissements dont l'espèce humaine a été victime sous les systèmes sociétaires de l'antiquité.

« On le voit, toute la question entre les réformateurs politiques et les réformateurs sociétaires, se réduit à savoir quel est le meilleur système, celui de communauté libre ou celui de communauté forcée? — Les éternels reproches qu'on n'a pensé à rien, qu'on n'imagine rien, s'évanouissent alors. Les réformateurs politiques montrent qu'ils ont tout aussi bien pensé à toût que les réformateurs sociétaires, car leurs sciences sociales examinent et résolvent toutes les questions posées par la science sociale des sociétaires, et, dans l'application, ils ont sur les sociétaires la supériorité de s'en rapporter à l'individu, pour organiser son bonheur, suivant l'invincible instinct d'association qui gît au fond de lui. Ils réclament pour l'homme la liberté, sûrs qu'ils sont qu'il en choisira toujours toutes les conditions réelles. Les sociétaires, au contraire, loin de croire à l'excellence de l'homme qu'ils prennent pourtant pour point de départ, se défient de lui et veulent lui faire d'avance la règle qui doit le guider.

« Maintenant, si on demande aux réformateurs politiques ce qu'ils croient de l'avenir des sociétés par la liberté, ils vous diront que par cette liberté se formeront insensiblement des intelligences collectives nationales perfectionnées, où toutes les questions de bien-être seront facilement résolues. C'est en réalité au centre d'un Etat que s'établissent, suivant les circonstances, les conditions du travail et l'emploi de ses produits. Le débat du salaire n'est point entre le maître et l'ouvrier, c'est au sein des corps législatifs qu'il s'agite, ce qui le détermine, c'est l'impôt, la circulation, le crédit, la situation de l'échange, les rapports avec l'étranger.

« Cela est évident pour quiconque a la moindre notion d'économie politique; le principal effort pour amener l'homme à tout le bonheur social qu'il peut goûter est donc de perfectionner d'abord les instruments politiques où s'agitent les conditions de son existence en société. Je pourrais à l'infini multiplier les exemples qui prouvent que le malaise social n'est autre chose que le résultat de la non-liberté, et que la liberté suffit pour le corriger. Ce n'est point par une doctrine tout d'une pièce qu'on en viendra à bout. Cela est si vrai que je prédis aux sociétaires fouriéristes qu'ils en feront la triste expérience dans l'essai qu'ils veulent tenter. Le régime français actuel se refuse à l'existence d'une communauté travaillante. La base d'une telle existence est nécessairement le travail agricole; or ce travail est tellement avili par l'ensemble des lois actuelles, surtout des lois administratives, que leur expérience manquera s'ils la font en France ; il faudrait pour qu'elle pût être complète, qu'elle eût lieu sur un sol qui leur appartint publiquement et civilement ; autrement l'influence de la société actuelle les empêchera toujours d'en connaître la valeur réelle.

« C'est ce qui commencera peut-être à leur prouver que le premier pas d'une réforme sociale est et ne peut être qu'une réforme politique.

« La réforme politique obtenue, toute l'organisation nécessaire à une meilleure existence civile, et un ordre plus harmonique arrive naturellement. L'association dans les travaux et dans la consommation en est certainement la meilleure base, mais pour que cette association existe sous des formes équitables et soit dans la nature des choses, il n'y a pas tant à faire qu'on semble le croire. L'antagonisme qui se remarque aujourd'hui entre individus comme entre nations, la concurrence que l'école de Fourier appelle anarchique, ne sont point des conséquences nécessaires d'un état social fondé sur la liberté ; c'est bien au contraire le produit d'un régime social réglementaire.

« La liberté introduisant la spécialité, ne proscrirait point l'association, bien au contraire elle la perfectionnerait ; on serait, pour son crédit, associé d'une banque; pour son travail, à tout ce qui peut aider ce travail ; les machines, les moyens de transport, tous les genres de capitaux seraient mis à la disposition des plus aptes par l'association libre. Pour la consommation n'est-on pas déjà l'associé de ceux qui prennent avec nous auprès des fournisseurs ce dont ils ont besoin ? Partout l'association se montre déjà dans la société actuelle sous mille formes que la liberté développerait bien mieux. L'association spéciale a cela de supérieur sur la communauté qu'après avoir accordé à l'individu tous les secours qu'il peut obtenir de ses semblables ou des forces de la nature, il se trouve pourtant libre individuellement. Elle a tous les avantages de la communauté sans en avoir les inconvénients.

« La liberté politique faisant descendre ainsi par les entendements collectifs des peuples le moyen de faire accorder entre eux les individus, concilierait aussi les nations par le fédéralisme. Les grands centres délibérants trouveraient les leviers d'immenses progrès dans les associations de nations, comme ils en auraient déjà fait naître par les associations d'individus. J'ignore si on arriverait par là en définitive à la commune sociétaire, mais bien certainement si elle était dans la nature des choses, on y parviendrait ainsi plus facilement que par la prédication d'une doctrine absolue, eût-elle, cette doctrine, deviné l'avenir et trouvé les véritables conditions sociales.

« Je viens d'exposer bien sommairement en quoi les réformateurs politiques et les réformateurs de l'école sociétaire se ressemblent ou diffèrent ; il en doit ressortir un fait, c'est que les réformateurs politiques, pour être plus modestes et moins tranchants que leurs émules, n'oublient pas plus qu'eux d'étudier les ressorts de la prospérité sociale, et ils peuvent hardiment soutenir qu'il n'existe pas un point un peu intéressant de science sociale qu'ils n'aient trouvé et expliqué avant l'école de Fourier. Quant à l'utopie fouriériste, elle n'est point par elle-même un fait scientifique du domaine d'une étude sincère ; c'est un système qui s'empare du travail scientifique et philosophique d'autrui pour en fabriquer une synthèse sociale fort problématique dans ses effets réels. Il n'y a pas là de quoi écraser de son dédain ceux qui emploient leur temps et prodiguent leur vie pour conquérir des formes politiques qui donnent à la société la faculté de se constituer par elle-même, suivant les penchants naturels de l'homme.

« Si les élèves de l'école sociétaire sont de bonne

foi, ils me permettront d'exposer dans leur propre journal les observations que m'inspire leur système ; ce sera le moyen d'établir une discussion entre les opinions qui ont pour base la réforme politique et celles qu'ils professent. Il n'est point généreux de combattre des adversaires qui se dévouent tout comme eux au bien de l'humanité, en les citant d'une manière incohérente, en les confondant sans cesse avec leurs propres ennemis, et en tronquant tellement leurs auteurs qu'on leur fait dire habituellement le contraire de ce qu'ils ont dit. Tel est Say, par exemple, que l'école sociétaire attaque sans cesse, et qui a fourni à la science économique les meilleures définitions de cette science, sur lesquelles s'appuie même l'école sociétaire. Sauf le laisser-faire, le laisser-passer, qui n'est pas un fait économique, mais une opinion, je défie l'école sociétaire de trouver dans les traités de Say une seule observation qu'elle puisse nier sans se contredire elle-même. Sa seule différence avec Say n'est point en économie politique, elle est en organisation sociale; Say veut la liberté, elle veut un système réglementaire. C'est déjà la différence que je viens de signaler entre cette école et les réformateurs politiques. C'est là surtout la question. Nous, nous soutenons qu'avec la liberté on arrivera à tous les rapports civils qui établissent la société sur sa meilleure base. L'école sociétaire soutient que, pour établir une bonne organisation sociale, il faut une doctrine qui fixe d'avance tous les rapports sociaux. C'est en resserrant la discussion dans ces termes, qu'elle peut devenir intéressante.

« L'acceptez-vous ?

« *P. S.* — Encore un mot : l'école sociétaire prétend que le suffrage universel, introduit dans l'organe délibérant d'une nation, serait nécessairement sans effet sous l'état actuel des connaissances humaines ; c'est là à mon gré une supposition gratuite, et que les faits démentent. Il n'y a pas eu au monde une seule assemblée élue par l'ensemble d'un peuple, qui se soit trompée sur les véritables conditions de la vie sociale : ni l'Assemblée constituante en France, ni l'Assemblée législative, ni la Convention, ni même la représentation du Directoire, n'ont imposé à la nation de ces conditions de monopole, de privilége, d'impôts mal répartis, de restrictions réglementaires, qui sont aujourd'hui, en France, les véritables causes du malaise des classes travaillantes. C'est au despotisme impérial, et à la représentation du privilége instituée par une charte royale de 1814, et continuée par la charte de 1830, que l'on doit la fausse position où l'on se trouve. C'est comme toujours par l'effet de l'usurpation, de la violence et de constitutions privées de la délibération et de la sanction populaire, que le mal s'est fait. On ne peut attribuer aux réformateurs politiques ce mal, qui s'est introduit dans la société malgré eux et contre eux. Il n'est pas exact de dire que demain un congrès national serait convoqué, qu'on s'y présenterait sans savoir ce qu'il faut faire. Il y a en France, plus que jamais, des hommes instruits, qui ont puisé dans les sciences sociales une entente assez complète des faits sociaux pour en savoir très-bien faire l'application à la vie actuelle. Ces sciences en disent autant que l'école sociétaire, et le disent mieux en ce qu'elles s'appuient sur l'observation, et qu'elles ne mettent rien en avant qui n'ait acquis un certain caractère de précision. Je me fais fort, si vous me permettez de continuer cette discussion dans votre journal, de vous prouver par des citations qu'il n'y a pas une seule partie des phénomènes sociaux dont s'est occupée l'école de Fourier, qui n'ait été traitée par ces sciences, et résolues de telle manière que l'école sociétaire ne saurait les contredire.

« Avec une telle préparation à la disposition de tous ceux qui veulent étudier, il est encore une foule de questions sur lesquelles il existait jadis des contradictions que la sagesse nationale a résolues d'avance. On peut même dire que ce sont les plus essentielles à la constitution provisoire des nations, puisqu'elles se rapportent surtout à l'organisation de l'entendement public, c'est-à-dire au mécanisme gouvernemental.

« On ne serait donc point aussi au dépourvu que semble le croire l'école sociétaire, si l'on se trouvait tout d'un coup appelé à se constituer suivant la liberté.

« On serait dans la position du chimiste, du médecin, de l'ingénieur, qui, possédant déjà les connaissances générales, se trouvent prêts pour toutes les applications.

« L'école sociétaire veut plus ; elle veut d'avance définir toutes les applications, et les réduire à une espèce de panacée universelle qu'on imposerait empiriquement, et qui n'aurait d'autre garantie de son efficacité que l'affirmation des docteurs qui l'auraient préparée.

« Parmi les dédains de l'école sociétaire, il en est un qui me paraît inexplicable, c'est celui pour le régime américain des Etats-Unis. Lui reproche-t-elle l'esclavage? mais elle sait mieux que moi que l'esclavage, loin d'être le résultat de ce régime, a été expulsé par ce régime des deux tiers des Etats qui forment la Confédération. L'esclavage est un des legs de l'Angleterre et non le produit de la nouvelle république; d'ailleurs, sur vingt-trois Etats, sept en sont seuls encore responsables. Quant à la situation du prolétariat, où est-il réellement plus digne qu'aux Etats-Unis ? Aucun être humain s'y est-il jamais plaint de manquer de travail, de recevoir un salaire insuffisant ? Tel vagabond irlardais que méprise et repousse la vieille Angleterre, n'a pas mis le pied sur le sol de l'Amérique, qu'il est le lendemain un bon travailleur. D'où vient ce magique effet? de la liberté qui classe chacun suivant ce qu'il sait faire. Ah ! c'était à une école sérieuse comme celle que prétend être l'école sociétaire de Fourier, de mieux étudier un régime, qu'on se plaît à calomnier sans l'examiner à fond.

« C'est à dissiper les préjugés sur ce régime que je m'appliquerai comme un des meilleurs exemples du progrès, si vous m'en laissez la faculté; et si réellement votre école, tout imaginaire qu'elle soit encore, peut nous offrir même dans ses promesses quelque chose de plus fécond que la marche progressive de l'Amérique, notre discussion vous aura fait faire un pas de plus. Mais si vous refusez la lutte, ne dites plus qu'on ne vous oppose jamais rien, et que les réformateurs politiques sont réduits à l'impuissance; ce sera vous qui nierez ce qui existe, et ne voudrez ni voir, ni entendre.»

Cette lettre était publiée en 1840, dans un recueil qui paraissait alors à Genève tous les mois sous le titre de *Revue de Genève*. On peut y voir le germe de toute la théorie d'organisation sociale exposée dans le Cours de Législation constitutionnelle que nous publions en ce moment. Nous ne croyons pas nécessaire d'y rien ajouter, pour qu'on ne nous reproche pas de nous refuser au progrès parce que nous repoussons l'absolutisme de certaines doctrines. Ce que nous avons pu opposer dès lors à l'une des écoles autoritaires s'applique à toutes, et comme conclusion nous leur dirons :

Livrez-vous tant qu'il vous plaira à l'exercice de construire des systèmes sociaux suivant vos convictions et vos études; un grand homme de l'antiquité, Platon, vous en avait donné l'exemple, et ce jeu philosophique de ce grand esprit ne fit jamais de mal, car il ne s'adressait qu'à des études et n'avait pas la prétention de s'imposer violemment.

Si, au contraire, vous voulez faire non pas école étudiante mais école militante, si vous prétendez former des partis dominant la société et imposer vos utopies tout d'une pièce par des moyens révolutionnaires, permettez-nous de vous classer parmi les fléaux de la société et de vous assimiler à tous les oppresseurs de l'humanité, que nous avons signalés comme formant obstacle à la constitution des sociétés reposant sur la nature des choses.

Après avoir ainsi exposé tout ce qu'il peut y avoir de dangereux pour le corps social dans des systèmes absolus, proposés d'ailleurs par des écoles animées des meilleures intentions en faveur du peuple, avons-nous besoin de prémunir aussi nos auditeurs contre des systèmes tout aussi absolus, qui n'ont pas pour excuse d'avoir pour objet l'amélioration du sort des classes vouées au travail ni les progrès de l'humanité.

Nous voulons parler de ces écoles doctrinaires qui se sont efforcées de chercher à établir que s'il y a dans la société des conditions d'infériorité de certaines classes cela tient fatalement à des nécessités sociales. Il en est résulté une série d'affirmations des plus contraires au développement naturel des sociétés, dont on se sert pour maintenir les monopoles et priviléges des diverses sortes d'aristocratie, qui ne peuvent se soutenir que par ces monopoles et priviléges. Comme tout notre Cours est destiné à les combattre et à constituer un droit commun fondé sur la plus entière liberté, nous n'entrerons pas ici dans le détail de la réfutation de leurs prétentions, elles sont destinées à tomber devant une organisation sincère de la pensée collective d'une nation. C'est l'ensemble de notre Cours qui les réfute.

ONZIÈME SÉANCE

De la conservation du Corps social. Organisation judiciaire.

Le complément d'un bon entendement social, c'est une organisation judiciaire qui maintienne en harmonie toutes les parties du corps social, soit en réglant les rapports entre les individus, soit en contribuant à maintenir toutes les fonctions sociales dans leurs attributions respectives, par l'application de la responsabilité à ceux qui les remplissent, lorsqu'ils viendraient à s'en écarter.

Une bonne organisation judiciaire peut être considérée comme remplissant le rôle de pouvoir conservateur de la société. Et ici entendons-nous bien : ce que pour nous le mot conservateur signifie, n'est pas le maintien de vieux préjugés, de maximes surannées, mais au contraire celui de cette société progressive dont nous avons défini la constitution, par laquelle un peuple pense et agit par lui-même.

C'est à la conservation de tous les ressorts qui composent cette vie sociale pleine d'activité et qui se fonde à la fois sur la liberté de chacun et sur l'art de faire penser et agir collectivement la nation sans froisser aucun intérêt particulier que nous attachons l'excellence d'une bonne organisation judiciaire.

C'est le médecin dont l'œil vigilant s'efforce de tenir en santé un corps frais et vigoureux. Et, dans cette comparaison, nous disons qu'une société a sur un individu l'avantage de se perpétuer bien plus longtemps, si son existence collective est constamment entretenue dans les conditions normales qui lui ont donné la vie. Tant que ces conditions sont maintenues dans leur exercice naturel, le corps social peut se perpétuer, par le fait que les fonctions qui le font vivre se renouvellent sans cesse, se retrempant dans un peuple qui ne périt pas, à moins que lui-même il transgresse les lois de son existence, les laisse tomber en désuétude et sorte des règles naturelles qui le constituaient.

Quand un corps judiciaire est organisé de manière à toujours surveiller le maintien des institutions fondées sur la nature des choses et non sur de vains caprices, conventions ou tyrannies exceptionnelles, il peut aider à perpétuer à l'infini l'existence d'un corps social.

Pour remplir cette fonction avec intelligence et loyauté, comment le corps judiciaire doit-il être organisé? C'est là un des problèmes les plus difficiles à résoudre dans l'organisation des sociétés.

Pour nous, partant toujours du fait général d'où découle toute notre méthode, que dans tout ce qui est de l'homme, c'est son intelligence qui est son guide, mais qu'aucune intelligence individuelle n'a le droit de commander à une autre, et que c'est d'une intelligence collective que doivent sortir les décisions à mettre à exécution dans le corps social, nous examinerons si l'on peut, dans les fonctions qui lui sont confiées, donner au corps judiciaire une forme qui, semblable à celle par laquelle la loi a été créée, lui donne une intelligence collective pour la faire exécuter par ceux qui pourraient vouloir la transgresser.

Bien rendre la justice ne peut pas être une œuvre individuelle, même exercée collectivement par quelques juges réunis. Juger, doit sortir d'une combinaison qui renferme la représentation de tous les éléments dont se compose la pensée sociale. Le juge doit par l'élection sortir du sein du peuple, il est dans le tribunal le représentant de la fonction que nous avons attribuée au sénat dans la formation de la pensée collective de la nation.

Mais, s'il est apte à prononcer l'application de la loi, il ne l'est pas de même à reconnaître le fait sur lequel il a à prononcer; c'est encore du sein du peuple qu'il faut tirer ceux qui seront appelés à reconnaître ce fait, mais cette fois par un moyen encore plus impartial que l'élection, c'est-à-dire le sort.

On objectera que le sort, s'il s'exerce sur le peuple entier, ou du moins sur le peuple entier d'une division judiciaire, peut tomber sur des individus incapables, l'objection ne serait pas sans force si, en effet, le tirage au sort du jury appelé à se prononcer était le dernier, mais il nous semble qu'il pourrait être précédé d'un premier tirage au sort, s'exerçant sur la masse, et dans lequel à mesure de l'appel d'un nom une commission, soit judiciaire, soit législative, soit municipale, pourrait être appelée à exercer des récusations pour cause d'incapacité notoire, après quoi les noms retenus formeraient le jury de l'année, dans lequel serait tiré le jury spécial pour chaque cause, tout en y maintenant encore le droit d'un certain nombre de récusations de la part des individus en cause. Ce serait là, suivant nous, une heureuse combinaison du sort et du choix qui, en laissant subsister toute l'impartialité du sort, en corrigerait le côté défectueux en écartant les incapables.

Quoiqu'il en soit d'ailleurs d'une combinaison semblable, ce qui est nécessaire pour arriver à faire éclore une bonne décision judiciaire, c'est qu'à côté du représentant impassible de la loi qui est le juge, le fait sur lequel devra s'asseoir son jugement soit reconnu et constaté par des hommes participant à la vie active et appréciant le fait d'après les impressions de cette vie.

Ainsi constitué, le tribunal offre une image de l'organisation d'où est sortie la loi elle-même, c'est une pensée collective représentant la pensée sociale.

Mais ce n'est pas tout, pour éclairer les questions qui se présenteront à son jugement, il faut une discussion, et c'est ce qui a lieu, par un représentant des intérêts de la société, qui prend la parole toutes les fois que ces intérêts sont en jeu et par les avocats des parties qui sont en cause.

Cette combinaison est déjà tant bien que mal appliquée pour les causes criminelles dans quelques pays où, comme à Genève, par exemple, on l'a même étendue aux causes correctionnelles, mais, sauf l'Angleterre et les Etats-Unis, le jury, l'élément sortant directement du peuple et représentant la vie active à laquelle cependant tous les faits de cette vie active devraient être déférés, n'est point étendu aux affaires civiles et commerciales. C'est là une des anomalies les plus curieuses qu'offre l'organisation judiciaire du temps présent sur le continent européen.

Si jamais il y eût nécessité de démêler le fait réel dans une question, n'est-ce pas alors qu'il s'agit de ces intérêts journaliers qui offrent tant d'interprétations diverses et qui sont souvent si mal appréciées par des juges qui ne sont pas eux-mêmes engagés dans les combats de la vie de chaque jour et ne peuvent pas les comprendre.

Ceci est d'autant plus anormal dans les pays où les juges ne sont pas soumis à l'élection populaire, et encore plus s'ils sont inamovibles. Les juges de commerce eux-mêmes, élus par des classes de notables où, comme à Genève, à un second degré par le corps législatif, sont loin de comprendre les intérêts de tout le monde, ils sont une émanation non du peuple mais des privilégiés du commerce; ils auraient besoin, tout aussi bien que les juges non élus, d'être assistés d'un jury qui démêlât le fait réel qu'ils méconnaissent si souvent, quoique dans leur institution on ait cru trouver le meilleur moyen de le démêler.

Maintenant que nous avons établi par quelle combinaison, reposant toujours sur le même principe qui nous dirige dans notre étude de législation constitutionnelle, comparons ce mode à d'autres combinaisons par lesquelles on a cru assurer l'impartialité et la capacité des juges.

Examinons d'abord la prétendue garantie qu'on a cru trouver dans l'inamovibilité des juges. Devons-nous le dire, si on la prend en elle-même, dans l'exercice de la fonction qui leur est confiée, elle est déplorable. Comment, on ne pourra pas destituer un juge incapable ou partial et le public devra supporter tous les inconvénients de son défaut d'intelligence et de bon jugement. En ne confiant les jugements à rendre qu'à un certain nombre de juges on croit, par la présence de collègues plus aptes, corriger les défauts d'un seul.

Mais, hélas! que de fois tous les trois ou cinq membres d'un tribunal ont-ils été dans le même cas! que de fois des chambres entières ont-elles eu le triste renom d'être absurdes, pleines de préventions passionnées, partiales et même quelquefois vénales. Disons-le, c'est au-dessus des forces humaines d'être dans une carrière de juge toujours équitable, en mettant même de côté les mauvaises inspirations. Mais ces mauvaises inspirations, combien sont assez forts pour ne pas y céder. Il y a d'abord le chapitre des préventions contre des particuliers dont on ne partage pas les opinions, qui appartiennent aux classes inférieures de la société; en un mot, toutes celles qui résultent de la faiblesse de la nature humaine, il n'y a là contre rien qui puisse rassurer, si ce n'est que le jugement à prononcer émane de deux origines diverses qui se contrôlent l'une l'autre et se fondent sur deux appréciations dont l'impartialité résulte de ce que chacune a été dans une complète indépendance de l'autre et soit comme l'expression de la conscience sociale et non celle d'un individu ayant à prononcer sur le sort de son semblable.

La condition de l'inamovibilité des juges avait pour objet d'obtenir par là une garantie contre des pouvoirs monarchiques qui avaient les charges judiciaires à leur nomination; mais, nous le répétons, ce n'était pas là une garantie contre les mauvais jugements résultant de la faiblesse humaine, bien au contraire, elle en augmentait encore la chance, créant pour le juge une irresponsabilité notoire.

En Angleterre, l'inamovibilité avait du moins pour contre-poids l'assistance du jury, au civil comme au criminel, et même dans l'instruction judiciaire.

Là où ce contre-poids n'existait pas, on croyait le remplacer par plusieurs degrés de juridiction, mais elle ne corrigeait pas ce qu'il y a de défectueux dans une forme de jugement qui commande d'homme à homme; c'est, dans le maintien de la loi, retomber dans les inconvénients de la confection des lois, aussi d'homme à homme, par des pouvoirs autoritaires que nous avons signalés comme constituant des tyrannies qui conduisent les sociétés à leur ruine.

Dans des républiques on a cru atténuer le mal résultant de ces jugements d'homme à homme par l'élection qui impose au juge une responsabilité devant l'opinion et le fait remplacer quand on reconnaît son incapacité ou ses mauvaises dispositions; mais ce n'est là qu'un correctif, qui vaut cependant mieux que l'inamovibilité ou la nomination à temps par le pouvoir exécutif ou législatif, quel qu'il soit; la meilleure garantie c'est qu'il soit directement nommé par le peuple comme les autres représentants du peuple dans quelle fonction que ce soit, et après cela le complément d'une bonne justice c'est que le juge qui applique la loi soit assisté d'un jury pour définir le fait, comme nous l'avons vu plus haut.

Nous le répéterons sans cesse et c'est là tout notre Cours ; aucune décision sociale ne doit dépendre d'un seul homme, toutes doivent résulter d'un concours qui en fasse l'expression du corps social, c'est le seul moyen de conserver à ce corps son intelligence.

Nous avons, dans ce sens, indiqué comment le jugement peut sortir des entrailles de la société sans jamais porter le cachet du caprice ou de la prévention, bien entendu autant qu'il y a quelque chose de parfait dans tout ce qui dépend des hommes, mais du moins en faisant tous ses efforts pour ne rien laisser à l'arbitraire.

Ceci bien posé, il s'agit encore de tenir debout cette combinaison et d'y appliquer l'examen, non plus du fond des questions, mais de constater si elles ont été résolues dans les formes prévues pour leur assurer leur indépendance et leur impartialité. Cette fonction n'est plus un jugement à rendre sur un fait où on applique la loi, ce n'est qu'un acte de contrôle, qui peut être accompli sans assistance de jury, par des hommes estimés par le peuple, comme les plus entendus dans la science des lois, et qu'il nomme directement comme il nomme tous ses représentants.

Il ne s'agit plus ici de rendre des jugements d'homme à homme, il ne s'agit que de reconnaître si une forme ou une loi ont été bien appliquées, et, dans le cas contraire, de faire recommencer le jugement par une autre cour de justice.

C'est ce qu'on a appelé tribunal de cassation, qui,

sous diverses formes, existe dans presque tous les pays, et que nous avons le regret de ne pas voir être établi chez nous, quoique vivant en république d'une manière complète et fonctionnant de façon à tenir nos tribunaux dans les limites de leurs attributions.

Ce tribunal serait le véritable sénat judiciaire, ne rendant aucun jugement, mais par des arrêts renvoyant les causes dans lesquelles les formalités prévues par la constitution n'auraient pas été remplies devant les tribunaux prononçant leur jugement comme nous l'avons vu plus haut.

Indépendamment des causes apportées devant lui par les particuliers qui croiraient avoir à se plaindre de la manière dont les jugements auraient été rendus contre eux, un tel tribunal devrait de lui-même exercer une haute surveillance sur le jeu de tout le mécanisme constitutionnel et signaler ce qu'il croirait compromettre la stricte observation des lois qui le constituent. Un tel corps pourrait encore signaler les imperfections qu'il croirait reconnaître dans les lois civiles et pénales et le faire connaître par des messages adressés au corps législatif.

Cette haute magistrature, ne pouvant jamais rien par elle-même, que de faire retourner soit au corps judiciaire muni d'un jury, les jugements à réformer, soit à donner des avis aux corps législatifs sur la marche progressive de la législation, serait par ses fonctions mêmes tenu dans les bornes d'une stricte impartialité.

Mais, en dehors de ce haut tribunal, il y en a peut-être encore un autre à instituer pour juger les crimes d'Etat; en un mot, une haute cour de justice pour rendre efficace la responsabilité des fonctionnaires hautement placés.

Un tel tribunal exceptionnel ne serait d'ailleurs composé que de la même manière que les tribunaux ordinaires, de juges et de jurés, ces derniers prononçant sur le fait, et les premiers appliquant la loi. Il est évident que dans un grand pays le jury d'un tel tribunal devrait être plus nombreux que les jurys ordinaires et tiré de l'ensemble du pays, toujours d'ailleurs par les mêmes procédés employés dans les tribunaux ordinaires, pour l'élection des juges et la composition du jury.

Ce tribunal ne serait ni un privilége ni une exception, ce serait une fonction mieux remplie à l'occasion de crimes ou délits, commis dans une autre sphère que les crimes ou délits ordinaires, lesquels ayant été commis contre l'Etat, devraient avoir comme appréciateurs des juges émanés d'une élection générale, ainsi que des jurés tirés de l'ensemble du pays.

L'organisation d'un semblable tribunal pourrait paraître difficile; nous montrerons plus tard que non.

Il nous reste à réclamer pour l'armée, c'est-à-dire pour les milices en campagne, car nous n'admettons pas d'armée permanente, la même organisation judiciaire que dans la vie civile. Nous n'admettons pas qu'il puisse y avoir d'exception à ce sujet, dès que l'adjonction d'un jury au juge est reconnue, pour obtenir un jugement impartial, nous ne voyons pas pourquoi le citoyen, parce qu'il est sous les armes dans l'intérêt de son pays serait privé de cette garantie. Si l'on prétend ne pouvoir maintenir la discipline que par des jugements sommaires, qui respectent moins la justice que le besoin de produire de la terreur, et de mener les soldats à tout ce que l'on voudrait faire d'eux, sous l'impression de cette terreur, c'est, il faut bien le reconnaître, parce qu'on ne veut pas que le soldat raisonne, et que l'on veut qu'il devienne un instrument aveugle entre les mains de ceux qui le commandent. Un tel moyen ne saurait être employé dans les armées telles qu'elles doivent l'être dans un pays bien organisé. Le soldat ne doit pas être soustrait au droit commun, et quand on ne veut pas l'employer en dehors et contre ce droit commun, on n'a pas à craindre qu'il fasse défaut à son devoir qui, lorsqu'il ne s'agit que de défendre le pays, s'accomplit toujours bien plus par le libre arbitre que par la contrainte.

Il nous reste dans l'organisation judiciaire, qui nous semble être la conséquence forcée de l'organisation générale de l'Etat, d'après la méthode que nous suivons, un point assez délicat à trancher et pour lequel, nous devons le déclarer, nous sommes assez embarrassés, c'est celui de tribunaux ayant à prononcer sur de petits délits et de petits intérêts ; pour ces causes, mettra-t-on en mouvement tout l'appareil de tribunaux munis de juges et de jurés, comme nous l'avons démontré nécessaire pour rendre une bonne justice impartiale. Ce serait, il nous semble, faire bien bon marché de ces petits intérêts, que de ne pas leur accorder les mêmes garanties qu'à des intérêts plus considérables. Pour bien des gens, les plus minces contestations les préoccupent autant que d'autres à l'occasion d'affaires importantes. La faculté laissée à des juges de paix de décider en dernier ressort des causes n'excédant pas de certaines sommes déterminées, nous paraît des plus arbitraires ; il en est de même de ces tribunaux de police, et encore des juges de paix, appliquant des peines de simple police pour des contraventions sans autre garantie que leur judiciaire personnelle. Nous savons que cette anomalie est pratiquée même dans des pays où le principe de l'application du jury à toutes les causes est poussée le plus loin, mais nous n'en remarquons pas moins qu'il y a là un certain mépris des classes inférieures à qui s'appliquent surtout les petites causes et les petits délits, qui devrait disparaître dans l'application des lois.

Nous aimerions que le reste d'arbitraire qui en résulte disparût tout à fait de la justice inférieure, et que dans les causes personnelles, quand le juge de paix rend des arrêts définitifs, il fût assisté d'un jury tout comme dans les affaires de contravention de police, aucune condamnation ne pût être prononcée sans une telle assistance. Néanmoins, nous n'entendons pas par là interdire aux juges de paix et aux officiers de police, la faculté d'arranger les affaires à l'amiable par des conciliations, ou, en cas de délits, par des peines acceptées par le délinquant.

Nous croyons qu'avec cette faculté, bien peu d'affaires arriveraient jusque devant un jury. Nous avons d'ailleurs déjà quelque chose de semblable à Genève, dans le jury correctionnel, qui fonctionne très-bien, et par lequel une foule de petits délits sont jugés.

Nous venons de parcourir toute l'échelle des degrés judiciaires qui nous semblent nécessaires à l'administration d'une bonne justice, et nous l'avons fait en nous efforçant de rester fidèles à notre principe dirigeant, qui est qu'aucune fonction de notre corps social soit confiée à l'arbitraire, mais que toutes résultent d'une action collective du corps social lui-même.

Dans ce point de vue général, il nous reste à expliquer quelques points de détail qui concernent surtout la procédure, c'est-à-dire l'acheminement des causes devant un tribunal.

Ici, nous nous retrouvons dans le cas d'appliquer de nouveau notre méthode de repousser tout arbitraire personnel pour faire agir collectivement la société. En matière judiciaire, soit au civil, soit au criminel ou correctionnel, le tribunal n'est complet qu'autant qu'il est assisté du jury. Pour l'introduction d'une cause, nous croyons donc qu'il faut passer par un examen qui offre la même garantie que celle accordée à la cause elle-même lorsqu'elle est ce qu'on appelle en état. Lorsqu'il s'agit de causes criminelles ou correctionnelles, l'affaire commence par une plainte déposée entre les mains de l'accusateur public ou sur la propre initiative de cet accusateur public, magistrat désigné par l'élection comme tous les autres magistrats. La cause ainsi introduite est soumise à un juge d'instruction qui, pour être dans le principe que nous poursuivons dans ses moindres détails, doit être assisté d'un jury ou par le tribunal préliminaire ainsi composé, l'affaire est écartée ou renvoyée devant le tribunal compétent. Dans cette procédure, les droits de l'individu sont protégés, il ne peut être soumis à aucune prison préventive que sur la double appréciation d'un juge et d'un jury; tous les actes de la procédure : mandats de comparution, d'amener, d'assignation à jour fixe, tout émane d'un tribunal qui en a la responsabilité, et cela ne coûterait rien, ne serait pas compté dans les frais, partout où il serait reconnu que rendre la justice est une des charges de l'Etat, auxquelles le citoyen ne doit prendre part qu'en s'acquittant de ses impositions.

Maintenant, pourquoi ce qui se fait au criminel et au correctionnel ne pourrait-il pas se faire au civil? Pourquoi tant d'intermédiaires coûteux? Lorsqu'un particulier croit devoir en appeler un autre en cause, pourquoi ne pourrait-il pas se rendre auprès d'un juge commis à cet effet et faire appeler son adversaire devant un juge et jury d'instruction qui examinerait sommairement la cause, sans plaidoiries, sur mémoire ou comparution personnelle, s'il y avait lieu, et qui déciderait si la cause mérite d'être introduite; si après cette décision celui qui voulait l'introduire ne renonçait pas à son action, le tribunal d'instruction lui en laisserait la responsabilité comme plaideur téméraire qui serait, s'il perdait sa cause, condamné à une amende comme dans les appels actuels.

Par cette procédure il y aurait en réalité deux degrés devant un jury, et cela remplacerait efficacement les deux degrés de première instance et appel devant les juges ordinaires.

Sous cette forme la procédure serait également gratuite et rendrait l'abord des tribunaux plus facile, cela n'empêcherait pas le concours d'avocats et d'avoués pour représenter et aider le client devant le tribunal, et pour les divers actes de communication de pièces et diverses assignations qui se feraient par l'intermédiaire du tribunal, ne laissant rien à l'arbitraire et soumettant toute la procédure à une responsabilité réelle.

C'est ainsi que nous poursuivons, dans ses dernières conséquences, le principe de ne jamais rien faire dépendre de l'arbitraire dans l'application des lois comme dans leur formation.

Dans ce sens on comprend que nous ne saurions admettre aucun privilége pour représenter les plaideurs devant les tribunaux, ni conditions préliminaires pour exercer les fonctions d'avocat, ni charges d'avoués pour suivre à la procédure, qui elle-même serait tenue en bride et régularisée dans toutes ses manifestations par le tribunal lui-même. D'ailleurs toute liberté pour exercer la profession d'homme de loi, laissant au public le soin de discerner lui-même les plus capables et les plus honnêtes, comme pour toute autre profession.

Maintenant, examinons l'ensemble de tout notre système judiciaire et comparons-le à ce qui existe. Dans cet examen, nous serons frappés d'une chose, c'est que presque partout il y a eu aspiration pour arriver à composer le corps judiciaire comme nous le faisons, et que partout, si cela n'a pas eu lieu, c'est à des causes politiques qu'il faut l'attribuer ou à des déviations résultant des intérêts de privilégiés qui se groupaient aux abords de la justice pour qu'elle ne pût pas se rendre sans leur intermédiaire largement rétribué.

En Angleterre, où l'assistance du jury au juge est si fortement consacrée, au civil comme au criminel, il reste à déplorer le manque des mêmes garanties dans une infinité de cas. Pourquoi ce défaut de logique? faut-il le dire, ce n'est pas systématiquement, c'est par de vieilles habitudes ou des besoins administratifs où l'on a cru devoir conserver l'arbitraire.

Malgré la largeur de ses vues judiciaires, jamais l'Angleterre n'a osé appliquer le jury aux délits militaires, c'est què chez elle l'armée forme encore une classe à part, et que si les dangers d'une armée permanente ne s'y font pas sentir, grâce à de certains priviléges, comme ceux de la cité de Londres, qui ne souffre pas de soldats dans son sein, ils n'en sont pas moins suspendus sur la tête des citoyens au premier caprice un peu violent de la monarchie ou de l'aristocratie. Tant que l'Angleterre n'adoptera pas à la place de son armée permanente un système de milice qui la remplacera, il y aura en Angleterre dans tout ce qui est bon des exceptions que rien n'explique et qui sont comme le *caput mortuum* de ce que la liberté n'a pas encore su enlever à l'aristocratie et à la monarchie.

Qui est-ce qui en souffre? ce sont les dernières classes du peuple, qui n'ont pas encore pu parvenir à obtenir pour leurs travaux une part proportionnelle à leurs peines.

Peut-être que pour les petits délits et les petites causes les jugements absolus qui sont rendus sans l'assistance du jury contribuent pour une bonne part à la condition malheureuse du bas-peuple.

Quoiqu'il en soit, l'Angleterre, qui a été en tête de tous les pays pour l'organisation de la justice et chez qui les vrais principes à cet égard dominent, n'a pas encore su les appliquer dans toute leur étendue et il lui reste à ce sujet beaucoup à faire.

On aurait pu croire que les Etats-Unis de l'Amérique du Nord, qui sont une Angleterre perfectionnée, auraient fait faire à ce sujet de plus grands progrès qu'il n'en a a été fait. Il faut constater que non, et que dans beaucoup de cas il y a encore arbitraire du juge. Néanmoins le grand principe de l'adjonction du jury au juge y est en vigueur d'une façon plus étendue qu'en Angleterre, elle a même été consacrée dans son application, au civil comme au criminel, par une disposition de la constitution fédérale. D'un autre côté, grande anomalie, le tribunal fédéral jugeant des conflits entre Etats, des particuliers avec les Etats au point de vue constitutionnel de la Confédération avec les Etats ou les particuliers, est composé de juges inamovibles sans assistance d'un jury. Si c'était un tribunal suprême, qui n'eût à prononcer que sur la validité de certaines décisions de tribunaux réguliers pour les renvoyer devant d'autres, cela pourrait se comprendre, mais ce n'est pas cela, ce tribunal rend des arrêts souverains sans appel. Or, nous le répétons, c'est là une anomalie avec le système judiciaire général qui prévaut aux Etats-Unis.

Nous le craignons, cette anomalie, une fois ou une autre, peut devenir dangereuse pour la conservation intacte des institutions américaines. Par sa composition, un tel tribunal est presque toujours plus autoritaire que libéral. Qu'il survienne un jour une usurpation, qui sait s'il ne la secondera pas.

Nous préférerions à ce tribunal un autre tribunal suprême, ainsi que nous l'avons indiqué plus haut, qui ne rendit pas d'arrêts définitifs mais qui surveillât l'exécution rigoureuse de la constitution et dénonçât aux tribunaux organisés avec jury, soit tribunaux ordinaires, soit haute cour, toutes les infractions qui peuvent se commettre dans l'ordre constitutionnel.

Nous déplorons également dans l'organisation judiciaire américaine le maintien d'un certain arbitraire d'homme à homme dans l'appréciation de petits délits entre particuliers, de police municipale et d'administration générale.

Devons-nous le dire, l'organisation judiciaire française a été tout à fait manquée par le fait qu'on n'a pas voulu y appliquer les conditions essentielles de l'impartialité, à la fois par l'élection pour les juges et l'assistance du jury, au civil comme au criminel.

Certes on avait fait des efforts pour faire naître l'impartialité par des combinaisons diverses. On croyait en trouver dans la présence d'un certain nombre de juges dans le recours en appel.

En adoptant le jury pour les causes criminelles seulement, on croyait répondre suffisamment à ceux qui se défiaient de l'impartialité des juges, ne voyant dans le jury qu'une défense des droits personnels, sans savoir y reconnaître un moyen indispensable pour rendre un bon jugement.

A ce point de vue le jury n'était pas considéré comme une condition essentielle d'un prononcé d'une appréciation de la cause, résultant à la fois des sentiments de la vie active et de l'application de la loi.

On ne le considérait pas en lui-même comme un bon instrument sans lequel un jugement resterait incomplet, la fausse appréciation du fait étant presque toujours le cas, par des juges qui ne participent pas à la vie active.

Ceci était d'autant plus le cas que la magistrature, rendue inamovible, formait comme une caste à part dans la société.

On ne saurait croire combien a été funeste ce défaut d'appréciation exacte par les tribunaux français de la progressivité de la vie active dans les applications que rencontrent en France tous les faits nouveaux d'une civilisation progressive.

On peut le dire, l'infériorité de la France vis-à-vis de l'Angleterre et des Etats-Unis dans les affaires industrielles et commerciales peut compter parmi les causes qui l'ont produite, cette absence de compréhension des tribunaux français dans tout ce qui concerne les progrès commerciaux et matériels, et cette absence provient de ce que, repoussant l'intervention du jury dans les affaires civiles, elle n'est jamais instruite de la signification réelle des faits qui résultent de la progressivité du temps.

Sommes-nous plus avancés à ce sujet en Suisse? Malheureusement non.

Sur ce point nous sommes restés aussi arriérés que la France. Nous avons eu beaucoup de peine à introduire le jury en matière criminelle et correctionnelle, mais enfin nous y sommes parvenus, si ce n'est dans tous les cantons du moins dans presque tous, et enfin dans les matières fédérales. Nous sommes les premiers qui l'avons introduit dans nos milices.

Mais hélas! au point de vue civil nous y sommes restés rebelles. A quoi cela tient-il? Disons-le franchement, l'absence de représentants tirés par le sort du sein du peuple dans les jugements à rendre dans les affaires privées est repoussée instinctivement par ceux qui se raccrochent encore à la magistrature judiciaire pour maintenir dans l'application des lois une certaine prépondérance des classes supérieures. La magistrature judiciaire est en Suisse le dernier refuge de l'aristocratie, elle en a fait sa dernière forteresse. Il s'agit pour elle de maintenir en grand honneur la prépondérance de la fortune contre qui n'en a pas; elle se montre pleine de défiance contre le travail qui n'est pas appuyé sur un capital, celui qui cherche à avancer sans patronage par les ressources du crédit est au moindre revers impitoyablement sacrifié. Si un jury intervenait, dans bien des cas, combien de ces jugements qui ordonnent sans rémission la liquidation, la réalisation en écus de ce qui est le produit d'un travail pénible arrêté tout d'un coup, qui seraient rendus avec plus de circonspection!

La tendance des tribunaux civils et commerciaux, sans assistance du jury est, en gros, bien plus en faveur de la propriété argent que de la propriété travail, la seconde est souvent sacrifiée à la première.

Ce qu'il y a de certain, c'est qu'en Suisse, et surtout à Genève, le développement de l'industrie, du commerce, et de l'alliance des capitaux au travail est loin de répondre à ce qu'ils sont en Angleterre et aux Etats-Unis, quoique d'un autre côté ils soient bien supérieurs à la France, par exemple, grâce à bien des libertés économiques que nous possédons.

Mais, reconnaissons-le, la manière de rendre la justice civile et commerciale chez nous est loin de contribuer en rien à notre prospérité.

Une étude plus approfondie des véritables conditions d'une bonne organisation judiciaire nous est tout aussi nécessaire qu'à qui que ce soit.

Le premier élément à ce sujet, c'est de bien se pénétrer du fait qu'il faut retirer des pouvoirs du juge, dans toutes les questions qui peuvent se présenter devant lui, l'appréciation du fait en même temps que l'application de la loi.

Et cela non pas seulement comme garantie des droits individuels, mais comme résultant d'une combinaison d'appréciations qui représentent à la fois la vie active de la société et le rigorisme de la loi, ce qui produit un jugement plus sûr que celui qui résulterait d'une appréciation sans contrôle.

Nous venons d'esquisser sommairement quelle est, suivant nous, la forme d'organisation judiciaire qui résulte naturellement de l'organisation du corps social tel que nous l'avons exposé. Comme toute autre fonction de ce corps social, la fonction judiciaire ne forme pas exception, elle ne s'accomplit pas par un corps à part, mais elle est entièrement liée à tout le mouvement, elle émane en tout du peuple, et ne peut rien décider sans sa participation de chaque instant.

Pour mieux préciser la combinaison appliquée à toutes les décisions judiciaires, par laquelle nous croyons parvenir à soustraire toutes les causes à l'arbitraire, disons encore quelques mots sur le jury, que nous faisons intervenir dans toutes les décisions, et sur le juge qui applique la loi.

Il ne faut pas croire qu'en parlant du jury nous tenions pédantesquement au nombre de douze, qui est celui adopté en général en ce moment, le nombre est indifférent, il ne doit cependant pas descendre à un chiffre si restreint qu'il ne soit plus qu'une autre espèce de juge. Nous trouvons que le nombre de six, appliqué à Genève au jury correctionnel, est peut-être déjà un peu trop bas. Il nous semble, d'un autre côté, que si dans les cas ordinaires il dépassait le nombre de vingt-cinq, ce serait trop. Mais il peut y avoir des cas extraordinaires où un nombre très-élevé pourrait être nécessaire, comme par exemple à la haute cour jugeant les crimes d'Etat.

A Athènes, on ne connaissait pas le jury tel qu'il a été en usage dans les temps modernes, et que l'on dit originaire des forêts de la Germanie; mais, néanmoins, on y a connu l'intervention du peuple dans les jugements civils aussi bien que criminels; elle l'était, suivant les circonstances, en nombre très-considérable, de cinq cents jusqu'à six mille citoyens. Ces masses, comme dans le jury moderne, prononçaient sur le fait, et les juges, comme aujourd'hui, appliquaient la loi; quelquefois le peuple prononçait à la fois sur le fait et appliquait la loi, c'était là une confusion qui serait aussi fâcheuse que le contraire, c'est-à-dire le fait et l'application confondus dans un seul jugement. Mais ce n'était pas l'habitude, et surtout dans les causes civiles, l'intervention du peuple dans l'appréciation du fait produisit presque toujours de bons effets. Ce ne fut que dans quelques procès politiques que l'intervention du peuple fut fâcheuse, du moins autant que nous pouvons en juger à la distance des temps.

Si je cite l'intervention de cette espèce de jury à Athènes, c'est pour constater que la démocratie qui a duré le plus longtemps n'a pas été étrangère aux conditions d'organisation judiciaire telles qu'elles résultent d'une société qui veut conserver son existence par des institutions libres.

Rome et d'autres cités de l'antiquité ne surent jamais introduire l'élément du peuple dans leurs jugements, aussi furent-elles presque toujours la proie de l'aristocratie, et la décadence de leurs institutions résulta presque toujours de ce qu'elles n'avaient pas su les conserver intactes par une bonne organisation judiciaire.

Encore un mot sur l'application de la loi. Nous croyons, comme en Angleterre et aux Etats-Unis, qu'elle est mieux faite par un seul juge, d'une capacité éprouvée, que par plusieurs. Un seul a bien plus de responsabilité, est obligé de mettre une plus grande attention à la cause et de la mieux motiver.

Nous venons de parcourir en courant un champ bien vaste, dans lequel, pour une étude complète, il faudrait s'arrêter à chaque pas. Mais ici nous n'avions à nous occuper, pour ainsi dire, que de la forme constitutionnelle des institutions judiciaires dans leurs rapports avec le jeu de cette intelligence collective que nous nous efforçons de montrer comme étant, dans les sociétés, le guide dirigeant, comme l'intelligence personnelle l'est dans un homme.

Il s'agissait de démontrer que la conservation de l'être social peut s'accomplir de la même façon et par les mêmes procédés que ceux qui président à l'existence collective. Y avons-nous réussi !

DOUZIÈME SÉANCE

De la séparation du jeu de chaque fonction sociale, autrement dit de la séparation des pouvoirs.

Nous avons montré comment se forme et se maintient une intelligence collective de la société ou du corps social, nous avons vu que les fonctions par lesquelles cette intelligence se manifeste et agit émanent toutes du peuple dont se compose le corps social, et sont en constante relation avec lui. Tout vient de lui, tout retourne à lui; tout comme dans le corps humain, la sensation, la formation de la pensée, de la volonté, et le retour de ce que l'intelligence a conçu pour son exécution résultent de l'ensemble des fonctions de son existence.

Le peuple, sans lequel rien ne peut se faire dans l'organisme social, calqué sur l'organisme de l'homme, est-il pour cela souverain. Non! si l'on prend ce mot de souverain dans le sens qu'on y attache vulgairement; en effet, un souverain est celui qui commande à un autre dans toute la plénitude de son autorité, qu'il impose sans permettre qu'on la discute. Or, dans l'organisme par lequel le peuple pense et agit collectivement, il n'y a pas d'arbitraire, tout est soumis à la délibération et à la réflexion.

Ce serait cet organisme, fonctionnant dans son ensemble, qui constituerait une souveraineté, mais ce mot lui-même ne rend pas bien le fait. Il n'a de valeur que par antagonisme à toutes les autres souverainetés que l'on est habitué à mettre en regard du pouvoir du peuple.

Néanmoins, puisque dans notre organisme social tout vient de lui et retourne à lui, il n'y a pas de mal à laisser subsister le mot de souveraineté du peuple, mais il faut qu'il soit bien entendu que cette souveraineté, pour rester dans les bonnes conditions de l'organisme que nous avons défini, ne peut s'exercer que par l'intermédiaire de toutes les fonctions qui forment l'intelligence collective du corps social.

Chacune de ces fonctions elles-mêmes ne sauraient se confondre dans leur action, elles ne sauraient empiéter les unes sur les autres; leur lien entre elles c'est leur émanation commune du corps social, mais chacune doit agir dans sa sphère sans prétendre empiéter sur celles des autres.

C'est ce qu'on a appelé séparation des pouvoirs, désignation que nous avons déjà considérée comme fautive, attendu que ce ne sont pas des pouvoirs, mais en réalité seulement des fonctions qui sont accomplies par chacune des parties par lesquelles l'organisme social se meut.

Mais, comme on l'a vu dans nos précédentes démonstrations, ce mot de pouvoir auquel on est habitué, nous a servi également pour désigner les différentes fonctions de l'organisme social, parce qu'il était commode, mais il est nécessaire de lui donner ici son véritable sens.

Le corps social pense et agit comme un seul homme,

les organes par lesquels il pense et agit, émanés de ce corps social, ne peuvent pas être des pouvoirs, mot qui suppose une action indépendante, ce n'est donc en réalité qu'une fonction contribuant à l'ensemble d'une existence collective.

Néanmoins, chacune de ces fonctions dépendantes de l'ensemble doit, dans le corps social, se renfermer exactement dans le rôle qui lui est attribué, sous peine de confusion et du retour vers le gouvernement arbitraire commandant d'homme à homme.

La séparation exacte de chacune des fonctions qui constituent le mécanisme par lequel se meut le corps social est donc une condition indispensable de la régularité du jeu des institutions, le lien entre elles résulte de leur commune origine, mais chacune doit se renfermer dans l'action qui lui est attribuée.

C'est une chose assez difficile que de maintenir intacte cette séparation des fonctions, et c'est ici l'un des cas où le peuple doit veiller avec soin, c'est pour lui une sauvegarde indispensable pour conserver sa propre action dans toute sa plénitude.

C'est d'abord dans les fonctions législatives qu'il faut écarter avec soin tout ce qui pourrait paraître un empiétement sur les fonctions exécutives et judiciaires.

Les corps législatifs quoique moins enclins en général à sortir de leurs attributions que le pouvoir exécutif, ne laissent pas que de se laisser aller quelquefois à la pente si douce d'attirer à soi tous les pouvoirs et de les confondre avec ses propres fonctions.

Les corps législatifs, dans les premières fausses notions sur le gouvernement représentatif, se sont habitués à se considérer comme réunissant en eux tous les pouvoirs, et s'ils consentaient à ne pas les exercer tous à la fois, du moins à faire dépendre d'eux les corps exécutifs et judiciaires en s'attribuant la nomination de leurs membres. Nous avons déjà vu que pour que ces corps soient composés de façon à ce qu'ils fonctionnent réellement dans un intérêt général, il est nécessaire de les faire nommer directement par le peuple, autrement le corps législatif se disant le seul représentant du peuple ne serait plus qu'un gouvernement autoritaire comme tous les autres de la même nature; dans ce cas, on sortirait complétement des combinaisons par lesquelles nous donnons naissance à une intelligence collective de la société.

Mais il arrive que, quand bien même on a soustrait aux corps législatifs l'élection des membres des corps exécutifs et judiciaires, ils n'en prétendent pas moins attirer à eux des fonctions qui sont réellement en dehors de leurs attributions.

Ainsi, souvent, s'il se présente des conflits sur les questions constitutionnelles, ils se considèrent comme compétents pour les trancher. Or, c'est là évidemment une fonction judiciciaire, et nous avons vu comment elle doit s'exercer. Dans une question comme celle-là il faut, pour que le jugement renferme les conditions d'un bon jugement, qu'il soit prononcé par un tribunal offrant toutes les garanties d'impartialité. Or, les corps législatifs, pour un tel sujet, n'offrent pas cette garantie.

Un corps législatif, averti par un conflit de l'insuffisance d'une loi constitutionnelle, peut sans doute s'en occuper pour le prévenir à l'avenir en prenant l'initiative d'une nouvelle loi et en la soumettant à la sanction du peuple, dans la forme des sanctions de ce genre; mais quant au conflit survenu avant cette rectification de la loi, il ne peut être tranché que par une décision judiciaire.

Les corps législatifs peuvent quelquefois aussi empiéter sur les fonctions exécutives en imposant aux agents exécutifs des actes qui ne seraient pas dans la volonté de ceux-ci.

Il est vrai que le pouvoir exécutif est beaucoup mieux

armé pour se défendre contre un tel empiétement que ne l'est le pouvoir judiciaire, mais il y a des moyens détournés pour y arriver, comme par exemple de refuser les crédits nécessaires à des dépenses publiques. Ce serait là des extrémités dont le peuple seul pourrait être juge, et nous croyons que dans ce cas la révocation par le peuple de l'un des deux corps serait la meilleure mesure à prendre.

Il n'y a que trop d'exemples des tendances des corps législatifs, quand les limites de leurs attributions ne sont pas bien marquées, à s'emparer d'une espèce d'omnipotence parlementaire qui finit toujours par l'établissement d'un gouvernement aristocratique. Les corps législatifs sont encouragés à concentrer petit à petit tous les pouvoirs dans leur sein par les tendances de l'opinion à leur donner toujours raison contre le pouvoir exécutif; ceci vient de ce que dans les gouvernements constitutionnels monarchiques le pouvoir exécutif est constamment tenu en défiance parce qu'il est a la nomination du monarque. Mais quand il a pour origine l'élection directe du peuple il en est tout autrement, et c'est bien souvent lui qui a raison dans les conflits qui peuvent naître entre lui et les corps législatifs.

Malheureusement, en Suisse, dans nos constitutions cantonales comme dans la constitution fédérale, nous n'avons pas encore su nous défendre complètement contre l'omnipotence parlementaire, et pourtant nous avions l'exemple que c'est par cette omnipotence que petit à petit nos constitutions les plus démocratiques ont dégénéré et sont retournées vers l'aristocratie, dont ensuite on ne peut se défaire que violemment.

Dans bien peu de cantons on n'est encore parvenu à rendre le pouvoir exécutif, confié à des Conseils d'Etat indépendants dans leurs fonctions, de l'immixtion des législatures.

On l'a essayé par la nomination directe de ces Conseils d'Etat par le peuple. C'est Genève qui, dans les gouvernements représentatifs de la Suisse a pris le premier cette mesure, et l'on s'en est bien trouvé. Elle a été très-vivement critiquée par tous les genres d'aristocraties, la preuve qu'elle portait coup et remédiait à de grands abus. Malheureusement elle n'est pas encore générale, et malheureusement surtout elle n'est pas encore appliquée dans le gouvernement fédéral. Il est un autre point où l'élection directe du peuple devrait être également pratiquée, et sur ce point, sauf quelques cantons, et cela encore seulement pour quelques tribunaux inférieurs, ce sont les corps législatifs (grands conseils) qui procèdent à l'élection des juges.

Presque partout on se ressent des funestes effets de cette forme élective, il est rare qu'elle ne produise pas une flagrante anomalie : celle d'amener, pour appliquer des lois démocratiques, des hommes qui n'appartiennent pas à l'opinion démocratique. Il faut l'élection du peuple pour faire sortir de la foule les plus capables et les plus honnêtes, tandis que dans une assemblée législative on n'arrête ordinairement ses choix que sur quelques notabilités en vue.

Par ce fait, il y a de la part du législatif un véritable empiétement sur le judiciaire, auquel il manque dans sa composition le véritable juge que le peuple aurait désigné.

Il en est de même lorsque les corps législatifs, s'attribuant quelques nominations administratives, empiètent sur les attributions du pouvoir exécutif.

De l'ensemble ou d'une partie des empiétements divers du pouvoir législatif sur l'exercice des autres fonctions sociales, il naît ce que nous avons désigné plus haut sous le nom *d'omnipotence parlementaire*. C'est là une tyrannie tout comme une autre et qui, dans l'occasion, peut être tout aussi oppressive que tout autre; elle a un autre tort, elle est quelquefois, nous oserons le dire, très-niaise et puérile.

C'est le côté faible de notre organisation fédérale. Trop souvent l'Assemblée fédérale s'est emparée de cette *omnipotence parlementaire* et a fortement empiété sur le domaine judiciaire et exécutif.

Elle a cru et croit excuser ces empiétements en ne les commettant que lorsque les deux Chambres sont tombées d'accord, et qu'ainsi l'intérêt cantonal et l'intérêt national sont censés avoir été représentés. Mais chacun de ces intérêts, pour être bien compris, a besoin d'être lui-même garanti par des formes qui en assurent la juste compréhension.

Or, quand l'Assemblée fédérale s'est permis de juger des affaires judiciaires sans aucune des formalités qui protègent les parties, sans débats où les défenseurs puissent être entendus, quand dans des conflits constitutionnels elle s'est crue autorisée à violer les lois constitutionnelles d'un canton pour trancher une question suivant les préventions d'un parti, ou même tout simplement pour trancher sans mûr examen une question difficile, quand elle s'est permis de ratifier des traités dans lesquels elle ne tenait nul compte des dispositions constitutionnelles fédérales elles-mêmes, on peut bien dire que cette *omnipotence parlementaire* entraîne la Suisse dans un avenir qui pourrait bien compromettre ses institutions fédérales et cantonales.

Déjà nous assistons à un singulier spectacle, celui de la demande d'une révision fédérale qui n'a pas été sollicitée par le peuple et dont la tendance est de renforcer encore cette *omnipotence de l'Assemblée fédérale,* en tâchant de rendre légal ce qui n'a été jusqu'à présent qu'empiétement sur les droits des cantons et des citoyens, par la confusion de tous les pouvoirs dans cette assemblée.

Quand pour en revenir aux véritables conditions d'un gouvernement représentatif fédéral il s'agirait avant tout de bien séparer les pouvoirs législatifs, exécutifs et judiciaires, on ne songe qu'à augmenter les attributions de cette assemblée si confusément constituée.

Tout le mal vient de cette confusion, et loin d'y remédier on semble s'y complaire. Sur un seul point on a paru comprendre ce qui était nécessaire, c'est dans la proposition de réorganiser le tribunal fédéral ; quoique très-incomplète, cette proposition aurait pu paraître un retour à l'idée de la séparation des pouvoirs, mais par une seule disposition tout est détruit, on déclare que ce tribunal ne connaîtra que des causes que l'Assemblée fédérale lui renverra, celle-ci se réservant d'ailleurs de les juger souverainement si cela lui convient.

Dans les cantons il reste aussi encore beaucoup à faire pour la séparation exacte des pouvoirs et surtout, nous le répétons, contre les tendances des corps législatifs à tout concentrer dans leurs mains.

Mais s'il faut se défendre contre *l'omnipotence parlementaire* il faut encore bien plus le faire contre les envahissements du pouvoir exécutif qui, par ses fonctions même, est plus entraîné à empiéter sur les autres pouvoirs.

Une loi ne peut guère être appliquée sans qu'un règlement du pouvoir exécutif intervienne ; quelle tâche difficile que de rester dans ce règlement exactement dans les limites de l'exécutif sans empiéter sur le législatif.

C'est un point où la surveillance du peuple, comme des pouvoirs législatifs et judiciaires est tout à fait nécessaire. Un mauvais règlement d'exécution peut complétement défigurer une loi, lui donner un autre sens.

Sur un autre point le pouvoir exécutif peut, ou volontairement ou involontairement, être entraîné en dehors des limites de ses fonctions, c'est dans la partie de ces fonctions qu'on désigne habituellement sous le nom de police. Il peut, sous le prétexte d'accomplir sa mission, de rechercher les malfaiteurs et d'être l'œil et le bras de la justice, dépasser les bornes, commettre lui-même des délits, comme de simuler des complots pour attirer dans ses filets ceux qu'il soupçonne.

Comme d'autoriser les déguisements de ses agents, de leur faire prendre des qualités qu'ils n'ont pas; en un mot, d'organiser un système de provocation et d'espionnage, puis d'employer contre ceux tombés dans ses filets des moyens d'intimidation, de torture, pour en obtenir des aveux qu'il n'appartient qu'aux préposés judiciaires de provoquer.

Ces sortes d'infractions au pouvoir judiciaire ne se commettent guère que sous les gouvernements aristocratiques ou monarchiques, mais par imitation elles se commettent quelquefois aussi sous les gouvernements démocratiques. C'est un des écueils de cette partie du pouvoir exécutif qu'on appelle la police.

En Suisse nous ne sommes pas exempts de ces abus, il est des cantons où elle gouverne presque arbitrairement les basses classes et confond entre ses mains le pouvoir législatif, par des règlements en dehors de ses attributions, et le pouvoir judiciaire par l'application de légères peines sommairement infligées.

Quant au pouvoir judiciaire, qui doit être le conservateur des institutions et des lois, il n'a pas beaucoup d'occasions d'empiéter sur les attributions des autres fonctions sociales. Ce serait à lui que devrait incomber la direction de cette partie de la police qui concerne la poursuite des délits de droit commun contre les personnes. Il devrait se concerter à ce sujet avec les autorités municipales, qui lui prêteraient leur concours à cet effet. Le gouvernement central ne devrait être chargé là dessus que d'une surveillance générale constatant que ces fonctions sont bien remplies.

D'ailleurs le corps judiciaire offre par sa composition même, comme nous l'avons définie, toute garantie qu'il ne peut empiéter sur les autres fonctions sociales, et qu'il est au contraire le meilleur gage du maintien de chacune d'elles dans son intégrité.

Nous insistons sur la division stricte de ces fonctions comme le complément indispensable d'une bonne organisation constitutionnelle.

C'est pour s'en être écarté, pour avoir cumulé tous les pouvoirs en un seul corps, que la véritable république a eu tant de peine à s'établir dans beaucoup de circonstances où elle était dans la nature des choses. Si la Convention française ne se fût pas emparée d'une dictature, il est probable qu'elle eût dès lors pu constituer une république durable. Mais en se posant à la fois comme pouvoir constituant et comme directrice suprême de l'administration courante des affaires, elle fut entraînée à des mesures exceptionnelles qui firent douter de la liberté.

Si, comme les Etats-Unis de l'Amérique du Nord, on eut tenu la convention constituante dans les limites du mandat de préparer la constitution républicaine, et qu'en attendant, des pouvoirs responsables, élus du peuple, eussent été chargés à part de tout ce qui concernait l'administration, la conduite de la guerre et la répression légale des tentatives de réaction, peut-être que le passage de la monarchie à la république eût pu s'opérer sans avoir besoin d'établir le régime de la terreur. Néanmoins, ne condamnons pas trop la dictature qui, au bout du compte, a du moins sauvé la France de l'invasion étrangère, si elle ne parvint pas à constituer une république plus solide que celle qui fut improvisée avec des idées de réaction. Mais si la confusion des pouvoirs par la Convention peut s'excuser à de certains points de vue, gardons-nous de la prendre pour modèle, et tâchons que son exemple nous serve plutôt à comprendre en quoi la division des fonctions sociales est utile, si l'on veut de bonne foi perfectionner l'organisme constitutionnel.

Rappelons-nous que la mission de préparer une constitution est une œuvre spéciale, qui ne doit être mélangée d'aucune autre préoccupation. Il est impossible qu'un corps législatif ordinaire, dans lequel il y a nécessairement des partis et des antagonismes, s'en occupe impartialement.

Une telle assemblée doit être nommée *ad hoc* et n'avoir aucune prise sur la marche journalière des affaires. C'est presque plutôt un corps scientifique qu'un corps politique ; il propose, il ne décide pas, et c'est ensuite à la nation à voir si elle accepte son œuvre.

Que l'on se garde donc bien, dans des moments de transition, d'établir des dictatures par des assemblées qui, nommées par le peuple, se croient le droit de confondre tous les pouvoirs, et songeons bien que lors de la constitution définitive du corps social, la meilleure garantie du fonctionnement régulier de son intelligence collective est que chaque partie qui la compose puisse jouer librement sans être contrariée par les autres.

TREIZIÈME SÉANCE

Application des formes organiques qui constituent l'intelligence du Corps social à toutes les associations politiques ou mêmes civiles, aux communes, aux divisions administratives par départements, aux provinces, aux divisions par Etats séparés, et enfin aux Confédérations.

Nous ne surprendrons pas nos auditeurs en leur disant que pour toutes réunions d'hommes poursuivant un intérêt quelconque par l'association, les règles naturelles d'une pensée et d'une action commune doivent être les mêmes que celles que nous avons indiquées, comme formant l'intelligence collective d'une société, en petit comme en grand, la nature n'a qu'une manière de donner la vie et l'intelligence.

Dans un Etat, les associations d'individus, les subdivisions en communes, en départements, en provinces auxquels il est donné de s'administrer avec indépendance dans leurs intérêts personnels ou locaux, ne peuvent pas agir collectivement d'une manière intelligente et conforme aux intérêts généraux et individuels bien entendus, que sous la forme que nous avons indiquée pour le gouvernement général de l'Etat.

Ce n'est pas là, de notre part, une utopie capricieuse,

remarquons-le bien; c'est l'indication de ce que nous avons, non pas inventé, mais reconnu par l'analyse, des conditions naturelles de la formation d'une intelligence collective.

Conditions dès lors qui s'imposent d'elles-mêmes à toute réunion d'hommes poursuivant un but commun, déterminé ou non, il suffit d'avoir des intérêts communs pour que les décisions à cet égard soient prises sous la forme collective qui seule peut assurer qu'elles sont bien l'expression des intérêts de tous, ayant subi l'épreuve de l'examen, opéré par les délégués de tous.

La faculté de s'associer entre individus pour poursuivre un but commun est un droit qui résulte de la liberté, il n'a d'autre limite que celle de ne s'appliquer qu'à des objets licites, qui ne nuisent ni à ceux qui sont en dehors de l'association, ni à l'Etat lui-même.

Sauf cette condition, l'association doit être entièrement libre. Il y en a de diverses natures qui toutes ont pour but l'intérêt commun de ceux qui en font partie. C'est une manière d'ajouter aux forces intellectuelles les forces d'une communauté. Tantôt elles procurent l'alliance du travail et du capital, tantôt elles réunissent des travailleurs seuls ou des capitalistes seuls. Il en résulte des associations de crédits, des associations coopératives, il y a aussi des associations de consommation.

Il y a aussi d'autres associations qui n'ont pas pour objet des intérêts matériels, et qui se destinent au développement de l'intelligence sous ses diverses formes scientifiques et littéraires; enfin, il y a les associations religieuses pour célébrer un culte.

Or, toutes ces associations, si elles veulent vivre, doivent se constituer chacune avec intelligence collective, sur le même modèle que celui que nous avons indiqué pour donner à un Etat un entendement commun. Le peuple d'une semblable association, son corps social, se compose de tous ceux qui font partie de l'association, son corps législatif d'administrateurs nommés à temps par tous les membres de l'association, et son pouvoir exécutif de directeurs chargés de cette fonction.

Ce sont tellement là les conditions naturelles de toute association qu'il en est bien peu qui ne se les donnent pas instinctivement.

Ainsi constituées, les associations se rendent facilement compte de leur situation et se dissolvent ou se perpétuent en raison de leurs succès.

Celles qui pour se diriger empruntent des formes arbitraires de monarchisme ou d'aristocratie, c'est-à-dire de confier leur gestion soit à un seul homme, soit à un corps qui s'impose dès le début pour toute la durée de l'association et ne consultent pas leur peuple, c'est-à-dire tous ceux qui font partie de leur association, non-seulement compromettent souvent leurs intérêts, mais peuvent prendre un caractère nuisible vis-à-vis de l'Etat dans lequel elles s'établissent. Le secret préside à leurs opérations et peut couvrir bien de funestes directions.

Ce n'est plus là l'association qui résulte de la liberté.

Tous les actes de celle-ci doivent être publics et soumis aux règles naturelles qui constituent une forme collective d'action, qui donne à une réunion d'individus vis-à-vis de la société la même responsabilité que celle qui incombe à un homme seul.

Une association doit être un corps moral qui peut faire tout ce qui est permis au simple citoyen et qui, en agissant ainsi, doit offrir une responsabilité saisissable.

Il est donc nécessaire de fixer d'avance par des lois les conditions essentielles de l'existence des associations, et ces conditions doivent être les mêmes que celles qui constituent le corps social dans son entier.

Il peut se faire que l'Etat patronne, de son côté, de certaines associations comme institutions de crédit, académiques ou autres; or, s'il veut leur donner un élan progressif, il ne doit pas leur appliquer une autre constitution qu'aux associations libres, sous peine de voir ces dernières distancer de beaucoup celles qu'il soutiendrait.

Il y a de la part de l'Etat vis-à-vis des associations qui tendraient à former un Etat dans l'Etat, soit sous prétexte d'un culte quelconque, soit sous celui d'utilité publique ou de bienfaisance, des précautions à prendre pour ne pas voir par elles troubler l'harmonie sociale. Ainsi, par exemple, il doit être interdit à de pareilles associations de posséder en leur nom des biens qui, dans la perpétuité de ces associations, pourraient devenir des biens de main-morte. En général, d'ailleurs, aucune association ne doit, dans un état social bien entendu, porter un caractère de perpétuité, la loi doit fixer un temps déterminé pour leur durée, sauf à l'expiration de ce temps de les renouveler si elles ont encore le caractère de leur institution et n'ont pas dégénéré.

Autant il faut dans un Etat qui a la liberté et le concours du peuple en toutes choses comme base de sa constitution que l'association soit tout à fait libre, autant il faut veiller à ce que l'association ne devienne pas un moyen de combattre l'état social qui lui donne la liberté d'exister. Jamais on n'a pu entendre que la liberté de réunir ses forces deviendrait un moyen de renversement de l'état social qui autorise le droit de se réunir.

Or, la garantie que toute association ne sera qu'un développement de ce qu'il est permis à chacun de faire, c'est que l'association soit constituée comme l'Etat lui-même, par une forme dans laquelle l'élément populaire soit représenté et donne naissance à une pensée commune.

Une telle forme ne comporte que la publicité, toute société secrète n'est pas une forme d'association avouable.

Toute société qui n'admet pas dans tous ses actes l'intervention de ses membres pris dans son ensemble n'est pas non plus une association licite. Une direction autoritaire exclut toute idée d'association libre et doit être proscrite comme le tyran s'introduisant subrepticement dans la société.

Nous venons d'indiquer quel doit être ce premier échelon de l'association pour être en harmonie avec l'état social tout entier, passons maintenant à l'organisation des corps faisant partie de l'Etat; eux aussi doivent être constitués sur le modèle qui donne à une réunion d'hommes une pensée collective.

Ainsi chaque commune doit avoir son conseil municipal faisant fonction de corps législatif sur toutes les questions de législation municipale; elle aura son maire, son landamman, son bourgmestre, comme on voudra le nommer, qui remplira celle de pouvoir exécutif de la commune; le conseil municipal sera nommé directement par tous les membres de la commune, le maire le sera également ainsi que ses adjoints. On nous dira que dans cette organisation il n'y a pas complète similitude avec celle de l'Etat, où nous croyons que le concours de deux chambres est utile pour une bonne confection de la loi. L'objection n'est pas sans valeur, aussi croyons-nous que dans une bonne organisation communale il y aurait lieu, dans les grandes cités, à établir à côté du conseil municipal un autre corps, également élu directement du peuple, qui constituerait un sénat dépositaire des traditions et de l'expérience de la cité. Dans les petites communes on pourrait considérer le conseil municipal lui-même comme le sénat, et la délibération être introduite dans la réunion générale de tous les citoyens de la commune, discutant sur toutes les questions qui lui seraient présentées par le conseil municipal.

Nous indiquons ici les différents modes d'organisation d'une intelligence collective de la commune, tout en réservant ce qui pourrait y être ajouté dans l'intérêt général du pays dans lequel cette commune se trouverait établie.

Ainsi, dans l'intérêt de l'unité d'un Etat, il peut être nécessaire que de certaines décisions communales soient soumises à l'approbation, soit des corps législatifs, soit du corps exécutif du pays entïer.

Dans un Etat bien constitué nous n'admettons pas l'indépendance complète de la commune, même sous la forme de fédération. Cette forme, pour être efficace et réelle, ne comporte que des alliances d'Etats d'une certaine importance qui se soumettent à une constitution fédérale qui n'aliène pas leur souveraineté individuelle et ne statue que sur tout ce qui est d'un intérêt commun, au point de vue fédéral. Nous allons avoir l'occasion d'expliquer comment cette forme est également soumise à un organisme d'intelligence collective pour pouvoir subsister.

Une fédération de communes, au lieu d'une confédération d'Etats, ramènerait inévitablement un pays à l'unité ou engendrerait l'anarchie, et ferait douter de l'efficacité de la forme fédérale. C'est par irréflexion et pour les besoins d'une cause mal étudiée que l'idée d'une fédération des communes a pu avoir lieu. En groupant des communes de manière à en faire d'abord un Etat, l'idée serait devenue pratique.

En ce qui nous concerne, pour le moment, nous ne nous occupons que de l'organisation de l'entendement collectif d'une commune, quels que soient ses attributions et ses rapports avec l'ensemble de l'Etat. Nous indiquons pour elle comment elle peut penser et agir en commun.

Appliquons la même méthode à la province ou au département. Ici, nous retrouvons à appliquer tout ce que nous avons dit déjà pour la formation d'une intelligence collective de toute réunion d'hommes, soit en Etat, soit en associations libres, soit en communes. Dans de grands Etats, il y a des divisions administratives nécessaires; ces divisions, quel que soit le nom qu'on leur donne, ont des fonctions à remplir; pour ce faire, nous le répétons, il n'y a toujours que la forme que nous avons indiquée qui puisse y satisfaire. Il y a là nécessité d'intelligence collective, tout comme dans l'ensemble du pays, tout comme dans la commune; un pouvoir exécutif central qui voudrait, par des agents nommés par lui, statuer sur les intérêts communs d'un district quelconque, répartir les impôts, décider des travaux publics locaux, décréter des impôts particuliers au district, serait sûr d'être des plus mal servi et ne réussirait pas mieux à satisfaire les intérêts généraux qu'un monarque gouvernant arbitrairement.

Les intérêts locaux groupés en districts ont tout autant besoin que tous autres intérêts, d'être gérés par une forme collective qui soit un gage à la fois de capacité, de probité, et offre des garanties à tous.

Le district, la province, le département ont donc aussi besoin d'une représentation émanée directement du peuple, sous les deux formes de législation et d'exécution.

Cela ne préjuge en rien les attributions de ces corps, cela détermine seulement la forme par lesquelles elles seront appliquées.

Maintenant, que ces attributions soient plus ou moins étendues, c'est ce que décidera la législation générale du pays, mais pour qu'elles soient bien appliquées, encore faut-il que l'instrument soit apte aux fonctions qu'il doit remplir.

Une certaine indépendance des communes, dans tout ce qui les concerne, comme des provinces, départements, districts, peut très-bien exister dans un Etat unitaire sans nuire à la marche gouvernementale de cet Etat; au contraire, bien des fonctions administratives qui concernent l'Etat tout entier, seront souvent mieux remplies par l'intermédiaire des communes et des districts qu'ils ne le seraient par des agents nommés par le pouvoir central.

La province, département ou district serait constitué comme la commune, d'un conseil nommé directement par le peuple, et d'un conseil exécutif également nommé directement par le peuple.

En France, il ne resterait pas beaucoup à faire pour cette organisation, il ne faudrait qu'augmenter les attributions de législature locale des conseils généraux et celles des conseils de préfecture auxquels serait confié le pouvoir exécutif départemental, et qui, dans tout ce qui serait affaire générale de l'Etat, serait présidé par un délégué du pouvoir exécutif central.

Conseil général et conseil de préfecture seraient nommés directement par le suffrage universel comme l'est déjà le conseil général, il n'y aurait d'innovation à ce sujet que pour le conseil de préfecture.

Ce serait dans une organisation communale et départementale ainsi entendue et jouissant d'une certaine indépendance qu'on pourrait, sans renoncer au système unitaire de l'Etat, trouver une partie des avantages du gouvernement fédéral.

Chacun des départements formant un quasi Etat, pourrait, comme nous l'avons déjà exposé dans une autre séance, se faire représenter au centre de l'Etat et former la seconde chambre législative que nous avons désignée sous le titre de sénat et dont nous avons expliqué les fonctions; la représentation des intérêts locaux mis ainsi en présence des intérêts généraux, représentés par les députés du peuple considéré dans son entier, remplirait très-bien le rôle que nous avons attribué au sénat.

Nous croyons que pour un Etat qui a fait de grands sacrifices, non-seulement pour conserver, mais pour perfectionner la forme unitaire, il ne serait pas convenable de se fractionner théoriquement en Etats indépendants, se recousant ensuite sous la forme fédérale. Les Etats qui composent une confédération ne s'improvisent pas, ils préexistent, et, en se réunissant par un lien fédéral, ils ne protestent nullement contre la forme unitaire qui est celle de chacun de leurs Etats. En Amérique comme en Suisse, chaque Etat est unitaire, et dans aucun de ces Etats on ne songerait à se fractionner pour former de petites confédérations. Bien au contraire, là où il en existait de pareilles dans les cantons, on s'est rapproché de la forme unitaire.

Ce qu'il faut combattre dans les pays où l'unité existe déjà, ce n'est pas l'unité elle-même, ce sont les abus qui naissent d'une trop grande centralisation. Certes, il y a des inconvénients à ce qu'une unité soit trop considérable, mais on peut les vaincre, surtout dans un temps où les distances sont tellement rapprochées par les chemins de fer et les télégraphes.

Si, en France, l'idée fédérative avait pris naissance alors que les provinces existaient encore avec des lois, des coutumes, des usages, et jusqu'à des langues différentes, certes on aurait pu faire de la France une confédération au lieu d'en faire une unité. Dans ce temps, l'autonomie de chaque province était tellement marquée, qu'il y avait plus à faire pour fondre l'unité que pour laisser à chacun son caractère particulier. L'unité n'était en réalité que l'unité d'une oppression commune. Mais à présent tout est changé, et l'unité de la législation, de l'administration, de la justice prévaut tellement qu'on ne pourrait pas en revenir à former des Etats séparés, sans un de ces bouleversements où l'on s'organiserait par Etats séparés, le centre étant rompu soit par des révolutions, soit par la guerre étrangère ou civile. Mais en s'établissant paisiblement en république, la France n'a pas besoin de se fractionner en Etats séparés qu'elle réunirait sous la forme fédérale, elle peut, par une décentralisation bien entendue, jouir de tous les avantages de la confédération, sauf, pour les assurer mieux, faire un jour partie d'une confédération de l'Europe ou de diverses parties de l'Europe.

C'est ici où nous arrivons au véritable sens de la confédération, qui n'est pas de proscrire l'unité dans le gouvernement d'un Etat, puisque chacun des Etats qui la compose est lui-même une unité, mais de se réunir pour repousser à la fois les attaques de l'étranger, de protéger les droits du peuple, et la stabilité de la forme républicaine démocratique dans chacun des Etats qui la compose.

Il n'y a pas encore un siècle que la forme fédérative qui assure ainsi à la fois les peuples contre les envahissements de l'étranger et contre ceux de l'aristocratie et de la monarchie a été trouvée. Et, ce qu'il y a de remarquable, c'est que cette forme qui s'est montrée si efficace n'a été trouvée que par des inspirations démocratiques, qui sont devenues, par le fait, le plus puissant élément conservateur de la société, celui qui lui offre le plus de stabilité tout en lui assurant toute la perfectibilité auquel l'homme puisse atteindre, c'est le garant le plus sûr du maintien de la paix entre ceux qui se confédèrent, de leur force contre ceux qui voudraient les troubler et du paisible développement de leurs intérêts.

Longtemps on avait cherché cette forme fédérative et toujours elle échappait ; que de peuples faits pour s'entendre n'ont pas su vivre en paix parce que les moyens constitutionnels d'y parvenir ne leur étaient pas connus.

Que de fois des peuples qui s'étaient alliés pour une défense commune, lorsque le danger était passé, retombaient les uns vis-à-vis des autres dans un antagonisme inintelligent. Que de fois même l'alliance était rompue pendant le temps de la défense.

L'histoire des fédérations depuis l'antiquité la plus reculée ne nous offre que des exemples pareils ; celle qui avait duré le plus longtemps c'était la Confédération suisse, mais sans cesse tourmentée par des guerres civiles.

La forme constitutionnelle qui devait enfin mettre un terme à l'incertitude des alliances fédérales, a été une découverte dans la science de l'organisation des sociétés, qui est d'une grande importance pour l'avenir de l'humanité.

C'est en Amérique qu'elle a eu lieu. Les treize colonies anglaises qui s'étaient confédérées pour résister aux prétentions du Parlement anglais, qui voulait leur imposer des taxes qu'elles n'avaient pas consenties, avaient proclamé leur indépendance, étaient glorieusement sorties de la lutte en faisant reconnaître cette indépendance. Pendant la guerre, le lien qui tenait ensemble ces treize colonies, devenues des Etats, ayant chacun leur constitution, leurs lois, leurs coutumes, était dans un congrès composé des députés directs de ces treize Etats.

Mais à peine la paix eût-elle été conclue avec la Grande-Bretagne que, dans les treize Etats émancipés, des prétentions diverses se firent jour sur la manière dont on continuerait à se tenir ensemble. On n'était plus d'accord sur rien, et, ce que l'Angleterre avait prédit, que la discorde ne tarderait pas à se mettre entre les treize Etats, et que peut-être plusieurs d'entre eux songeraient à se remettre sous la protection britannique, semblait sur le point de se réaliser.

Mais les hommes éminents qui avaient dirigé la résistance commune n'étaient pas de ceux qui abandonnent la partie lorsqu'ils rencontrent des obstacles.

Si l'on ne pouvait s'accorder cela tenait évidemment à la forme de l'alliance, qui faisait rencontrer dans le congrès des députés des Etats, munis de mandats impératifs, qui s'entre choquaient sans que la délibération pût éclairer les questions autrement qu'en les reportant devant les corps législatifs de chacun des Etats où ces questions, loin de se résoudre, faisaient naître des malentendus entre les mieux intentionnés. Le vice de cette forme fut considéré par les hommes d'Etat qui avaient été l'âme de tout le mouvement, comme la véritable cause de l'anarchie fédérale où l'on était plongé. Par bonheur que chacune des colonies, devenues des Etats indépendants, possédaient depuis longtemps des formes de délibération imitées du Parlement anglais, qui les avait habituées à traiter les questions politiques.

Dès lors on ne désespéra pas de s'entendre en recherchant quelles seraient les meilleures formes à adopter pour donner à l'organisation fédérale un centre de délibération qui écartât les antagonismes d'Etats et fît résoudre les questions dans un intérêt fédéral qui laissât intacte la souveraineté de chacun des Etats, pour le gouvernement intérieur de ces Etats, pût pourtant parvenir à résoudre les questions dans un intérêt commun.

On convoqua une convention qui reçut la mission de s'occuper de trouver cette forme fédérative inconnue jusque-là.

On fut longtemps à chercher lorsqu'enfin un trait de lumière fut tout d'un coup répandu sur la question. Dans une confédération, se dit-on, il y a deux intérêts en jeu, celui du peuple entier de la confédération et celui de chacun des Etats qui veut rester souverain. Jusqu'à présent ce sont les Etats seuls qui ont envoyé des députés au congrès, pourquoi le peuple n'en enverrait-il pas, de son côté, sans aucune acception d'Etat et comme représentant les intérêts de la nation entière des Etats-Unis, mis en regard de ceux plus égoïstes des Etats.

Par cette combinaison, d'ailleurs, on aurait deux chambres se contrôlant l'une l'autre, comme cela était la coutume dans les constitutions de plusieurs des Etats, on aurait un sénat formé des députés des Etats, une chambre des représentants issus de ceux du peuple, et de là naîtrait une délibération qui, en éclairant les questions fédérales, les feraient se résoudre sans antagonisme.

C'était appliquer à l'union fédérale les moyens délibératifs par lesquels, dans les gouvernements unitaires de chaque Etat en particulier se résolvaient les questions.

Par cette forme, les Etats qui députaient chacun au sénat fédéral un nombre égal de députés étaient rassurés sur le maintien de leur souveraineté, puisqu'aucune décision ne pourrait être prise sans leur assentiment. D'ailleurs, en précisant dans la constitution fédérale à intervenir, bien nettement les attributions fédérales et en prouvant par là qu'en réalité ces attributions ne portaient nulle atteinte au gouvernement intérieur de chaque Etat et ne faisaient qu'ajouter à la puissance de chacun une puissance toute protectrice, qui n'ôtait rien à personne et créait au profit de tous ce qui n'existait pas, on se réconciliait avec la forme de ce gouvernement fédéral, imité de celle de chaque Etat. Une fois ces prémices posés on tomba bien vite d'accord, et sur le pouvoir exécutif à établir et sur la forme des délibérations des corps législatifs. Il n'y eût plus de mandats impératifs, ceux-ci empêchaient les convictions de se former par la délibération, en reportant chaque question devant les Etats. Rassurés par la présence de deux chambres, on ne craignit pas de compromettre par là les intérêts soit du peuple, soit des Etats, et à l'épreuve on s'en est bien trouvé. Il n'y a jamais eu de plaintes fondées sur l'abolition du mandat impératif.

Quant au pouvoir exécutif, il fut également calqué sur celui qui avait été institué dans chacun des Etats.

Avant la déclaration d'indépendance des treize colonies anglaises, le roi d'Angleterre nommait, dans chacune de ces colonies, un gouverneur qui le représentait et y exerçait le pouvoir exécutif. En obtenant leur indépendance et en se constituant en république, on conserva le titre de gouverneur au citoyen auquel on confiait cette fonction, il n'y eut de changé que le mode de la nomination, qui fut déférée au peuple de chaque Etat.

Le pouvoir exécutif fédéral fut de même confié à un seul, sous le titre de président des Etats-Unis, et l'on décida qu'il serait nommé directement par l'ensemble du peuple des Etats-Unis.

On le voit, cette constitution fédérale, pour parvenir à maintenir l'union entre les Etats qui avaient contracté une alliance, avait tout simplement emprunté aux constitutions unitaires de chacun des Etats les formes représentatives qui s'y trouvaient en usage. Le lien fédéral acquerrait une plus grande force, resserré qu'il était par l'élément populaire qu'on y avait introduit. Mais, pour y parvenir, il fallait trouver tout prêt à fonctionner cet ingrédien populaire qui cimentait si bien l'union et dont on ne pouvait faire usage que là où l'on avait confiance dans le peuple.

On y était préparé par un long usage d'une liberté à l'anglaise, pratiquée dans chacune des colonies sous l'égide de chartes, où le pouvoir royal n'apparaissait que sous l'aspect de gouverneurs vivant assez familièrement avec les citoyens, où l'aristocratie n'était pas constituée en chambre des pairs, où les plus simples citoyens trouvaient facilement à devenir propriétaires fonciers, où l'on était protégé par le jury dans les causes civiles et criminelles, où, en réalité, il existait pratiquement une liberté civile et politique plus réelle que dans la mère-patrie. L'union fédérale américaine fut heureuse de trouver un terrain si bien préparé et de pouvoir appliquer tout de suite à son Pacte fédéral des institutions dont on avait l'habitude. Même dès le début on démocratisa davantage, dans l'application fédérale, des institutions qui, dans beaucoup d'Etats, avaient un caractère aristocratique. Et, petit à petit, par le va et vient des institutions fédérales et des institutions particulières à chaque Etat, celles-ci ont toujours tendu à se démocratiser davantage.

Ce fut d'ailleurs, comme nous venons de l'exposer, par l'introduction de l'élément populaire à côté de celui des Etats, dans la représentation fédérale, que l'on parvint enfin à trouver la forme cherchée depuis des milliers d'années, pour donner à une confédération de la stabilité, de la force et de la durée, fondées sur la concorde.

Ceci dit, jetons un coup-d'œil scientifique sur cet événement, d'après notre méthode.

Dans ce travail, éclos du concours d'hommes d'Etat pratiques, pleins de sincérité et persuadés de l'excellence des institutions démocratiques, nous retrouvons tout ce que nous avons indiqué dans ce Cours comme donnant à un peuple une intelligence collective.

Certes, les législateurs américains, en parvenant aussi heureusement à découvrir les conditions essentielles qui constituent une telle intelligence, ne songeaient point à donner cette désignation à leur constitution fédérale, c'était comme instinctivement qu'ils y arrivaient en élaguant une à une toutes les branches parasites qui auraient défiguré leur ouvrage. Débarrassés de la royauté, peu soucieux d'une aristocratie qui n'aurait pu être établie que théoriquement, aucun précédent historique de conquête ou de services rendus n'étant là pour la motiver, pleins de respect pour la dignité humaine, pour les droits individuels des citoyens, rien n'entravait l'établissement des fonctions naturelles et nécessaires qui font penser et agir collectivement une nation. Chacun des Etats y avait réussi dans son sein, il ne restait plus qu'à mettre d'accord ces Etats, et, au lieu de les contraindre à se fondre dans un grand Etat unitaire, on aima mieux leur laisser à chacun leur existence propre, et, pour les réunir en faisceau, créer une confédération, ou par le respect des droits de chacun, depuis ceux du plus simple citoyen jusqu'à celui des Etats, on reconstruisait, dans la confédération, la représentation de tous les intérêts que celle-ci devait protéger.

Nous osons le dire, l'exemple des institutions américaines, si bien couronnées par la constitution fédérale de l'Union des Etats, est la meilleure preuve que nous ne nous sommes pas trompés dans la recherche que nous avons faite des conditions naturelles de l'existence de l'homme en société.

D'échelons en échelons, et toujours en appliquant à toute réunion humaine les conditions par lesquelles elle peut penser et agir collectivement, nous arrivons à voir fonctionner les associations qui semblaient difficiles à maintenir et à conduire avec une prodigieuse facilité.

C'est que là où tout est calculé pour faire marcher la société sans nuire à l'individu et en lui laissant le plus grand développement de ses facultés, tout en donnant à la société sa direction régulière par un entendement collectif, il ne peut y avoir qu'un concours volontaire de tous à seconder l'intérêt général.

Mais cela peut-il se réaliser sans des institutions républicaines et démocratiques? Peut-être quelquefois d'une manière incomplète, mais jamais d'une façon aussi absolue que là où l'on est débarrassé des entraves monarchiques et aristocratiques.

Constatons que lorsqu'on en est débarrassé on établit bien plus facilement un état social conséquent dans toutes ses parties.

Nous arrivons, en nous élevant de degrés en degrés, au plus haut point de l'association humaine, de l'organisation des sociétés leur donnant une pensée collective, celle de la forme fédérative, destinée à mettre d'accord les Etats, ces grands égoïstes, souvent si peu justes vis-à-vis des autres Etats, et toujours enclins à des glorioles nationales entretenant parmi les hommes la guerre et les antagonismes aveugles.

L'art de les mettre d'accord est trouvé et promet, s'il est compris, un avenir de paisible perfectionnement indéfini au monde.

Etudions-le donc dans toutes ses parties.

D'abord, constatons-le, c'est dans l'introduction de la représentation directe du peuple de tous les Etats formant la confédération dans le congrès où ceux-ci cherchent à s'entendre, que se trouve le véritable élément modérateur qui éloigne des délibérations du congrès l'antagonisme, souvent mal entendu, des Etats entre eux. Le peuple de tous a le même intérêt à ne pas arriver à des extrémités qui se résolvent toujours à son désavantage. Il n'aime pas la guerre, dont il supporte tous les inconvénients et il est toujours disposé aux transactions qui l'évitent, il est travailleur et il écarte volontiers tout ce qui entrave le travail, il est toujours disposé à la bienveillance réciproque envers qui ne le heurte pas injustement. Avec ces dispositions, il apporte dans les délibérations fédérales une participation des plus conciliantes.

Dans un intérêt général, il repousse tous les antagonismes locaux contre les prétentions particulières d'un ou plusieurs Etats; il élève une barrière infranchissable, si bien, qu'en face de lui, il est bien rare que des intérêts exceptionnels se fassent jour. Avant l'introduction de la représentation du peuple dans les congrès, les députés des Etats avaient de la peine à s'entendre parce que ces Etats cherchaient chacun à faire prévaloir des intérêts privés et se disputaient la prééminence, il fallait un arbitre neutre pour trancher ces difficultés dans l'intérêt de l'alliance entière, et quel arbitre plus compétent que la représentation du peuple entier de l'alliance? C'est, nous le répétons, la découverte de ce moyen paisible de conciliation, dû à la perspicacité américaine, qui a enfin donné à l'alliance fédérale toute la force et l'efficacité d'un gouvernement unitaire tout en maintenant la souveraineté particulière de chacun des Etats qui la compose.

Le maintien de cette souveraineté est ensuite un des éléments les plus essentiels d'une alliance fédérale sincère. Il est bon, dans ce sens, de donner aux Etats une garantie de leur souveraineté par une représentation de chacun des Etats, égale pour chacun d'eux, et qui forme un corps respectable dans l'organisation fédérale, sans l'assentiment duquel aucune décision ne puisse être prise.

Il faut au maintien de la souveraineté des Etats encore une garantie de plus, c'est celle, comme nous l'avons déjà dit plus haut, que la compétence fédérale soit confinée dans les limites d'attributions fédérales utiles à l'ensemble de la confédération mais qui n'altèrent en rien la souveraineté des Etats.

Pour maintenir cette garantie il faut un tribunal fédéral impartial, et c'est ainsi que le troisième pouvoir ou troisième fonction d'un bon entendement social vient compléter l'organisation fédérale.

Mais ce qui vient encore ajouter à la force du lien fédéral et le rend le plus cher au peuple, c'est que la confédération garantisse les droits individuels des citoyens contre les atteintes qu'on serait tenté de leur porter dans de certains Etats, comme aussi, d'un autre côté, les droits des Etats contre des mouvements révolutionnaires violents.

La garantie des droits individuels des citoyens par la confédération est le complément nécessaire de l'introduction de la représentation du peuple dans le mécanisme fédéral. En effet, par cette représentation, ce ne sont pas seulement les Etats qui sont confédérés, mais les hommes qui forment ces Etats.

Et comme la base de tout l'échafaudage fédéral est la liberté du citoyen, définie par les déclarations de droit qui précèdent chaque constitution des Etats confédérés, il est logique que la confédération garantisse ce point de départ de toute l'organisation sociale.

D'un autre côté, la conséquence de cette garantie est que l'Etat, qui est tenu de par la confédération de respecter les libertés individuelles, soit aussi secouru par la confédération si, par des trames criminelles et des violences on cherchait à substituer un gouvernement à celui existant, les moyens paisibles de le perfectionner, s'il y avait lieu, faisant d'ailleurs partie des droits des citoyens.

Ce sont ces diverses garanties, ajoutées à celle de la garantie que la confédération offre aux Etats qui la composent contre les tentatives de l'étranger, qui donnent à une confédération qui est construite sur le modèle de celle qui a été trouvée en Amérique, l'existence si remarquable d'une société nouvelle, pouvant donner au monde la liberté et la paix, en écartant à la fois les révolutions, l'anarchie et la guerre.

Dans la prochaine séance nous approfondirons encore davantage ce sujet.

QUATORZIÈME SÉANCE

De la confédération comme stabilité des institutions de chacun des Etats qui la composent, de ses conditions pour n'être pas stationnaires, et au contraire pour favoriser ce mouvement progressif.

Dans notre précédente séance nous avons montré comment de degrés en degrés, depuis les droits individuels des citoyens et les conditions essentielles de l'association privée, comme de celle des communes, des divisions administratives d'un Etat et de l'Etat lui-même, on arrive au sommet de l'organisation des sociétés, la confédération, qui donne aux droits des citoyens et aux formes organiques des corps constitués une suprême et dernière garantie. Nous avons reconnu que cette grande assurance mutuelle des droits de tous ne peut être efficacement établie qu'en partant du principe que tout émane du peuple, mais que lui-même ne peut agir avec connaissance de cause qu'autant qu'il est organisé de manière à produire une intelligence collective qui le guide dans toutes les phases de son existence.

La confédération, constituée elle-même sur le modèle

de chacune des associations particulières auxquelles elle sert à la fois de lien et de garant, dans le cercle d'action qui lui est attribué, apporte aux sociétés humaines une stabilité et une sécurité inconnues jusqu'à la découverte de la manière dont elle est constituée, ainsi que nous l'avons indiqué.

Avant ce mode fédéral, chaque unité d'Etat n'avait de sanction pour le maintien des droits des citoyens et de sa constitution que ses propres institutions. Nous avons bien vu, dans la composition de leur organisme social, toutes les précautions prises pour les maintenir; néanmoins, il y a de la fragilité dans tout ce qui est humain, et lorsque par une cause ou une autre les droits des citoyens et la constitution étaient mis en péril, il n'y avait aucun moyen en dehors de l'unité elle-même pour y remédier. Un homme ou une classe de citoyens pouvaient renverser la constitution, le peuple lui-même pouvait rompre l'équilibre et vouloir dominer tumultueusement. Quelquefois même, sans que l'Etat lui-même fût bouleversé, des individus pouvaient avoir à subir des injustices et n'avoir pas de recours, soit par des erreurs administratives ou judiciaires, soit par esprit de parti.

Or, dans tous ces cas, une confédération qui protège à la fois les droits des citoyens, ceux du peuple et les constitutions des Etats confédérés, donne à tous une garantie inconnue jusqu'à l'époque où l'on a trouvé cette forme qui domine tout sans écraser, et se trouve elle-même enfermée dans des bornes infranchissables.

C'est là un élément de stabilité qui est le complément. d'une bonne organisation sociale et qui réalise la devise de la Confédération suisse: *Tous pour un, un pour tous,* mais qui n'avait pas encore pu trouver son application réelle avant les nouvelles formes fédérales découvertes en Amérique. Avant ce temps, si dans la confédération les Etats parvenaient tant bien que mal à se protéger contre l'étranger, il n'en était pas de même des droits des citoyens contre les oppressions intérieures. Bien au contraire, loin d'avoir la compréhension de cette protection fédérale, qui descend jusqu'au moindre individu, dans les alliances fédérales non munies de la représentation du peuple, dans leurs diètes ou congrès, c'étaient les oppresseurs qui s'assuraient les uns les autres contre toute revendication de droits que pouvaient faire des individus, des classes ou des peuples entiers opprimés par des aristocraties ou par toutes sortes d'inégalités. Avant tout on se prêtait main-forte pour tenir sous le joug ceux que, dans l'intérieur de chaque Etat, on était parvenu à priver de leurs droits.

Par la nouvelle forme fédérale c'est le contraire qui a lieu, et cette forme devient la plus forte sanction des droits des peuples.

Une confédération, fondée sur la base populaire de la représentation du peuple, garantit avant tout les droits particuliers de ce peuple contre toutes les oppressions qui pourraient surgir dans l'intérieur des Etats faisant partie de l'union.

Par ce fait, la confédération se garantit à elle-même son existence, car, comme nous l'avons dit, tout l'échafaudage d'une bonne organisation sociale repose sur le fait d'un peuple constitué sur les conditions essentielles qui en font un corps social pensant et agissant collectivement ; si donc la confédération, remontant à ce premier échelon, l'assure d'une manière stable et sûre, toute la combinaison se tient sur la base et s'appuie par un concours général de toutes les fonctions, allant toutes au même but.

N'est-ce pas là le plus haut point où puisse parvenir l'organisation des sociétés ?

Mais c'est là aussi qu'il faut que le législateur, toujours inspiré par le point de départ, ne perde jamais de vue le maintien de ce point. C'est avant tout à assurer les droits individuels d'une manière effective que doit tendre la confédération établie comme cela a été trouvé en Amérique.

Nous disons que c'est surtout au maintien intact des droits individuels des citoyens que la confédération doit s'appliquer, car c'est par leur maintien que toute la combinaison constitutionnelle qui nous amène au dernier point de l'organisation des sociétés pour les faire penser et agir collectivement se tient debout. En effet, pour former un peuple, nous l'avons expliqué plus haut, il faut qu'aux hommes qui forment ce peuple il ait été reconnu des droits sans lesquels ce n'est plus un peuple, mais une masse informe d'individus réunis sans la conscience des conditions de leur existence en société. Les droits de ce peuple garantis, le corps social ainsi formé, il s'agit de garantir également les institutions par lesquelles il met en mouvement l'action sociale. C'est dans la confédération que se trouve le recours suprême qui tient ainsi debout tout cet organisme, si compliqué en apparence, mais d'un jeu si facile une fois établi, par lequel les nations parviennent à se former des intelligences collectives.

C'est par une intelligence collective suprême que toutes les autres agissent librement, chacune dans leur sphère, c'est presque dans l'ordre social, cet admirable mécanisme céleste qui, en laissant à chaque étoile son individualité d'action, les fait toutes concourir à un système général qui laisse à chaque astre sa propre existence, tout en le faisant concourir à l'existence universelle.

Nous avons appuyé sur le fait de garantir surtout et avant tout les droits individuels dans une confédération, car ce sont ces droits qui forment l'ingrédien qui alimente tout le système. Sans peuple, vrai peuple comme nous l'avons défini, il n'y a pas de corps social, dès lors tout croule par la base.

Nous insistons là-dessus, car c'est par la représention

du peuple dans la confédération, participant au pouvoir législatif, et par la nomination par lui du pouvoir exécutif, que l'on est parvenu à donner à l'union fédérale la même faculté de penser et agir collectivement qu'à toute autre société, et c'est par cette faculté que l'on a éteint en elle les antagonismes d'Etat, les glorioles guerrières, et qu'elle n'a plus qu'un but, l'harmonie à l'intérieur, la bienveillance à l'extérieur, mais bienveillance accompagnée de la force pour résister à l'injustice.

Jusqu'à présent, dans notre examen des conditions par lesquelles on peut instituer une bonne organisation fédérative, nous n'avons parlé que des Etats-Unis de l'Amérique du Nord, nous n'avons encore rien dit de la Confédération suisse.

C'est que nous nous réservons d'en parler plus au long d'une manière toute spéciale. Cependant, ici nous trouvons l'occasion d'en dire quelque chose qui vient à l'appui de ce que nous venons d'indiquer, qu'avant tout il s'agit, dans une confédération, d'après les formes nouvelles qui lui ont donné de la consistance et ont maintenu d'une manière durable la paix entre confédérés, il s'agit avant tout de constituer un vrai peuple fédéral à côté des Etats, pour que la représentation de ce peuple dans la confédération soit efficace.

C'était ce qui avait manqué dans les précédentes alliances des cantons suisses, et c'est lorsqu'on s'est enfin avisé de l'introduire que notre confédération a pris un aplomb qui lui manquait avant.

La lutte, pour y arriver, a été très-vive et a duré bien des années. On prétendait que cette introduction du peuple dans la représentation fédérale nous mènerait droit à un gouvernement unitaire, et celui qu'avait eu un instant la Suisse n'était pas fait pour recommander ce gouvernement, appliqué aux peuples divers de nos contrées. Il y avait dans cette répugnance à faire participer le peuple à la représentation fédérale un peu de la faute de beaucoup de ceux qui la proposaient.

Plusieurs d'entre eux la voulaient absolue, c'est-à-dire unique, n'envisageant pas le contre-poids d'un Conseil des Etats qui, comme aux Etats-Unis, représentât la souveraineté de chacun des Etats faisant partie de la Confédération. A cette époque, chose singulière, on connaissait très-peu, en Suisse, la constitution fédérale de l'Amérique et ce fut presque une révélation lorsqu'au moment des débats de la Diète constituante qui s'occupait de la réforme du pacte fédéral de 1815, M. le Dr Troxler fit imprimer à Berne une traduction de la constitution fédérale de l'Amérique. Ce n'était pas que parmi les publicistes qui s'étaient occupés de la réforme du pacte, il ne s'en était pas trouvé qui avaient recommandé l'établissement de deux chambres, comme pouvant concilier les intérêts vivaces et réels qui sont au fond de toute confédération: celui du peuple pris dans son ensemble et celui particulier de chaque Etat. Le même M. Troxler qui, au dernier moment et comme dernier argument, avait fait imprimer sa traduction en allemand de la constitution fédérale de l'Amérique, avait dans plusieurs écrits recommandé la forme fédérale à deux chambres; M. Kasthofer l'avait fait de même. J'étais aussi du mombre de ceux qui proposaient cette forme.

J'avais publié à ce sujet un petit écrit dans lequel même j'avais esquissé tout un projet de constitution fédérale, qui a le bonheur d'être assez conforme à ce qui a été adopté depuis.

Me trouvant membre de la commission de la Diète constituante chargée d'examiner un projet de réforme déjà élaboré par une autre commission, ce fut moi qui, dans cette commission, proposa d'instituer un Conseil des Etats tel qu'il est établi aujourd'hui, conseil qui devait rassurer ceux qui avec raison tenaient à maintenir la souveraineté des cantons dans tout ce qui n'était par contraire aux attributions fédérales nécessaires pour constituer une bonne confédération.

Je proposais ce Conseil des Etats surtout pour faciliter l'introduction de la représentation du peuple dans la législature fédérale avec tout ce qui devait accompagner cette représentation, entre autres la garantie fédérale des droits individuels, personnels et politiques, ainsi que de la souveraineté du peuple dans chaque canton.

Jamais nous ne serions venus à bout de faire introduire cette représentation du peuple sans rassurer ceux qui craignaient pour la souveraineté des cantons. Heureusement nous parvînmes à les convaincre que le Conseil des Etats, qui aurait à voter sur toutes les lois, à égalité avec les représentants du peuple, offrirait à ce sujet une suffisante garantie.

Ce fut ainsi que nous parvînmes en Suisse à introduire la représentation du peuple dans le gouvernement fédéral, comme aussi d'accompagner cette conquête d'une garantie des droits du citoyen, mais d'une manière trop générale, quoique suffisante, par l'application qui en fut faite à mesure que les constitutions des Etats étaient soumises à la Confédération pour en obtenir la garantie.

A cet égard la constitution portait :

Tous les Suisses sont égaux devant la loi. Il n'y a en Suisse ni sujets, ni priviléges de lieux, de naissance, de personnes ou de familles.

Cette première déclaration était plutôt l'expression des répulsions contre tout ce qui, dans plusieurs constitutions cantonales, avait constitué des priviléges qu'une déclaration de droits bien accentuée.

Néanmoins, plus loin il était dit que *la Confédération garantit aux cantons leur territoire, leur souveraineté dans les limites fixées par un art. 3 ; leurs constitutions, la liberté et les droits du peuple, les droits constitutionnels des citoyens, ainsi que les droits et les attributions que le peuple a conférées aux autorités.*

La liberté des cultes, de la presse et du droit d'association étaient en outre mentionnées dans des articles subséquents mêlés à d'autres.

Puis, dans un article qui stipule les conditions de la garantie à donner aux constitutions, il est dit:

A cet effet, les cantons sont tenus de demander à la Confédération la garantie de leurs constitutions.

Cette garantie est accordée, pourvu que ces constitutions ne renferment rien de contraire aux dispositions de la constitution fédérale.

Qu'elles assurent l'exercice des droits politiques d'après des formes républicaines représentatives ou démocratiques.

Qu'elles aient été acceptées par le peuple et qu'elles puissent être révisées lorsque la majorité absolue des citoyens le demande.

Par suite de ces dispositions, toutes les constitutions des cantons qui ne renfermaient pas déjà les conditions prévues dans ces articles furent renversées, et c'est alors que l'on exigeât dans chacune d'elles une déclaration de droits plus précise que celles trop générales de la constitution fédérale.

Mais, suivant nous, il eut été préférable que la constitution fédérale portât elle-même une déclaration plus caractérisée, ce qui en aurait mieux assuré l'exécution.

Ce n'est pas, à ce sujet, le seul défaut de notre constitution fédérale; la manière dont les recours ont lieu alors qu'il s'agit de conflits constitutionnels ou concernant la lésion des droits individuels, est hérissée de difficultés et n'offre pour leur solution aucun gage d'impartialité.

On renvoie au Conseil fédéral (pouvoir exécutif) de statuer à ce sujet en premier ressort, et à l'Assemblée fédérale en dernier. On peut bien aussi s'adresser directement à l'Assemblée, mais par voie de pétition. C'est là une confusion des pouvoirs exécutifs, législatifs et judiciaires, dans laquelle le pouvoir judiciaire est sacrifié, qui est une des plus grandes fautes de notre constitution fédérale. Il y a bien dans cette constitution un *Tribunal fédéral* institué, mais dont les attributions ne s'étendent à *la garantie des droits garantis par la constitution que lorsque les plaintes à ce sujet sont renvoyées devant lui par l'Assemblée fédérale.*

On le voit, dans notre constitution fédérale suisse, la garantie des droits individuels est assez embrouillée, et, dans ce brouillamini, on peut reconnaître la queue de ces idées fausses et arbitraires sur l'organisation de la justice par lesquelles les aristocraties trouvent moyen de fonder et de reprendre leur influence quand on la leur a ôtée.

Dans la séance où nous nous sommes occupés de l'organisation judiciaire, nous nous sommes déjà occupés de ce sujet, et nous avons reconnu qu'il reste beaucoup à faire à la Confédération suisse pour s'organiser sur ce point d'après les vrais principes fédératifs.

En Amérique, si d'après nous il reste à faire pour organiser le tribunal fédéral, suivant les principes qui ont dirigé les Américains dans toutes leurs autres institutions, du moins ce tribunal est tout à fait indépendant des pouvoirs législatifs et exécutifs, et le moindre particulier peut plaider devant lui à l'occasion d'une violation de ses droits qui aurait été commise par une autorité quelconque.

Cette séparation complète du pouvoir judiciaire fédéral d'avec les autres pouvoirs est encore à faire dans la Confédération suisse.

C'est là un des perfectionnements les plus désirables dans cette constitution.

Il y en a bien d'autres encore, tel que l'élection directe du pouvoir exécutif, dit Conseil fédéral, par le peuple. D'un autre côté, nous croyons qu'aux Etats-Unis d'Amérique il est bientôt temps de renoncer à confier le pouvoir exécutif à un homme seul, à un président, et qu'il serait plus rassurant de le confier à un conseil de quelques membres.

Néanmoins, tout en critiquant dans les deux constitutions fédérales ce qui ne nous paraît pas en harmonie avec la base et les principes de ces constitutions, nous avons déjà constaté et nous constatons encore que l'essentiel, par lequel elles donnent naissance à une intelligence collective fédérale subsiste dans leurs dispositions.

Mais il appartient à l'étude de signaler les imperfections d'un système, afin de préparer les voies à des améliorations.

A ce sujet, c'est avec une profonde douleur que nous voyons des imprudents engager la Confédération suisse dans des projets de révision qui, loin de corriger les défauts actuels, semblent plutôt destinés à les renforcer.

Cette révision, engagée dans une aussi fausse route, prouve toujours de plus en plus combien l'étude des véritables ressorts constitutionnels est nécessaire pour empêcher les meilleurs esprits de s'égarer. Il y a tel ou tel des révisionnistes actuels qui, s'ils pouvaient se douter combien ils fausseraient par leurs imprudentes révisions les vrais principes par lesquels une véritable confédération subsiste, qui reculeraient devant leurs efforts.

Mais nous nous réservons de traiter plus spécialement cette question dans la séance où nous nous occuperons uniquement de la constitution fédérale suisse.

En attendant, continuons à poser les principes logiques d'une confédération fondée à la fois sur le respect des droits du peuple et de la souveraineté des Etats formant la confédération.

Nous venons de voir comment les droits individuels doivent être protégés dans une confédération, voyons maintenant comment doit être comprise la représentation du peuple entier de la confédération dans le pouvoir législatif et exécutif de cette confédération.

Il est évident que chaque citoyen d'une confédération,

à quel Etat qu'il appartienne, dit avant tout : je suis de l'Union du Nord de l'Amérique, je suis de la Suisse. Hélas ! les anciens grecs qui se déchiraient entre eux disaient avant tout : je suis Grec ; s'ils avaient connu la forme fédérative qui constitue une nation, tout en laissant à chaque Etat ou cité sa souveraineté particulière, cette fédération subsisterait peut-être encore. Mais ce que nous voulons dire ici c'est qu'avant de se dire Virginien on se dit Américain, c'est qu'avant de se dire Bernois on se dit Suisse, et que jadis avant de se dire Spartiate ou Athénien on se disait Grec. Il y a donc, dans toutes réunions de peuples qui se sont confédérés ou qui ont eu une tendance à le faire, un nom générique qui les réunit déjà avant qu'ils le soient par un lien fédéral. C'est qu'instinctivement les peuples se groupent suivant de certains intérêts identiques bien accusés et qui les constituent en nations, en dépit des divisions d'Etats, nées de circonstances diverses, qui semblent les séparer.

Avant les Etats séparés et la confédération de ces Etats il y a eu nation instinctive, parce que de certains intérêts étaient identiques entre les diverses divisions plus ou moins arbitraires qui avaient lieu.

Il y a donc au fond de toute confédération un intérêt national bien distinct de l'intérêt des Etats, c'est un fait incontestable, et il faut bien le dire, c'est dans cet intérêt que gît le véritable ingrédien de l'accord et de la concorde entre les Etats confédérés, nous l'avons dit plus haut; c'est donc dans la représentation de cet intérêt que se trouve le véritable ciment fédéral, et nous avons déjà reconnu que c'est par sa représentation que l'on est arrivé à la conception moderne qui a fait d'une confédération un gouvernement régulier comme celui d'un Etat unitaire.

Comme nous avons dit que le maintien des droits individuels par la confédération était nécessaire pour conserver intacte la base de tout l'édifice social couronné par la confédération, de même il va sans dire que la représentation du peuple entier de la nation confédérée soit sincère et bien ordonnée pour toujours bien remplir sa mission. C'est pour cela que la loi par laquelle cette représentation est élue doit être une loi fédérale, et doit instituer des arrondissements électoraux composés de citoyens assez nombreux pour pouvoir exercer leurs fonctions dans toute l'indépendance d'hommes préoccupés seulement du désir de bien faire représenter leurs aspirations nationales.

Une fois constituée en assemblée, cette représentation doit-elle prendre une allure prépondérante et prétendre dominer le conseil issu des députés des Etats? Nous ne le croyons pas, ce serait rompre l'équilibre et vouloir faire dominer un élément qui a sa raison d'être, mais ne saurait être prépondérant dans la confédération sans y jeter des défiances.

Ceci nous amène tout naturellement à examiner le rôle des Etats et de leurs députés dans la confédération.

Comme la nation a sa raison d'être, de même chacun des Etats; ils sont nés de circonstances topographiques, d'antécédents historiques, du groupement d'intérêts identiques, d'une défense des droits de leurs citoyens, quelquefois de conquêtes, quelquefois de consentements volontaires. Mais, enfin, ils sont tels qu'ils se présentent pour se confédérer au jour où la confédération se forme.

Il est impossible que chacun de ces Etats, dans ses institutions intérieures, ressemble aux autres. Ils sont distincts de législation, de coutumes, de formes administratives, et souvent de langage. Chacun tient à ses habitudes, et avec raison; il est telles de ces habitudes qui conviennent à la localité et ont souvent un sens profond de sagesse.

Ce dont il s'agit, si l'on veut faire partie d'une confédération bien constituée, où le peuple et les Etats soient représentés, c'est d'avoir soi-même une constitution qui ne contrarie pas la constitution fédérale et par laquelle les droits individuels soient assurés d'une manière conforme pour tous les peuples de la confédération.

A ces conditions chaque Etat doit rester souverain, et cela dans l'intérêt général de la confédération et dans son propre intérêt.

Rien n'est plus progressif que les délibérations ayant lieu dans chaque Etat, où toutes les questions législatives, administratives, financières, etc., sont traitées sous des aspects divers, contenues dans les bornes de la liberté garantie fédéralement, et résolvant les questions à des points de vue qui les présentent sous toutes leurs faces à l'esprit humain. Nous sommes convaincus que les progrès législatifs qui ont pour objet d'harmoniser les lois avec les progrès de la civilisation moderne s'élaborent beaucoup mieux dans de petits centres délibératifs que dans les corps législatifs de grands Etats.

Sur un théâtre restreint, la législature est presque toujours composée d'hommes appartenant aux différentes classes de la société, engagés dans une carrière active, et qui touchent au doigt les inconvénients de lois surannées et savent indiquer ce qu'il faudrait faire dans le sens pratique du moment.

Au contraire, dans les grands centres, de quoi se composent en général les législatures, d'hommes dont la position est souvent plus le produit des abus qu'il s'agirait de réformer que de la nature des choses, suivant l'intérêt du moment. Ce sont des hommes politiques qui emploient tout leur savoir à balancer les partis, ce sont des hommes de lois qui font les lois avec les lois et ne savent rien de la vie réelle. Ce sont de grands propriétaires, de grands négociants, de grands industriels, qui ont été créés par des priviléges et non par le droit commun. Une représentation centrale, dans une confédération, n'échappe pas plus à ces inconvénients que dans les grands Etats unitaires. Les députés fédéraux sont en général des hommes politiques, et leur mission ne comporte que cela ; ils ne sont pas propres à faire des lois civiles, commerciales, pénales et autres d'économie sociale.

C'est un rôle bien mieux rempli par ces modestes législateurs de petits Etats, où l'homme actif est appelé à participer à la confection de la loi.

En gros, que l'on nous cite de grands Etats qui auraient trouvé moyen de perfectionner leurs lois, dans un sens progressif, depuis le droit romain? Il n'y a eu qu'un perfectionnement sur les lois de l'antiquité, du moins de celles qui nous sont connues, ce sont de certaines dispositions commerciales qui sont écloses dans les villes libres du moyen-âge, et qui n'ont rien gagné à être codifiés par les hauts législateurs français, bien au contraire.

C'est donc, dans une confédération, un bijou précieux à conserver que celui de ces législations par Etat, où l'on ose aborder de front et sans être intimidé par messieurs les docteurs es-lois, les questions de législation appropriées au temps présent et l'abrogation de celles qui n'ont plus de raison d'être.

Ce n'est pas seulement sous ce rapport que la vie cantonale doit être ménagée, elle doit l'être au point de vue de l'instruction même supérieure. Il peut dans tel canton éclore un enseignement plus hardi, que n'oserait pas entreprendre un enseignement fédéral. Il faut laisser aussi aux cantons, pour l'organisation de la défense du pays, une certaine compétence militaire, qui entretienne le goût des exercices et l'entrain des miliciens par des attaches locales Un autre point, ce qu'il faut surtout aux cantons, c'est de les laisser complétement libres pour leurs institutions de crédit, pour leurs associations diverses; si une main lourde de la confédération venait à s'en mêler, on verrait surgir le monopole et le privilége.

Nous le maintenons, dans l'intérêt fédéral lui-même, l'existence cantonale libre et indépendante sur tous les objets qui concernent les rapports entre citoyens, et les questions de progression d'intérêts matériels et autres doivent leur être laissées, sous peine de tomber dans les ennuis et les fadaises de mauvais gouvernements unitaires.

Résumons-nous : dans une confédération bien entendue, les droits individuels des citoyens doivent être garantis par la confédération.

Les droits politiques du peuple dans chaque constitution cantonale doivent l'être également.

La représentation nationale est indispensable et forme le lien véritable qui rattache tous les Etats à un centre commun.

Les Etats ou cantons doivent être respectés dans leur souveraineté, non-seulement comme droit préexistant à la confédération, mais comme le meilleur moyen d'application des progrès législatifs et autres qui résultent de la civilisation actuelle.

C'est ainsi qu'en usant de toutes les forces et de tous les intérêts loyaux qui préexistent dans les sociétés, nous parvenons jusqu'au sommet, et que nous donnons à l'association et au concours de toutes les forces une dernière constitution d'intelligence collective, chargée de maintenir dans leurs limites et de diriger toutes les forces de la société.

Nous aurons lieu d'examiner plus loin les applications spéciales de la forme fédérative aux sociétés modernes.

QUINZIÈME SÉANCE

Examen des diversités de gouvernements, désignés par les qualifications de Monarchie, d'Aristocratie et de Démocratie, par l'application de la méthode d'observation employée dans ce Cours.

Nous voici arrivés à un examen des diverses formes de gouvernement qui ont régi les sociétés en y appliquant notre méthode, celle de rechercher et de reconnaître jusqu'à quel point ces gouvernements étaient parvenus à donner à la société humaine qu'ils dirigeaient un entendement commun, une pensée collective.

Certes, aucun ne songeait à parvenir à cette manifestation d'une société aussi parfaite qu'il est permis à l'homme d'atteindre. Chacun ne pensait qu'à se maintenir lui-même, et ne s'occupait de la société en tête de laquelle il était placé que pour lui faire rendre le plus à son avantage. Ce n'était cependant pas toujours le cas, il y a eu des hommes qui possédaient un pouvoir arbitraire, qui s'efforçaient de l'employer au bien de la société dont les destinées leur étaient confiées. Mais, qu'ils fussent égoïstes ou bienveillants, il ne leur était pas donné de faire bien marcher le corps social sans se rapprocher instinctivement des conditions naturelles de l'existence en société, et c'est là ce qu'il faut constater comme une des preuves de la justesse de notre méthode d'observation, et, quand ils ne savaient pas le faire, ils conduisaient à sa ruine la société qu'ils dominaient.

C'est lorsqu'on découvre les règles naturelles qui président à la marche des choses que l'on peut se rendre compte des causes qui ont fait manquer à nos devanciers le but auquel ils voulaient atteindre.

En matière d'organisation sociale, nous croyons avoir trouvé la pierre de touche qui peut nous faire juger des causes de la prospérité ou de la ruine des Etats.

En appliquant notre méthode à l'étude de la monarchie pure, du premier coup il est facile de juger qu'elle est un nonsens et ne possède aucune des conditions qui en font un bon gouvernement.

Mais, comme c'est un gouvernement qui a duré et dure encore, il est évident pour nous qu'il a dû quelquefois se corriger lui-même pour subsister. Qu'il fût né de l'usurpation, de la conquête ou du consentement volontaire des peuples, il dut toujours au commencement ménager quelqu'un pour être entouré d'une force nécessaire pour dominer, qui, tant bien que mal, en protégeant son autorité, dont elle partageait les avantages, le bridait; un despotisme trop féroce pouvait difficilement tenir contre ses propres satellites, qui craignaient pour eux les conséquences d'une extravagance soutenue. Et si ceux-ci ne l'arrêtaient pas, la catastrophe était proche, le monarque suicidait l'état social à la tête duquel il était placé.

Mais presque partout, si ce n'est tel ou tel monarque, du moins la monarchie, qui cherchait à subsister, dut tant bien que mal rechercher les moyens de connaître les besoins des peuples et de s'entourer d'hommes capables de lui donner les meilleurs conseils pour satisfaire à ses besoins. D'une manière factice, elle cherchait à se renseigner sur ce que, d'après notre méthode, nous ne croyons pouvoir être obtenu que par les manifestations libres du peuple; c'était aussi, comme au hasard, qu'elle pouvait trouver les hommes propres à lui donner les meilleurs conseils. Comment ces hommes pouvaient-ils être appelés par le monarque, sans une désignation populaire, quelle chance qu'il les trouvât au sein de sa cour? Aussi était-ce excessivement rare, comme aussi les renseignements sur les besoins des peuples étaient-ils presque toujours inexacts. Dès lors, malgré l'instinct naturel qui poussait les monarchies absolues à obtenir sous leur autorité ce qui constitue la vitalité intellectuelle des sociétés, elles ne pouvaient pas y parvenir. Leurs peuples n'étaient que des troupeaux sans guides certains. Dans les temps anciens, nous voyons de telles monarchies se culbuter les unes sur les autres, tantôt conquérantes, tantôt conquises, et traînant toujours après elles la misère des peuples.

Néanmoins, lorsque le hasard avait placé en tête d'une monarchie, soit un homme de génie, soit des ministres capables, on parvenait quelquefois à créer un état social supportable, et même d'une certaine prospérité, c'est que ceux qui dirigeaient ces monarchies avaient trouvé moyen d'être bien renseignés sur les besoins du peuple et possédaient la capacité nécessaire pour savoir y satisfaire. Mais ce sont là de ces époques exceptionnelles dans l'histoire des monarchies absolues, qui ont été célébrées comme rares, et par cela même démontraient que ce n'était pas à l'institution monarchique qu'on les devait, mais au hasard qui avait momentanément donné le pouvoir à des hommes capables, qui alors avaient d'une manière factice, mais dirigée avec talent, pour le moment où ils régnaient, ce que nous croyons que l'on peut obtenir perpétuellement par la liberté. Les bons règnes dans les monarchies absolues n'ont été dus qu'à l'imitation des formes de la liberté, les mauvais à l'institution monarchique elle-même.

Que d'empires renversés qui n'ont dû leur chute qu'à leur mauvais gouvernement monarchique. Encore aujourd'hui, quelle infériorité de prospérité et de puissance n'ont pas ce qui reste de monarchies tout à fait absolues.

Aussi cette infériorité réelle de la monarchie absolue amenant presque toujours la décadence, puis la chute, n'a-t-elle pas échappé à ceux des monarques qui ont compris que tout devait décliner sous leur pouvoir absolu s'ils ne trouvaient pas moyen de s'éclairer par des institutions secondaires qui pussent les bien renseigner sur l'état réel des choses dans leur pays. Pour y réussir, ils s'adressèrent tour à tour à des corps qu'ils revêtaient de priviléges ou bien ils essayèrent de s'appuyer sur le sacerdoce, où une religion quelconque les avait précédés; mais bientôt il fut démontré que ce n'était encore que reculer la difficulté, et qu'avec ces appuis, la monarchie était encore plus mal renseignée sur les véritables conditions du bien-être d'un pays que lorsqu'elle agissait dans toute l'étendue d'un despotisme n'ayant de règle que la volonté personnelle du monarque. C'est en vain qu'en Egypte et dans l'Inde les rois s'étaient appuyés sur le sacerdoce. C'est en vain qu'en Assyrie, chez les Mèdes et les Perses, la royauté s'était appuyée à la fois sur les grands et sur la religion, elle ne put rien fonder de durable, et pendant son existence jamais les peuples n'atteignirent à une prospérité réelle, ni à un état de progrès donné à l'humanité, quand celle-ci peut marcher avec liberté.

On peut le dire, dans l'antiquité la monarchie a empêché le developpement des races asiatiques, en Afrique les a ramenées presque à l'état sauvage, elle a fondé l'esclavage et avili de toutes les manières l'esprit humain. C'est en vain que dans le moyen-âge, un prophète, Mahomet, a cherché à relever les races asiatiques, le despotisme étant resté son seul moyen de gouvernement. Malgré de grands succès elles se sont affaissées de nouveau, ont couvert de ruines les pays que dans un premier élan de fanatisme furieux elles étaient parvenues à subjuger et ont toujours été incapables de les relever.

Ce n'est que dans une partie reculée de l'Asie que la monarchie a trouvé moyen de subsister, et si ce n'est d'avoir donné aux peuples qu'elle domine une civilisation progressive, du moins d'en avoir maintenu une qui, quoique stationnaire, n'en a pas moins un certain mérite.

C'est que cette monarchie a, d'une façon qui n'est pas tout à fait celle de la liberté, trouvé moyen de se renseigner sur les besoins des peuples par des colléges de lettrés tirés du sein du peuple, et qui étaieut appelés à remplir toutes les fonctions du gouvernement après avoir subi des examens qui prouvaient leur capacité. Par l'appui de ce corps de lettrés, les monarchies chinoises eurent des lois équitables, des juges pour les faire respecter.

C'était là une espèce d'intelligence collective donnée à ces vastes empires. Mais le fait de la présence d'une monarchie toujours soupçonneuse, qui voulait bien recevoir des renseignements par l'intermédiaire d'écoles dont elle réglait elle-même le degré d'instruction, ne pouvait souffrir la liberté qui aurait pu contrôler cette instruction et lui donner un élan progressif. Par ce moyen, tout élan de la pensée, toute idée hardie étaient comprimés. Le *statu quo*, l'invariabilité, devinrent la règle suprême de ces empires et ils durent en subir tous les inconvénients; plusieurs fois ils devinrent la proie de la conquête et souvent la famine et les rébellions intérieures les ravagèrent, et d'une manière constante le bas-peuple resta dans la misère, signe toujours certain que l'organisation sociale est mauvaise.

Là encore, la monarchie, malgré l'espèce de sagesse que l'on avait mis à la mitiger, avait empêché les peuples de se développer suivant les destinées de notre nature.

Décidément la monarchie a été funeste à l'Asie; nous n'ajoutons rien à ce que nous avons déjà dit de l'Afrique où ce gouvernement n'a jamais commis que des atrocités et fait retourner ou maintenu les populations à la vie sauvage ou à l'esclavage.

Arrivons à l'Europe pour y étudier le rôle que la monarchie a joué dans ses gouvernements. Ici, la question se présente sous des faces multiples. Il y a eu des monarchies absolues, des monarchies plus ou moins tempérées, et des monarchies constitutionnelles.

En Europe, la monarchie a eu plusieurs phases: elle a été d'abord par imitation aux usages asiatiques et égyptiens, le gouvernement des petites peuplades de la Grèce et de l'Italie, nous ne parlons ici que des contrées sur lesquelles nous avons des notions certaines. Petit à petit ces monarchies, toujours en face de peuples qu'un instinct invincible animait du souffle de la liberté, durent céder le pas à des institutions républicaines. Longtemps le gouvernement républicain fut le seul qui fût connu dans la partie de l'Europe où la civilisation existait. Parfois ce qu'on appelait des tyrans, surgissaient dans ces républiques, mais ces tyrans qui formaient exception, n'étaient le plus souvent que des citoyens haut placés qui s'emparaient momentanément du pouvoir exécutif, mais qui, pour cela, n'instituaient pas de monarchie dans toute la valeur de ce mot. Ils périssaient presque tous mal, et rarement il leur fut donné de transmettre leur pouvoir à leurs enfants. Le gouvernement républicain de la cité était, on peut le dire, le droit public de l'Europe éclairée de ce temps. Malheureusement, quelques Etats restés barbares avaient seuls conservé des rois, et c'est chez eux que la monarchie se reconstitua de nouveau d'une manière assez puissante pour affliger le monde du jeu favori des monarchies par la guerre de conquête.

Un Etat que jusqu'à un certain point l'on pouvait

compter parmi les grecs à demi-civilisés, mais assez pour que sous un prince ambitieux qui avait été s'instruire dans les républiques grecques, il pût être formé par imitation et s'approprier l'art de la guerre tel qu'il avait été perfectionné dans les républiques, rendit tout d'un coup à la forme monarchique une force qu'elle avait perdue en Europe.

La Macédoine disciplinée, instruite par un monarque homme de génie, se prit à recommencer ce rôle déplorable des monarchies, de porter la guerre chez des peuples paisibles, de les asservir, puis après s'être rassasiées de conquêtes de s'affaisser elles-mêmes sous le poids de l'incapacité monarchique à produire rien de bon par un gouvernement paisible et régulier.

Après avoir assujetti les républiques grecques, renversé l'empire des Perses fractionné en diverses royautés sous les successeurs d'Alexandre, qui ne surent que donner suite au despotisme asiatique, tout cet immense effort, conduit et dirigé par la monarchie, n'aboutit à rien ; les peuples en changeant de dominateurs restèrent misérables, et ce fut la continuation du marasme asiatique qui devait un jour la couvrir de ruines et de misères.

Quant aux républiques grecques, elles râlèrent encore quelque temps sous la pression monarchique de la Macédoine, jusqu'à l'instant où la conquête romaine y mit fin tout à fait alors que l'empire effaça les dernières traces de la liberté qui leur restait encore, pour s'éteindre enfin tout à fait sous la conquête musulmane.

Quoiqu'on en ait dit, les républiques grecques ne disparurent point par l'effet de leurs institutions intérieures, ou plutôt de l'institution intérieure de chaque cité. Dans chacune de ces cités il existait un ordre social assez conforme aux conditions naturelles qui donnent à une société un entendement commun, surtout dans celles où prévalait la démocratie; aussi c'est de ces cités qu'est sortie la civilisation délibérante et progressive qui, tant bien que mal, fait son chemin et finira par triompher des derniers obstacles qu'on lui oppose. Nous l'avons déjà fait remarquer, depuis les républiques grecques, l'on a peu ajouté à l'art de vivre en société, toutes les formes organiques qui donnent aux sociétés une intelligence collective ont été trouvées par eux et sont un témoignage que ces formes se puisent dans la nature des choses, quand celle-ci peut s'exprimer avec liberté. Notre science politique est entièrement d'origine grecque et les perfectionnements que nous y avons ajoutés en sont une conséquence logique. Nous avons mieux défini la forme représentative, et, en l'appliquant à la confédération dont nous avons fait une cité, à l'image de la cité grecque, nous avons trouvé ce qui leur a manqué pour l'extension et la conservation de leurs institutions, mais ils n'en sont pas moins restés nos maîtres pour la consécration des principes qui constituent un Etat libre

Leur horreur de la royauté était pleine de prévoyance, ils sentaient que la monarchie, qu'ils avaient abolie dans leurs petits Etats, serait un jour la cause de leur perte.

Ils avaient vaillamment combattu contre les Perses pour leur liberté, et après les avoir refoulé en Asie c'eût été peut-être alors le gouvernement républicain qui eût prévalu dans le monde, s'ils avaient pu poursuivre leurs succès d'un commun accord. Déjà ils avaient de nouveau affranchi leurs colonies ioniennes, mais les désaccords entre les Etats les arrêtèrent dans cette propagande républicaine. S'ils avaient su avoir alors une confédération comme celle qui a été trouvée en Amérique, le monde était affranchi et la forme monarchique eût été dès lors anéantie. Mais ce qui leur manquait, l'unité, qu'ils auraient pu trouver dans une forme fédérale bien entendue, était précisément ce qui faisait la force des monarchies qui subsistaient encore. La Macédoine, placée à leur porte, se faufilant dans tous leurs démêlés, se présentant comme voulant leur donner cette unité qui leur manquait, en portant toutes les forces grecques en Asie n'y porta pas la liberté, mais y porta la monarchie ; bien au contraire, elle vulgarisa cette forme en l'assistant un instant d'un vernis civilisateur grec. Mais, comme nous venons de le dire, cette forme s'affaissa bientôt sur elle-même. En même temps les républiques grecques avaient perdu de leur prestige, il y eut dans le monde un de ces instants de découragement qui laisse tous les esprits indécis et qui est le précurseur des plus grandes catastrophes.

C'est alors qu'apparut, pour le malheur du monde, ce qui est encore pire que la monarchie : l'aristocratie triomphant sur une grande échelle.

Ici nous ne prenons pas le mot d'aristocratie dans sa bonne acception du gouvernement des plus capables, parce que ce gouvernement ne peut pas exister sans la participation du peuple ; il ne saurait exister par lui-même, car pour que les plus capables se trouvent à la tête d'un pays faut-il encore qu'ils aient été tirés de la foule par le choix de leurs égaux. Quand il en est ainsi, c'est ce que nous avons appelé dans les temps modernes gouvernement représentatif, c'est ce que nous avons indiqué comme sénat dans notre exposé des conditions naturelles de l'existence d'une société. Or donc, comme il ne peut pas y avoir de corps privilégié, soit à vie, soit héréditaire, soit choisi dans de certaines familles, soit composé de membres soumis à de certaines conditions de propriété ou de cens, à qui l'on confie un pouvoir législatif ou exécutif sans fausser les conditions fondamentales d'un bon organisme social, et que ce sont là les signes distincts de ce qu'on appelle aristocratie, même prise en bonne part, nous ne pouvons que déclarer ce genre de gouvernement comme tout aussi contraire à une bonne organisation sociale que la monarchie elle-même. Il est souvent encore plus dangereux, car plus que celle-ci il affecte de diriger toutes ses pensées vers le bien du pays, tout en se laissant constamment aller à tout diriger dans un intérêt particulier à la caste ou à la coterie dont il émane.

Il y a eu des aristocraties cependant qui ont eu des moments de patriotique dévouement, qui ont bien gouverné, tout comme il y a eu de tels monarques, mais c'était des exceptions, ce n'était pas dû à la forme gouvernementale, celles-là formant un sénat remplissant le rôle que nous avons attribué à un sénat élu, d'examiner les questions avec maturité, en regard des résolutions spontanées des représentants du peuple, savaient quelquefois consulter le peuple, et, corrigeant ainsi ce que leur pouvoir exceptionnel pouvait avoir d'étranger aux vœux réels de la nation, parvenaient quelquefois à diriger assez bien le pays. Mais au fond il y avait toujours de l'intérêt personnel et de corps dans toutes leurs actions, intérêts qui devaient à la longue ronger le corps social et le conduire à sa perte.

Le plus grand exemple d'un tel gonvernement a été celui de Rome, et ses funestes effets, tout en maintenant sans cesse le peuple romain lui-même dans un état de misère à côté du luxe de ses patriciens, s'est étendu sur le monde entier et l'a replongé dans la barbarie, bien plus peut-être que l'invasion des barbares, qui en fut une conséquence, à la fois cause et effet des bouleversements qui accompagnèrent la décadence et la chute de cette aristocratie qui s'éteignait elle-même sous le despotisme impérial qu'elle avait créé.

L'aristocratie romaine, en se retrempant quelquefois dans le peuple, en le consultant parfois, mais sans lui laisser jamais prendre d'ascendant réel, était parvenue à se former un entendement social d'une grande vigueur, mais qui, n'étant pas le résultat des véritables sensations du peuple, n'était pas dirigé dans le sens d'un bonheur paisible, mais dans celui de la guerre et de la conquête. Cette idée fixe de la destination sociale des Romains était entretenue par les patriciens, représentés par le sénat, qui devaient seuls en profiter, mais qu'ils s'efforçaient de rendre populaire. Il y avait, dans la manière dont toutes les questions se posaient, quelque chose de républicain, mais que dominait une idée prépondérante, celle d'aller piller le monde. C'était l'organisation d'une bande de brigands, se donnant une espèce d'entendement commun, d'intelligence collective, pour diriger leur brigandage. Ce fut à une forme d'intelligence collective habilement conçue, dans laquelle la suite des idées était confiée à un sénat privilégié, que les Romains durent la longue suite de leurs succès, l'art avec lequel ils réparaient leurs revers, et enfin leur domination universelle sur tout le monde civilisé connu à cette époque.

Mais enfin, quand ils furent maîtres de tout, ce fut avec eux-mêmes que commença le démêlé.

Ce fut là où les vices de l'ascendant aristocratique, dans son gouvernement, devaient amener la ruine de tout cet échafaudage, élevé par l'obstination d'une idée fixe, mais qui n'était soutenue par aucune idée de réorganisation bien entendue, après avoir tout détruit. Ils laissaient, il est vrai, presque à tous les pays vaincus, comme administration locale, les formes de gouvernement qu'ils avaient eues avant la conquête, se contentant de mettre en tête des proconsuls qui représentaient la domination romaine. Mais, dans les pays conquis, surtout dans ceux qui avaient eu des gouvernements populaires, il n'y avait plus de ressort, et ces gouvernements, dépourvus d'indépendance, fonctionnaient du plus mal. Le conquérant ne songeait qu'à tirer des tributs des pays soumis, mais ne savait pas, ou plutôt ne pouvait pas gouverner les peuples suivant les conditions de toute bonne organisation sociale. C'était une vaste anarchie dans laquelle éclataient sans cesse des séditions contre les dominateurs, généralement exécrés. Cette anarchie universelle gagnait le centre lui-même où le patriciat, corrompu par ses richesses sans cesse renouvelées par le pillage des peuples, ne connaissait plus aucun frein et ne respectait plus le peu de liberté et d'influence qu'il avait laissé au peuple. La misère de ce peuple allait croissant, enfin celui-ci, séduit et entraîné par des ambitieux, croyant se protéger contre le patriciat, laissa la forme monarchique s'installer de nouveau.

Mais l'empire, loin de sauver Rome, ne fit que la précipiter davantage dans une décadence soutenue. La monarchie ainsi rétablie dans le monde, fut ce qu'avaient été les monarchies de l'Asie, incapable de bien gouverner, se perdant par elle-même et succombant enfin sous les efforts des barbares qu'elle n'avait su ni civiliser ni contenir.

Ainsi, l'aristocratie romaine, malgré son habileté qui lui avait donné quelques siècles d'existence, bien funestes au genre humain, dut s'écrouler sur elle-même victime de ses propres tendances et devenue incapable, par ses succès même, de maintenir un gouvernement qui n'était pas fondé sur les conditions naturelles d'un bon entendement social.

N'ayant pas su, une fois maîtresse du monde, constituer chez tous les peuples conquis des gouvernements républicains au moins à son image, n'ayant pas su réunir ces divers pays sous un gouvernement fédéral central, n'ayant pas su se réformer lui-même quand il fut averti par le peuple que l'équilibre de la république était rompu, il tomba dans la monarchie. Or celle-ci, appelée pour réformer les abus de l'aristocratie, ne sut, de son côté, rien faire pour régénérer Rome, elle se mit tout simplement à employer l'arbitraire et ne fut qu'une monarchie vulgaire, comme tant d'autres.

Ainsi, l'histoire est là pour constater que ces deux formes de gouvernement, l'aristocratie et la monarchie, sont incapables de former des gouvernements réguliers ayant pour objet le bonheur de l'humanité.

C'étaient elles qui avaient eu le pouvoir en mains, qui avaient éteint la civilisation républicaine de la Grèce, alors que par l'effet de leur ascendant sur la terre, la civilisation éprouva un temps d'arrêt et que l'Europe et le monde furent replongés dans un état de barbarie.

Quels furent les filons par lesquels on fut ramené à la civilisation.

Ce fut par ce qui existait parmi les peuples d'un instinct d'organisation sociale, suivant les conditions naturelles qui forment un entendement social et par le souvenir des anciennes républiques de la Grèce, que, dans les communes du moyen-âge, on retrouva quelque chose qui replaçait la question sociale sur son véritable terrain de n'aspirer qu'au bonheur de la société sans les vaines glorioles aristocratiques ou monarchiques.

C'était avec effort que cet esprit se faisait jour, mais apparaissant comme l'eau qui s'échappe par une fissure lorsqu'elle est comprimée dans un vase.

Dans le tumulte de la décadence romaine, alors que des barbares de diverses origines se ruaient sur l'Empire romain, au sein de ce désordre il fallait voir clair quelquefois, et toujours pour y parvenir on était obligé de laisser agir la liberté dans quelque coin.

C'est par des communes libres que le commerce entre nations se maintenait et que l'industrie n'était pas complétement éteinte.

Il y avait un autre élément, également issu de la liberté, qui, avec les formes républicaines des communes, tendait à relever l'esprit humain, abattu sous les coups de la monarchie et de l'aristocratie: c'était le christianisme.

Si plus tard il a dégénéré, il fut dans un temps un des plus grands soutiens de la liberté et de l'indépendance individuelle contre tous les genres d'oppression; organisé lui-même démocratiquement, sur le modèle des organismes sociaux de la Grèce, combinés avec ceux des Hébreux, son Eglise représentait dans le monde européen une vaste fédération des droits des peuples, contre tout ce qui voulait y porter atteinte. Il combattait l'esclavage, et s'il n'avait pas pu émanciper les serfs, du moins il avait porté dans les plus humbles hameaux une organisation communale, en fondant les paroisses, en les dotant chacune d'une église où les désespérés pourraient aller chercher des consolations et causer d'un meilleur avenir en s'entretenant ensemble de leurs douleurs, sur la place publique, devant le temple. Grâce à une ancienne institution de Moïse, un jour par semaine avait été consacré au repos et à la contemplation de notre destinée. Mais, n'anticipons pas sur une autre séance, où nous exposerons plus en détail ce que les institutions de Moïse et le christianisme ont fait pour aider les hommes à retrouver les vrais principes de l'organisation sociale.

Pour le moment, contentons-nous de constater que dans le moyen-âge, les communes, par elles-mêmes, par le souvenir des républiques grecques et par le christianisme, retrouvaient les vrais principes de l'organisation sociale.

Mais l'Empire romain était tombé sous les coups des barbares qui, conduits par des chefs militaires, n'avaient rien trouvé de mieux que de faire régir leurs conquêtes par ces chefs et avaient ainsi, sur les débris du despotisme de l'Empire romain, établi de nouveaux despotismes tout comme les successeurs d'Alexandre l'avaient fait sur les débris de l'empire des Perses. Néanmoins ces nouvelles monarchies ne furent pas aussi absolues que celles d'Asie. Les barbares n'étaient pas si barbares qu'ils n'eussent des lois que leurs chefs devaient respecter, le peuple qui les élevait sur le pavois conservait sur eux des droits de contrôle, et les plus distingués, les grands, tenaient à partager le pouvoir. Ce fut la naissance encore bien inculte des monarchies tempérées qui depuis lors ne cessa de prévaloir en Europe jnsque dans les derniers temps où des monarchies absolues s'intronisèrent si bien que, subissant le destin de telles monarchies, elles durent succomber sous l'indignation des peuples. En attendant, un régime confus appelé régime féodal s'était abattu sur toute l'Europe. Sous ce régime, la force individuelle des seigneurs et communes luttaient contre le despotisme monarchique, il n'y avait pas de droit bien précis, il n'y avait de vie sociale caractérisée, au point de vue de rechercher le bonheur de la société que dans les communes, et là se rétablissait l'art de penser et d'agir en commun sous la direction d'une intelligence collective. En dépit de tout, les conditions naturelles pour constituer une société se groupaient là où les hommes avaient trouvé moyen de se réunir en liberté, ou là où dans l'intérêt même des oppresseurs on laissait se former des exceptions qui seules pouvaient rendre la vie à la société.

Les bienfaits de la liberté et son influence incontestable sur la marche de la société devinrent un fait qui ne fut plus nié que par les hommes bornés qui ne croyaient qu'à un despotisme aveugle. Mais, nobles et monarques bien avisés se mirent à courtiser la liberté des communes pour asseoir leur pouvoir qui se trouvait en rivalité. Singulière situation, où aristocratie et monarchie sentant qu'elles ne pouvaient subsister par elles-mêmes, allaient courtiser la démocratie qu'elles détestaient également. En Angleterre, la noblesse trouva moyen de s'unir aux communes et fit ainsi capituler la couronne. En France ce fut le contraire, la couronne en attirant à elle les communes parvint à dompter les seigneurs qui visaient à l'indépendance. Pour ne pas compliquer nos aperçus, nous nous abstenons, pour le moment, de citer d'autres exemples, mais, plus ou moins, les mêmes faits amenèrent des résultats semblables, il en sortit la monarchie constitutionnelle là où les communes avaient été réunies à la noblesse contre la royauté, et la monarchie tempérée là où les communes avaient eu la mauvaise chance de s'allier au roi et de le seconder contre les gouvernements locaux. Sans cela, la France au lieu de s'unifier dans un roi, se fût probablement constituée en confédération comme l'Allemagne, ou bien eût adopté comme en Angleterre, une forme qui l'eût peut-être préservée de tous les désastres qu'à diverses reprises la monarchie lui a attirés.

Ce qu'il y a de certain, c'est que dans cette recomposition de l'état social, l'Angleterre prit le premier rang, et, tant bien que mal, se donna un organisme en état de la faire penser et agir collectivement, si bien qu'elle s'est élevée par là à ce haut degré parmi les nations où nous la voyons parvenue. Dans sa constitution elle n'a gardé qu'un dissolvant, c'est le pouvoir monarchique qu'elle a réduit à une grande impuissance personnelle, mais dont le maintien pernicieux est bien démontré par le fait des Etats-Unis de l'Amérique du Nord, qui a produit un développement plus prodigieux encore que n'avait été celui de l'Angleterre. Mais nous aurons lieu, dans une autre séance, d'examiner de plus près ce mécanisme de la constitution anglaise, qui a rétabli en faveur d'un grand empire les règles naturelles qui sont la base de toute société qui a pour but le bonheur de ses membres.

Malgré ses imperfections, c'est de ce premier grand exemple que découlera, perfectionné qu'il a été par les Etats-Unis, l'affranchissement du monde.

Pendant que ce fait immense se développait et prenait corps, la France, au lieu d'avancer dans la même carrière, reculait. La monarchie, après s'être fait aider par les communes contre ses grands vassaux, s'appesantissait sur ces communes, centralisait toujours de plus en plus le pouvoir, retrécissait sans cesse l'action des fonctions laissées aux provinces et finissait enfin par exercer un pouvoir central insupportable.

Bien loin qu'il fut question d'une monarchie constitutionnelle, la monarchie tempérée qui résultait du respect de quelques droits individuels comme la liberté religieuse, de droits provinciaux, de quelques libertés communales, de quelques fonctions électives et d'une magistrature indépendante, disparurent sous Louis XIV pour faire place au despotisme le plus éhonté, qui rappelait les despotismes asiatiques. Sous ce régime la France dégénérait à vue d'œil, lorsqu'enfin il dut s'écrouler dans une révolution dans laquelle on fit appel aux droits du peuple, dont on alla chercher les titres dans les droits naturels de l'homme.

Il y avait table rase pour se reconstituer, on essaya d'abord de la monarchie constitutionnelle, mais bientôt le dissolvant monarchique fit des siennes et l'on dût supprimer la royauté. On proclama la république.

Dans la constitution de ce nouvel Etat ce fut la démocratie qui fut en défaut. On se trompa sur son application. On lui confia un instant un pouvoir despotique qui n'est pas plus à l'abri de l'arbitraire et de l'injustice qu'entre les mains d'un despote.

Nous n'avons pas cessé de le répéter dans ce Cours, la souveraineté populaire ne peut pas être instituée tant que le peuple n'est pas muni d'une intelligence collective dont nous avons cherché à découvrir les conditions de formation. Il n'est souverain qu'ainsi constitué, jusque-là il peut facilement se tromper tout comme un despote.

Quand sans être encore constitué le peuple français eut en mains tous les pouvoirs de la société, il les réunit tous dans une convention à laquelle il confiait à la fois le soin de lui faire une constitution et celui du gouvernement du moment, sans autre règle que l'arbitraire.

C'était se tromper sur la portée du véritable gouvernement démocratique, qui ne doit jamais rien laisser à l'arbitraire et sous lequel les droits du simple citoyen doivent être encore plus sacrés que sous quel autre gouvernement que ce soit.

Quels que fussent les périls que la trahison intérieure et la coalition étrangère fissent courir à la France et à la révolution, jamais on n'aurait dû recourir pour les combattre à un régime de terreur qui faisait douter qu'on eût réellement l'intention d'établir la liberté. Il aurait fallu tout de suite après la déchéance de la royauté séparer le gouvernement journalier des travaux de la convention ayant pour objet l'établissement d'une constitution républicaine. En ne le faisant pas, en confondant tous les pouvoirs dans une assemblée, on fit douter de l'efficacité des formes républicaines qui, en apparaissant pour la première fois, ne se manifestaient que par des actes de violence et d'arbitraire. Encore aujourd'hui on confond la république avec la terreur, et parmi les ignorants on sera encore longtemps avant que de les distinguer. Chose inouïe, par la faute commise on en est venu à ne reconnaître d'élément modérateur dans la société que la monarchie, qui pourtant a été cause de tous ses malheurs.

Ceci n'a-t-il pas été assez prouvé par les désastres amenés par l'Empire, par les essais infructueux de monarchie constitutionnelle faits sous les deux branches des Bourbons, et renouvelés sous le second empire. Qui ne voit que les traditions d'arbitraire de la monarchie en France rendent impossible la présence d'un monarque dans une constitution sincère.

S'il restait un doute à ce sujet, le dernier exemple de ces deux monarques, engageant une guerre atroce et fratricide entre deux peuples qui n'y songeaient pas la veille et qui vivaient dans les meilleurs rapports, et cela à l'occasion d'un insaisissable prétexte, ne prouverait-il pas tout ce qu'il y a de funeste dans l'existence d'un pouvoir monarchique.

On se croyait en pleine civilisation, et, de par deux monarques, on a vu poindre une nouvelle barbarie ; c'est d'ailleurs l'exemple que nous offre l'histoire générale de l'humanité ; deux fois dans l'antiquité la monarchie avait détruit les éléments de la civilisation, les gouvernements libres républicains; deux fois elle avait replongé les nations dans les ténèbres de l'ignorance, et ce n'est que par les efforts de la liberté qu'on en était sorti, lorsque de nouveau des monarques ont donné cours à leur funeste destination sur terre.

Nous venons, dans une rapide esquisse, d'indiquer les faits historiques les plus saillants pour caractériser l'influence sur les sociétés des trois gouvernements désignés par les qualifications de monarchie, aristocratie et démocratie.

Nous avons pu y reconnaître que pour que l'homme rencontre le bonheur dans l'existence sociale, il faut que la société soit organisée sur le principe de la liberté, lui constituant une pensée collective.

Partout où l'on s'est plus ou moins rapproché de cette forme, partout la lumière s'est faite, et la société a donné à la civilisation du genre humain une impulsion plus avancée. Partout où ce genre de société a été comprimé, l'élan progressif s'est arrêté, et l'homme a langui dans les fanges de l'ignorance et de la misère, quelques oppresseurs seulement continuant à leur profit une fausse civilisation sans portée, d'ailleurs sans cesse interrompue par les extravagances monarchiques ou aristocratiques.

SEIZIÈME SÉANCE

(Suite de la précédente.)

Dans notre précédente séance nous avons devancé l'objet spécial dont nous devions nous occuper dans celle-ci. Nous avions à expliquer aujourd'hui les imperfections des régimes monarchiques, aristocratiques et démocratiques par l'emploi de notre méthode d'observation, et dans celle qui doit suivre par un coup-d'œil historique sur les constitutions anciennes et du moyen-âge. Mais, entraînés par le sujet, nous avons hier, mêlé nos appréciations sur les diverses formes de gouvernement et leur critique, par notre méthode de considérations sur l'histoire générale de ces institutions. Mais nous n'avons pas épuisé la matière, et aujourd'hui nous allons revenir sur ce que nous avons déjà traité; néanmoins sous un aspect que nous n'avons fait qu'indiquer et qui mérite d'être présenté plus largement.

Nous avons montré toutes les imperfections des gouvernements monarchiques et aristocratiques et la fin déplorable qu'ils font tous, après avoir fatigué les peuples et entretenu leur misère. Nous avons indiqué que s'ils se sont soutenus quelquefois, ce n'a jamais été par leur propre institution, mais en empruntant à la liberté les moyens d'existence qui leur manquaient.

Il est évident que dans les grands empires, comme les Chaldéens, Assyriens, Mèdes et Perses, pour tenir les peuples nombreux qui les formaient en cohésion, il a dû exister des gouvernements communaux dans beaucoup de villes, qui tant bien que mal se soutenaient en employant des formes qui les faisaient penser et agir collectivement, avec plus ou moins de précision. On ne pourrait pas s'expliquer autrement la prospérité auxquelles plusieurs de ces villes étaient parvenues. La monarchie les dominait, et, pour en tirer le meilleur parti possible, les laissait se tirer d'affaire par elles-mêmes, n'intervenant que pour y lever des tributs de toute espèce. C'est en vain que le gouvernement monarchique aurait voulu faire exister les communes par les mêmes procédés d'arbitraire qu'il employait pour gougerner l'empire. La nécessité de laisser pour leurs affaires entre eux les sujets s'entendre et s'associer d'après des formes qui leur donnait une intelligence collective, dans les limites d'une réunion locale, a été reconnue sous presque tous les despotismes. Dans le plus fort du despotisme turc, les villes se gouvernaient par des divans qui étaient le plus souvent désignés par le peuple. Ainsi, malgré que la forme monarchique fût si contraire au gouvernement de soi-même, néanmoins, pour avoir des troupeaux bien gras à tondre et à sacrifier, elle était obligée de laisser ces troupeaux se gouverner eux-mêmes. L'intervention de la forme monarchique n'apparaissait jamais que comme une domination.

Le fait que dans les agglomérations de peuples, en tête desquelles se plaçait une monarchie, pour que la société ne s'écroula pas, il était nécessaire que des intelligences collectives partielles fonctionnassent souvent, même on allait très-loin dans ce sens; les Perses entre autres laissèrent même des républiques qu'ils avaient soumises, continuer à se gouverner par elles-mêmes, se contentant d'en retirer des tributs et de les entraîner avec eux dans leurs guerres. Ils avaient ainsi, dans un temps, maintenu les gouvernements républicains de l'Ionie, celui des Phéniciens, qui était presque indépendant, celui même de Judée, dans lequel il existait une espèce de démocratie. C'est là un hommage instinctif que la monarchie rendait à la forme républicaine, seule capable de donner une intelligence collective à une réunion d'hommes. Il y a eu, dans nos temps modernes, des monarchies qui ont cru pouvoir s'y soustraire et qui, fières d'elles-mêmes à mesure qu'elles devenaient de plus en plus absolues, s'imaginèrent mieux assurer leur despotisme en retirant aux intelligences collectives locales la liberté de fonctionner par elles-mêmes. Mais à mesure qu'elles renversaient ainsi les conditions sans lesquelles aucune réunion ne peut penser et agir collectivement dans l'intérêt de cette réunion, la monarchie elle-même s'en ressentait, elle s'affaiblissait, le mécontentement général des peuples la menaçait et les explosions ou révolutions étaient proches.

Pour durer il était évident qu'il fallait respecter ce qui est dans l'ordre naturel des sociétés: l'organisme au moins local de l'art de penser et agir en commun.

La monarchie pouvait, jusqu'à un certain point, s'expliquer, quand elle n'apparaissait que comme un moyen de grouper en une unité des communes ou des provinces dont l'existence était tant bien que mal conforme aux conditions naturelles qui président à la formation d'une société. Mais cette unité, quand elle était entre les mains d'un despotisme sans contrôle, finissait toujours comme nous l'avons vu dans la précédente séance; mais si, empruntant aux communes ses formes d'association elle créait elle-même une grande commune où le peuple était appelé à donner son avis, elle prenait un certain caractère de forme collective qui pouvait prolonger son existence, nouvel hommage rendu au fait qu'il n'est pas possible d'établir un bon gouvernement sans le faire sortir de la base populaire, c'est-à-dire de la liberté.

Une monarchie constitutionnelle devenait une espèce de fédération, et, sous cet aspect, pouvait se faire considérer comme offrant à la science de l'organisme des sociétés un moyen de concentration de différentes communautés, d'un intérêt général pour ces communautés.

Mais depuis qu'on a trouvé la forme fédérative républicaine, le prétexte sur lequel pouvait s'appuyer la monarchie bien intentionnée, celui de réunir dans une unité des associations diverses, ce prétexte s'est évanoui, car maintenant on n'a plus besoin de se placer sous le sceptre d'un monarque et courir avec lui les chances de ses caprices ou de son incapacité. Aujourd'hui l'on se réunit pour la paix et la liberté, et la forme fédérative en répond. La monarchie constitutionnelle elle-même n'offre pas les mêmes garanties; la présence d'un pouvoir exceptionnel qui ne sort pas des entrailles du peuple y sera toujours un dissolvant.

Remarquons-le bien, il n'y a pas de monarchie au monde qui ait pu durer quelque temps avec une apparence de prospérité sans qu'elle ait laissé plus ou moins une certaine latitude à l'organisation communale. La monarchie, par elle-même, s'est toujours montrée incapable, et quand elle a voulu ne régner que par sa seule impulsion elle s'est perdue.

Aujourd'hui, sa prétendue utilité pour grouper des peuples et en faire une unité n'a plus de prétexte, car pour arriver à cette fin la forme fédérative, telle qu'elle a été trouvée en Amérique, est bien plus efficace et a résolu définitivement la question.

Constatons-le bien, au fond de toutes les sociétés humaines il y a toujours eu l'instinct des véritables conditions d'existence de ces sociétés, elles n'ont vécu que par là et n'ont trouvé leur décadence et leur chute que par des usurpations imposées par la ruse ou la violence, et qui se sont en vain donné l'apparence de gouvernements réguliers. La monarchie et l'aristocratie ont beau, même de bonne foi, chercher à se faire considérer comme étant par elles-mêmes en état de maintenir et de faire marcher une société dans sa véritable destination, celle de procurer le bonheur de tous, elles en sont incapables. Elles n'ont jamais engendré que des guerres, et, en temps de paix, la misère des classes de la société vouées au travail, puis, à un temps donné, la décadence, la chute ou des révolutions. Ici, nous devons le dire, il y a dans la vie des peuples, lorsque la monarchie ou l'aristocratie les ont poussé à bout, nécessité de se mettre en révolution pour régénérer la nation que l'on conduit à sa perte. Pour ce moment de transition il n'y a pas de règles fixes, mais si l'on connaît bien d'avance les véritables conditions d'un bon organisme social il faut se hâter d'y arriver et sortir le plus vite possible du règne mal réglé de la multitude, car, nous l'avons déjà fait remarquer bien souvent dans ce Cours, une démocratie pure, sans organes qui règlent sa pensée collective et ses actions, est encore un despotisme.

Le moment de la reconstitution d'un pays est un moment dangereux si l'on n'est pas bien ferré sur la valeur réelle des diverses espèces de gouvernements qui ont été pratiqués dans le monde. C'est dans de tels moments que ceux de ces gouvernements qui ont été cause de la nécessité d'une révolution se prévalent des incertitudes et quelquefois des violences de ces révolutions, se hâtant d'en conclure qu'eux seuls sont capables de rendre au pays l'ordre et la prospérité.

Il faut donc toujours se hâter de sortir du mouvement révolutionnaire pour donner à la société qu'on veut reconstituer la forme régulière qui seule peut lui fournir une intelligence collective fonctionnant dans l'intérêt de tous.

Nous nous sommes efforcés, dans ce Cours, de bien constater les faits naturels sur lesquels repose une pareille reconstitution, nous avons essayé de démontrer que toutes les fois qu'on y a manqué on en a été puni et que l'histoire du monde n'est qu'une longue série de catastrophes, toutes le résultat de la mauvaise direction des sociétés par des gouvernements établis en dépit des lois naturelles qui doivent les régir.

D'un autre côté, nous avons montré que l'invincible instinct de l'homme le rapprochait constamment des vrais principes de constitution des sociétés lorsqu'il pouvait agir en liberté.

C'est cet instinct de reconstitution, d'après les lois naturelles, qui a quelquefois, lorsqu'on le laissait se délopper en communes ou provinces règlant leurs affaires intérieures, permis à des monarchies, qui d'ailleurs les dominaient pour le gouvernement central, de subsister plus longtemps que celles où l'arbitraire se rencontrait partout.

C'est à cet invincible instinct qu'on a dû l'existence de ces sociétés antiques qui ont les premières su se constituer en républiques après s'être débarrassées de tous les petits roitelets qui les opprimaient. On peut le dire, à cette époque il y eut un épanouissement général de l'intelligence humaine, tout fut perfectionné dans ces centres de délibération publique, établis presque partout sur des principes qui sont ceux que nous croyons nécessaires pour constituer une société humaine de manière à la faire penser et agir collectivement dans l'intérêt du bien-être de tous ses membres. La puissance de cette forme de gouvernement dont la base était partout l'intervention du peuple, fut prouvée par les progrès rapides qu'elle fit faire à la civilisation, qui par elle devint progressive. Partout où la race grecque s'étendait, elle portait avec elle cette forme de gouvernement, qui fonda rapidement d'innombrables cités sur les côtes de l'Asie, de l'Afrique, de la Sicile et de l'Italie. La prospérité magique dont jouissaient toutes ces cités, alors qu'elles n'étaient point en guerre, prouve assez qu'elles avaient adopté le gouvernement le plus favorable au dévelppement des sociétés.

Comme nous l'avons déjà dit dans la précédente séance, cela était si bien compris par tout le monde que c'était en réalité devenu le droit public du monde civilisé de cette époque, et il y avait entre les diverses républiques émulation à qui se gouvernerait le mieux.

Pour bien comprendre la valeur de tels gouvernements, il faut se mettre devant les yeux le tableau de la prospérité générale qu'ils répandaient. Aujourd'hui, les pays qu'ils fécondaient sont à peine peuplés. Là où l'on ne rencontre plus que quelques misérables villages et même seulement des ruines, se trouvaient de grandes et magnifiques cités, plusieurs étaient des puissances en état de tenir tête aux plus grands empires. D'où venait ce développement qui n'a pas encore eu de pareil dans le monde et qu'à peine nous pouvons concevoir aujourd'hui, c'est à la présence de ces gouvernements républicains, tous plus ou moins fondés sur les principes constitutionnels que nous avons énoncés dans ce Cours. Quelle plus grande révélation que c'est bien là le gouvernement naturel des sociétés. Nous l'avons déjà fait remarquer, ce n'est pas à la forme intérieure de chacun des gouvernements de ces intéressantes cités qu'a été due leur disparition, mais à une autre cause que nous avons déjà expliquée.

Le droit républicain a succombé sous les efforts de la conquête, et s'il n'a pas pu lui résister c'est qu'il n'avait pas su trouver la forme qui devait le centraliser et mettre un terme aux rivalités de ces républiques.

Elles n'étaient jamais d'accord, elles se faisaient sans cesse la guerre entre elles. Si elles savaient très-bien diriger vers l'ordre et la prospérité intérieure leurs cités florissantes, si on savait y être assujetti à la loi, il n'en était plus de même lorsque les intérêts de ces cités se heurtaient. Il eut été facile de les concilier, si dès ce temps-là un bon instrument fédératif avait été trouvé. Ceci manquant, on dut à la longue succomber sous les conquérants. Ce qu'on avait pu faire, en Grèce, pour résister longtemps aux Perses, prouvait que si une confédération grecque à l'américaine avait pu se former dès ce temps-là, le droit public de la liberté fondé sur l'intervention du peuple, organisé pour penser et agir collectivement, l'eût emporté dès lors dans le monde.

Mais il était dit que les deux monstres dévorateurs, la monarchie et l'aristocratie, devaient anéantir pour quelque temps le plus haut point où fût arrivé l'esprit humain dans l'art de conduire les sociétés.

Néanmoins l'époque où ce droit public de la liberté a régné restera comme la plus remarquable jusqu'à ce jour dans l'histoire de la civilisation, et son souvenir doit nous servir de leçon.

Ceux qui ne savent pas étudier les faits sociaux dans leurs grands traits ont souvent cherché à chicaner les gouvernements grecs à l'occasion de maints accidents intérieurs auxquels ils ont été sujets comme tout ce qui est de l'homme. Ce qu'il faut considérer c'est si, malgré ces accidents, les institutions dans leurs effets généraux ne produisaient pas un bien-être supérieur à celui d'institutions moins libres. Or, il est incontestable que la dignité de l'homme y était plus respectée, que l'amour de la patrie y régnait généralement, que les besoins de la vie y étaient satisfaits, et que la culture des arts et des lettres y embellissaient l'existence. Chacun participait suivant ses facultés au gouvernement de sa patrie, chacun se consacrait à sa défense; en un mot, il n'y avait pas un instant où l'intelligence du citoyen ne fût en jeu. Elle était tellement excitée que même après les plus grands revers on voyait la cité se reconstruire avec facilité et effacer les traces de la guerre ou d'autres calamités. Les territoires les plus arides étaient cultivés, le commerce était des plus actifs, et jamais le découragement n'atteignait ces populations délibérantes, toujours occupées à faire ou à refaire leur bien-être.

Certes il y a eu entre les diverses cités grecques des différences qui résultaient de la diversité de leurs institutions, qui se ressemblaient toutes au fond par l'intervention du peuple, reconnue partout comme nécessaire dans le gouvernement de la cité, mais qui n'étaient pas toutes semblables dans la forme. Celui chez lequel le développement le plus complet du droit public de l'époque a eu lieu c'est certainement la démocratie athénienne. Nous devons reconnaître que malgré les torts dont on a voulu charger cette démocratie c'est elle qui a su le mieux pratiquer un gouvernement fondé sur les conditions naturelles qui font penser et agir un peuple en commun.

C'est sans raison qu'on a accusé ce gouvernement d'être dirigé ordinairement par un peuple en tumulte; s'il y a eu quelquefois de la part de ce peuple des décisions prises à la hâte et quelquefois inconsidérées, ce n'a été qu'une exception et souvent cette exception ne manquait pas d'un fond de justice, de grandeur et d'équité, mais habituellement le peuple n'arrivait à sanctionner un décret qu'après qu'il avait été non-seulement examiné par le sénat mais aussi après l'avis des chefs de chaque tribu et toujours ensuite d'une délibération publique.

S'il n'y eut pas eu de sagesse réelle au fond du gouvernement démocratique d'Athènes, comment cette cité, si bornée dans son territoire, fût-elle parvenue à se constituer en une véritable puissance.

Comment fût-elle parvenue à fertiliser ses champs les plus ingrats du monde, comment son commerce eût-il obtenu la grande extension qui le caractérisait, comment les arts, les lettres, les études philosophiques eussent-ils fleuri dans son sein avec la longue persistance qui a signalé leur présence dans cette ville? Il fallait qu'il y eût bien de l'ordre et de la sécurité dans cette cité pour que tout ce que nous venons d'énumérer, qui ne peut naître et s'entretenir que par la paix et la protection de la loi, pût subsister et fleurir à un tel degré que c'est encore relativement le point le plus culminant des efforts de l'esprit humain. Nous ne faisons, pour ainsi dire, que suivre la route qui nous fut tracée par l'élan que l'organisation de cette cité donnait à l'esprit humain. Que nous reste-t-il des grandes monarchies contemporaines de cette illustre cité? Rien! et ce petit coin de terre, illuminé par la démocratie, est encore le phare de l'univers.

Nous aimons toujours de plus en plus, par de tels exemples, bien démontrer comment doit être organisée une société pour produire de semblables effets.

Notez que ce n'est pas ici par de criantes déclamations que nous venons démontrer par quels moyens les sociétés humaines se développent, c'est l'analyse en mains, c'est par l'observation que nous procédons.

C'est en tenant le scalpel que nous avons cherché à reconnaître les fonctions vitales du corps social, comme l'anatomiste les recherche dans le corps humain.

C'est par les froides observations de la science que nous construisons la société telle que les éternelles lois de la nature la prescrivent.

Mais continuons à voir comment ces lois immuables, un instant étouffées sous la violence, renaissent d'elles-mêmes et reprennent leur ascendant.

Peut-on nier qu'au sein des cataclysmes produits par les impossibilités sociales qui naissent de la conquête monarchique ou aristocratique, il se soit formé de nouveau de ces réunions humaines qui, soit d'instinct, soit inspirées par les souvenirs des Grecs, aient rendu à des sociétés humaines sous le nom de communes ou même de république, les formes d'organisation qui les font vivre.

Cette résurrection a été dans le moyen-âge surtout sensible en Italie, peu s'en est fallu que là, comme en Grèce, la véritable forme gouvernementale qui sauvegarde les droits des peuples n'ait repris le dessus. Mais la vieille influence romaine qui pesait encore sur le monde avait laissé subsister un empire romain tombé entre les mains de l'Allemagne et un pontife romain s'efforçant de centraliser et de monarchiser la société.

Encore ici, les républiques italiennes manquèrent d'un centre fédéral qui eût pu les rendre puissantes contre qui aurait voulu les contrarier dans la reconstruction du véritable droit public des peuples.

Néanmoins, toutes dénaturées et opprimées qu'elles furent, elles jetèrent encore un vif éclat venant ajouter une preuve de plus de l'efficacité de la liberté pour développer toutes les facultés de l'esprit humain.

Florence surtout, renouvela Athènes, et si elle n'eut pas le temps de presque rien ajouter au travail civilisateur d'Athènes, elle put du moins l'imiter pour le developpement des arts, des sciences, des lettres et des lois. C'est à Florence que l'on corrigea un peu le droit romain, et que l'on y ajouta des lois commerciales qui manquaient. C'est là que les premières idées de réforme religieuse, dans l'intention de rendre au christianisme sa première portée démocratique, furent mises en avant. En un mot, Florence remplit avec éclat son rôle démocratique, hélas! trop vite étouffé sous la triple combinaison d'une usurpation de pouvoirs par des citoyens puissants, d'une pression extérieure de l'empire et enfin de l'influence corruptrice de Rome.

Venise et Gênes restèrent républiques, mais aristocratiques ; et, sous ce gouvernement étouffant, perdirent bientôt toute leur importance et durent succomber sans avoir rien laissé de particulier qui intéresse l'humanité, tous leurs succès furent égoïstes, et leurs revers n'ont pas trouvé de sympathie.

Mais dans d'autres lieux les communes manifestaient aussi tout ce que la liberté possède de forces créatrices. En Allemagne, les villes anséatiques alimentaient le commerce dans le Nord et fournissaient aux peuples opprimés des moyens d'échange qui entretenaient une certaine prospérité. Jusqu'en Russie, la république de Novogorod était l'âme d'un mouvement commercial dû tout entier à la liberté ; quand elle fut anéantie par la conquête, le Nord de la Russie retomba dans la barbarie. En Hollande, la liberté des communes préparait la prospérité à laquelle ce petit Etat est parvenu quand il se fut affranchi tout à fait. Les communes flamandes avaient fait renaître à leur profit les industries manufacturières et ce qui accompagne toujours la liberté, la renaissance des arts.

Dans nos montagnes suisses, la liberté s'était facilement établie et a duré jusqu'à nos jours.

Tout cela ne prouve-t-il pas que le gouvernement naturel des hommes en société c'est celui de la liberté organisée, car partout où celle-ci a existé elle a réparé les désastres causés par la monarchie et fait naître une prospérité incontestable.

C'est donc là un fait hors de doute, prouvé par l'histoire, que c'est dans cette forme de gouvernement que se trouve tout l'avenir des sociétés humaines.

C'est un grand ouvrage à faire que d'écrire une histoire de l'espèce humaine sur cette donnée. Dans les premiers jours de cette histoire, il est vrai, nous ne trouvons que des monarchies ou des théocraties, on pourrait en conclure que ces gouvernements étaient plus naturels que les gouvernements par le peuple. On pourrait y trouver une condamnation des principes constitutionnels que nous avons créés. Mais à y regarder de plus près nous n'acceptons pas ce jugement. Rien dans l'histoire ne nous révèle comment les premiers peuples s'étaient civilisés et se trouvaient parvenus au degré où ils nous apparaissent. Si la forme monarchiqne et théocratique y prévalait, d'un autre côté on n'y voit rien qui correspondît à la nature perfectible de l'humanité. Au point où nous trouvons les grands Etats de ce temps-là ils ne présentent qu'un aspect stationnaire. La civilisation qu'on y rencontrait avait dû s'engendrer par des formes progressives qui se trouvaient arrêtées. Il avait donc dû y avoir une époque où l'espèce humaine, ne suivant que son instinct, s'était gouvernée elle-même et lui avait fait trouver tout ce qui constituait cette civilisation, maintenant arrêtée, sous des gouvernements qui ne laissaient plus aux peuples leur initiative et leur liberté. La preuve que c'était bien à la présence de ces gouvernements qu'était dû l'état stationnaire c'est qu'à côté et contemporainement, de petits peuples abandonnés à eux-mêmes retrouvaient le filon progressif et faisaient faire à la civilisation de gigantesques progrès.

Nous avons montré plus haut comment la liberté grecque avait fait avancer l'humanité, puis comment les mêmes causes, l'établissement de gouvernements contraires à cette liberté, avaient replongé l'espèce humaine dans les ténèbres et comment la liberté avait repris par les communes libres la marche d'une civilisation progressive dans laquelle nous sommes engagés aujourd'hui. Tâchons donc de profiter de l'enseignement que nous donne ici l'histoire comme le raisonnement, et défions-nous du retour à ces gouvernements qui se prétendent les suprêmes régulateurs de l'ordre social, alors qu'ils en sont en réalité les plus grands dissolvants.

Nous sommes à une époque de civilisation où la liberté a plus de moyens de se constituer qu'elle n'en a jamais eu, presque toutes les inventions modernes concourent à l'aider dans ses développements. On peut dire que plus l'homme avance dans les perfectionnements de la civilisation, plus la liberté devient facile et plus elle est nécessaire pour continuer le progrès.

Le moment est suprême dans le monde pour l'établir sur des bases certaines; il s'agit plus que jamais de ne plus se la laisser arracher par des violences ou des sophismes. Nous faisons ce que nous pouvons pour en montrer les véritables conditions. Un peu plus loin, nous aborderons quelques faits contemporains pour mieux préciser encore la nécessité d'une étude sérieuse pour ne pas se laisser égarer à ce sujet.

DIX-SEPTIÈME SÉANCE

Coup-d'œil sur les institutions de Moïse et sur le Christianisme.

Il y a dans l'histoire des sociétés humaines deux grands faits si remarquables : celui des institutions de Moïse et celui de l'influence du christianisme dans les sociétés modernes, que nous devions tout naturellement en rechercher la cause en y appliquant la méthode que nous avons adoptée dans ce Cours.

Mal appréciés, les deux faits que nous venons de mentionner auraient pu faire douter du caractère que nous avons cru reconnaître à la législation constitutionnelle, qui est de reposer sur des conditions naturelles, sans le respect desquelles une société ne saurait donner le bien-être à ses membres et subsister longtemps.

Nous avons reconnu que toute loi absolue, soit imposée au nom d'un pouvoir surnaturel, soit par une puissance quelconque, ne pouvait être respectée et former une société si cette société n'était pas munie d'un organisme constitutionnel fondé sur la liberté, qui donnât à cette société une intelligence collective par laquelle elle pût faire respecter et faire progresser les lois qui l'avaient d'abord formée et par lesquelles elle perpétuait son existence.

Or, à considérer les choses superficiellement et avec les préjugés ordinaires, on ne voit habituellement dans le judaïsme, comme dans le christianisme, que deux religions absolues, immuables et commandant à l'espèce humaine, sans laisser celle-ci intervenir dans la confection et l'application de la loi.

Si cela était, la durée des institutions de Moïse et celles du christianisme viendraient condamner l'organisation des sociétés, telle que nous l'avons expliquée dans ce Cours, et nous replonger dans les incertitudes de systèmes divers pour former les sociétés, se combattant les unes les autres sans pouvoir en sortir, en indiquant des conditions naturelles qui par leur certitude peuvent servir de guide certain à l'organisation des sociétés.

Heureusement que dans les deux grands faits qui servent de texte à notre séance d'aujourd'hui, bien loin de se rencontrer une contradiction avec notre exposé des conditions naturelles des sociétés, il s'y trouve plutôt une éclatante confirmation de la vérité de nos recherches, en ce que ces faits ont comme les nôtres pour principe la nature des choses et non le commandement capricieux d'une domination quelconque.

Il s'agit, pour s'en convaincre, d'étudier dans le judaïsme et le christianisme la partie organique de leur manière de procéder pour se produire et agir sur la société.

Nous avons reconnu que pour former un corps social il fallait avant tout que le peuple qui le composait fût réuni par une déclaration des droits et des devoirs par lesquels ce peuple se constituait.

Nous avons vu ensuite quelles étaient les conditions essentielles pour que le corps social se donnât une intelligence collective en état de le conduire.

Enfin, nous avons vu que ces conditions ne pouvaient être remplies qu'autant que tout l'organisme découlait du peuple et avait pour base le respect de la déclaration des droits par laquelle la liberté des individus composant le peuple était consacrée.

Or, il est remarquable que tout ce que nous venons d'énumérer comme devant composer un corps social, conduit par une intelligence collective, a été établi par les institutions du peuple hébreu, si ce n'est d'une manière aussi précise et aussi accentuée que depuis les progrès de la science politique, du moins d'une façon tellement vigoureuse qu'elle a maintenu la nationalité de ce peuple quand il était maître de son territoire, dans la captivité, et malgré sa dispersion dans le monde.

Son existence deviendrait donc bien plutôt une preuve de plus en faveur de nos démonstrations qu'elle ne pourrait être invoquée contre nous comme provenant d'une direction absolue commandant à ce peuple, au lieu d'être le produit d'une intelligence collective la dirigeant sans cesse.

Une étude attentive des lois de Moïse nous prouve qu'en réalité ce n'est pas une théocratie comme on l'a cru longtemps qu'il avait instituée, mais une véritable république, et qui plus est, république démocratique fondée sur la raison humaine.

Le Décalogue, qui est comme le frontispice de la constitution hébraïque, était une véritable déclaration de droits et de devoirs constituant le peuple en corps social, sous des conditions déterminées, qui sont tellement la base de tout état social qu'encore aujourd'hui elles ne sont méconnues par personne.

Il faut se reporter au temps où ces dix paroles tombèrent des lèvres de Moïse pour en comprendre la prodigieuse conception. Nous n'avons pas connaissance qu'aucun peuple, à cette époque, eût à la base de ces institutions une déclaration aussi universelle des droits des hommes qui se réunissent en société.

Pour la faire admettre sans contestation le législateur ne la présenta pas en son nom mais en celui de Dieu. Or, cette présentation ainsi faite était en elle-même un pas immense pour l'avènement de l'intelligence au lieu de la force pour diriger les hommes en société. Le Dieu de Moïse c'était la suprême intelligence, qui ne se révélait elle-même qu'en passant par une intelligence humaine.

Le Décalogue commence par ces mots :

« Dieu dit les paroles suivantes. »

Après ce préambule, Dieu se définit lui-même.

« Moi, Jehovah, je suis ton Dieu.

« Moi, Jehovah, je suis le Dieu qui t'ai tiré d'Egypte « de la maison des esclaves. »

Dès ce début, l'égalité de la loi qu'il va dicter est posée, car Dieu ne s'adresse à aucune classe en particulier.

Puis, comme premier service que ce Dieu a rendu au peuple, c'est de l'avoir tiré de la maison des esclaves, c'est-à-dire de lui avoir donné la liberté.

Ainsi, la liberté et l'égalité sont le point de départ de tout ce qui va suivre.

Puis, comme pour affirmer davantage le point de départ, le Décalogue continue ainsi:

« Tu n'auras pas d'autre Dieu devant ma face. »

Pour bien comprendre toute la portée de cette injonction, il faut se reporter à une époque d'ignorance, de superstition, qui peuplait la terre de divinités diverses. Affirmer un seul Dieu était une réforme immense, et faire de ce seul Dieu l'initiateur de l'égalité et de la liberté, c'était entrer dans un monde nouveau, c'était avoir une confiance immense dans l'œuvre de raison qui devait apporter avec elle la preuve d'une origine divine par son excellence même.

Puis, se motivant toujours de plus en plus, ce Dieu de la raison qui remplit l'univers, qui est partout et qui se manifeste par l'intelligence humaine, ajoute :

« Tu ne te feras point d'images taillées ni aucune
« ressemblance de ce qui est en haut dans les cieux, ni
« de ce qui est en bas sur la terre, ou dans les eaux
« sous la terre, pour te courber et les adorer. »

Ceci n'est autre chose qu'une proscription générale de toutes les idolâtries, de tous les cultes, qui consacraient l'esclavage de l'homme.

« Tu ne te prosterneras point devant des idoles, car
« moi, Jehovah, je suis un Dieu fort et jaloux, qui
« visite (ou punit) l'iniquité des pères chez les enfants
« jusqu'à la troisième et quatrième race de ceux qui
« me haïssent et qui fais éprouver ma miséricorde après
« mille générations à ceux qui aiment et gardent mes
« préceptes. »

Or, à bien chercher le sens de ce commandement, qu'y trouve-t-on en réalité ! c'est que le Dieu qui se manifestait à Israël pour le constituer en peuple indépendant, en lui défendant de se prosterner devant des idoles, en lui défendant de se courber et d'adorer des ressemblances de ce qui en haut dans les cieux, ni de ce qui est sur la terre, n'ajoutait pas : vous n'adorerez que moi, vous ne vous prosternerez que devant moi.

Ce qu'il demandait, c'est *qu'on aimât et gardât ses préceptes.*

S'il se disait fort et jaloux, dont la colère ou la miséricorde se faisait sentir de générations en générations, c'est qu'étant la *nature des choses*, ceux qui ne voulaient pas s'y conformer ou qui, au contraire, savaient la reconnaître et s'y soumettre, attiraient sur leurs descendants toutes les conséquences d'avoir mal ou bien jugé de leur conduite dans la vie.

Dans ces temps reculés où les particuliers comme les peuples cherchaient sans cesse à deviner l'avenir et consultaient des oracles pour savoir ce qu'ils devaient faire, Moïse leur disait : Le moyen d'assurer l'avenir c'est de suivre des lois équitables, et Jehovah, la raison universelle, en vous les dictant vous assure votre avenir si vous suivez ses préceptes.

Certes, une telle interprétation ne pourrait pas être donnée si Moïse avait fait dire à Jehovah, après la proscription de l'idolâtrie: c'est moi que tu adoreras. Mais ce n'est pas cela qu'il dit, Jehovah reste invisible et indéfini, aucune image ne peut être faite de lui, pas plus que de tout ce qui est sur terre et dans les eaux ou *en haut dans les cieux,* où on le ferait sans doute résider si l'on faisait de lui un Dieu comme les autres. Non, tout ce qu'il attend c'est qu'on suive ses préceptes, et ceux-ci comment se recommandent-ils, comme aujourd'hui les faits scientifiques reconnus, par la constatation qu'ils sont parce qu'ils sont.

L'idée de dogmatiser l'existence de Jehovah ne ressort pas du Décalogue. On ne trouvera pas dans Moïse, l'interprète de Jehovah, d'autre idée que de se servir de cette haute inspiration pour dicter des lois, puis de faire exécuter ces lois par des lois humaines. Il ne reconnaît en réalité d'autre révélation que l'inspiration dans une intelligence humaine, ne s'attribuant pas d'ailleurs le privilége d'être seul inspiré, et prévoyant que d'autres pourront l'être après lui, mais qui, comme lui, ne pourront donner pour preuve de leur inspiration que ce qu'elle impose est raisonnable.

Moïse a lui-même, dans le Deutéronome, livre qui contient plus que tous les autres la pensée philosophique du grand législateur hébreu, dit ces remarquables paroles : (Chap. XXX, vers. 11.) *Car ce commande-*

ment (cette doctrine) que je te commande (que je t'impose) n'est pas chose miraculeuse ni trop loin de toi.

C'est par leur vérité et leur utilité que Moïse veut que l'on trouve la preuve de l'inspiration divine de ses commandements et non par des miracles.

Au chap. XXIX, vers. 28, on remarque encore cette autre parole qui corrobore celle que nous avons cité plus haut:

Les mystères sont à Dieu, mais les choses ouvertes sont, appartiennent à nous et à nos fils pour l'éternité.

On peut affirmer que par le texte des lois de Moïse on ne saurait trouver une définition qui contrarie celle que par le Dieu au nom duquel il dictait ses lois, qu'il déclare être celui de l'Eternel, il entendait cette insaisissable *nature des choses* dont il n'est pas permis à l'homme de connaître la mystérieuse origine, mais dans laquelle, en l'étudiant, il trouve les règles certaines de tout ce ce qui concerne son existence sur cette terre.

Ainsi expliquées, les lois de Moïse sont le résultat des profondes méditations d'un homme de génie qui, déjà à l'époque reculée où il les dictait, appliquait à la science de l'organisation des sociétés la méthode que nous suivons, celle d'en chercher les règles dans notre nature même. Le législateur hébreu avait déjà trouvé à peu près tout ce qui constitue une société se donnant une intelligence collective pour la conduire. Cela était d'autant plus prodigieux à cette époque qu'il n'en existait aucun modèle dans les sociétés de ces temps, ni en Egypte d'où les Israélites venaient de s'échapper, ni chez les Chaldéens, ni dans l'Inde; à cette époque la Grèce existait à peine et ses admirables républiques n'étaient pas encore nées. Ce fut la Judée qui fut la première république qui apparaît dans l'histoire, république sortie tout entière des mains de Moïse, comme Minerve, la raison des Grecs, sortit plus tard du cerveau de Jupiter.

En examinant aujourd'hui la constitution du peuple hébreu au seul point de vue de la science de la législation constitutionnelle, on est étonné de l'art profond avec lequel elle fut formée et combien peu elle diffère des conditions essentielles d'une société bien entendue, telle que nous la concevons aujourd'hui.

Mais continuons à examiner le point de départ de la formation du peuple hébreu en corps social.

Nous avons déjà assimilé le Décalogue à ces déclarations de droit qui doivent précéder toute bonne constitution, déclarations qui établissent les conditions sous lesquelles se forme le corps social. C'était cette base qui était la plus difficile à établir vis-à-vis d'un peuple ignorant, encore flétri par l'esclavage, et qui ne pouvait pas encore comprendre la liberté sous la loi. Jusque-là, pour lui, la loi avait été l'arbitraire, la loi équitable, la même pour tous, apparaissait au premier moment plutôt comme une contrainte que comme un droit. Il fallait que le premier pas de l'émancipation fût encore de l'arbitraire, il fallait pour ainsi dire imposer là où l'on ne pouvait pas convaincre d'abord, laissant à la contrainte à se justifier elle-même par l'excellence évidente de ce qui en sortait. Ce fut là l'œuvre si difficile de faire reconnaître par le peuple hébreu la base sociale qui le constituait en peuple. Dans ce premier acte de législation, où le peuple n'était pas encore constitué, Moïse fit parler l'Eternel, mais à dater de ce moment, pour toutes les autres lois, Moïse ne fit que proposer, et le peuple, déjà constitué, acceptait ou refusait.

Nous avons vu qu'avant tout Moïse, en parlant au nom d'un Dieu indéfini dont il interdisait de reproduire une image quelconque, avait sapé à fond tous les cultes existants, toutes les idolâtries, il avait ainsi commencé par émanciper le peuple juif de toutes les superstitions de l'époque, travail philosophique que, depuis, aucun philosophe n'a accompli au même degré. Après avoir ainsi dégagé les Juifs des vaines terreurs inspirées à tous les autres peuples par la prétendue existence de divinités capricieuses, que demande-t-il au nom de celui qui les remplace tous? *Que l'on suive ces préceptes.* Et quels sont ces préceptes? non pas des dogmes énigmatiques, mais tout simplement des lois appropriées à l'existence des peuples en société, lois éternelles parce qu'elles sont puisées dans la nature des choses, et lois qu'il faut observer parce que si l'on veut se roidir contre la nature des choses on éprouve tous les malheurs qui résultent du renversement des lois de la nature, aussi bien dans le monde intellectuel que dans le monde physique.

Or, écoutons ces préceptes. La troisième des dix paroles est celle-ci:

« Tu ne prononceras, tu n'invoqueras pas en vain le
« nom de Jehovah, ton Dieu, car il ne tiendra pas pour
« innocent celui qui aura pris son nom en vain. »

Que veut dire ce commandement? S'il n'est pas la consécration de l'idée que Moïse attachait à l'intervention de Jehovah dans ses lois, c'est que cette intervention ne servit pas à constituer de nouveau, au nom de ce Dieu, les superstitions de l'idolâtrie et les oppressions des despotes. Jehovah avait émancipé le peuple juif, lui avait donné la liberté et l'égalité; or, vouloir en son nom reprendre ce qu'il lui avait donné, c'était bien là prendre son nom en vain, c'est-à-dire contre la nature des choses, qui veut que pour former une société humaine suivant sa destination naturelle les hommes soient dégagés de superstition et jouissent entre eux de la liberté et de l'égalité. *Prendre en vain le nom de l'Eternel,* c'est la plus haute définition de ces religions mensongères qui veulent dominer les sociétés humaines au nom d'un être supérieur qui d'avance les désavoue dans ses dix commandements.

Après cette confirmation de l'émancipation de toute superstition par l'Eternel lui-même, arrive l'institution du sabbat. En voici les termes :

« Souviens-toi du jour du repos pour le sanctifier.
« Tu travailleras six jours et tu feras toute ton œuvre.
« Mais le septième jour est le repos de l'Eternel ton
« Dieu. Tu ne feras aucune œuvre ce jour-là, ni toi, ni
« ton fils, ni ta fille, ni ton serviteur, ni ta servante, ni
« ton bétail, ni ton étranger qui est dans tes portes.
« Car l'Eternel a fait en six jours les cieux, la terre,
« la mer et tout ce qui est en eux, et il s'est reposé le
« septième jour ; c'est pourquoi l'Eternel a béni le jour
« du repos et l'a sanctifié. »

Ceci est dans la déclaration de droits et de devoirs résultant du Décalogue, par laquelle Moïse constituait le peuple juif en même temps qu'il traçait les lois naturelles nécessaires pour maintenir l'homme en société, l'institution la plus remarquable et tout à fait neuve dans l'ordre social qui existait alors chez les autres nations.

Ce jour de repos et de réflexion donné à l'humanité, après avoir pendant six jours soumis l'homme au travail, et cela sans distinction, toujours sur le principe d'égalité, ce jour de repos auquel il donne le caractère d'institution divine est peut-être celle des lois de Moïse qui a exercé la plus grande influence en faveur de la liberté dans le monde, et de la perpétuité des lois de Moïse et du christianisme.

L'homme en société est soumis au travail, tous également ; c'était un progrès immense sur les sociétés existantes, où le travail était avili et n'était le partage que de l'esclave ou de castes inférieures.

Puis arrive un jour où tout le monde est appelé à jouir des loisirs qui n'appartiennent qu'au riche et au privilégié dans les autres sociétés. Ceci est une égalité bien marquée et une consécration de la dignité de l'homme qui, quelle que soit sa position, a un jour non-seulement de repos, mais de cultivation de son intelligence.

Aussi, à quoi les Juifs employèrent-ils ce jour, non pas seulement à se reposer, mais aussi à se réunir et à causer entre eux de leurs intérêts. Ce fut constamment le jour d'une délibération populaire, dans quelle situation que ce soit trouvé le peuple.

Il n'y eut jamais chez le peuple d'élément démocratique plus constant et plus réel que celui-là, et ce n'est pas exagérer que de lui attribuer la perpétuité de ce peuple comme peuple distinct, malgré sa dispersion dans tout l'univers. Nous verrons plus loin comment cette institution a aussi servi le christianisme.

Ce fut dans le Décalogue la confirmation du sens des premières paroles qui déjà laissaient entendre que la loi devait être une loi d'égalité et de liberté. Le sabbat, en consacrant le repos pour tous, une fois dans sept jours, devint l'institution d'une démocratie permanente, en dépit de tous les accidents qui pouvaient atteindre cette société. Ce fut à la fois l'élément conservateur et progressif des lois de Moïse.

Après les quatre premières paroles qui avaient si bien prononcé l'affranchissement de toute domination fondée sur la superstition, indiqué le travail comme destinée sociale et consacré un jour au repos, à la réflexion et à la délibération, l'Eternel dicta les conditions de la vie sociale.

Honore ton père et ta mère, dit la cinquième parole, *afin que tes jours soient prolongés sur la terre que l'Eternel ton Dieu te donne.*

Ici l'on voit se poser la famille comme premier élément de la société, mais sans exagération, sans donner au père et à la mère un pouvoir exceptionnel comme dans le droit romain, exception, principe d'institutions aristocratiques et arbitraires. Comme récompense du respect de l'homme pour l'auteur de ses jours, qu'est-ce que Moïse lui promet : La béatitude éternelle peut-être ? non pas ; seulement de longs jours sur cette terre que Dieu lui donne.

Admirons ici la sobriété de Moïse en faisant usage du nom de Dieu, il observe lui-même le commandement qui prescrit de ne pas prendre ce nom en vain, il n'ose pas promettre en ce nom plus que la *nature des choses* qu'il a étudiée ne lui révèle, c'est-à-dire des récompenses terrestres, enchaînement naturel de s'être conformé aux lois de la nature. Si tu honores tes parents tu seras honoré toi-même quand tu seras père et cela prolongera tes jours. C'est toujours l'effet de la nature des choses qui est, là comme ailleurs, l'inspiration de Moïse.

Puis la sixième parole :

Tu ne tueras point. C'est le fondement de toute société dans laquelle doit cesser tout état de guerre entre individus et qui prend pour base de l'union sociale le respect de la vie humaine. Ce précepte, ce commandement, s'applique aussi bien à la société qu'aux individus qui la composent et consacre le principe de l'inviolabilité de la vie humaine.

Septième parole : *Tu ne commettras pas d'adultère*, c'est la continuation de la consécration de la famille dans sa pureté, comme l'une des bases de l'état social.

Huitième parole : *Tu ne déroberas pas.* Qu'est-ce autre chose que la proclamation de l'inviolabilité de la propriété acquise par le travail, posé plus haut comme obligation pour chaque membre de la société.

Neuvième parole : *Tu ne rendras pas de faux témoignages.* C'est condamner le mensonge dans ses effets les plus odieux, dans celui de nuire à autrui par la calomnie.

C'est le commandement de Dieu qui a été le moins bien observé par la race rétive de cette partie de l'espèce humaine qui n'a cessé de vouloir dominer par le mensonge. Moïse prévoyait le mal qu'elle ferait et il la condamnait d'avance comme un des plus cruels ennemis de la société.

Enfin le dixième commandement cherche à atteindre l'homme dans le plus secret de ses sentiments pervers, la convoitise, qui renferme à la fois tous les vices de l'envie et des mauvais desseins.

« Tu ne convoiteras pas la maison de ton prochain,
« sa femme, son champ, son serviteur, son bœuf, son
« âne, rien de ce qui lui appartient. »

Ici, le législateur va chercher l'homme jusque dans les derniers replis de sa pensée et lui indiquer le fond de la morale sociale qui doit lui servir de guide. C'est la digne conclusion d'une loi qni définit toutes les conditions qui doivent régler la vie de l'homme en société.

On nous dira que ce que nous appelons ici une déclaration de droits n'est en effet qu'une imposition de devoirs, il nous est facile de répondre que chacun des devoirs imposés est en même temps une garantie de droits. Tu ne tueras pas, est une garantie que ma vie sera respectée dans l'état de société ; tu ne déroberas pas, assure ma propriété; enfin l'égalité et la liberté résultent de la rédaction de tous les préceptes dont l'Eternel demande la stricte observation.

Ce point de départ, pour constituer le peuple d'Israël, Moïse crut devoir l'imposer, en laissant reposer le droit de le dicter sur le fait qu'il était bien la base de toute agrégation sociale destinée à donner le bien-être à un peuple et à le maintenir en état de société.

Il y a près de quatre mille ans que cette base a été posée, et à travers tous les siècles elle s'est maintenue, subsistant bien plus par sa vérité sociale, toujours reconnue, que par la présomption de ceux qui prenant le nom de *Jehovah en vain*, voulaient lui donner le caractère d'une loi absolue, issue d'un caprice divin. Elle était vraie, solide et éternelle, parce qu'elle exprimait ce que la *nature des choses* renferme de nécessaire dans l'organisation des sociétés.

Ceci admis, Moïse ne songea plus qu'à constituer la république en respectant lui-même les formes populaires.

Pour mettre ses dix commandements en pratique, il ne commande plus, il propose. Il soumet à l'assemblée générale du peuple la loi pratique, et, remarquons-le bien, il admet des amendements, la loi civile et pénale est discutée et sanctionnée par le peuple.

Mais bientôt il arrive à l'établissement de la forme organique par laquelle Israël maintiendra et perfectionnera ses lois, se régira, s'administrera et tranchera ses différends.

Ici nous voyons Moïse fidèle à ne rien proposer qu'en se fondant sur la nature des choses, donner à Israël une constitution qui devait former pour lui une intelligence collective sur les conditions nécessaires qui l'établissent.

Le pouvoir suprême et général resta concentré dans le peuple, un sénat élu par lui fut chargé d'élaborer la pensée sociale. Un chef, nommé juge dans un temps, plus tard roi, l'un et l'autre soumis aux lois générales et élus par le peuple furent chargés du pouvoir exécutif. Le pouvoir judiciaire, assez compliqué dans son exercice, était partout indépendant de la législation et du pouvoir exécutif. Un corps sacerdotal était chargé de la conservation et de l'enseignement de la loi, mais ne pouvait pas en faire lui-même, il expliquait la loi mais ne rendait pas d'arrêt ; en matière civile le tribunal était composé par les parties, dont un membre à la nomination de chacune, et le troisième élu par les deux premiers désignés. L'appel n'était qu'une explication demandée au corps sacerdotal mais qui ne décidait rien ; il fallait à ce sujet l'intervention du sénat ou le retour à un nouveau tribunal arbitral. Sur quoi que ce soit le sacerdoce n'avait d'autre pouvoir qu'un pouvoir consultatif, il ne se croyait pas même le droit de dogmatiser sur Dieu, des préceptes dont il était conservateur. Le gouvernement de la république hébraïque n'était donc pas théocratique. Le corps sacerdotal était plutôt un corps de docteurs de la loi que le représentant de Dieu sur la terre, comme d'autres sacerdoces en ont eu la prétention.

Il pouvait proposer des lois, mais il ne pouvait pas en faire, il avait un droit de censure sur les mœurs, mais sans aucune sanction pénale à ce sujet.

Le véritable gouvernement de la répuplique reposait tout entier d'abord dans le peuple dont la sanction était nécessaire pour que la loi fût proclamée, puis dans les corps nommés par lui pour préparer ces lois, et dans les personnes nommées par lui pour les exécuter.

Chacune des tribus avait ses sénats particuliers, ses juges, ses administrateurs locaux et l'ensemble de la nation, son sénat représentant le peuple dans cette espèce de gouvernement fédéral. D'ailleurs tout reposait sur la plus complète égalité ; la liberté individuelle, la liberté de réunion et de la parole étaient complètes. La réunion du peuple le jour du sabbat et la discussion qui, ce jour-là, s'établissait dans l'assemblée publique qui se formait devant la principale porte de toutes les villes de l'Etat entretenait dans le peuple le sentiment de tous ses droits et le respect de la loi qui les lui garantissait.

C'était, quoiqu'on en ait pu dire, une véritable république qui, grâce à la libéralité de la loi suprême à laquelle on revenait toujours, et grâce à cette délibération constante du peuple le jour du sabbat, a pu supporter et la conquête et la captivité, et, ce qui est tout aussi funeste, les usurpations monarchiques, aristocratiques et sacerdotales.

Ce fut au sein d'une société ainsi constituée que le christianisme prit naissance.

La mission que Jésus put remplir dans cette société était due tout entière aux libertés dont jouissait cette société, et, entre autres, celle de la parole. Cette liberté avait suscité de temps à autre des hommes qui, comme Moïse, s'inspiraient de Dieu pour donner des conseils à leurs concitoyens ; rarement ils osèrent leur dicter des lois, tant celles de Moïse portaient un cachet de durée, étant en général fondées sur la *nature des choses* bien comprises. Ces hommes, qui s'intitulaient prophètes et qui apparaissaient ordinairement dans les moments difficiles, ne sortaient pas particulièrement de la classe sacerdotale, c'étaient des inspirés sortis de tous les rangs du peuple qui, le plus souvent, attribuaient tous les malheurs d'Israël à l'oubli des lois plutôt qu'ils ne recommandaient d'en adopter de nouvelles. Suivant les circonstances, ils faisaient opposition à tous les pouvoirs, aux diverses magistratures, au sacerdoce. Ils s'adressaient au peuple dans les assemblées publiques ; c'étaient des espèces de tribuns, mais sans autre pouvoir que leur éloquence, c'était quelque chose comme les journalistes de l'époque, qui avertissaient le peuple à leur risque et péril, n'ayant d'autre récompense à espérer que l'approbation du public, qui leur manquait d'ailleurs rarement quand ils parlaient juste.

Ce fut sous la protection de ce rôle de libre parole admis chez les Hébreux que Jésus put entreprendre non pas seulement de recommander le maintien des lois de Moïse mais leur progrès, en vue de les appliquer à l'humanité entière. On peut dire qu'il entreprit le développement de la liberté hébraïque en faveur du monde entier. Il se constitua le Messie ou le Christ, c'est-à-dire le sauveur du peuple hébreu, par l'extension de ses lois au monde entier, à tout le genre humain. Ceci n'était pas contre le vœu de Moïse qui, dans l'esprit de ses lois, avait évidemment en vue l'humanité tout entière, et à qui c'est à tort qu'on a reproché l'égoïsme d'avoir voulu créer un privilége en faveur du peuple juif. Non, c'était le peuple juif qui faisait le premier l'expérimentation de ses lois, mais il n'avait jamais interdit qu'elles pussent se répandre sur toute la terre. Bien au contraire, soit lui, soit des prophètes qui lui ont succédé, entrevoyaient le moment où la félicité générale devait en être le produit. Jésus donc, en recommandant leur extension universelle, n'était point en désaccord avec la loi et paraissait pousser à l'accomplissement des prophéties. Prophéties qui, en s'appuyant sur la *nature des choses*, avaient pour elles toutes les probabilités.

En effet, quand on comparait la constitution hébraïque, fondée sur la reconnaissance des conditions essentielles de l'homme en société, sa durée, malgré ses revers, sa persistance à se tenir debout, même en proie à la conquête et à l'usurpation monarchique, tout penseur qui connaissait cette loi ne pouvait s'empêcher d'espérer que, par l'application universelle de cette loi, on pourrait mettre un terme aux violences qui déshonoraient et affligeaient le monde. L'apparition de Jésus-Christ coïncidait avec la disparution de l'indépendance et de la liberté de tant de peuples sous le joug romain, c'était le moment propice pour faire un appel à la conscience de tous en faveur des opprimés, et de tâcher de ramener sur terre le règne de la justice et de l'humanité. Ce fut donc avec raison que Jésus s'intitula Messie ou Christ, par la tournure qu'il donna à sa mission sur terre. Ce fut par le sentiment surtout qu'il essaya de ramener les sociétés aux principes de l'égalité et de la liberté, il réhabilita la dignité de l'homme dans toutes les conditions sociales où il se trouvait, fit de l'amour du prochain la première condition sociale, de la douceur, de la résignation, de l'abnégation, de la tolérance et du pardon des injures les premières des vertus. Toute sa prédication ouvrait un monde nouveau à l'étude de l'homme pour base des sociétés humaines.

Le germe de ce progrès social était renfermé dans les lois de Moïse, il ne faisait que le développer et laissait à ces lois leur cachet d'avoir été conçues sur l'étude de la nature des choses.

Néanmoins, quelque chose manquait à la prédication de Jésus; tout absorbé dans le sentiment humanitaire, il négligeait d'indiquer comment les hommes réunis en société devaient s'y prendre pour faire triompher et rendre pratiques les progrès qu'il faisait faire à la science de l'homme en société. On ne retrouve rien dans sa doctrine qui concerne l'organisme du corps social, c'était par les libertés démocratiques du droit de réunion et de la parole qu'il avait pu mettre au jour les profonds sentiments d'humanité dont il était animé, mais il oubliait tout à fait d'indiquer par quel organisme ces sentiments devaient se perpétuer dans les sociétés humaines.

Mais heureusement que la loi hébraïque était là et que le septième jour, consacré au repos, à la réflexion et à la délibération du peuple, fut adopté par les chrétiens comme par les juifs. Après la mort de Jésus, ses disciples prenant encore des Hébreux leurs formes délibératives, constituèrent les corps dirigeants de leur doctrine sur le modèle des assemblées représentatives de ce peuple. Mais bientôt il leur advint, dans ce sens, un renfort des plus puissants.

La liberté grecque était étouffée comme celle des Hébreux sous le joug romain, le christianisme apparut aussi comme un sauveur dans le monde grec, et la partie constitutive de l'Eglise chrétienne s'éclaira des principes de la démocratie républicaine de la Grèce expirante. Par cette réunion des formes républicaines hébraïques aux formes républicaines grecques nâquit pour le christianisme l'organisation toute démocratique de ses premières Eglises. C'est sur ce fait bien caractérisé que des hommes d'une grande science ont pu se fonder pour prétendre que le christianisme reposait sur un mythe inventé par la rencontre de docteurs grecs ou juifs. Ce qu'il y a de certain, c'est que l'Eglise primitive fut toute démocratique dans son organisation et continua dans le monde romain un gouvernement issu des lois de Moïse, fondé sur la nature des choses, et qui rappelait les hommes à la liberté et à l'égalité.

Une fois ainsi posé, le christianisme issu de la loi hébraïque perfectionnée par le Christ, préparait au monde le retour vers des gouvernements plus appropriés aux besoins des peuples. Il inculquait à la fois la vérité et l'efficacité de la loi de Jehovah, pour la formation et le maintien des sociétés, et par la propre organisation de son Eglise, habituait de nouveau les peuples aux formes démocratiques.

Mais les dominateurs avaient bien vite aperçu combien cette organisation était pleine d'enseignements pour le rétablissement de la liberté, et ils s'efforcèrent de chasser la démocratie de l'Eglise. Il y eut à ce sujet dans l'Eglise les mêmes luttes qu'il y avait dans le gouvernement politique entre la monarchie, l'aristocratie et la démocratie. Cette lutte a duré jusqu'à nos jours, et nous avons encore en présence le christianisme du libre examen de l'Eglise libre, de l'Eglise absolue, qui s'est institué aristocratiquement et monarchiquement. Mais pendant que cette lutte durait et diminuait l'action progressive du christianisme sur la société, heureusement que bien des peuples retrouvaient politiquement les vrais principes de la constitution des peuples, par la liberté démocratique. Nous en avons exposé les péripéties dans de précédentes séances, mais il n'eût pas été juste d'oublier, dans tous les efforts qui ont amené cette renaissance, ce que le judaïsme et le christianisme ont apporté de contingent au retour du genre humain vers les lois naturelles de la constitution des sociétés.

Leur action a été immense, elles ont maintenu la délibération populaire au milieu des circonstances les plus difficiles, en donnant au peuple un jour de repos, souvent consacré à célébrer des lois qui reposaient sur l'égalité et la liberté. Un des bienfaits du christianisme a été de faire descendre jusqu'aux plus humbles hameaux l'organisation de la commune en y fondant la paroisse, autour de laquelle se groupait le peuple à qui le prédicateur offrait les consolations et les espérances contenues dans les lois républicaines dictées sur le mont Sinaï.

Aujourd'hui encore, celui qui veut puiser à cette source ses convictions républicaines peut le faire. Dans la grande république fédérative de l'Amérique du Nord on s'y désaltère sans cesse, et cela n'empêche pas la liberté de s'y perfectionner chaque jour.

Néanmoins, constatons que la science, sans l'appareil d'inspirations surnaturelles, trouve aussi à convaincre par l'évidence. Evidence que Moïse invoquait comme preuve de sa mission.

Aujourd'hui cette évidence suffit à Lagrange pour prouver ses calculs astronomiques, et à Lavoisier ses analyses chimiques; ces grands hommes n'ont pas eu besoin de monter sur le mont Sinaï. Il en est de même de l'analyse et de la synthèse sociale, et Moïse reviendrait qu'il serait heureux de présenter la vérité toute pure sans preuve qu'elle-même.

D'ailleurs, il n'a pas dépendu de lui que cela ne ressortit du soin qu'il avait pris d'expliquer Jehovah de manière à ce qu'on ne vit en lui que cette *nature des choses* qui est Dieu, et qui ne se révèle que par des phénomènes réguliers qu'il nous est donné de pouvoir étudier et de faire tourner quand c'est possible au bien-être de notre existence, aussi bien dans l'ordre moral que dans l'ordre matériel.

DIX-HUITIÈME SÉANCE

De l'intelligence collective dans les sociétés contemporaines.

Nous voici parvenus à jeter sur les constitutions contemporaines un regard scrutateur d'après notre méthode.

Que trouvons-nous à constater dans le tableau politique actuel du globe? C'est que l'humanité est encore bien loin d'être parvenue à l'application des conditions essentielles qui peuvent procurer à chacune des sociétés humaines la paix, la sécurité et le bien-être; néanmoins, nous pouvons constater aussi que partout il y a des efforts pour y parvenir. La science de l'organisme social commence et des modèles ne manquent plus, il y a en outre ce qui fait le progrès, la conscience universelle qu'il y a quelque chose à faire, et l'on peut dire que l'on cherche partout comment s'y prendre. Les pouvoirs établis, en cédant le moins qu'ils peuvent de leurs prérogatives; les peuples avec ardeur, et se trompant aussi quelquefois sur la manière de parvenir à un allégement de leurs peines. Principes absolus, se heurtant de toutes parts, et négligeant trop de consulter la science, qui est aujourd'hui la révélation d'en haut.

C'est toujours l'Asie et l'Afrique qui sont le plus en arrière ; ces deux parties du monde porteront encore longtemps les traces des malheurs qui accompagnent la forme despotique des gouvernements. Cependant, l'on ne peut méconnaître ce que nous avons dit de la Chine et du Japon, c'est que dans ces deux pays il y a, dans leur manière de se régir, quelque chose qui leur donne une intelligence collective, mais tellement bridée et réglementée, qu'elle n'est qu'un moyen perpétuel de maintenir un *statu quo* qui laisse leurs peuples étrangers à tout progrès. Ce serait peut-être la sagesse humaine que d'arrêter la civilisation à un point où la société bien constituée aurait donné à un peuple une somme de bonheur égale pour tous ses membres, et fournissant à chacun la satisfaction de ses besoins. Mais ce n'est pas le cas en Chine, pas plus qu'au Japon, la grande majorité du peuple y est misérable, souvent exposée à la famine et aux maladies contagieuses, sans cesse exposée aux désordres d'insurrections qui accusent bien l'insuffisance gouvernementale, pour faire régner l'ordre et la justice et procurer le bonheur. D'où cela vient-il ? De ce que le moyen consultatif du peuple n'est pas tiré du peuple mais d'une classe de lettrés qui est censée en savoir plus que le peuple lui-même sur ses besoins, et ne fait que perpétuer des thèmes tout faits sur l'existence en société.

Néanmoins, ces peuples sont parvenus à bien des notions très-justes sur la vie en société. Il règne chez eux une grande tolérance religieuse, une morale semblable à celle du christianisme y est en honneur ; sur bien des points économiques ils sont dégagés des préjugés et des erreurs qui prévalent encore en Europe dans bien des pays qui se croient avancés. C'est à cela qu'ils doivent ce qu'ils ont de prospérité, en dépit de ce qu'il y a d'ailleurs de contraire au développement réel de cette prospérité progressive. Mais le pédantisme de leurs renseignements sur les besoins populaires et le despotisme en tête du gouvernement, quoiqu'adouci par des magistratures où l'on ne parvient en général que sur des preuves de capacité, ne leur ont pas permis d'arriver à se former une intelligence collective parfaite. Néanmoins, cette intelligence existe jusqu'à un certain point dans cette grande unité chinoise, qui a réuni des peuples différents d'origines et parlant des langues diverses, en les agglomérant sous des lois semblables, en leur imposant un langage lettré unique, s'exprimant par des signes compliqués mais intelligibles à tous les lettrés, dans les coins les plus reculés de ce vaste empire. C'est là, il faut le reconnaître, un signe certain que ces peuples avaient su appliquer à leur existence sociale quelques-uns des vrais principes qui constituent cette existence. Mais la preuve aussi qu'ils n'ont pas su les appliquer dans toute leur force et pureté est dans l'infériorité réelle où ils se trouvent de la civilisation progressive.

Faut-il le dire, dans l'obscurité de leur histoire on trouve des traces d'une civilisation délibérante qui avait précédé celle du *statu quo*. Comment la progression fut-elle arrêtée tout d'un coup à un point très-avancé et remplacée par l'immobilité? Ce fut par le despotisme; il y a une époque dans l'histoire chinoise où l'on voit tout d'un coup la science proscrite, toute délibération publique arrêtée, et la marche en avant de la société circonscrite dans une sphère d'action déterminée, avec défense de la dépasser.

Depuis ce moment, toute la science chinoise perdit le caractère progressif qu'elle avait eu avant et ne présenta plus que le caractère immobile qu'on lui remarque aujourd'hui; mais pour arriver où elle était fixée, la civilisation chinoise avait été certainement servie par un élément délibératif supérieur à celui qu'elle a eu depuis. Comment cette reculade a-t-elle pu s'accomplir? Hélas, par le despotisme qui, craignant une progression qui ne pouvait se prolonger que par la liberté, jugea à propos d'étouffer celle-ci. Liberté qui fut, alors comme toujours, accusée de ne pas respecter l'ordre.

Ainsi, la présence d'un monarque dans la constitution chinoise fit éprouver au peuple une reculade dont il n'a cessé de ressentir les funestes effets, quoiqu'avec une certaine habileté on eût conservé dans le corps des lettrés une espèce de contre-poids à la puissance trop despotique du souverain.

Mais, premier effet de la compression par le despotisme, la Chine, quoique la partie la plus peuplée de l'Asie, quoique avancée dans la civilisation, ne se trouva pas en état de résister à la conquête opérée sur elle par des hordes barbares, tout comme l'Empire romain dans sa décadence, et depuis, les conquérants adoptant d'ailleurs les mœurs des Chinois, n'y ajoutèrent qu'un renforcement encore plus grand d'un despotisme se mettant sans cesse au-dessus des lois.

Le Japon, sous bien des points semblable à la Chine, qui avait été pour lui l'initiateur de la civilisation, ne fut pas aussi complétement cloué à l'immobilité, grâce à une certaine résistance aristocratique de princes possédant des domaines dans lesquels ils étaient presque indépendants, et qui tenaient sous leur tutelle le souverain spirituel qui était censé exercer la domination souveraine qui réunissait tout le pays. Mais ce gouvernement aristocratique, plus turbulent que celui de Chine, n'était pas fait non plus pour rendre à la civilisation immobile qu'il avait reçue des Chinois une activité aussi progressive que notre civilisation européenne. Mais plus disposés à la recevoir, dans leur intérêt bien entendu, les princes japonais s'efforcent depuis quelque temps d'imiter les Européens, c'est surtout leur marine qu'ils cherchent à perfectionner; ils ont eux-mêmes construit des bateaux à vapeur. Ils cherchent à se familiariser avec le maniement des armes européennes. Mais ce n'est guère encore que pour augmenter leur puissance et se mettre en mesure de résister aux Européens qu'ils se montrent progressifs.

La progression qui résulte d'un bon gouvernement est encore loin d'eux. Au Japon comme en Chine, le peuple est encore trop avili pour que l'on songe à faire sortir de son sein le mouvement social. Mais comme en Chine, un corps de lettrés y supplée, qui, tout en maintenant l'immobilité entretient le règne de lois équitables et d'une morale honnête, produits de temps reculés où le despotisme n'avait pas encore étouffé la raison humaine.

Néanmoins, ni la Chine ni le Japon ne sont plus des empires fermés, le contact des Européens et surtout des Américains, et la nécessité de se constituer autrement pour rester indépendants, atténuera peut-être chez eux les effets du despotisme et les ramènera aux vrais principes de la constitution des sociétés.

Combien d'autres peuples de l'Asie où règne encore un despotisme brutal, ont encore plus de pas à faire que les Chinois pour reprendre une civilisation progressive. Nous ne pouvons que constater à leur égard que, sous le règne capricieux de leurs souverains, il n'y a ni sécurité, ni bien-être. Ainsi la Cochinchine, l'empire birman. Partout il y a des traces d'anciennes lois équitables; partout le despotisme, ce dissolvant de la société, a tout anéanti sous un arbitraire sans règle et sans frein; partout le despotisme a fait retourner à la barbarie.

Il est impossible, devant ce fait, de méconnaître que la présence des Européens dans ces contrées ne soit un bien, malgré peut-être l'injustice de leurs conquêtes dans plusieurs circonstances.

L'Inde était en proie à la fois au despotisme sur plusieurs points, issu de la conquête musulmane, sur d'autres de princes indigènes, et, bien plus, à un système de gouvernement théocratique entièrement fondé sur des injonctions absolues qui tenaient dans l'avilissement et une espèce d'esclavage la grande majorité du peuple. Là, point de délibérations, point de participation du peuple dans ses affaires. Chacun, dès sa naissance, était parqué dans une caste dont il ne pouvait pas sortir, sur laquelle dominait une classe de prêtres, seuls dépositaires des connaissances qui présidaient à la marche de la société. C'est bien là que la forme gouvernementale a démontré, plus que partout ailleurs, que le despotisme des princes et celui des théocraties affaiblissent les empires et ne donnent au peuple qu'une existence tourmentée et malheureuse. Le sort de l'Inde fut d'être sans cesse conquise, sans cesse opprimée. Mais peut-être que la dernière conquête qu'elle a subi la conduira vers une régénération sociale qui, enfin, ferait renaître le bonheur sur les bords du Gange, en faveur des classes encore opprimées aujourd'hui.

Mais, nous rapprochant toujours de plus en plus du monde civilisé européen, nous avons, avant de quitter l'Asie, à constater l'état d'infériorité, vis-à-vis de l'Europe, où se trouvent encore ces pays qui apparaissent les premiers dans l'histoire et qui ont passé par tant de malheurs, dûs à la forme invétérée du despotisme, qui semble endémique à ces contrées. Bien loin de s'en être dégages, il paraît mieux établi que jamais, corroboré qu'il a été par la loi de Mahomet qui, bien différente de celle du Christ, n'eut pas le bonheur de s'appuyer sur une organisation d'Eglise aux formes démocratiques. Le despotisme monarchique et la religion musulmane semblent faits pour s'appuyer l'un l'autre ; de liberté, ou du moins de l'art de la faire contribuer à la marche sociale il n'en est pas question dans cette loi qui aurait pu être progressive sur celle de Moïse et de Jésus, et qui ne fut que retardataire au point de vue de l'organisation sociale. Il est vrai qu'elle sous-entend l'égalité, mais qu'est-ce qu'une égalité qui ne rend les hommes égaux que devant la volonté arbitraire du despote et non devant la loi. Aussi les empires persans et ottomans, qui occupent les plus belles parties de l'Asie, sont loin d'y avoir relevé les ruines qui s'y sont entassées depuis des siècles, tristes produits des fautes et des crimes monarchiques qui s'y sont succédés se culbutant les uns sur les autres.

Il est vrai qu'aujourd'hui les gouvernements despotiques qui sont à la tête de ces Etats font de louables efforts pour se donner une administration régulière par imitation à celle des pays mieux gouvernés. Mais qui ne voit que tant que l'intervention du peuple dans la marche du corps social ne donnera pas à la fois la sécurité et la liberté ce seront là de vains efforts. A présent comme dans l'histoire, la preuve de l'impuissance de la monarchie à maintenir un état social régulier reste complétement constatée.

Sur la terre africaine il en est de même. C'est en vain que les vice-rois d'Egypte ont appelé au secours de leur despotisme tout ce qui, dans la civilisation européenne, pouvait s'acheter, le peuple égyptien n'en reste pas moins misérable.

Partout, dans le reste de l'Afrique où fleurit le gouvernement monarchique, il en est de même, et pourtant, malgré tout ce qu'on en a dit, les races africaines ne sont pas prédestinées à la servitude. Des essais de république, sur le modèle des institutions des Etats-Unis de l'Amérique du Nord ont eu lieu sur la côte de Guinée et y réussirent admirablement bien. La république nègre de St-Domingue en est une autre preuve.

Mais venons à l'Europe.

Il n'y a plus, dans cette partie du monde, que deux empires qui subsistent sans l'intermédiaire du peuple dans le gouvernement : la Russie et la Turquie. La position actuelle de la Russie et son rôle important en Europe seraient à les examiner superficiellement, un exemple bien contraire à tout ce que nous avons dit, établissant que pour l'existence en société donnant le bien-être aux hommes qui la composent, il est des conditions essentielles qu'il n'est pas permis de méconnaître sous peine de voir l'Etat qui les méconnaît s'écrouler une fois ou une autre sous le poids de ses fautes, et, en attendant, ne parvenant jamais à donner à ses peuples un bien-être réel.

On peut nous opposer la puissance actuelle de la Russie et une certaine prospérité relative qui est son partage. Certes, mais nous n'avons jamais dit que dans les monarchies les plus absolues il ne se soit pas trouvé des intervalles où elles pouvaient sembler un gouvernement en valant un autre mieux constitué. Mais nous avons rendu attentif à ce fait, c'est que, dans ce cas, c'était toujours par une imitation passagère de ce qui se faisait sous de meilleures constitutions que cela avait lieu. Souvent, nous l'avons dit, des monarques bien avisés se créaient des sénats consultatifs, se donnaient des ministres populaires et faisaient arriver jusqu'à eux les vœux des peuples manifestant leurs besoins.

C'était là se faire aider dans le gouvernement par une intelligence collective factice qui n'avait de durée que celle du caprice du maître, et qui jetait de temps en temps une lueur favorable sur un règne. Quelquefois aussi, le monarque, ne formant que le lien entre des communes et des provinces se gouvernant presqu'entièrement par elles-mêmes au moyen de libertés communales et provinciales, se soutenait, ainsi assisté de formes représentant tant bien que mal des intelligences collectives locales. Si le monarque savait les respecter il prolongeait la durée d'un gouvernement monarchique central, qui constituait une espèce de fédération. Mais ce qui, en général, a pu donner à une monarchie le moyen de durer et d'acquérir une certaine puissance, ça été de vivre à côté d'Etats libres, auxquels elle avait le bon esprit d'emprunter tous les perfectionnements qui résultaient de la liberté, surtout en application à ses armements et à ses finances. Par ce moyen une monarchie, profitant du travail de la liberté pour l'appliquer à son profit, devient quelquefois redoutable et emploie ensuite contre la liberté ce que la liberté lui a fourni de moyens d'actions. Ce fut, comme nous l'avons déjà fait remarquer dans une autre séance, le rôle de la Macédoine vis-à-vis des républiques grecques; mais, comme nous l'avons fait remarquer, à peine eût-elle étouffé la liberté que la funeste influence de la monarchie, reprenant le dessus, elle s'affaissa sur elle-même.

Notons bien que, malgré les importations dans les monarchies absolues des progrès opérés par la liberté, si celles-ci contribuent à augmenter leur puissance elles arrivent rarement à procurer aux peuples sous leur joug le même bien-être dont on jouit dans les pays libres.

Tout ceci explique la Russie actuelle. C'est par imitation qu'elle est quelque chose militairement, par elle-même elle n'aurait qu'une organisation confuse, et encore est-il bien prouvé que par imitation elle soit parvenue à égaler les peuples libres. Sa marine, quoique nombreuse, est détestable, et ses armées de terre, quoique égales à toutes par leur valeur, ont montré sur bien des points une infériorité marquée. Il en est de même de son administration intérieure, malgré que, sur ce point on se soit efforcé d'imiter l'étranger comme sur d'autres. Il est incontestable que la monarchie russe cherche à bien faire, elle en a donné une preuve éclatante par la suppression du servage, elle a aussi quelque chose qui, chez elle, contribue à maintenir la société à un certain degré de moralité populaire, c'est le christianisme. Mais tout cela ne rachète pas l'insuffisance radicale de la monarchie à faire le bonheur des peuples et à les préserver des catastrophes. Bien au contraire.

Première et grande faute de la monarchie russe, c'est l'esprit de conquête, c'est la nécessité, avec cet esprit, d'entretenir une armée permanente qui ruine le pays.

Il lui faut cette armée pour maintenir sous le joug les peuples qu'elle a déjà asservis et qui n'acceptent pas sa domination ; ainsi la malheureuse Pologne, ainsi la Finlande, ainsi les provinces des bords de la Baltique que l'Allemagne revendique, ainsi la Circassie. A côté de cela, son esprit de conquête inquiète la Turquie, l'Autriche et toute l'Europe. Ses colonisations en Asie, qui auraient pu si bien augmenter pacifiquement son empire, portent toutes un cachet guerrier. C'est partout le militaire qui avance. Si les bords du fleuve Amour, si fertiles, si propres à la culture, étaient colonisés par des Américains y portant avec eux leurs institutions, quelle différence on y remarquerait, mais on semble ne suivre ce fleuve que pour arriver à la mer Pacifique, et là, menacer le Japon et la Chine, comme du centre de l'Asie on menace l'Inde anglaise.

L'esprit conquérant de la monarchie russe, d'ailleurs esprit de toutes les monarchies absolues, en menaçant tout le monde, est au fond, elle-même, sérieusement menacée. Pour conquérir le monde il lui manque ce qu'ont eu les Romains, une constitution républicaine. Ce ne sont pas les empereurs romains qui ont conquis l'univers, c'est la république. République qui, elle-même, trouva sa ruine dans l'absolutisme de son aristocratie.

Nous osons le dire, si la monarchie russe ne sait pas s'amender elle-même, se donner une constitution fondée sur l'intervention du peuple dans le gouvernement et assisté d'un sénat élu du peuple, cette monarchie finira aussi mal que toutes les monarchies qui ont fait le malheur du monde, et, en attendant, son peuple n'atteindra jamais une véritable prospérité. Il serait temps pour la Russie de renoncer aux idées absolues et d'entrer dans le concert européen des libertés publiques qui tous les jours prend plus de consistance en Europe, malgré les épisodes sanglants que vient encore d'y faire naître le gouvernement monarchique.

Nous ne parlerons de la Turquie que pour en dire la même chose que de la Russie; si elle veut durer, qu'elle s'amende! et si elle veut pouvoir résister à la puissance qui la menace sans cesse, qu'elle lui oppose la liberté! Mais cela est-il possible à l'empire ottoman, enchaîné à la forme despotique par tous ses antécédants et l'ignorance des peuples qui sont sous sa domination. Que sa destinée s'accomplisse, s'il périt ce sera un exemple de plus de l'incapacité de la monarchie pour diriger ou sauver les empires.

En dehors de ces deux Etats, le reste de l'Europe qui, avant la Révolution française, comptait très-peu d'Etats libres, est arrivée aujourd'hui à se constituer plus ou moins librement.

Ce n'est pas sans de terribles luttes et des révolutions qu'on y est parvenu, et encore d'une manière imparfaite. Poutant, sauf en Suisse et peut-être en France, la monarchie a trouvé moyen de conserver une partie du gouvernement. C'est une ombre dans le tableau et c'est le précurseur de bien des troubles encore dans l'état social, mais l'intervention du peuple, plus ou moins démocratiquement, dans les constitutions diverses aujourd'hui adoptées en Europe, leur assure un élément progressif, et, il faut bien l'espérer, tout ce qui gênera pour chaque peuple l'établissement d'une intelligence collective bien entendue, pourra se corriger pacifiquement si les monarques ne se montrent pas trop entêtés et consentent à descendre de leurs trônes comme les anciens rois de la Grèce, par la conviction personnelle qu'ils ne sont plus bons à rien.

C'est en vain qu'on se roidirait contre l'évidence. A quoi la monarchie est-elle bonne aujourd'hui, même bridée par les constitutions les plus avancées! Comment ne pas lui reconnaître encore son caractère nuisible dans les épouvantables catastrophes de la dernière guerre. Nous avons déjà souvent évoqué dans ce Cours cet exemple contemporain. A qui attribuer cette guerre, si ce n'est à l'institution monarchique? Y avait-il entre la France et l'Allemagne le moindre sujet de querelle, reposant sur des intérêts populaires.

Qu'est-ce donc qui poussait les deux chefs des deux empires à faire ruer l'un contre l'autre deux peuples qui ne s'en voulaient pas. Etait-ce le maintien de l'ordre, puisque c'est à ce maintien qu'on attribue l'excellence monarchique? Mais non, il n'y avait pas le moindre désordre entre les deux peuples. Que de sang a coulé, que de ruines! y eût-il jamais désordres populaires qui aient produit de telles calamnités. Et après, l'Alsace et la Lorraine, qui se trouvaient bien d'être françaises, deviennent allemandes; est-ce pour leur bien! peut-être ne seront-elles pas plus mal, mais certes elles ne seront pas mieux. Ces provinces ont-elles été consultées! non, c'est par la force qu'on les contraint à changer de patrie. Toujours la force, jamais la raison; c'est bien toujours là la monarchie, s'imposant et ne raisonnant pas. L'Allemagne en sera-t-elle plus riche, plus prospère. Non, mais sa frontière est mieux assurée contre l'invasion française. Cela est fort contestable, mais cela serait-il, qu'est-ce que cela prouve! toujours la guerre dans l'esprit de la monarchie, toujours des luttes mortelles entre les nations.

C'est là ce que le maintien des monarques promet à l'Europe qui, en s'émancipant à l'américaine, aurait pu se confédérer pour la paix.

Depuis 1789, depuis que la France fut obligée de se défendre contre la coalition des rois, n'est-ce pas à la monarchie qu'on a dû toutes les guerres qui ont affligé l'Europe, la monarchie luttait sans cesse contre la liberté. Et quand les monarques coalisés eurent forcé la France, pour se défendre, à laisser prendre la dictature à un grand général, et quand celui-ci se fut fait monarque à son tour et remis la France à l'unisson de servitude de toute l'Europe, cela donna-t-il la paix au monde? Non, les monarchies s'entre choquèrent alors jusqu'à ce que l'une d'entr'elles dut s'écrouler sous les efforts des autres. On comprit alors que la monarchie absolue, dans un pays qui voulait la liberté, était contraire à la paix qu'on faisait semblant de désirer pour l'Europe : on institua alors en France la monarchie constitutionnelle, nous avons vu ce qu'elle a donné ; deux fois elle s'est fait chasser par le peuple en courroux ; puis enfin, pour dompter ce peuple une usurpation militaire eut encore lieu, on voit où elle a conduit. Et après ces exemples on voudrait encore parler de monarchie comme d'une bonne institution gouvernementale, c'est contre la raison humaine. La monarchie c'est la guerre et l'asservissement, ce n'est pas autre chose.

Voyez-les plutôt entre elles ; quand elles ne se coalisent pas contre la liberté, leur première occupation c'est de se quereller et de recourir aux armes. Voyez les Russes quand ils cherchent noise aux Turcs. Voyez l'Autriche et la Prusse se disputant l'empire d'Allemagne, et partant l'une et l'autre de ce principe : La force prime le droit.

Cela est évident, la monarchie en elle-même est un non-sens social, c'est la servitude dans la cité et la guerre en dehors, c'est le dissolvant de toute organisation d'intelligence collective, et quand on arrive à avoir table rase et à reconstituer librement une société, il n'y a aucune raison reposant sur les conditions naturelles qui constituent les nations pour en conserver la moindre partie.

Cependant les sociétés européennes l'ont encore à la base de presque toutes leurs constitutions; comment faut-il apprécier ce fait? Hélas! comme très-malheureux; mais pour cela il ne faut pas désespérer de l'avenir, avec ce que l'on a déjà acquis il y a moyen d'avancer, mais il faut signaler l'adversaire et confondre ses sophismes.

Aujourd'hui, il faut bien le reconnaître, l'élément monarchique n'est plus dans les constitutions modernes à l'état d'ingrédien nécessaire, mais comme ingrédien imposé, il y est comme transaction entre le passé et l'avenir.

Quand il a su se plier aux circonstances, se montrer bon enfant, il a été conservé comme avec plaisir. Ainsi en Italie et en Belgique. En Italie on voulait l'unité; il n'y avait qu'un moyen pour l'obtenir, ou la forme fédérale ou la royauté. A l'instant de la lutte contre l'Autriche le côté républicain, dirigé par Mazzini, repoussa la forme fédérative, tout en voulant l'union de toute l'Italie sous un même gouvernement; c'était vouloir un roi, c'était hors de la forme fédérative le seul moyen d'obtenir l'unité. Ainsi, le roi d'Italie, qui avait su d'ailleurs donner au Piémont une constitution assez libérale, fut proclamé roi de toute l'Italie de par l'unité désirée et de par une constitution libre. C'est là une origine respectable et qui, dans les premiers temps où une telle monarchie constitutionnelle s'établit, donna au roi le caractère d'un président élu et laissa en réalité le peuple maître de ses destinées du moment. Mais, gare à l'avenir, gare à l'hérédité, gare aux prétentions monarchiques qui peuvent se révéler.

L'Espagne, après des efforts inutiles pour concilier la monarchie avec la liberté a dû se réfugier dans la république. En ce moment ce sont encore les restes des préjugés monarchiques qui mettent en question sa constitution définitive. Elle a à combattre à la fois la royauté absolue, qui cherche à s'imposer de nouveau, et cette autre conséquence des vieilles erreurs sur le pouvoir, qui voudrait mettre la réforme de la société entre des mains autoritaires, agissant au nom de systèmes absolus voulant s'imposer tout d'une pièce. L'avenir de l'Espagne n'est pas là, il est dans le respect à la fois des droits individuels et des droits antiques de ses provinces et de ses communes. C'est dire qu'il est dans l'établissement de la république fédérative. Il lui faudra bien de la sagesse, bien du dévouement, bien du support mutuel, pour arriver à laisser se faire ce gouvernement comme tout seul, mais il lui est acquis, car il est accusé par les prédispositions du peuple et par son histoire, dégagée de toutes les interventions funestes du despotisme et de la superstition.

L'Espagne aura encore des jours glorieux et prospères à l'ombre de la république fédérative, la seule qui convienne à sa situation actuelle.

En Portugal, la famille régnante s'est montrée si complaisante que c'est encore là presque seulement une présidence.

Mais faut-il s'y fier !

Constatons seulement qu'en Italie, en Espagne et en Portugal on a aujourd'hui des gouvernements quasi-républicains, ce sera dans ces pays aux représentants du peuple à savoir mieux organiser les institutions inférieures qui garantissent les droits de ce peuple, comme l'organisation judiciaire par exemple, qui a besoin partout de l'assistance du jury, au civil comme au criminel.

La France a table rase en ce moment, plus que toute autre elle a souffert de la monarchie, saura-t-elle s'en passer ? Nous consacrerons une séance à examiner comment elle pourrait se reconstituer pour se donner une bonne intelligence collective qui lui permît d'utiliser, et l'intelligence de son peuple et son amour du travail et son sol fertile, en faisant reparaître sur terre les merveilles démocratiques de la république d'Athènes.

Que dirons-nous de la situation constitutionnelle de l'Allemagne? Il y aurait là beaucoup d'avenir, sans la prépondérance sans contre-poids donné au despotisme militaire prussien. Il y a là de quoi allarmer la liberté allemande et inquiéter le repos du monde.

L'Autriche s'essaie à la liberté; elle pourrait beaucoup pour elle si elle continuait à être de bonne foi dans cette carrière. La monarchie de cette agglomération de peuples divers a beaucoup à se faire pardonner. Mais elle aurait un rôle bien grand si elle savait se mettre à la tête d'une confédération de peuples libres, opposant une barrière formidable aux envahissements de la monarchie absolue qui l'avoisine.

Enfin, nous avons l'Angleterre, mais nous nous réservons de lui consacrer une prochaine séance spéciale, où nous examinerons avec soin sa constitution si compliquée, quelquefois si contradictoire, mais dont les effets sur l'organisation constitutionnelle des peuples modernes a été si considérable.

Quand on ne lui devrait que d'avoir engendré la grande république de l'Amérique, ce serait un bienfait inappréciable.

Nous nous réservons également d'examiner de plus près que nous ne l'avons encore fait cette grande république, comme aussi la petite république suisse, miniature qui reproduit en petit tous les grands traits nécessaires à la formation d'une bonne intelligence collective.

Ce que nous pouvons constater dès ce moment, c'est que l'esprit humain est en marche, il n'a pas encore trouvé tout ce qu'il faut pour se bien constituer, mais il en approche. Etudions toujours, consultons la nature des choses, fouillons dans l'Histoire, et nous apporterons une pierre au grand édifice social qui s'élève.

DIX-NEUVIÈME SÉANCE

De la Constitution anglaise.

Nous abordons un des sujets les plus importants de notre Cours, c'est d'examiner avec vérité, suivant notre méthode et impartialement, le gouvernement constitutionnel de l'Angleterre, à la fois si vanté et si décrié. Ce gouvernement a eu sur les destinées du monde une telle influence que, de le traiter sans un examen sérieux, serait aussi téméraire qu'il l'aurait été dans nos démonstrations de négliger de signaler les institutions de Moïse et du christianisme, comme justifiant la grande part qu'elles ont eu dans la marche des sociétés humaines, sur le fait qu'elles reposaient en réalité non sur des injonctions absolues, mais sur une étude réelle des conditions essentielles et naturelles qui donnent aux sociétés une intelligence collective. C'est à ce même point de vue qu'il nous faut examiner la constitution anglaise dont les effets condamneraient notre méthode, si nous ne savions pas y reconnaître en quoi elle s'y rattache.

Nous avons, dans le courant de ce Cours, quelquefois jeté quelques critiques sur les défectuosités de cette constitution par l'élément monarchique et aristocratique qui s'y trouvent mêlés à une si forte dose; il nous reste à apprécier comment, malgré ces fâcheux éléments, et quelquefois par eux-mêmes, lorsqu'ils jouaient en dehors des intérêts privés qu'ils représentaient, la société anglaise a pu offrir un des grands exemples d'action d'une intelligence collective nationale.

Cette constitution apparaît sous des faces si multiples que, pour en débrouiller le jeu, il est surtout nécessaire d'y employer une méthode comme la nôtre.

On y voit figurer la monarchie munie d'un pouvoir formidable se transmettant héréditairement, une aristocratie qui partage la puissance législative avec le roi, et une chambre des communes qui représente le peuple de la Grande-Bretagne, c'est-à-dire de l'Angleterre, de l'Ecosse et de l'Irlande aujourd'hui réunis en une seule unité. Chacun de ces Etats avait eu jadis un gouvernement à part muni d'un Parlement à peu près sur le même modèle que celui de l'Angleterre. Aujourd'hui qu'ils sont fondus en un seul, pour rechercher l'origine de cette forme constitutionnelle, c'est dans l'histoire de celle de l'Angleterre que nous irons la chercher.

Après la conquête de l'Angleterre par tout ce que l'Europe comptait de chevaliers errants cherchant bonaventure, sous la conduite d'un bâtard de Normandie, le gouvernement qui fut établi fut celui de la monarchie pure. On commença par déposséder de leur sol tous les anciens habitants et à partager leurs terres entre tous les soldats et capitaines de l'armée conquérante, suivant leurs grades et importance.

Chacun de ces fiefs relevait de la couronne.

La conquête avait ainsi créé pour l'Angleterre une unité gouvernementale qui alors n'existait presque nulle part en Europe.

Cette unité permit à la monarchie d'exercer son pouvoir sans contrôle et de signaler son esprit rapace et ravageur par toutes les iniquités imaginables sur le peuple vaincu, trop bien secondée d'ailleurs à cet égard par ses satellites, qui s'étaient partagés tout le pays. Ce fut un temps de sauvage anarchie, où la volonté suprême et capricieuse du monarque, et au-dessous d'elle celle de ses compagnons de la conquête, réduisit aux dernières extrémités un peuple tout entier, l'un des plus civilisés de l'Europe, et qui n'était pas sans jouir d'une espèce de liberté par des institutions communales qui, entre autres, avaient élevé la cité de Londres à un haut point de prospérité, et par des lois équitables appliquées avec douceur et justice sous des rois élus. Mais la monarchie conquérante, ne respectant rien de ce qui l'avait précédée, commit de tels excès qu'un chroniqueur contemporain s'écria avec raison : La royauté c'est le crime.

C'est de là qu'est partie cette monarchie qui est encore à la base de la constitution anglaise. Elle devait, petit à petit, se modifier, contrainte de le faire par ses propres excès. Orgueilleuse et arbitraire par sa propre essence, elle ne sut pas assez ménager ceux qui l'avaient établie et qui, en se partageant tout le pays, avaient constitué un corps de noblesse qui, une fois qu'il se serait reconnu, devait nécessairement, ayant des intérêts communs, former une aristocratie puissante qui voudrait prendre part au gouvernement du pays.

Les premiers rois issus de la conquête ne le comprirent pas et, sans en prévoir les conséquences, dans leur arbitraire aveugle, ils ne ménagèrent pas plus leurs grands et petits tenanciers que le peuple dépossédé, qui n'avait plus d'autre ressource qu'un travail obstiné, sans récompense. C'était pourtant ce peuple au désespoir qui était au fond le nourrisseur de l'Etat, et son abjection, son avilissement, ne pouvaient pas durer sans amener la ruine de la conquête elle-même. La première, de la royauté ou de la noblesse qui aurait relevé ce peuple devait pouvoir tenir tête à l'autre en prenant pour principe le rétablissement de la loi et de la justice pour règle suprême. La royauté ne sut pas prendre ce rôle, loin de là, elle ne comprit pas qu'en ne protégeant pas le peuple et en même temps faisant peser sur la noblesse le même arbitraire, elle allait pousser celle-ci à se coaliser avec le peuple pour mettre un terme à ses caprices autoritaires. Ce fut là le caractère particulier des résistances à son absolutisme, c'est que la noblesse vît s'appesantir sur elle comme sur toute la population les volontés fantasques du monarque sans que celui-ci songeât le moins du monde à soulager le peuple. Le besoin de résistance à la royauté se fit également sentir à la noblesse comme au peuple asservi.

« Ce fut l'immense pouvoir du roi, dit *Delolme* dans « son livre de la Constitution de l'Angleterre, qui rendit « l'Angleterre libre, parce que ce fut cette immensité « même qui y fit naître l'esprit d'union et d'une résis- « tance raisonnée.

« Possédant de vastes domaines, le roi se voyait « indépendant ; y joignant les plus redoutables préroga- « tives il écrasait sans peine les seigneurs les plus puis- « sants. Ce ne fut donc que par de nombreuses et « étroites confédérations que ceux-ci purent résister ; « ils furent même obligés d'y associer les peuples et de « les appeler à la liberté.

« Lorsque les seigneurs, qu'une origine commune « avec le roi avait d'abord fait ménager, commencèrent « à ne l'être plus lorsque les lois tyranniques du con- « quérant s'exécutèrent d'une manière plus tyrannique « encore, l'union que le malheur commun avait préparée « s'effectua tout à coup.

« Le seigneur, le vassal, l'arrière-vassal, tout se « réunit. Ils implorèrent même le secours de l'habitant « de la campagne ; et la haine orgueilleuse, qui trans-

« portait ailleurs la noblesse contre les mains cultiva-
« trices qui la nourrissait, fut obligée de fléchir sous le
« poids qui l'accablait.

« Les peuples, d'un autre côté, savaient que la
« cause qu'ils étaient appelés à défendre était une cause
« commune ; ils savaient, de plus, qu'ils en étaient les
« soutiens nécessaires : ils sentirent donc toute leur im-
« portance. Mais, ce qui était bien essentiel, ils furent
« assez éclairés pour en profiter ; ils surent parler et
« stipuler en leur faveur ; ils exigèrent que la loi pro-
« tégeât désormais tous les individus ; et ces droits,
« contre lesquels les seigneurs s'adossaient pour faire
« face à la tyrannie, devinrent des palissades qui
« devaient un jour arrêter la leur. »

C'est ainsi que s'exprime Delolme sur l'origine des concessions arrachées petit à petit à la puissance de la monarchie issue de la conquête de l'Angleterre.

A mesure qu'on marchait dans cette voie, ce qui restait du peuple anglo-saxon s'efforçait de retourner aux institutions que la conquête lui avait enlevées, surtout en ce qui concernait les droits individuels qui devaient reconstruire un peuple qui, de son côté, pût faire corps comme la noblesse.

Dans plusieurs occasions il lui en avait été concédés puis repris, jusqu'à ce qu'enfin sous Jean-sans-Terre, lorsque la confédération générale des seigneurs et du peuple eut contraint ce roi à consentir la grande charte parmi toutes les concessions que renferme ce document, premier fondement de la liberté anglaise, il fut établi, art. 29 de ce statut mémorable, « qu'aucun sujet ne pût
« être exilé ni molesté en façon quelconque dans sa
« personne ou dans ses biens autrement que par juge-
« ment de ses pairs et conformément à l'ancienne loi du
« pays. »

C'était là l'institution du jury, première sauvegarde

de toute liberté et l'introduction de l'élément démocratique dans le pouvoir judiciaire.

Il est remarquable qu'en donnant cette garantie au peuple anglais on rappelât que c'était conformément à l'ancienne loi du pays.

En effet, l'institution du jury, que l'on dit sortie des forêts de la Germanie, paraît avoir existé chez les Anglo-Saxons avant l'invasion des Normands. Il existait aussi chez eux de grandes libertés municipales, assemblées de provinces, assemblées de ville, et l'esprit d'association entre les citoyens. Aussi, à mesure que les débris de ce peuple trouvaient, sous la domination normande, à reprendre quelques droits, on en revenait au souvenir d'une époque signalée par les opprimés comme un temps de liberté, et là, comme nous l'avons vu ailleurs, l'invincible instinct de l'homme à revenir aux principes naturels qui forment les sociétés reprenait sa force alors qu'il n'était plus comprimé.

Les premiers droits individuels n'eurent pas été plutôt reconnus et protégés par le jury que l'esprit communal se réveilla et que les bourgs et villes eurent des assemblées municipales pour régler leurs intérêts locaux.

Enfin, sous le règne d'Edouard Ier, le concours du peuple devenant toujours plus nécessaire pour lever des subsides, des députés des bourgs et villes furent appelés au Parlement pour concourir avec la noblesse, autrement dit les pairs, à la votation de ces subsides. Les pairs, réunis en Parlement pour être consultés par le roi, tenaient déjà des assemblées toutes les fois que le roi croyait avoir besoin d'eux; l'adjonction des députés des villes et bourgs, sous le nom de députés des communes, fit alors du Parlement un centre gouvernemental où royauté, noblesse et peuple se trouvaient représentés.

Ce fut la première esquisse de ce gouvernement composé de monarchie, aristocratie et démocratie dont l'Angleterre a été si fière depuis.

Mais, comme nous venons de le voir, ce ne fut pas là une combinaison théorique dans laquelle on aurait habilement balancé des pouvoirs jugés nécessaires. Ce n'était pas ce gouvernement parfait rêvé par Aristote, où monarchie, aristocratie et démocratie savamment mises en présence composaient une intelligence collective bien entendue. Cela devait devenir quelque chose de semblable avec le temps, mais en naissant ce n'était absolument que l'expression des besoins égoïstes de la monarchie et de l'aristocratie qui avaient dû composer avec le peuple afin de se satisfaire. On n'y était arrivé que par la force des choses; avant d'en venir là on avait brutalement tout dévoré, sans se soucier comment se produisaient les biens que l'on prodiguait. Lors de la conquête, on avait pillé et ravagé sans discernement; on avait arraché au travailleur jusqu'à ses instruments de travail, et lorsque tout fut épuisé, qu'on se trouvât en face d'un peuple asservi à qui l'on avait ôté tous les moyens de produire, on sentit que si l'on ne rendait pas à ce peuple un peu de sécurité, si ce n'est d'abord de liberté, il laisserait incultes les terres qu'on s'était partagées, que le commerce abandonnerait les échanges qui donnent de la valeur à toutes choses, et que là où il n'y a plus rien la conquête n'aurait plus rien à prendre.

La royauté pressait ceux qui avec elle avaient dévalisé le pays et s'étaient emparés des terres de subvenir à ses besoins; ceux-ci ne pouvaient eux-mêmes rien obtenir que du travail du peuple, et ce travail était interrompu par une servitude abrutissante et une rapacité sans bornes, enlevant tous les produits à mesure qu'ils apparaissaient. Ce ne fut ni par la bonne volonté de réformer le gouvernement, ni par humanité que la royauté et la noblesse cédèrent quelque chose au peuple vaincu, ce fut par nécessité, et ce fut cette nécessité qui, comprise par le peuple, lui fit obtenir petit à petit les concessions qui enfin constituèrent en Angleterre le pouvoir des communes, ce troisième pouvoir qui a réparé toutes les sottises des deux autres et a donné à l'Angleterre de la grandeur et de la prospérité, non pas par le concours des deux autres pouvoirs, mais presque en dépit d'eux. Néanmoins, n'exagérons pas trop ce point de vue, et constatons que quelquefois les pouvoirs monarchiques et aristocratiques dans la constitution anglaise ont, lorsque leurs intérêts privés étaient en dehors, été quelquefois de très-bons conseillers et de bons administrateurs. Mais n'anticipons pas sur cette considération qui va venir à son temps.

Depuis le premier moment où le peuple fut appelé en Parlement, il n'obtint pas tout de suite la part au gouvernement qu'il a obtenue plus tard. Ce fut bien lentement qu'il y parvint, et toujours par une fiction qui ramenait sans cesse au point de départ, qui était que le peuple n'était appelé que pour qu'il eût des subsides à fournir, qu'on avait reconnu qu'il était impossible de lui soutirer autrement que par son consentement.

Il sut habilement se servir de cette nécessité pour accompagner son consentement aux subsides qu'on lui demandait de pétitions en faveur de l'extension de ses droits.

Ce fut sous cette forme une lutte continuelle entre les communes et la royauté, lutte dans laquelle les pairs étaient souvent avec les communes, parce qu'ils participaient au bénéfice des droits personnels que celles-ci obtenaient pour les défendre contre les abus de pouvoir du monarque, qui les frappait souvent les premiers.

La lutte posée sur le terrain que nous venons d'indiquer dura longtemps, avec des chances diverses, la royauté reprenant souvent ce qu'elle avait accordé.

Nous n'en ferons pas ici l'historique; nous ferons seulement remarquer, pour bien caractériser ce que la monarchie est dans le gouvernement des peuples, que dans cette lutte elle n'a jamais accordé que ce qu'elle ne pouvait pas refuser, quoiqu'il fût avéré que chacune de ses concessions au peuple ne faisait qu'augmenter la force et la prospérité de l'Angleterre, dont le roi profitait le premier.

Cela est si vrai que dans les guerres contre la France, une partie de la supériorité des armées anglaises sur celles de France vint de ce que les communes anglaises déjà émancipées avaient fourni des corps d'infanterie et d'arbalétriers qui s'étaient formés par des exercices, à l'image des communes libres de Flandres et de la Suisse. A la bataille de Poitiers, ce fut par ces corps d'arbalétriers que le Prince Noir put résister à la fougue de la noblesse française et la mettre en déroute.

Malgré la lutte si pénible que les communes eurent à soutenir pour arriver à une participation complète au gouvernement, elles avaient néanmoins assez obtenu pour avoir dans ce qui concernait la vie privée retrouvé la sécurité et la liberté qui favorisait le travail. Rapidement le peuple anglo-saxon, quoique dépossédé de la propriété territoriale, reprit par son activité la place qu'il avait perdue. Il tenait en mains tous les fils de la prospérité publique, et bientôt son langage et ses habitudes reprirent le dessus, et grâce au souvenir de leurs anciennes libertés communales avant la conquête, il se gouverna lui-même en dépit des conquérants et presque à leur insu. C'est un point très-curieux de l'histoire de l'Angleterre à étudier.

Une fois que le peuple anglo-saxon s'était reconnu, il s'était arrangé à supporter le fardeau de la royauté et de l'aristocratie par des sacrifices pécuniaires, mais en même temps à vivre de sa propre vie, dans son home, et il le pouvait grâce aux lois protectrices de sa liberté individuelle et du jury qui en protégeait l'exécution. Le peuple travailleur, jouissant ainsi d'une certaine sécurité, pouvait vivre comme en dehors du gouvernement général de son pays, et dans son existence communale jouir des avantages d'une république. Il avait eu aussi un rare bonheur : sa noblesse avait obstinément refusé l'introduction du droit romain, cette codification si peu propice au développement commercial, et dont l'application à l'ordre social qui se développait dans les communes libres du moyen-âge empêchait l'établissement de nouvelles lois plus conformes aux besoins du temps.

Dans cette vie communale que le peuple anglo-saxon avait reprise instinctivement, il y avait peu de lois positives, les rapports entre particuliers se tranchaient par le sens commun, et le sens commun était exprimé par le jury, qui dès lors s'appliquait aux affaires civiles. Mais ce qui caractérisait entr'autre le développement commercial qui commençait alors, c'est que presque tout se liait et se dénouait verbalement et sur la bonne foi, ce qui a été longtemps le caractère du commerce anglais.

Nous mentionnons cet état de choses pour marquer ici, comme nous l'avons fait dans d'autres séances, que partout où il y a eu développement de prospérité, cela a eu lieu par la liberté laissée au peuple.

Ce fonds que nous signalons, abandonné au peuple anglais, comme nous l'avons dit plus haut, presqu'à l'insu des pouvoirs dominateurs, monarchie et aristocratie, lui a fait braver les révolutions politiques et religieuses qui se sont agitées plutôt à sa surface que dans les profondeurs du peuple, qui dans sa sécurité personnelle ne songeait guère qu'à ses affaires.

Dès lors l'Angleterre eût pu être une république.

C'est avec ce fonds de démocratie que la chambre des communes, avançant pas à pas, mais pouvant attendre avec patience, parce que le sort de son peuple n'était pas intolérable, est enfin parvenue à prendre dans le gouvernement de la Grande-Bretagne une part égale à celle du roi et de la chambre des pairs.

Nous avons fait grâce à nos auditeurs de l'historique de toutes les péripéties qui ont enfin constitué ce mode de gouvernement de manière à lui faire l'honneur de l'appeler constitutionnel, au lieu de ne l'envisager que comme une transaction entre un peuple vaincu et ses dominateurs issus de la conquête.

C'est sous cet aspect constitutionnel que nous allons l'examiner et nous rendre compte si en effet les trois pouvoirs qui le composent ont pu s'élever au point que le monarque pût être considéré comme un magistrat remplissant les fonctions du pouvoir exécutif dans l'intérêt général, la chambre des pairs aristocratique, comme un sénat examinant les questions législatives au point de vue de la maturité, de l'expérience et du savoir; enfin, si la chambre des communes est bien à même de représenter les besoins du peuple et d'en apporter la sensation dans le corps social.

Or, disons-le, la réponse à cette question ne peut pas se donner autrement que d'une manière complexe. On doit le reconnaître, si la monarchie et l'aristocratie faisant partie du gouvernement anglais ont bien souvent fait sentir leur coopération à la pensée nationale d'une manière fâcheuse, il est d'autres moments où ils ont réellement joué le rôle que dans l'exercice de l'intelligence d'un peuple nous avons attribué à un sénat et à un pouvoir exécutif issus directement du suffrage populaire.

Ce n'est pas à dire que ce soit par leur propre excellence qu'ils y sont parvenus, mais parce que malgré leur nature ils se sont trouvés entraînés par l'opinion publique et aussi par la force de l'évidence, résultant de la délibération publique.

L'influence de l'opinion publique est, en Angleterre, plus réelle que dans d'autres Etats monarchiques constitutionnels, parce qu'en Angleterre, comme nous l'avons fait remarquer plus haut, il y a un peuple qui se sent libre dans sa vie civile, dont les droits sont protégés par sa participation réelle et efficace dans les décisions judiciaires ; ce peuple forme comme une république qui supporte la monarchie et l'aristocratie quand ils ne touchent pas aux droits fondamentaux qui protègent chaque individu. C'est un état perpétuel de transactions auxquelles le peuple consent par sa chambre des communes, mais à la condition que ses droits fondamentaux ne soient pas compromis. L'habileté monarchique et aristocratique c'est de ne pas toucher à ces droits, et en n'y touchant pas le gouvernement général en tire l'avantage que par la liberté de la presse, par celle de la parole dans les réunions publiques, il est renseigné sur les besoins de son peuple et se trouve entraîné dans son propre intérêt à chercher à donner satisfaction à ces besoins.

C'est lorsqu'ils sont ainsi stimulés par les avertissements du public que les différents pouvoirs de l'Etat parviennent à prendre des décisions d'un intérêt général bien entendu, et jouent le rôle qu'auraient joué sénat et pouvoir exécutif issus directement du peuple. Néanmoins, disons-le franchement, dans ce concours des trois pouvoirs, chambre des communes, chambre des pairs et royauté, la pensée réellement populaire ne perce jamais, il y a comme une brume aristocratique répandue sur ces pouvoirs tels qu'ils sont constitués, et qui jure avec le fonds réellement démocratique des libertés civiles. C'est là ce qui est cause que cette Angleterre, habitée par une race intelligente où le travail est en honneur, entreprenante et patiente, voit encore une si grande partie de sa population dévorée par le paupérisme et la misère.

Ses pouvoirs organisés se sont trouvés jusqu'à présent insuffisants pour conjurer cette plaie dévorante de la misère des classes inférieures. La preuve de leur insuffisance à ce sujet est dans un fait bien remarquable, c'est que ces mêmes sujets de la Grande-Bretagne, voués à la misère sur le sol de la mère-patrie, ne sont pas plutôt parvenus dans une des colonies de cet empire que la plupart y trouvent une vie supportable et parviennent à l'aisance et souvent à la fortune. D'où cela vient-il? De ce que les colonies, dira-t-on, offrent plus de ressources pour rétribuer plus convenablement le travail de l'homme. C'est là une erreur, il y a eu et il y a encore des colonies offrant toutes les ressources des colonies anglaises et au-delà, où la misère des émigrants persiste.

Elle y persiste parce que les mauvaises institutions de leur pays les y suivent; ainsi des colonies françaises et espagnoles, tandis que dans les colonies anglaises ce qui les suit en fait d'institution ce n'est pas leur mauvais côté, c'est en réalité le fonds de la liberté anglaise non accompagnée de monarchie et d'aristocratie. Chaque colonie anglaise est une espèce de république qui se gouverne elle-même et dont les citoyens ont apporté avec èux les libertés personnelles qui appartiennent au peuple anglais. Les pouvoirs législatifs y sont élus : si l'exécutif est encore représenté par un gouverneur nommé par le roi, celui-ci n'est pas héréditaire, il peut être changé suivant les vœux de la colonie, auxquels il a presque toujours le bon esprit de se conformer. C'est ainsi que pour passer à un état républicain définitif les colonies anglaises du nord de l'Amérique n'eurent qu'à déclarer leur indépendance, elles étaient déjà presque foncièrement en république alors que cela eut lieu. Il en est résulté que la grande république confédérée de l'Amérique a été engendrée par cette partie de la liberté anglaise qui, dégagée d'aristocratie et de monarchie, peut non-seulement subsister sans elles mais sans elles prend un essor dont nous voyons les merveilles.

Qu'en faut-il conclure? C'est que monarchie et aristocratie, dans une constitution libre, sont des superfétations qui ne sauraient se justifier par elles-mêmes.

Certes, si l'on voulait opposer à la forme monarchique

constitutionnelle de l'Angleterre une forme républicaine tumultueuse mal organisée et négligeant de se constituer d'après les conditions naturelles qui forment une intelligence collective pour une nation, la constitution anglaise devrait avoir la préférence; c'est dans une comparaison de ce genre seulement qu'on pourrait lui attribuer d'être le principal élément de l'ordre chez une grande nation. Mais en face d'un gouvernement organisé comme celui de l'Amérique du Nord cet argument tombe tout seul. Oui, le gouvernement anglais est préférable à une mauvaise république, mais devant une bonne il a vieilli. Il a été une transaction entre un peuple libre et des pouvoirs imposés par la conquête, mais quand on le discute par l'analyse comme excellence constitutionnelle, il ne peut tenir au moindre examen; on doit même remarquer que pour subsister il a dû continuellement employer des expédients plus ou moins heureux.

La chambre des communes d'abord, pour le maintien des droits du peuple et de leur extension dut, avant de prendre une part incontestable à la législation, user de subterfuge, n'ayant pas encore d'initiative, et faire pour condition des subsides qu'elle accordait au souverain la concession de ce qu'il importait au peuple d'acquérir.

De son côté, le roi, dans l'exercice de son pouvoir exécutif pour protéger son inviolabilité, dut quelquefois sacrifier ses ministres à la pression du Parlement.

Nous ne citons que ces exemples des fictions auxquelles, dans la constitution anglaise, il faut sans cesse recourir pour donner aux pouvoirs établis l'apparence d'instruments constitutionnels plutôt que de puissances égoïstes, ayant leur intérêt particulier plus en vue que l'intérêt général. On a appelé cela balance des pouvoirs; singulière balance qui d'une lutte égoïste ferait naître une décision équitable en faveur de tous.

Mais la constitution anglaise n'en a pas moins engendré de grandes choses et a contribué pour une bonne part aux progrès modernes. Certes, mais quand par l'analyse nous en recherchons les causes, nous ne les trouvons que dans les effets de la liberté inférieure qui constituait le peuple anglais et qui le faisait vivre et se produire dans ses bons effets à l'étranger et dans ses colonies, comme en dépit de la monarchie et de la pairie.

Grâce à l'ingrédien de la liberté pratique du peuple, l'Angleterre, dans ses démêlés avec l'étranger et dans le développement de son commerce et de son industrie, a, pendant un temps, obtenu une véritable supériorité dans le monde. Mais cette supériorité n'était due ni à la monarchie ni à la pairie. Celles-ci mêmes ont compromis la supériorité anglaise obtenue par la liberté, dans deux faits de la plus grande importance et qui ont exercé et qui exerceront sur son avenir une influence funeste.

Nous voulons parler de la lutte contre les colonies de l'Amérique du Nord et de son acharnement contre la Révolution française.

La lutte contre ses colonies, qui a enfanté la grande république fédérative de l'Amérique du Nord, a mis à nu les défauts de sa constitution et prouvé qu'en se passant de monarchie et d'aristocratie, l'ordre pouvait aussi bien se maintenir sans nuire à la liberté et que la liberté politique démocratique était dans la civilisation actuelle du monde le fonds le plus stable en même temps que progressif des sociétés modernes. Suivant notre méthode, le meilleur moyen de donner aux peuples des intelligences collectives.

Certes, la monarchie et aristocratie anglaises ne s'attendaient pas à voir se constituer ce grand exemple de la manière dont on pouvait se passer d'elles, et, sans le vouloir, elles ont prouvé par leur entêtemet leur propre inutilité. Ce fut de leur part une grande faute, par laquelle elles ont créé à la Grande-Bretagne une rivale formidable. Rivalité que plus tard, mieux avisée, elle n'a plus considéré d'un œil si jaloux, mais qui, dans ses propres préjugés, n'en était pas moins un coup terrible porté à la puissance de la Grande-Bretagne. Or, cette faute était celle de l'aristocratie et de la monarchie et non celle du peuple anglais.

Mais, bien plus grande faute que celle-là. Ce fut la guerre sans excuse que l'Angleterre fit à la Révolution française, guerre qui a été le plus grand obstacle à l'établissement, en France, d'abord d'une monarchie constitutionnelle puis d'une république raisonnable.

Il est incontestable que ce sont les préjugés et les intérêts monarchiques et aristocratiques, prévalant dans la constitution anglaise, qui ont été la cause de cette guerre dans laquelle l'Angleterre n'avait aucun intérêt national. Qui peut nous dire où en serait aujourd'hui l'humanité si la Révolution française avait pu suivre un cours paisible. Il y a des gens qui prétendront qu'en l'arrêtant l'Angleterre en a tiré bien plus d'avantages que si elle l'eût laissé se développer naturellement. Cela est fort douteux, elle n'a fait que reculer les difficultés qui viendront l'assaillir un jour et peut-être la livrer à une révolution bien plus terrible que n'a été celle de France elle-même. Il est vrai que si la liberté française avait pu s'établir paisiblement, il y aurait eu dans toute l'Europe un contre-coup inévitable en faveur de la liberté générale. Mais en Angleterre ce contre-coup n'eût amené que des réformes paisibles dont, aujourd'hui, la nécessité se fait toujours plus sentir.

Peut-être serait-on arrivé, un peu plus tôt, à toujours de plus en plus faire de la monarchie une première magistrature soumise à un contrôle populaire plus marqué, peut-être que la chambre des pairs, recrutée dans le peuple, fût devenue un sénat plus national qu'il ne l'est, peut-être aussi que la chambre des communes, issue d'un suffrage universel, eût mieux représenté le peuple.

Ainsi, ce qu'il reste à faire serait fait ; ainsi retrempée dans le peuple, la constitution anglaise, au lieu de n'être qu'une transaction entre des puissances égoïstes, serait devenue une véritable constitution dans l'intérêt général du peuple.

Ce n'est pas qu'elle ne se soit déjà amendée elle-même et qu'elle n'ait compris que son ancienne politique de rivalité, qui lui était inspirée par l'égoïsme monarchique et aristocratique, ne soit une mauvaise politique économique. Elle a reconnu aujourd'hui que pour devenir florissants les peuples ont besoin de liberté, et maintenant elle réserve ses sympathies plutôt pour ceux qui aspirent à cette liberté que pour les despotes qui voudraient l'étouffer. Sur ces points, le bon sens du peuple anglais est parvenu à dompter l'égoïsme monarchique et aristocratique, dont les sympathies extérieures étaient contre la liberté. On en est aussi à vouloir faire participer davantage le peuple anglais de toutes les classes à sa représentation dans la chambre des communes. Mais toutes ces tendances, tous ces efforts ne prouvent qu'une chose : c'est que l'on sent de plus en plus que toute la grandeur et la puissance de l'Angleterre ont pour origine la liberté de son peuple et que plus on l'étendra moins on comprimera celle des autres, plus on parviendra à la perfection sociale. La plaie de la misère et du paupérisme reste à guérir ; comme remède ce n'est ni la protection royale, ni la sympathie aristocratique qu'on invoque, c'est l'extention des droits du peuple.

Dans l'intérêt de la méthode que nous avons suivie pendant ce Cours, il était bon de jeter ainsi un coup d'œil analytique sur le véritable rôle qu'ont joué dans la constitution anglaise les pouvoirs monarchiques et aristocratiques. Or, soumis à cet examen, ils ne nous apparaissent guère comme coopérateurs de ce qu'il a pu résulter de bien dans le gouvernement de ce pays. On ne les y voit, en général, figurer que comme obstacles, et, si l'on vient à vouloir déterminer théoriquement les lois organiques d'une société, il est impossible d'en reconnaître l'utilité. Leur seul mérite, c'est qu'issus de la violence, ils ont su reconnaître au peuple de certains droits qui ont composé en dehors d'eux une cité républicaine, qui marchait par elle-même en payant tribut et en supportant quelques traces du joug de la conquête.

Ce que nous avons essayé de reconnaître dans cet examen de la constitution anglaise, c'est que si dans cette constitution il est resté un pouvoir monarchique très-fort et un pouvoir aristocratique fortement constitué, ce n'est pas par eux que le pays a marché, et lorsqu'on est appelé à reconstituer un pays sur une table rase, il ne faut pas s'en embarrasser. L'exemple anglais, qui pouvait avoir une grande valeur au milieu du siècle dernier, l'a perdue complétement depuis que l'exemple américain s'est posé. Par cet exemple, il est prouvé que tous les avantages qu'on croyait retirer de l'intervention monarchique et aristocratique, sont bien mieux obtenus par des pouvoirs élus, à qui le pouvoir exécutif et une partie du pouvoir législatif sont confiés.

On comprend qu'un peuple opprimé entre en transaction avec celui qui l'opprime pour obtenir quelque liberté et qu'il laisse à l'oppresseur une partie de son pouvoir arbitraire, qu'il ne peut lui ravir sans de grandes secousses. Mais, de ce qu'on n'a pas pu se défaire entièrement de cet arbitraire, en conclure qu'il est utile et nécessaire dans la constitution d'un peuple, il y a loin, et surtout d'en conclure que c'est un moyen d'ordre. Si, lorsque cette puissance existe et qu'elle a de grands moyens de dominer, on peut obtenir d'elle des concessions en faveur de la liberté, certes il vaut encore mieux la conserver amoindrie que de s'exposer aux hasards des révolutions. Mais alors qu'elle est une fois renversée, la reprendre comme un bon instrument constitutionnel est un non-sens. C'est de nouveau recommencer les difficultés de la lutte de la liberté avec l'arbitraire, c'est, en réalité, non pas trouver un moyen d'ordre, mais créer toutes les causes du désordre.

En effet, quelle excellence particulière peut-on trouver à confier par exemple le pouvoir exécutif à un homme que l'on élève au-dessus des autres en l'entourant de tous les moyens de corruption, par de fortes listes civiles, des places et des dignités à donner. Y a-t-il un homme, quel excellent qu'il soit, qui ne perde la tête dans cette position élevée et qui, s'il a été capable de bien gouverner quelques jours, ne peut pas l'être constamment jusqu'à la mort. Mais que dire de l'hérédité attachée à cette fonction ? Y a-t-il quelque chose de plus absurde !

Nous en dirons autant de pouvoirs politiques confiés à vie ou héréditairement à des classes privilégiées.

Dans le commencement de ce Cours nous avons déjà démontré que pour que les fonctions du corps social soient sainement remplies il fallait qu'elles ne fussent confiées qu'aux hommes les plus capables et par l'élection, sous peine de voir la société ne pas marcher dans un intérêt national bien entendu.

Nous ne pouvons donc classer les gouvernements monarchiques constitutionnels, assistés ou non d'une aristocratie, comme portant en eux le caractère d'un organisme social donnant une intelligence collective réelle.

Dans l'examen du jeu de la constitution anglaise nous avons vu, néanmoins, qu'on en approchait quelquefois, mais non par la vertu de la monarchie et de l'aristocratie, mais par cette liberté fondamentale du peuple anglais, qui subsistait et agissait malgré les obstacles monarchiques et aristocratiques.

Liberté qui est venue s'épanouir et se constituer sur ses propres bases dans l'établissement des républiques de l'Amérique du Nord et de leur confédération.

C'est dans ce résultat de la liberté anglaise qu'il faut aujourd'hui rechercher ces modèles constitutionnels qu'on croyait trouver jadis dans la constitution anglaise.

VINGTIÈME SÉANCE

De la République en France.

A quoi servirait la science de la législation constitutionnelle si ceux qui s'en occupent négligeaient de donner leurs conseils, alors qu'il se présente des occasions d'éclairer les questions? C'est le cas aujourd'hui pour nous. La France possède la république de nom, mais elle ne l'a pas encore de fait, et il y a même des esprits téméraires qui songent à rétablir la monarchie ; or, ce rétablissement est-il possible? D'un autre côté, comment la république pourrait-elle se constituer au milieu des opinions divergentes et absolues qui se sont manifestées dans les derniers temps?

Il nous semble, quant à la monarchie, qu'elle est jugée par tout ce qu'elle a fait fondre de calamités sur le peuple français, à défaut de ce qu'elle est en réalité dans la constitution des peuples, ce que nous nous sommes efforcés de bien établir dans ce Cours par une analyse de ses fonctions, évidemment dissolvantes dans un ordre social bien entendu.

Issue de l'usurpation ou de la conquête, elle n'a jamais été que leur continuation plus ou moins déguisée; jamais, quoiqu'on en ait dit, elle n'a contribué par sa propre essence à faire le bonheur des peuples, cela n'est arrivé que lorsque, par exception, elle a consenti pour un instant à ne pas être elle-même.

Bien loin d'être un moyen d'ordre, comme elle s'en prévaut sans cesse, elle a été la cause des plus grands désordres. Y a-t-il un désordre social quelconque comparable à celui de cette épouvantable guerre qui, par la volonté capricieuse de deux monarques, a lancé l'un contre l'autre deux peuples qui ne songeaient point à se combattre et qui semblaient n'aspirer l'un et l'autre qu'à goûter la paix. On croyait être entré dans une ère de civilisation qui excluait à jamais ces retours à la barbarie, aux cruautés, aux rapines, aux incendies, opérés de sang-froid sur l'ordre de leurs chefs par des hommes qui ne s'en voulaient pas, qui n'avaient aucuns démêlés à vider et qui avaient le même intérêt à rester tranquilles, chacun chez eux.

Par qui l'épouvantable conflit a-t-il eu lieu? Uniquement par le pouvoir monarchique; et l'on pourrait croire encore à l'excellence d'un tel pouvoir, qui, n'oubliant jamais son origine de violence et de conquête, est toujours tout prêt à mettre en péril la civilisation!

Aussi, quoi de plus naturel de la part du peuple français qu'au sein des désastres de la guerre barbare suscitée par deux despotes, il se soit réfugié dans la république, comme seul moyen du retour à l'ordre et à la civilisation.

Mais que dire de ces entêtements qui, malgré les nouvelles preuves des malheurs que le pouvoir monarchique déchaîne sur les peuples, sont venus encore proposer la monarchie pour guérir les plaies qu'elle avait faites. C'est un véritable non-sens, et, comme pour montrer encore les dispositions barbares de ce pouvoir, c'est sous son inspiration qu'a eu lieu la répression la plus cruelle dont l'histoire offre l'exemple. C'est sous le coup des menaces de retour à la monarchie qu'une partie du peuple de Paris s'était levé et qu'un gouvernement révolutionnaire a été essayé par des hommes exaspérés dont dans ce Cours même nous avons blâmé les théories absolues, mais qui, sans être excusables, peuvent se comprendre en face de ces théories tout aussi absolues, qui s'affichaient insolemment en faveur du rétablissement de la monarchie.

Le sanglant épisode du second siége de Paris, de cette guerre déplorable, est dû tout entier aux prétentions monarchiques qui se réveillaient.

Et dans la barbarie de la répression on pût encore reconnaître la direction et l'esprit monarchiques.

Aussi, loin que cet événement prouva la nécessité de rétablir la monarchie comme moyen d'ordre, il a au contraire démontré que rien que son approche avait jeté entre les Français de nouveaux ferments de discorde, qui n'auraient point fait explosion si la république n'avait pas été menacée et avait pu suivre un cours paisible pour se constituer.

Mais la France n'a pas pris le change, et l'opinion s'y prononce de plus en plus en faveur du maintien de la république.

A tout ce que la monarchie a de fâcheux en elle-même, comme ingrédien gouvernemental, se joint encore en France que le trône y est convoité par divers prétendants, qui chacun représentent des dynasties tour à tour renversées par l'indignation du peuple, et qui portent encore avec elles tout le bagage qui les a fait condamner.

La branche aînée des Bourbons prétend toujours régner de droit divin, n'accorder de certaines libertés que comme concession, se réservant tous les sous-entendus qui, à la première occasion, lui ferait manquer à ses promesses, en faisant refleurir et la superstition et tout le cortége aristocratique qui entourait ses aïeux.

La branche cadette, plus rouée, ne s'explique pas sur l'origine qu'elle donnerait à son pouvoir ; probablement cette quasi-légitimité, qui ne pouvait invoquer un droit divin, auquel la branche aînée n'avait pas renoncé, mais qui d'un autre côté refusait de tenir son pouvoir de la souveraineté du peuple.

Gâchis doctrinaire dans lequel se plaisent ceux qui ne savent gouverner que par des sophismes, escamotant toutes les questions, si bien qu'on pourrait intituler cette monarchie établie de par le sophisme doctrinaire le régime de l'équivoque.

Enfin, cet empire si déchu par ce gouvernement de vingt ans, qu'on avait prétendu enter sur la république sous le prétexte de prendre en mains la cause des classes pauvres et de maintenir l'ordre, et qui n'a été qu'un retour à tous les excès et ridicules monarchiques, couronné par l'épouvantable catastrophe de la guerre, que son incapacité avait à la fois suscitée et acceptée sans être prêt à la faire.

Et voilà ce qu'on propose à la France pour rétablir et maintenir l'ordre, des dynasties portant dans leurs flancs le désordre, et qui en outre sont toute prête à se disputer entr'elles.

En vérité, la monarchie ainsi représentée est-elle encore possible en France, et le fût-elle mieux après tous les essais qu'on en a fait ; en quoi lui trouver l'excellence qu'on lui attribuait dans un gouvernement constitutionnel, avant que l'exemple américain fût venu prouver qu'on pouvait très-bien s'en passer.

Mais reste la question : comment constituer la république pour qu'elle puisse marcher régulièrement ?

Les uns nous diront, comment la préserver de l'entraînement des théories absolues du socialisme mal compris, comment contenir les révolutionnaires quand même, qui croient qu'il faut passer par un régime d'absolutisme révolutionnaire pour annihiler d'un coup tout ce qui s'oppose à l'établissement d'une république.

D'autres, qui repoussent ces moyens violents et qui n'ont pas grande foi dans l'efficacité des théories de ceux qui voudraient les appliquer, se défient d'un autre côté de ces autres doctrines absolues de l'école doctrinaire, qui ne voient l'ordre que dans un système de priviléges et de réglementations économiques, qui ont été plus que tout autre chose peut-être la véritable cause de l'agitation des classes inférieures qui souffrent d'un régime économique mal entendu.

A ces craintes nous opposerons le fait principal que nous n'avons cessé de signaler pendant ce Cours, construisez une intelligence collective bien entendue, fonctionnant suivant les conditions naturelles qui la forment, et vous y trouverez la solution de toutes les questions qui nous agitent et que chacun veut trancher à sa manière.

En les faisant résoudre par une intelligence collective de la nation, ce sera bien le cas de dire que ce qui a plus d'esprit que chacun de nous c'est tout le monde.

La nécessité de l'établissement définitif de la république en France tient surtout à cela, qu'il faut sortir des théories absolues qui, aujourd'hui, entravent toutes solution, mais sans tomber dans d'autres théories qui seraient tout aussi peu dans la nature des choses, et les besoins de la civilisation progressive qui marche et laisse en arrière tous ceux qui ne la comprennent pas.

Pour suivre cette civilisation et en appliquer les bienfaits à toutes les classes de la société, il faut que cette société soit elle-même constituée de manière à la comprendre et à la favoriser.

Il n'y a pas besoin pour cela d'un bouleversement

social, une révolution est maintenant inutile. La base de ce qui peut constituer une république, la liberté et l'égalité des citoyens, ne sont contestées par personne comme droit de chaque individu, mais si le droit est reconnu, il n'est guère garanti. Ce devrait être le premier travail d'une Assemblée constituante qui s'occuperait d'établir la république en France que de garantir les droits individuels qui assurent dans la société l'autonomie de chaque citoyen, et qui de leur agrégation sur ce principe forment un peuple.

Les écoles révolutionnaires et doctrinaires semblent n'avoir pas compris jusqu'ici que ce n'est que par le respect des droits individuels que l'on obtient, d'un autre côté, de la part des citoyens, le respect de la légalité. Nous ne parlerons pas des monarchistes qui ne savent, eux, régner que par la violation de tous les droits, et sous le gouvernement desquels il n'y a aucune sécurité.

Le premier pas pour constituer une république bien entendue est donc de commencer par bien définir et garantir les droits de chacun ; nous ne reviendrons pas ici sur tout ce que nous avons dit à ce sujet tout le long de ce Cours.

Mais, sans ce premier pas, nous désespérons de voir la France parvenir à se constituer. Malheureusement, on n'y paraît guère disposé dans tous les partis, la Commune de Paris et les Versaillais les ont, l'un et l'autre, foulés aux pieds sans hésitation ; c'est un reste de l'exemple des violences monarchiques, sans lesquelles on ne croit pas pouvoir gouverner en France, et qui pousse chacun à s'emparer de la direction suprême à laquelle on aspirerait moins si l'on se sentait en sécurité.

Nous en convenons, c'est le côté difficile de la constitution de la république en France, car cette reconnaissance des droits de tous doit précéder toute organisation délibérante.

L'étoffe dont on fait le peuple, c'est le citoyen ; or,

qu'est-ce qu'un citoyen qui craint pour sa liberté individuelle, pour sa propriété, pour son droit de publier sa pensée, pour son droit de réunion et d'association, et pour l'exercice de son suffrage? Il faut, avant tout, pour que le citoyen puisse voter en toute liberté, qu'il se sente indépendant. C'est donc à ceux qui ont en mains le pouvoir provisoire alors du passage de la monarchie à la république, de bien assurer les droits constitutifs de la qualité de citoyen. Cela n'a été que trop souvent une erreur commune que de se croire autorisé précisément dans ce moment de passage d'user d'arbitraire pour arriver à une constitution définitive. C'est ainsi que bien souvent on est retombé sous le joug auquel on voulait échapper. Pas d'état de siége, pas de suspension des droits, pas de tribunaux extraordinaires devant lesquels on traduit des citoyens arrachés à leurs juges naturels, et que le plus vite possible le jury vienne rassurer chacun sur le maintien de ses droits.

Ce n'est qu'avec un peuple ainsi préparé que l'on fait les républiques raisonnables; tant que joue l'arbitraire, chaque faction cherche à s'en rendre maîtresse, et le pays ne peut pas se constituer paisiblement.

Certes, par une liberté préliminaire, il y a quelquefois des inconvénients, mais ils n'équivalent jamais à ceux de l'arbitraire.

Ceci bien entendu, la république est presque déjà faite en France.

Il ne s'agit plus que de constituer cette intelligence collective, qui dérive d'une sage distribution des fonctions des corps représentatifs, qui font penser et agir collectivement une nation.

Nous l'avons déjà dit dans une autre séance de ce Cours, nous ne conseillons pas à la France de renoncer à l'unité de son gouvernement pour adopter une forme fédérative dans le genre de celle de l'Amérique ou de la Suisse.

L'unité a trop coûté à la France pour y renoncer, et, sur de certains points, elle a trop bien réussi pour ne pas la conserver, mais en en corrigeant les abus, car sans cela elle ramènerait peut-être la monarchie, qui est la personnification d'une grande unité politique. Il faut donner aux communes et aux départements une plus grande indépendance locale qui leur permette de s'administrer eux-mêmes dans tout ce qui concerne leurs intérêts privés.

Pour le faire, il faut que la commune élise directement son conseil municipal par le suffrage universel, comme elle le fait déjà, mais il faut aussi que son pouvoir exécutif, maire et adjoints, soient aussi les élus directs du peuple.

Dans le département, l'esquisse d'un gouvernement local existe déjà, le conseil général, nommé par le peuple du département, serait son corps législatif dans les limites des intérêts départementaux, et un conseil, soit le conseil de préfecture actuel, mais aussi nommé par le peuple, pourrait être son conseil exécutif. Quant à la république elle-même, elle pourrait être représentée dans le département encore par un préfet qui représenterait le pouvoir exécutif central. Ainsi constitués, les communes et le département jouiraient d'une certaine autonomie qui, sans les détacher de l'unité générale de l'Etat, formeraient cependant des centres indépendants pour les intérêts locaux et donneraient à la vie de province une plus grande activité, tout en protégeant mieux tous les droits. Les départements ainsi constitués viendraient concourir au gouvernement général par des députés qui les représenteraient dans la confection générale des lois, et pourraient former une seconde chambre ou sénat à côté de la représentation générale du peuple dans une assemblée directement nommée suivant la population et par districts électoraux composés d'un nombre d'électeurs assez considérable pour y neutraliser les influences des magnats de province.

Enfin, le pouvoir exécutif central serait confié à un conseil et non pas à un président, conseil peu nombreux, composé de sept ou neuf membres, élu directement par l'ensemble des suffrages du pays.

Nous pensons qu'un tel gouvernement assurerait à la France une intelligence collective fonctionnant avec force et simplicité, dont le contrôle serait dans un renouvellement fréquent de tous les pouvoirs constitués, renouvellement qui alternerait d'année en année, les unes consacrées aux élections départementales, les autres aux pouvoirs législatif et exécutif, et enfin aux autorités judiciaires.

Quant à la forme judiciaire conservatrice des lois, il n'y aurait guère de changements à y introduire, que de rendre les juges électifs, d'en diminuer le nombre, par la raison qu'on devrait les faire assister par le jury dans les affaires civiles, comme dans les affaires criminelles et correctionnelles.

Certes, ce serait là une véritable démocratie représentative; mais, telle que nous la proposons, elle rencontrerait bien des appréhensions de la part de ceux qui n'ont pas d'autres notions gouvernementales que de se défier du peuple. Cependant où trouver ailleurs que dans le peuple lui-même la source de toutes les positions sociales.

Le pas qu'il faut savoir franchir pour bien constituer une république moderne, c'est d'avoir confiance en lui. Non pas en lui livrant tumultueusement la décision de toutes les affaires, mais en le faisant se constituer lui-même pour que rien ne se décide sans un examen approfondi, sans délibération et sans en confier l'exécution à des hommes capables responsables, et que par leur propre constitution on mettrait à l'abri de la tentation d'usurper le pouvoir d'une manière permanente.

Tout le commencement de notre Cours a été consacré à bien préciser le mécanisme par lequel nous croyons former l'intelligence collective d'un peuple, calquée sur l'intelligence individuelle de l'homme, le seul modèle sur lequel on puisse donner à une société le sentiment de son existence et le moyen d'y pourvoir.

Un tel gouvernement est aujourd'hui le seul qui puisse donner à la France ce qui lui faut pour se régénérer et entrer dans la voie des progrès constants et paisibles, qui apporteront les solutions aux problèmes sociaux qui s'agitent en ce moment.

Cette république qui doit enfin poser les questions sur leur véritable terrain, serait tout à fait manquée si, ne s'asseyant pas sur les bases populaires qui en feraient une vérité et non pas un trompe-l'œil, on l'hérissait d'exceptions à la manière des doctrinaires, comme de limiter les droits individuels, ceux de la presse entre autres, et le droit de s'assembler et de discuter en public. Comme si, aussi, on s'escrimait à former des corps exceptionnels échappant au contrôle du peuple; comme dans l'organisation judiciaire, par exemple, où des corps échappant à l'élection, comme le conseil d'Etat actuel, si on voulait conserver cette institution de mandarins.

La république peut résoudre les questions du temps, à la condition qu'elle soit sincère et qu'elle sorte des entrailles du peuple; celui-ci ne pouvant agir que sous des formes déterminées, ne sera jamais ni turbulent, ni anarchique, car il se suiciderait lui-même. Sachant que toutes choses dans le gouvernement émanent de lui, il respectera les lois qui ne seront faites que dans son intérêt, et qu'il pourra faire toujours réformer sans tumulte si elles venaient à ne pas répondre à ses besoins. Plus le peuple est au fond de toutes choses dans un gouvernement, moins il est à craindre, car le gouvernement c'est lui-même.

La république modérée, celle dans laquelle tout se résout pacifiquement et par les lois, n'est qu'au prix que le peuple sente que tout vient de lui.

Dans la situation actuelle, il y aurait à vouloir brider son action par de ces petites entraves sans nom que l'école doctrinaire est si ingénieuse à trouver, précisément le danger qu'on voudrait éviter. Aujourd'hui, le suffrage universel est acquis en France, il n'est plus possible de lui mettre des limites, soit censitaires, soit de propriété, soit de capacité. Or, si lorsqu'il est appelé à fonctionner, vous voulez le restreindre dans son plein exercice, et, par exemple, lui enlever la nomination directe des maires, alors qu'il nomme les conseils municipaux, vous vous exposez à ce qu'il passe outre, et fasse l'élection des maires malgré vous. Malgré vous, car qui êtes-vous, vous qui en voulez savoir plus que lui, et qui n'êtes rien que par son choix ? Il est évident que là où existe la séparation des pouvoirs et où chaque fonction n'est qu'une délégation de la suprême autorité du peuple, c'est lui qui doit élire les fonctionnaires et non ceux-ci se réserver de certaines élections, d'où résulteraient des confusions de pouvoir.

Soyez sincères avec le peuple dans la constitution de la république, et vous le verrez toujours remplir ses fonctions électorales avec sagacité et conscience, s'il peut les exercer en sentant que rien n'altère son droit.

J'ai dit comment la France peut obtenir une république sincère.

Celle-ci n'existerait pas plutôt que l'on verrait comme par enchantement les questions se poser sur leur véritable terrain et se résoudre par le bon sens public.

Supposons qu'elle eût déjà existé le lendemain de la paix si lourde imposée à la France, et que les machinations et préventions monarchiques n'eussent pas obscurci les questions, avec quelle facilité les premières difficultés auraient pu être résolues. En supposant à la loi municipale toute la largeur qu'elle doit avoir sous une république sincère, et surtout qu'elle ne fût pas entachée d'exceptions blessantes pour les grandes cités, et, entre autres pour Paris, avec quelle facilité la question si embrouillée de la Commune de Paris, qui s'est compliquée de l'opposition de théories révolutionnaires et sociales, aurait été résolue ! Si une république sincère avait existé, qu'avait-on besoin de rassembler près de Paris une armée formidable destinée à dompter quoi? l'esprit républicain qui se raidissait contre les tendances monarchiques qui ne se gênaient pas pour se manifester. A quoi bon dans une république ces armées permanentes si peu solides devant l'ennemi et si écrasantes contre les manifestations de la liberté?

Sous une république sincère, au lieu de récomposer une armée à l'image de celle qui venait d'être vaincue, de remettre à sa tête des hommes qui auraient dû chercher dans la retraite l'oubli de leurs fautes et de leur incapacité, on se serait immédiatement appliqué à créer sur une large échelle un système de milices nationales en état de tenir tête aux plus nombreuses armées ennemies.

Sous une république sincère, au lieu de recourir à l'impôt pour combler les déficits de la guerre, on eût trouvé dans les économies à faire au moins 500 millions par an pour couvrir les intérêts et les amortissements des emprunts à contracter, et si ces économies eussent été impossibles, ce qu'on aurait dû demander à l'impôt ne devait être demandé qu'à ceux qui possèdent et dont le superflu est tellement notoire, qu'au sein de la misère générale des travailleurs il s'est trouvé des milliards d'économie chez les grands capitalistes pour souscrire à l'emprunt.

Mais au lieu d'une république sincère, il y avait des arrière-pensées de monarchie, et il ne fallait que procéder suivant les idées monarchistes, nouvel exemple que c'est toujours dans ces idées qu'il faut aller chercher la cause de tous les désordres sociaux.

La lutte continue, et, au lieu de reprendre immédiatement son activité, tout reste encore en suspens, et la question sociale, loin de se résoudre, s'accroit en âcreté.

La terrible répression qui vient d'avoir lieu, exercée avec un tel mépris de la justicè que grand nombre de personnes, hommes valides, vieillards, femmes et enfants qui n'étaient pour rien dans les théories qu'on accuse et dans les actes qu'on incrimine, ont été sacrifiés de la façon la plus barbare à l'aveugle rage d'une réaction insensée. Et ce sont ceux qui se disent les partisans de l'ordre et de la légalité qui en usent ainsi! Que veulent-ils, où vont-ils? Est-ce bien ainsi qu'on arrive à une république modérée. Faut-il donc passer par une terreur doctrinaire pour arriver à cette république étriquée qu'ils promettent, quand ils veulent bien un instant ne plus invoquer la monarchie.

Oui, la république modérée peut exister, elle est dans la nature des choses, il ne faut presque rien pour l'établir en France, mais c'est à la condition, nous le répétons, qu'elle soit sincère et sans arrière-pensée de lui tendre des embûches pour la faire trébucher à un moment donné, et, dans le désordre qu'on aura fait naître, proclamer une des trois monarchies qui intriguent en ce moment.

Mais, le remède à tant de machinations est connu, que la France ne se divise pas, que tout ce qui veut sincèrement des progrès se rallie à la forme républicaine, démocratique représentative, si bien expérimentée en Amérique et en Suisse, où tout émane du peuple qui ne décide rien et n'exécute rien que par ses représentants directs.

Cette forme sera combattue, nous n'en doutons pas, par ceux qui ont déjà si mal débuté dans les premiers actes de la régénération de la France, sans doute inspirés par l'arrière-pensée du rétablissement de la monarchie et surtout de cette monarchie orléaniste qui s'était mise à la tête d'un nouveau genre d'aristocratie, qu'on a intitulée aristocratie bourgeoise.

Cette aristocratie, peu intelligente mais très-entêtée, et conduite par une école plus habile qu'elle, par l'école doctrinaire, suscitera bien des obstacles à l'établissement d'une république sincère, et, dans la lutte, ce sera le cas de ne pas se diviser.

Que de fois les socialistes se sont écriés : Eh ! que nous importe la liberté, si celle-ci ne parvient pas à résoudre la question de la meilleure rétribution du travail. Mais cette liberté qu'ils accusaient n'était pas la véritable, c'était la liberté doctrinaire qui ne pouvait se mouvoir que les menottes aux mains, posées par des priviléges de toutes espèces et qui entravaient le véritable développement du travail.

Ce n'est pas la liberté que celle qui a fait de l'agiotage l'occupation ordinaire du capital, qui ne souffre que par privilége les institutions de crédit, qui met toutes les transactions entre les mains d'agents priviléfgiés, qui par des prohibitions crée des industries factices où l'ouvrier est fatalement condamné à des salaires restreints. Ce n'est pas la liberté qu'un système d'impôts sur la consommation et la production et qui ne demande rien à la fortune ; ce n'est pas la liberté que ces impôts, d'ailleurs exagérés, et des dépenses improductives ; ce n'est pas la liberté que l'entretien d'une armée nombreuse, destinée uniquement à comprimer tout élan vers la liberté. Nous pourrions continuer une telle énumération et prouver que cette liberté n'est pas la vraie et qu'après quelques jours d'une république sincère, ces libertés fallacieuses disparaîtraient pour faire place à la véritable et que le socialisme n'aurait plus lieu de s'écrier : A quoi sert la liberté !

Le problème social n'est pas où on a été le chercher, il n'est pas dans ce qu'on appelle l'individualisme, bien au contraire ; l'individualisme bien entendu, celui que nous n'avons cessé de recommander comme la base de toute société, c'est-à-dire reposant sur des droits individuels, inaliénables, est le plus beau lot de l'homme sur terre, et de la protection qu'il reçoit de la société.

Le problème social n'est pas dans la communauté des biens, la culture en commun appauvrirait tout le monde et ferait disparaître l'émulation des sociétés. Le problème social n'est pas dans l'abolition de l'héritage, qui stériliserait bientôt, comme en Turquie, les contrées les plus productives.

C'est par la liberté du travail, aidé par l'association libre, par les institutions libres de crédit, par la liberté des échanges, par l'instruction répandue dans toutes les classes, par une justice égale émanant du bon sens du peuple et non pas de gens étrangers à ses travaux, que la répartition des produits de l'intelligence et du travail s'opère plus équitablement et de façon à ce que chacun obtienne pour ses peines une juste rémunération qui donne l'aisance.

C'est par un concours de l'Etat bien entendu que le bien-être s'augmente encore par la facilité des communications, par la protection des arts et des sciences et par son initiative, là où le travail du peuple a besoin d'être aidé, mais surtout par sa protection efficace pour maintenir les droits de tous.

Voilà ce que procure une république sincère, et, qu'on le croie bien, les effets s'en font rapidement sentir dès qu'elle peut fonctionner à l'aise.

Sous un tel régime on n'enlève rien à personne, on ajoute à la fortune de chacun, car ce qui s'acquiert par un travail bien entendu, s'accomplissant dans des conditions naturelles, se rétribue sans rien ôter à personne; au contraire, en ajoutant à la richesse générale la mieux-value d'un travail conduit avec plus d'intelligence.

Franklin disait : Ah ! si les fripons savaient tout ce que l'on gagne à être honnête homme ils seraient honnêtes gens par friponnerie. Nous oserions presque dire : Ah ! si tous ces faux docteurs qui sèment d'embûches tous les pas de la liberté, savaient tout ce qu'ils gagneraient à laisser la liberté se développer, ils seraient radicaux par calcul, si ce n'est par raison.

Ils seraient d'abord débarrassés de ce fantôme d'absolutisme social, leur cauchemar perpétuel, car celui-ci s'évanouirait dès que le problème qu'il cherche serait résolu par les faits d'une prospérité progressive dont chacun éprouverait les effets.

Que l'on ne suppose pas que ce soient là des illusions, tous les pays qui ont passé d'un régime de fausse liberté à un régime sincère l'ont éprouvé; l'Amérique et la Suisse sont là pour l'attester.

Sans prétendre pour cela que nous soyons déjà parvenus ici au point où l'on peut arriver, car il nous reste beaucoup à faire, mais nous sommes en route.

La France, une fois lancée dans cette voie, y marcherait plus vite que n'ont pu faire d'autres nations, parce qu'elle possède des éléments de prospérité qui manquent à d'autres. L'univers entier a besoin de ses produits, et pour peu qu'elle accepte le libre-échange elle aura toujours l'avantage sur tous les marchés.

Mais le libre-échange bien entendu est un résultat de la véritable liberté; sur ce point comme sur tant d'autres il y a des obstinations à vaincre qui ne peuvent l'être que par une intelligence collective fondée sur les vrais principes qui établissent cette intelligence. Nous les avons développés dans ce Cours et nous sommes convaincus qu'il n'y a pas d'autre moyen pour les peuples actuels de résoudre toutes les complications qu'une civilisation nouvelle a fait naître.

Que la France se constitue d'abord en république sincère, tout viendra après; mais nous disons république sincère et non pas république calculée pour rendre ce régime aussi stérile que celui d'une monarchie constitutionnelle, à la manière de celle que les Bourbons de la branche aînée et de la branche cadette avaient imposée à la France.

Cette monarchie constitutionnelle avait porté au plus haut degré ces sophismes de liberté qui ont fait douter de la liberté elle-même.

Par exemple, on appelait liberté de la presse celle qui ne pouvait s'exercer qu'avec cautionnement et accablée de droits de timbre, et sans cesse exposée aux amendes et à l'emprisonnement de ceux qui se laissaient prendre au piége de cette fausse liberté. C'était encore une des libertés orléanistes que de ne pas pouvoir s'assembler même pour dîner, sans être exposé à voir intervenir les procureurs royaux dans vos toasts. C'était la liberté d'instruction que de ne pouvoir enseigner sans autorisation, l'Etat ayant soin d'ailleurs de ne pas vous faire concurrence, n'enseignant rien du tout, du moins comme enseignement primaire, le plus nécessaire de tous. La liberté des échanges consistait à protéger les filateurs de coton contre la concurrence étrangère, en empêchant les produits naturels du pays de s'échanger avec ceux qui fabriquaient meilleur marché. C'était aussi la liberté électorale que de ne pouvoir l'exercer qu'à la condition d'être riche, ce qui réduisait le corps électoral à deux cent mille au lieu de six à sept millions par le suffrage universel, et à quinze à vingt mille éligibles, le tout corroboré de priviléges divers qui concentraient le crédit et la direction du travail entre les mains de quelques financiers, hauts barons de la finance.

Que la France se gare qu'on lui fasse une république sur ce modèle orléaniste et doctrinaire.

Une semblable république, on l'appellera la république modérée; et la république fondée sur les droits individuels garantis et protégés, sur l'élection du peuple appliquée à tous les pouvoirs, sur la séparation exacte des fonctions législatives, exécutives et judiciaires, émanant chacune directement du suffrage populaire, on l'appellera république anarchique.

Et pourtant, c'est cette république seule qui peut

enfin procurer à la France la prospérité, fruit de la véritable liberté, le repos, l'ordre et la solution des questions sociales qui l'agitent.

Nous avons passé par là en Suisse, et nous avons prouvé par un exemple irrécusable que ce n'est que lorsque nous avons eu écarté toutes les fausses libertés issues des sophismes aristocratiques que nous avons obtenu l'ordre véritable et trouvé la fin de nos révolutions.

En France, la question se pose sur le même terrain qu'elle l'a été chez nous. Ici, la république radicale fut accusée de pousser à l'anarchie et fut considérée comme l'œuvre de factieux, et pourtant c'est elle seule qui a créé l'ordre véritable dont nous jouissons aujourd'hui.

C'est qu'elle est la seule que la science de la législation constitutionnelle puisse avouer, comme reposant sur les conditions naturelles qui régissent les sociétés. Il en est de la constitution des sociétés comme de tout ce qui existe sur terre, c'est qu'elle est soumise à des conditions naturelles qu'on ne peut pas enfreindre sans courir le risque de tout bouleverser. Or, la véritable république moderne, c'est celle qui se constitue sur la base des faits reconnus par l'observation comme nécessaires pour qu'une société pense et agisse collectivement. Les républiques anarchiques sont celles où l'on introduit des exceptions à l'ordre naturel des choses.

Pendant ce Cours, nous nous sommes efforcés d'établir ces vérités, nous les avons d'abord constatées par une analyse des fonctions sociales, puis par les exemples de l'histoire, enfin par les exemples contemporains les plus récents en Amérique et en Suisse.

Que la France suive cet exemple et elle aura bientôt repris dans le monde la place élevée qui lui appartient.

VINGT-UNIÈME SÉANCE

Des Républiques contemporaines.

Nous croyons avoir suffisamment démontré dans nos précédentes séances que comme élément constitutionnel la monarchie et l'aristocratie n'ont aucun droit de faire valoir leur utilité. Plus ou moins le produit de l'usurpation violente ou de la conquête, quand elles ont eu le bon esprit d'entrer en transaction avec le peuple, en laissant celui-ci un peu vivre par lui-même, elles n'ont pas été des rouages utiles à la marche de la constitution, elles sont restées plutôt des obstacles, et que c'est à tort qu'on les a classées comme utiles par elles-mêmes dans les organismes constitutionnels. Elles n'ont pu avoir cette prétention qu'en face de républiques mal organisées, qui ne l'étaient que de nom et pas de fait. Nous avons, autant qu'il nous a été possible, cherché dans ce Cours à montrer par quelle organisation sociale, fondée sur des conditions ressortant de la nature des choses, une république peut se dire organisée.

Jetons, à ce sujet, un coup-d'œil rapide sur les républiques contemporaines, pour y démêler jusqu'à quel point elles ont su se conformer aux lois naturelles de leur existence.

Nous avons déjà constaté avec bonheur que les républiques du Nord de l'Amérique offrent à ce sujet des modèles consolants. On peut dire qu'elles ont résolu la question au point de vue pratique et ont prouvé que toutes les prétendues excellences de pouvoir d'origine monarchique ou aristocratique pour faire marcher une constitution étaient bien plus réelles confiées à des pouvoirs électifs issus directement du peuple. Elles ont laissé subsister le fond de la liberté anglaise, bien mieux précisée par des déclarations de droit qui ont assuré à l'individu une existence à lui propre, protégeant son autonomie dans la société, dont il ne fait partie qu'à la condition expresse que sa liberté ainsi définie ne saurait jamais souffrir aucune atteinte. Ce point de départ constitue la supériorité de la république moderne à l'américaine sur les républiques antiques et du moyen-âge; dans ces républiques, l'individu était trop souvent sacrifié à un intérêt public, nous oserions dire mal entendu, car il n'est jamais d'un véritable intérêt public de commettre une injustice envers l'un des membres de la société. Ceci devient même une source de perturbation par le besoin qu'on éprouve de se défendre en remuant l'ensemble du pays, tandis que là où les droits individuels sont garantis comme le point de départ de la société et protégés par des tribunaux dans les arrêts desquels le peuple intervient, il existe une sécurité personnelle qui est la meilleure sauvegarde de l'ordre et de la tranquillité publique.

Celui qui se sent réellement protégé dans son existence individuelle, tient à l'ordre et à la légalité. On dit, lorsqu'on veut comparer par exemple l'Amérique à la France et prouver que celle-ci peut supporter la république, tandis que l'autre ne le pourrait pas : mais, en Amérique, les citoyens respectent avant tout la loi. Pourquoi? parce que la loi les respecte et qu'ils ont tout intérêt à la maintenir. C'est qu'il n'y a pas de loi qui viole leurs droits reconnus. Tandis qu'en France, à peu près sous tous les régimes, le premier violateur des conditions sur lesquelles reposent l'ordre et la sécurité ont été et sont violées par presque tous les gouvernements.

La liberté individuelle, la liberté de la parole et de la presse, le droit de réunion, la liberté religieuse, la propriété elle-même, au nom de laquelle on parle sans cesse, la liberté de l'industrie, reçoivent à tout instant des atteintes non-seulement par la législation qui, en ne les respectant pas, viole le contrat social par lequel l'homme consent à vivre en société ; mais encore des atteintes journalières leur sont portées par la manière dont des tribunaux, où le jury n'existe qu'en matière criminelle, les interprêtent. Soyez inquiétés dans vos droits et cherchez à rendre responsables ceux qui les ont violés, où trouverez-vous justice?

C'est le mépris des droits individuels qui, jusqu'à l'apparition des républiques américaines, a empêché les républiques modernes de se consolider et de lutter contre la monarchie constitutionnelle Il faut rendre justice à l'Angleterre, et nous l'avons déjà fait dans la précédente séance, c'est chez elle, dans les temps modernes, que s'est établie et consolidée la garantie des droits individuels, garantie qui avait constitué une nation républicaine de fait, malgré la présence de la monarchie et de l'aristocratie.

C'est en faisant de cette garantie la base de leurs institutions républicaines que les Etats-Unis de l'Amérique du Nord ont donné à la république moderne une consistance que les républiques anciennes et du moyen-âge n'ont eu qu'imparfaitement.

Ceci bien défini, il ne restait qu'à organiser la manière de conduire collectivement les intérêts du pays ; là encore, quelque chose de nouveau sur les républiques anciennes est apparu, c'est le gouvernement dit représentatif. Certes il y a eu dans les républiques anciennes et modernes des corps représentatifs, il y en a dans les monarchies constitutionnelles ; mais jamais avant les républiques américaines on n'avait, tout en divisant les fonctions des divers organes constitutionnels, fait émaner directement du peuple et par représentation, les corps législatifs et le pouvoir exécutif, ainsi que les tribunaux.

On avait bien la prétention, là surtout où la démocratie l'emportait, de faire émaner tous les pouvoirs du peuple, mais jamais il n'y eut d'institution représentative assez régulière pour mériter le nom de gouvernement représentatif. Ce fut encore une imitation anglaise de la chambre des communes ; mais quelle différence en ce qui concernait le sénat et le pouvoir exécutif, et puis quelle différence dans l'émanation populaire. Dans les républiques américaines tout part du suffrage universel, et, partant de là, tous les pouvoirs en étant issus, c'est bien un gouvernement représentatif du peuple dans toute la force du terme.

Ce qui distingue les républiques modernes bien organisées, c'est donc, et le respect des droits individuels et la forme représentative qui a fait naître une garantie de plus, ce que nous appelons la division des pouvoirs, qui eût été impossible sans la forme représentative, chaque corps élu ne l'étant qu'à la condition de rester dans les fonctions qui lui sont assignées.

Nous avons dans nos premières séances expliqué tout le mécanisme des gouvernements ainsi constitués, en montrant qu'ils répondent presque exactement aux conditions naturelles par lesquelles s'organise une intelligence collective de la société.

Les républiques américaines auront la gloire d'avoir les premières trouvé la forme qui ressort de notre civilisation moderne. Car il faut bien le dire, cette civilisation a besoin dans sa marche progressive, d'un instrument actif d'intelligence collective qui sache ne pas l'entraver, et qui la laisse se développer suivant sa force irrésistible qui renverse tout devant elle quand on ne sait pas la seconder ou la laisser aller. Que de gouvernements qui se mettent en travers et appellent de l'ordre leurs réglementations absurdes contre la liberté des transactions, leurs priviléges divers, mettant une digue là où il faudrait ouvrir l'écluse, jettant au travers du développement naturel des choses leur ignorance et leurs préjugés, et ne connaissant pas d'autre manière de gouverner que de comprimer ceux que la civilisation pousse en avant. Avec tous les procédés modernes de la science, le travail peut-il être encore conduit par les instruments des temps passés, et peut-on réglementer et arrêter les moyens de crédit issus de la liberté par lesquels les travailleurs peuvent entre eux produire au mieux et au meilleur marché possible, tout en rétribuant largement le travailleur, tout ce qui peut être produit par les procédés nouveaux.

En comprimant et voulant diriger bêtement les moyens que la liberté procure pour faire au mieux, vous laissez s'engendrer de fausses théories économiques et vous voyez se lever devant vous le spectre de la misère, du paupérisme ou du désespoir de qui, malgré ses peines, n'obtient pas des salaires suffisants.

Mais laissez la liberté comme aux Etats-Unis, soyez sincères dans vos déclarations de droits, ne les annulez pas par de fausses applications, et vous verrez comme par enchantement disparaître tout ce qui alarme votre état social qui, tel qu'il est, est la seule cause du désordre.

Si les modèles n'étaient pas là, on dirait que nous

nous perdons dans de vagues utopies. Mais, non; les républiques de l'Amérique du Nord sont là et prennent hautement le pas en avant dans la carrière de la civilisation moderne. Que l'on ne vienne pas nous dire : mais ces républiques possèdent un territoire immense, favorisé de tous les dons de la nature, où l'on rencontre tous les climats. Mais on ne fait pas attention que pour dompter et fertiliser cette nature, il a fallu des efforts immenses, efforts qui, dans des conditions semblables, n'ont pas répondu de même là où la liberté ne les protégeait pas.

La Louisiane, aujourd'hui si florissante, ne pouvait pas avancer d'un pas sous l'administration française. La Californie, le Texas, la Floride, sous l'administration espagnole, restaient presque incultes, quoique plus favorisés encore par la nature que les Etats-Unis. Le Canada qui les touche au nord suit-il le même développement quoique sous bien des rapports jouissant d'une liberté semblable mais moins complète ? Non, les miracles des Etats-Unis ne sont pas dûs seulement à son sol, ils sont surtout le produit des institutions. Croit-on, par exemple, que leur rapide développement eût été le même s'ils fussent restés colonies anglaises ? Non, personne ne doute du contraire.

Mais il y a république et république, et le continent américain en est une preuve ; les colonies espagnoles converties en républiques la fournissent. Ces républiques ont donné bien des exemples de désordre et de guerres civiles et n'ont pas encore beaucoup profité de la richesse de leur sol, pourquoi ? C'est que, malgré qu'en général elles se soient fondées en proclamant les grands principes de la liberté, comme l'abolition de l'esclavage, même quand les Etats-Unis du Nord n'y étaient pas encore parvenus, et la liberté religieuse malgré le fanatisme de leurs populations catholiques, et tant bien que mal les autres droits reconnus aux Etats-Unis, ceux-ci ne furent jamais certains.

Ils ne le furent pas parce que la sanction de leur inviolabilité manquait dans la pratique, par l'insuffisance d'une garantie judiciaire indépendante, et surtout par le peu d'entente de l'organisation politique. Ces républiques ne purent jamais comprendre la division des pouvoirs, leurs formes électives furent rarement sincères et chacune des autorités, une fois installée, se croyait omnipotente. Ce furent surtout leurs pouvoirs exécutifs qui se montrèrent arbitraires et ne comprenant pas les limites de leurs fonctions. Aussi, que de rivalités, que de guerres civiles, de révolutions, qui n'avaient pas d'autre objet que de changer les présidents.

Néanmoins, la forme républicaine, triomphant de sa mauvaise organisation elle-même, s'est maintenue dans ces vastes continents, et, pour s'y perfectionner, n'a besoin que de suivre les exemples de ses frères les Etats du Nord.

C'est dans l'établissement de ces républiques du Sud de l'Amérique que l'on a pu juger combien celles de l'Amérique du Nord ont été heureuses de succéder à un régime où les droits individuels étaient déjà reconnus d'une façon assez marquée et où l'on possédait déjà une forme de gouvernement représentatif qui, pour devenir complet, n'avait qu'à se débarrasser de la monarchie.

Dans l'Amérique du Sud, les populations ne reconnaissaient que le pouvoir absolu, presque plus fort qu'en Espagne, la mère-patrie qui, tant bien que mal, avait encore conservé quelques libertés municipales. Dans les colonies espagnoles on n'avait aucune idée du *self government*, on subissait la loi capricieuse du maître, qui s'appesantissait encore plus sur les débris de la population indigène que l'on maintint dans la plus crasse ignorance et qui n'avait reçu de son contact avec la civilisation européenne qu'un christianisme corrompu, hérissé de superstitions. Les colonies espagnoles étaient une exploitation, elles n'avaient pas de gouvernement proprement dit, elles ne constituaient pas un ordre social; c'était la monarchie pure, sans déguisement, avide et ignorante, allant toujours de plus en plus en se dégénérant et qui, lorsque l'Espagne se donna une constitution, lors de sa lutte contre Napoléon, ne sut pas se modifier assez en Amérique pour y prévenir la rupture qui eut lieu plus tard entre les colonies et la mère-patrie. Ce fut donc sur un terrain mal préparé que les esprits généreux qui proclamèrent l'indépendance des colonies espagnoles durent s'appuyer pour fonder leurs républiques.

Il n'y a rien d'étonnant à ce que cela fût d'une manière imparfaite.

Ils n'étaient pas tous très-bien ferrés sur les conditions par lesquelles on constitue une véritable liberté. Il n'est pas bien certain qu'ils connûssent exactement les institutions de l'Amérique du Nord, ils étaient plutôt imbus des anciennes déclamations philosophiques françaises sur le gouvernement des deux Indes par l'abbé Raynal, et des excentricités de la Révolution française. Il y avait en outre toujours quelque chose de catholique, nous ne voulons pas dire de chrétien, dans le fond de leur manière de comprendre la république. Il y avait dans leur manière de la concevoir quelque chose d'autoritaire qui, dans la longue lutte de ces colonies contre la mère-patrie, avait d'ailleurs quelque chose de fondé, car le pouvoir dut y être confié longtemps aux chefs militaires. Ceux-ci, qui visaient avant tout à assurer l'indépendance du pays, ne s'appliquèrent pas beaucoup à le constituer sur des bases républicaines bien étudiées. D'un autre côté, nous n'y voyons nulle part, dans les premiers temps, des assemblées qui, comme les conventions de l'Amérique du Nord, missent un soin scrupuleux à bien préciser tous les détails de leurs constitutions. Il y eut certes des assemblées, tant bien que mal députées du peuple, mais presque toujours à deux degrés, souvent avec des restrictions électorales; assemblées qui d'ailleurs avaient à s'occuper en même temps, et de faire les lois et de pourvoir aux besoins urgents du moment.

A peine sorties de la guerre de l'indépendance, elles eurent à lutter contre leurs troubles intérieurs, suite inévitable d'une première organisation inachevée. Quelques institutions, assez bien conçues, ne purent être mises en pratique dans la confusion du moment. Des essais de confédération manquèrent parce qu'elles furent mal organisées et qu'on n'avait pas su imiter celle des Etats-Unis, composée de deux chambres nommées l'une par les Etats et l'autre par le peuple, et qu'on avait suivi la vieille forme amphictionique par laquelle les Etats seuls étaient représentés; c'est ainsi que fut dissoute la Confédération de l'Amérique Centrale, composée des Etats de Guatimala, d'Honduras, de San Salvador, de Nicaraga et de Costa-Rica. Confédération qui, admirablement placée entre les deux mers, le Pacifique et l'Atlantique, d'une fertilité exhubérante, riche en mines diverses et de climats sains à l'intérieur des terres, aurait eu un avenir immense. Aujourd'hui, les cinq Etats séparés prospèrent modestement et consolident leurs gouvernements républicains qui, pour tenir tout ce qu'ils promettent auraient besoin de se rapprocher un peu plus des formes de l'Amérique du Nord.

Le Mexique, qui a comme toutes les autres nouvelles républiques du Sud, éprouvé tous les désappointements d'une première organisation vicieuse, est pourtant parvenu à se donner tant bien que mal des constitutions assez bien entendues dans les différents Etats qui composent sa confédération, fédération calquée sur le modèle de l'Amérique du Nord. Il était parvenu à surmonter les premières difficultés de son organisation républicaine, il était parvenu à écarter les usurpations qui avaient voulu s'emparer du pouvoir lorsque la France lui fit la guerre injuste que l'on connaît et voulut y établir l'empire.

C'était là une audacieuse intervention monarchique sur la terre républicaine de l'Amérique ; on sait comment, après quelques années de lutte où la république mexicaine ne désespéra jamais d'elle-même, le principe monarchique fut écarté, solennel avant-coureur de la destinée qu'il devait avoir en France.

Cet événement est un des plus grands enseignements de l'histoire contemporaine, et où les deux principes aux prises ont démontré chacun leur valeur réelle. En supposant que le Mexique, au lieu d'être une république n'eût été qu'un empire, la conquête en était faite, un autre empereur eût été substitué à celui qu'on aurait renversé et tout était dit.

Mais c'était une république et une république fédérative qui luttait ; chaque centre d'Etat y était un point de ralliement, la capitale conquise ne prouvait rien, la résistance était partout, renaissait dans le moindre hameau, dans la moindre ferme; qu'importaient les défaites de milices mal armées et mal disciplinées, peu aguerries, ce n'était pas seulement en elles qu'était la résistance, c'était dans le principe même, et ce principe a triomphé par sa force, quoique n'animant qu'une république encore informe. La leçon qu'il a donnée aux usurpations retentira encore longtemps et fécondera l'avenir de ce beau pays. Espérons que petit à petit il se constituera mieux, et sa constance à écarter l'élément monarchique nous en est un sûr garant.

D'autres républiques et d'autres confédérations, issues des colonies espagnoles, prospèrent déjà mieux que dans le principe. Nous n'avons pas toujours, sur les causes de leurs démêlés intérieurs, des notions bien précises, et il est difficile de les bien signaler, si ce n'est d'une manière générale, comme nous l'avons fait plus haut ; mais ce qu'il y a de certain, c'est que nul ne songe dans ces républiques à appeler la monarchie comme moyen d'ordre, ce qui prouve que telles qu'elles sont elles sont supportables.

Mieux que cela, il est certain que la prospérité s'y développe et que la dignité de l'homme y reprend sa place. La race primitive a repris son rang, elle se montre tout à fait capable non-seulement de supporter mais d'user de la liberté; plusieurs des hommes remarquables de ces républiques sont de cette race. Juarès en était, et certes il y a bien peu d'hommes politiques de notre temps qui puissent lui être égalés.

Que de républiques intéressantes! Vénézuella, la Nouvelle-Grenade, la Bolivie, le Pérou, le Chili, la Confédération-Argentine, Buenos-Ayres, sont avec le Mexique et l'Amérique centrale des centres républicains qui, avec l'Amérique du Nord, assurent à cette forme de gouvernement l'avenir du monde. C'est en vain que la monarchie voudrait encore lutter, depuis qu'elle a perdu le prestige d'être au moins utile comme rouage constitutionnel, la fin de son existence est marquée, elle peut languir encore, mais chaque jour son inutilité dans l'organisation de la société se montrera davantage. C'est l'Amérique du Nord qui lui a enlevé ce dernier prestige sur lequel elle s'appuyait, en démontrant qu'on peut le remplacer avantageusement. C'est à la science à le démontrer toujours davantage.

Mais, dans ce développement de l'humanité, tâchons de rester dans la bonne route, en nous appuyant sur les conditions naturelles qu'il n'est pas permis de négliger dans la constitution des sociétés. Nous avons vu qu'à cet égard il reste encore beaucoup à faire aux républiques espagnoles; il ne faut pas non plus que les républiques anglaises se croient arrivées à la perfection. Nous avons déjà plus haut signalé ce qu'il leur reste à faire dans l'organisation de leurs pouvoirs exécutifs, un peu témérairement confiés à un seul homme, aussi bien dans les Etats particuliers que dans la confédération. Il leur reste aussi à faire dans le pouvoir judiciaire fédéral, qui n'est guère en rapport avec leurs autres institutions judiciaires.

Mais, en général, c'est une consolation pour l'humanité que de constater que les bons principes de l'organisation des sociétés sont sauvés par leur application en Amérique et ne pourront plus se perdre quoiqu'il arrive en Europe.

Dans cette partie du monde où la civilisation progressive a pris naissance, où la liberté républicaine avait été déjà une fois le droit public des peuples civilisés, elle fut cependant étouffée un instant, et chaque jour peut encore la mettre en péril.

Il ne faut pas se le dissimuler, la monarchie veut vivre, et elle fera encore plus d'un effort pour écarter la liberté républicaine. Elle sentait que l'exemple de l'Amérique serait contagieux, et l'on ne peut pas douter que l'expédition du Mexique par l'empire français ne fût une tentative pour rétablir la monarchie dans toute l'Amérique. C'était au moment de la guerre de sécession dans les Etats-Unis du Nord, guerre civile sous-mains encouragée par les monarchies européennes, et que dans leur ignorance de la vitalité républicaine ils espéraient voir se tourner en faveur du rétablissement de la monarchie, suivant son sophisme, qu'elle est un moyen d'ordre.

En Europe, la forme républicaine n'existe donc pas encore, sauf une petite exception et sauf une tentative qui a lieu en ce moment pour deux grands empires. On peut dire que la question y est brûlante. Heureusement qu'en faveur de cette question le petit exemple qui subsiste s'est élevé, comme l'exemple américain, à un point où il est moins contestable qu'il ne l'était avant, et plaide avec bien plus de vigueur pour la forme républicaine qu'il aurait pu le faire il y a vingt ans.

La république n'est plus, comme elle l'a été, composée de petits Etats aristocratiques qui avaient su si bien s'affilier aux monarchies qu'elles en étaient presque des dépendances.

Aujourd'hui, la Suisse, grâce aux efforts du radicalisme, est parvenue à rendre plus vrai le titre de république dont elle se glorifiait, elle y est parvenue en adoptant dans tous les cantons des constitutions qui ressemblent aux constitutions américaines. Ce n'est pas par imitation que cette ressemblance a eu lieu, c'est par des déductions logiques de ses anciennes institutions, qui avaient dégénéré en aristocraties, pour les ramener à leur véritable signification originelle, c'est le retour à la vieille commune démocratique, consacré à neuf par des institutions conformes aux progrès de la science moderne.

Il y a maintenant partout et déclarations de droits individuels et gouvernement représentatif. Il y a dans ces constitutions quelques points plus avancés qu'aux Etat-Unis, mais d'autres bien inférieurs. Nous avons pour l'exercice du pouvoir exécutif des conseils plutôt que des présidents, mais il est des cantons où ces conseils exécutifs n'étant pas nommés directement par le peuple, ne sont souvent qu'une émanation du pouvoir législatif et forment confusion avec lui.

C'est le défaut principal de notre constitution fédérale qui, d'ailleurs, sur d'autres points, est établie sur les mêmes bases que celle des Etats-Unis. Nous l'avons déjà dit, l'organisation judiciaire laisse beaucoup à désirer encore en Suisse, son complément serait l'établissement du jury, même en matière civile. Il existe déjà dans beaucoup de cantons pour les affaires criminelles, à Genève, on l'a aussi dans les affaires correctionnelles; c'est, nous le croyons, le seul canton qui l'aie étendu aussi loin, mais pour les affaires civiles il n'existe nulle part. On parle de révision fédérale, une bien désirable, ce serait que la Confédération imposa comme protection des droits qu'elle a garanti l'établissement du jury, aussi bien au civil qu'au criminel et au correctionnel. La constitution fédérale américaine en a fait une obligation pour tous les Etats qui la composent, et, en effet, sans le jury, il est difficile que dans la pratique journalière de la vie civile et politique les droits individuels ne se trouvent pas souvent froissés sans cette garantie que chacun a sous la main pour redresser les torts qu'on voudrait lui infliger.

Mais telles qu'elles sont depuis qu'elles ont été remaniées par des constituantes, les institutions des diverses petites républiques suisses les ont rapidement élevées à un plus grand niveau de prospérité et d'intelligence.

Ce que la Suisse a gagné depuis ces remaniements dépasse tout ce qu'elle aurait pu faire de progrès pendant des siècles sous les régimes aristocratiques qui l'étouffaient avant; toutes ses villes se sont embellies et agrandies, des routes nouvelles sillonnent le pays, un réseau de chemins de fer a été établi, la navigation de ses lacs par les bâtiments à vapeur est des plus actives, toutes les branches du commerce et de l'industrie se perfectionnent, l'instruction est plus répandue.

De son côté, la Confédération a fait disparaître tout ce qui entravait la circulation intérieure. On a rejeté aux frontières de la Suisse les péages qui existaient entre cantons, on a créé un système uniforme de monnaie, un système de postes fédérales, et le service militaire par les milices a été très-perfectionné, on a établi des routes d'un intérêt commun, des lignes télégraphiques, fondé de grands établissements d'instruction; enfin on a pris vis-à-vis de l'étranger une attitude digne et indépendante, sans ostentation mais ferme et réelle.

Tout cela est le produit d'une véritable organisation républicaine.

C'est bien là qu'on peut dire que les peuples sont ce que les font les lois. Il n'existe nulle part une plus grande diversité de races, de langage, de coutumes; et tout cela, en prenant pour ralliement la liberté républicaine, marche comme un seul homme vers un but commun, le bonheur et le bien-être de tous.

Tout cela se peut, dira-t-on, parce que le pays est petit; mais, dirons-nous, au contraire, tout cela était difficile, parce qu'il y a dans les petites peuplades bien plus de tenacité à tenir à leurs usages que dans de grands pays où l'on peut établir des centres importants où tout s'égalise, et qui forment une espèce d'enseignement mutuel qui dispose les esprits à se soumettre à la loi. Pour dompter de petites populations, confinées la plupart dans des montagnes, parlant des langues différentes et les amener à poursuivre un but commun, c'est bien plus difficile que d'y amener un grand empire où la même langue se parle partout, et où les coutumes ont été égalisées dans les grandes villes. Les miracles que la liberté républicaine opère dans de petits pays seraient bien plus faciles dans les grands si l'on s'y servait des mêmes moyens. Non, la liberté républicaine n'est le privilége ni d'un pays petit, ni d'un territoire particulièrement conformé, il est le résultat unique de bonnes institutions, établies de bonne foi, sans arrière-pensée, et en s'étayant de la science et des exemples qui ne manquent pas dans le monde.

Les républiques suisses et sa confédération en fournissent un aujourd'hui.

Ils en fournissent un d'autant plus instructif que la liberté suisse, telle qu'elle est aujourd'hui, a eu aussi à combattre les persécutions, les préjugés, les accusations d'anarchie, en un mot, tous les sophismes doctrinaires qui s'opposent à l'établissement des républiques bien entendues. L'aristocratie s'est défendue contre la régénération de la Suisse avec la même opiniâtreté qu'ailleurs la monarchie; elle aussi prétendait être le moyen d'ordre par excellence. Or, sous son régime, jamais la Suisse n'eut dix ans de tranquillité; il est vrai qu'elle accusait toujours ceux qui sentaient la nécessité de réformes à introduire de troubler cette tranquillité. Or, quand les réformateurs eurent enfin pris le dessus, qu'en est-il résulté? ce qui ne s'était jamais vu en Suisse : vingt ans d'une tranquillité absolue, un travail paisible de progrès, et, dans les complications européennes, attitude ferme et neutre qui ne laissait plus aborder chez elle et les malheurs des guerres voisines et les perturbations propagandistes des partis étrangers.

C'est un hommage universellement rendu à la Suisse nouvelle, c'est qu'elle a résolu le problème de se constituer républicainement sur les bases les plus démocratiques, et d'avoir par là assuré dans son sein un ordre qu'elle n'avait jamais pu atteindre jusque-là.

Il faut se reporter aux temps où les réformes s'accomplissaient pour bien comprendre tout ce qu'il a fallu de sûreté de coup-d'œil, de conviction et de confiance dans les vrais principes constitutifs des sociétés pour introduire ces réformes, en face des sophismes de diverses natures par lesquels on les combattait. Les accusations les plus absurdes étaient dirigées contre les promoteurs de ces réformes, et aujourd'hui qu'elles ont rendu tout ce qui était dans les convictions de ceux qui les proposaient, non-seulement on rend hommage aux nouvelles institutions, mais on est bien près de s'en attribuer la gloire, tout en conservant contre ceux qui les ont conquises les plus grandes préventions, et tout prêt à les accuser encore de n'être que des anarchistes.

Qu'on note bien que les réformes qui ont assis les républiques suisses et leur confédération sur les vrais principes qui constituent les sociétés bien ordonnées ont été contemporaines de celles proposées dans d'autres pays et qui ont échoué sous les intrigues du sophisme doctrinaire, le plus dangereux ennemi d'une organisation sociale correcte.

Cet ennemi est d'autant plus dangereux qu'il se glisse partout, prend tous les masques et procède surtout par la calomnie contre ceux qui marchent de bonne foi dans l'étude des sciences sociales.

Cette école doctrinaire, qui a surtout pour principe de mépriser le peuple, de ne pas croire à la droiture de ses appréciations et de jeter dans toutes les constitutions des moyens répressifs des manifestations populaires, cherchant à concentrer les pouvoirs dans des classes privilégiées, est sans cesse présente pour fausser les meilleures intentions. C'est à elle, c'est à son intervention constante dans les affaires publiques que l'on doit la naissance d'une école dite socialiste, qui s'efforce d'opposer des principes absolus à d'autres principes du même genre.

Il n'y a qu'un moyen dans ce siècle de progrès nécessaire, c'est d'opposer aux doctrines absolues les faits naturels, d'organiser la société de manière à ce qu'un peuple pense et agisse collectivement dans l'intérêt général bien entendu. Ce sera bien le cas de dire que ce qui a le plus d'esprit que chacun de nous, c'est tout le monde. On cherche la solution aux problèmes sociaux de l'époque; elle n'est que là, elle n'est que dans des organismes d'intelligence collective, sur les bases que nous avons démontré être les bases naturelles des sociétés.

Heureux les peuples qui sont entrés dans cette voie, et l'on peut signaler au monde comme telles, les républiques de l'Amérique du Nord et celles de Suisse, chacunes confédérées sur des bases également établies d'après les règles naturelles qui font penser et agir collectivement les peuples.

Puissent ces peuples savoir conserver ces formes constitutionnelles qui, jusqu'à présent, leur ont si bien réussi, et puissent-elles servir d'exemple à d'autres peuples.

VINGT-DEUXIÈME SÉANCE

De la Constitution de Genève.

C'était bien le moins, puisque c'est à Genève que nous professons ce Cours que, voulant entrer dans l'examen un peu détaillé des constitutions républicaines de nos cantons, nous prissions celle de Genève comme exemple.

Ce n'est pas qu'elle soit supérieure à beaucoup d'autres, mais elle est remarquable par la filiation historique qui l'a engendrée et qui l'a amenée, non sans peine, à être au niveau des progrès du temps, tout en conservant sa couleur locale.

La république de Genève, qui a donné naissance à tant d'hommes distingués dans les sciences sociales, n'avait pas toujours été heureuse dans leur application à sa propre organisation politique; elle a été le théâtre de bien des luttes où, malgré les efforts de la démocratie, l'aristocratie finissait par l'emporter, il est vrai, presque toujours aidée encore par l'étranger ou par les circonstances générales. Néanmoins, c'est à ces luttes incessantes entre la démocratie et l'aristocratie que l'on a dû peut-être bien des progrès dans la science de l'organisme des sociétés qui sont partis de Genève, parmi lesquels on peut compter en première ligne les écrits de Rousseau, de J.-B. Say, de Delolme, de Sismondi, de Necker, de Dumont, et, dans un autre ordre d'idées, de cette école mixte, origine de l'école doctrinaire si pleine de souplesses.

Ces écrits caractérisaient bien le fond des luttes politiques qui se sont agitées sur ce petit espace de terre, où le côté populaire appuyait ses droits en remontant aux conditions naturelles de la vie en société, et où le côté opposé défendait sa soif de régner par des sophismes, en faussant l'histoire et en calomniant le peuple, comme toujours. Ce qu'il a été prodigué de talent des deux côtés dans ces luttes est incroyable, et l'on peut s'étonner que sur un si petit espace l'esprit humain aie trouvé à se déployer avec tant d'étendue. Peut-être faut-il attribuer ce fait à ce que la population de Genève, sans cesse recrutée depuis des siècles par les exilés de bien des pays, presque tous pour avoir lutté chez eux en faveur de la liberté, soit de conscience, soit politique avaient apporté dans Genève cet esprit scrutateur qui distingue sa population. Ce recrutement d'hommes énergiques était tombé sur une cité où d'ailleurs les traditions de la liberté s'étaient transmises de siècle en siècle. Genève a été l'une de ces communes du moyen-âge qui ont repris le fil interrompu des libertés humaines, après que la démocratie de la Grèce eut succombé sous la conquête romaine.

Il y a même cela de particulier dans son histoire, qu'aussi loin que l'on remonte, on lui trouve une organisation municipale indépendante, même sous les Romains.

Organisation qu'elle paraît avoir su conserver par des transactions avec les dominateurs divers qui ont passé sur nos contrées, comme les Burgondes et les Francs, à laquelle elle associa ses évêques dans des limites qui n'altéraient pas sa liberté, évêques élus par elle, et qui furent souvent les défenseurs de ses franchises contre les seigneurs des environs, entre autres les ducs de Savoie, avec lesquels la petite république fut sans cesse en lutte.

Le petit Etat avait dû se servir de tout pour défendre sa liberté; il avait contracté des alliances pour seconder son commerce et son industrie et avait intéressé plusieurs cantons suisses à soutenir son existence, et, chose inouïe, petite cité de tout au plus vingt mille âmes, elle tenait en échec le puissant voisin qui en convoitait la souveraineté. Enfin un jour, abandonnée par ses évêques, ne s'étant tirée d'un grand péril que par le secours de ses confédérés de Berne et de Fribourg, elle chassa l'évêque qu'on avait voulu lui imposer alors qu'elle en avait élu un autre; elle le chassa même avant d'avoir adopté la Réforme; puis enfin, disposée par la liberté qui régnait dans son sein à adopter une réforme religieuse qui prenait pour base le libre examen, elle associa la grande cause de la Réforme à celle de sa liberté intérieure qu'elle avait su si bien défendre jusque-là.

Par quoi avait-elle eu le courage, l'énergie et le génie nécessaires pour conduire ainsi le petit Etat à travers tous les écueils de la mer orageuse soulevée par les princes ambitieux qui voulaient la soumettre? c'était par une liberté républicaine à l'antique qui lui avait donné une force collective, alerte, entrevoyant les dangers, les prévenant, et qui inspirait aux citoyens le courage nécessaire pour tenir tête à toutes les situations, mêmes les plus menaçantes.

Sa constitution était fort simple : le peuple en était

l'âme, il se réunissait en Conseil Général, et tous les ans il nommait quatre syndics chargés de son pouvoir exécutif ; ceux-ci se faisaient assister d'un Conseil d'Etat qu'ils nommaient eux-mêmes, et qui était renouvelé tous les ans, suivant la volonté de ceux que le peuple avait choisis pour le conduire. La justice criminelle était conférée aux syndics chargés de veiller au maintien des franchises des citoyens, énumérées dans des chartes reconnues à diverses reprises par les empereurs et les évêques. Quant à la justice civile, elle était plus compliquée : un vidomme la rendait en première instance, et, en appel, c'était ce qu'on appelait l'official de l'évêque, composé néanmoins de laïques; c'était un débris de la justice romaine qui émanait des empereurs et en place de qui les évêques l'avaient exercée, lors de l'invasion des barbares.

Sous cette forme de justice il y avait quelques garanties, surtout au point de vue du maintien des droits personnels, mis sous la sauvegarde d'élus du peuple, renouvelés chaque année. Cette forme judiciaire ne valait certes pas le jury anglais, mais elle était d'ailleurs sous la surveillance d'une démocratie éveillée, qui pouvait manifester tous ses sentiments dans des assemblées délibérantes qui se tenaient toutes les fois qu'elle en sentait le besoin.

Cette forme démocratique avait heureusement amené la république jusqu'au point où elle sut se débarrasser de tout ce qui, dans sa constitution, avait l'apparence monarchique. Depuis ce moment, elle crut devoir s'adjoindre des conseils chargés de préparer ses lois ; d'abord un Conseil des Soixante, puis un Conseil des Deux-Cents, ceux-ci se composaient un peu sans trop de formes bien déterminées, on y entrait tantôt sur la désignation des syndics, tantôt en se présentant soi-même et y étant admis sans façon, tantôt par l'élection. Puis, pour purger ces corps des plantes parasites, on y opérait ce qu'on appelait des grabeaux, c'est-à-dire que se contrôlant les uns les autres, l'on opérait des exclusions d'un corps à l'autre. Ceci, que la vertu républicaine trouvait convenable, fut plus tard la source d'un grand abus, en ce que cela devint pour le peuple le seul moyen d'agir sur des corps qui cherchèrent à se perpétuer sans élections directes et que cela fut le prétexte pour ne pas établir ces élections, disant que par le grabeau le peuple pouvait toujours faire connaître sa volonté.

L'existence de ces Conseils, d'abord simplement consultatifs, la dernière sanction devant toujours avoir lieu en Conseil Général, c'est-à-dire dans l'assemblée du peuple, devint le moyen et le prétexte de l'établissement d'une aristocratie qui a, pendant deux siècles, retardé le développement de Genève, tout en lui laissant un certain lustre dû à sa liberté primitive plutôt qu'à cette aristocratie.

Le prétexte à l'établissement de cette aristocratie naquît des démêlés que le peuple de Genève eut avec Calvin, ce grand réformateur, qui, plein de zèle pour les questions religieuses, les faisait passer avant celles de la liberté et prétendait imposer au peuple genevois un joug à la spartiate, alors que celui-ci prétendait vivre à l'athénienne, ce qui était bien plus conforme à sa démocratie et à ses habitudes. Dans les démêlés qui naquîrent de cette lutte, le côté aristocratique trouva moyen de l'emporter en accusant le côté des libéraux, que l'on affectait d'appeler Libertins, de mauvaises mœurs, de vues anarchiques et de conspiration, eux pourtant qui avaient sauvé Genève du joug étranger et établi la république définitive en la débarrassant du prince-évêque, eux qui avaient préparé l'asile où les réformateurs français étaient venus se réfugier! Ce fut grâce à ces réfugiés, que l'on avait reçu en grand nombre citoyens de Genève (plus de trois mille), que, dans un Conseil

Général, on décréta des changements à la constitution qui devaient en altérer tout à fait le sens démocratique.

Jusque-là, comme nous l'avons vu plus haut, tout émanait directement du peuple, tout le gouvernement découlait de lui par l'élection annuelle des quatre syndics qui, eux-mêmes, s'adjoignaient un Conseil d'Etat, amovible comme eux, et qui pouvait se renouveler à chaque élection.

Ceci fut changé à l'instant de la révolution aristocratique. Le Conseil d'Etat existant fut déclaré permanent et l'élection des syndics ne put plus avoir lieu que sur des candidats présentés par lui au Conseil Général; il en fut de même du procureur-général près les tribunaux jusque-là nommé directement par le peuple en Conseil Général, et, qui ne put plus l'être que sur une liste de candidats présentés au Conseil Général. Ainsi, la nomination de son pouvoir exécutif, de son tribun dans le procureur-général, et du renouvellement du Conseil d'Etat et du Conseil des Deux-Dents par ses propres élus, passa entièrement dans les familles de ceux qui, au moment de la révolution, occupaient les premiers postes de l'Etat.

Ce fut un escamotage qui, par son audace et sa bizarrerie, marque bien ce que peut oser l'esprit aristocratique, aidé de ses sophismes ordinaires, pour le maintien de l'ordre, des mœurs et de la bonne conduite des affaires.

Ceux qui effectuèrent cette révolution se vantaient d'avoir perfectionné la constitution de Genève. C'est à Calvin que l'on doit ce mot, fondement de toutes les aristocraties: *Que les voix du peuple doivent se peser et non pas se compter*.

Par son escamotage, l'aristocratie prétendait avoir discipliné la multitude, ramené à Genève les bonnes mœurs; à cet effet son premier soin fut d'établir une espèce d'inquisition sur la conduite de chacun, inquisition qui fut confiée au Consistoire et qui devint un moyen de persécution contre tout ce qui ne se soumettait pas sans contrôle à la domination de ceux qui avaient usurpé le pouvoir.

Il en résulta, non pas précisément de meilleures mœurs, qui réellement n'étaient pas si mauvaises sous le régime démocratique qu'il a plû aux usurpateurs de le faire croire, mais une certaine hypocrisie de mœurs et de religion qui a jeté sur Genève, pendant deux siècles, une teinte sombre qui n'était ni dans les goûts, ni dans les nécessités de sa population. Ce fut bien cependant encore une république, mais plus occupée de théologie que du bien-être de ses habitants. Il s'y rencontra néanmoins des vertus réelles, un certain développement scientifique et toujours un patriotisme ardent qui se montra à la hauteur des anciennes démocraties, lorsque la lutte contre les ducs de Savoie reprit à la fin du seizième siècle.

Pendant le dix-septième siècle, sous ce gouvernement bizarre aristocratique-religieux, Genève resta stationnaire, ne brillant que par des disputes religieuses, subissant d'ailleurs l'espèce d'affaissement des peuples du continent de l'Europe qui succombaient partout sous les efforts retardataires de la monarchie et de l'aristocratie, après que dans le seizième siècle il y avait eu tant de prodigieux élans dans un sens inverse, comme le mouvement de la réforme religieuse, maintenant circonscrite dans le propre absolutisme de ses adeptes, comme l'émancipation des Pays-Bas, les derniers efforts de la liberté communale en Italie. Le dix-septième siècle était en pleine réaction, Genève en éprouvait sa part. Ce fut à l'abri de cet esprit universel que son aristocratie s'habitua à se croire légitime et à se considérer comme les rois d'origine de par la grâce de Dieu et non du peuple. Mais ce ne fut pas sans protestation, l'illustre Fatio le paya de sa vie. Au commencement du dix-huitième siècle, d'autres martyrs furent sacrifiés à la morgue et obstination aristocratique, qui cherchait à enlever au Conseil Général ses dernières prérogatives, celles de voter sur tous les objets d'un haut intérêt et sur les impôts. Une lutte incessante s'en suivit ; le peuple s'était réveillé et tout le dix-huitième siècle fut agité par les revendications que le peuple faisait de sa liberté native. A cette occasion, il alla chercher ses titres non-seulement dans l'histoire mais dans les droits imprescriptibles de l'humanité.

Il soutint ses droits avec constance et talent, il triompha souvent, mais chaque fois qu'il parvenait à reconquérir une partie de ce qui lui avait appartenu en entier autrefois, l'aristocratie invoquait contre le peuple l'appui de l'étranger ; de la France et des cantons de Berne et de Zurich entre autres, trois fois cette médiation eut lieu ; la troisième le peuple était tout à fait triomphant, avait déposé son aristocratie et allait se reconstituer à neuf, quand la médiation que le peuple ne voulait pas accepter se fit à main armée. Douze mille hommes français, bernois et sardes, assiégèrent Genève et imposèrent par la force un gouvernement encore plus aristocratique qu'avant. Plus de douze cents familles cherchèrent un refuge à l'étranger, l'industrie de Genève, qui s'était développée en même temps que l'esprit de liberté, fut écrasée et ruinée. C'est ainsi que procèdent les aristocraties.

Mais bientôt la démocratie devait avoir sa revanche, elle prit courage lorsque la Révolution éclata en France, et que par là elle se crut à l'abri d'une nouvelle intervention ; à son tour elle reconstitua Genève, elle eut son assemblée constituante, qui élabora une constitution démocratique un peu verbeuse, trop réglementaire mais fidèle aux bons principes, quoique toujours inférieure aux constitutions américaines, si nettes et si bien fondées sur les droits individuels, bien reconnus et protégés par le jury.

Telle qu'elle était, cette constitution promettait à Genève un brillant avenir, elle se serait améliorée par elle-même, le Conseil Général y apparaissait de nouveau dans toute la plénitude de son origine.

Un accident, dû tout entier à l'incorrigible aristocratie, en fit suspendre les effets. La république ne pouvait pas vivre sans impôts. Or, le premier budget que son gouvernement présenta au peuple en Conseil Général fut rejeté. Il le fut par les efforts des partisans de l'aristocratie, qui revinrent de tous côtés pour voter ce rejet, et qui usèrent de tous les moyens que leur procurait leur patronnage sur bien des familles.

Cet acte maladroit souleva une partie de la population, qui eut alors recours aux moyens révolutionnaires; on arrêta les principaux membres des familles aristocratiques qui se trouvaient à Genève. On créa un tribunal révolutionnaire devant lequel furent renvoyées près de 400 personnes accusées d'avoir porté atteinte aux droits du peuple, d'avoir amené l'intervention étrangère et d'avoir ruiné le pays par leurs manœuvres d'agiotage; douze furent condamnées à mort, d'autres à la prison et à l'exil, et, malheureusement, les condamnés à mort furent exécutés.

En outre, pour fournir des ressources à la république et des capitaux à l'industrie, qui avait été ruinée par l'intervention de 1782, on mit une taxe sur les fortunes qui produisit plusieurs millions.

Mais heureusement que ce régime de terreur, triste réaction contre celle de 1782, prit fin par le fait du contre-coup des événements qui renversèrent en France le régime révolutionnaire, qui avait servi de modèle à celui de Genève. Mais, à Genève comme en France, il y eut aussi une contre-terreur aristocratique, à laquelle néanmoins on parvint à mettre fin dans un Conseil Général où l'on remit en vigueur la constitution qui avait été précédemment votée, avec quelques modifications.

Ainsi, la démocratie triomphait à la fin, et un avenir de prospérité et de liberté semblait assuré à Genève lorsque, par des intrigues inexpliquées encore, la réunion de Genève à la république française eut lieu sous la pression violente de cette république.

Pendant seize ans l'antique petite république avait disparu comme Etat indépendant.

Lorsqu'en 1814 les pays violemment réunis à la France recouvrèrent leur indépendance, Genève reprit aussi la sienne. Malheureusement ce fut sous la protection des baïonnettes autrichiennes que ce retour à l'indépendance fut proclamé. Ce fut l'aristocratie qui s'empara du mouvement, ce qui aurait été des plus méritoires et d'un dévouement antique, car il y avait encore du danger à se montrer si, sous le couvert d'une action louable, ces hommes, qui comme tant d'autres de l'époque n'avaient rien oublié et rien appris, n'avaient pas profité de l'occasion pour imposer une charte aristocratique à leurs concitoyens.

Il semblait tout naturel qu'à l'instant où Genève reprenait son indépendance on rentra dans la forme constitutionnelle qui avait été la dernière et qui avait été acceptée par le peuple. Mais non, ceux qui avaient pris en main la restauration se mirent comme des princes qui se disaient légitimes et qui reprenaient alors possession de leurs royaumes, à octroyer une charte tout d'une pièce, composée avec fantaisie aristocratique, sans tenir compte ni des anciennes institutions de Genève, ni de la dernière réforme politique.

Sous le prétexte d'établir un gouvernement représentatif à l'américaine, ce qui était annoncé dans un préambule, on ne reconstitua pas le Conseil Général, l'ancienne assemblée du peuple, en qui jadis avait reposé toute la souveraineté et dont toutes les fonctions publiques découlaient. On le remplaça par un Conseil dit Représentatif, qui ne se renouvelait que par dixième et par des élections censitaires et tellement embrouillées qu'on dût y renoncer au premier essai, mais pour les laisser toujours censitaires, ce qui excluait un peu plus des deux tiers de la petite nation d'y prendre part. Ce corps, représentatif, ainsi nommé, n'avait pas l'initiative des lois; il ne pouvait délibérer que sur ce qui lui était présenté par le Conseil d'Etat, qui était, lui, chargé à la fois du pouvoir exécutif, d'une partie du pouvoir judiciaire et de l'initiative des lois, était nommé à vie; on ne procédait à l'élection d'un de ses membres par le Conseil représentatif que lorsqu'une place était devenue vacante par mort ou démission.

Dans cette œuvre informe il n'était exprimé nulle part une garantie des droits individuels, il n'y avait aucune liberté municipale, les conseils municipaux et les maires des communes hors de Genève étaient nommés par le Conseil d'Etat. Quant à la ville, elle jouissait du privilége de n'avoir ni conseil municipal, ni maire, ni administration à elle propre; c'était le Conseil représentatif qui était censé son conseil municipal, et le Conseil d'Etat son administrateur; ses intérêts locaux étaient ainsi confondus avec ceux de l'Etat, et au fait se trouvèrent des plus négligés.

En un mot cette constitution n'était qu'un gâchis aristocratique, non pas de cette aristocratie grandiose, qui a quelquefois eu son éclat, mais d'une aristocratie étroite de coterie, dans laquelle quelques individus s'étant placés par surprise au-dessus de leurs concitoyens, prétendaient que rien ne devait se faire dans la république que par leur direction. Tout venait aboutir à cette coterie sans nom qui croyait que le bien public ne se composait que de négations à toutes les tentatives de progrès, et qui proscrivait toute indépendance de pensées, déclarant anarchiques aussi bien les progrès matériels que les progrès moraux.

Ce gouvernement ne pouvait durer, il avait dès le

principe excité le mécontentement des vieux démocrates de Genève, dont on affectait de mépriser les réclamations, et que l'on savait tenir en respect par les persécutions personnelles.

Néanmoins, dans toute l'Europe une réaction contre l'absolutisme se manifestait chez tous les peuples. En Suisse, dans plusieurs cantons les constitutions furent refaites par des assemblées constituantes. A Genève, une lutte s'établit dans laquelle la coterie se divisant elle-même en coterie libérale et en coterie d'aristocratie encroûtée, consentit à quelques changements disputés pied à pied comme s'il se fût agi de céder des pouvoirs qu'on aurait tenu de Dieu au lieu de les tenir d'une usurpation. Mais tout cela ne ramenait pas Genève à une constitution normale digne de sa première histoire et digne de son peuple éclairé, que l'on s'obstinait à considérer comme incapable de faire lui-même ses affaires et qu'il fallait tenir en tutelle.

Enfin l'explosion eut lieu, le peuple força le Conseil représentatif et le Conseil d'Etat à décréter une constituante chargée de remanier de fond en comble la constitution, en asseyant la nouvelle sur le principe de la souveraineté du peuple, exprimée par le suffrage universel.

Mais les peuples, toujours confiants, ne se défient pas assez des adversaires de leurs droits. En faisant décréter la constituante on commit la faute de laisser au Conseil d'Etat existant et le pouvoir exécutif provisoire et le soin de déterminer la forme d'élection de la constituante.

Tout fut manqué par cette confiance, la coterie reprit courage. Par une division électorale habilement combinée elle sut s'assurer une majorité dans l'assemblée constituante, et la nouvelle constitution ne répondit qu'imparfaitement aux vœux et aux besoins du peuple. Sous une autre forme la coterie s'y maintint au pouvoir, et, pleine de rancune, gouverna encore plus mal que l'on avait gouverné avant. Enfin, s'étant refusée de se joindre aux cantons libéraux pour dissoudre le Sonderbund et procéder à la réforme du Pacte fédéral, le peuple se réunit en assemblée populaire pour rédiger une protestation qui devait être envoyée à la Diète. Làdessus, la coterie perdant tout à fait la tête, crut pouvoir s'asseoir davantage en prenant des mesures militaires. Elle voulut sévir contre les vœux du peuple; celui-ci, réfugié dans le faubourg St-Gervais, attendit l'attaque dans laquelle, pour la première fois dans Genève, le canon retentit, tiré contre le peuple. L'attaque n'en fut pas moins repoussée, et bientôt tout le peuple se déclara contre un gouvernement de mitrailleurs, qui dut donner sa démission.

Dans un Conseil Général spontané qui se tint alors sur la principale place publique de Genève, le Grand Conseil fut déclaré dissout et une nouvelle assemblée constituante convoquée.

On le voit, ce n'était pas sans peine que le peuple de Genève était parvenu à vaincre les sophismes aristocratiques de la coterie qui, pendant vingt ans, après le recouvrement de l'indépendance, n'avait su ni constituer la liberté ni donner à Genève l'élan qu'aurait dû lui assurer une existence républicaine.

Nous voici arrivés au point de nous occuper de cette constitution élaborée par une assemblée enfin librement élue par trois grands arrondissements électoraux assez nombreux pour y neutraliser les influences de clocher, et répondant à l'expression d'intérêts respectables. Quand nous nous sommes occupés théoriquement de l'art de construire les intelligences collectives des sociétés, nous avons démontré que la base d'une bonne élection par le suffrage universel est surtout qu'elle s'opère par une réunion nombreuse d'électeurs et par une circonscription dans laquelle les intérêts sont identiques.

Dans la réunion du Conseil Général du Molard, ceci

avait été particulièrement décrété comme point de départ électoral pour la constituante et pour la constitution future.

On avait aussi réduit le nombre des députés au Grand Conseil et celui des membres du Conseil d'Etat, trouvant une bien meilleure garantie de leur capacité dans ce nombre réduit, mais soumis à un contrôle actif de la part des électeurs, par un renouvellement fréquent.

Ce furent là deux injonctions fondamentales de la part du Conseil Général spontané qui avait convoqué une nouvelle assemblée constituante, et cette injonction était si bien dans la nature de la situation, qu'en ce qui concerne la division électorale surtout, le point de mire de ceux qui depuis ont cherché à opérer une réaction constitutionnelle dans un sens favorable à la coterie, se sont toujours efforcés de revenir sur cette division électorale en trois arrondissements, et le peuple, sentant que c'était bien là une division qui lui assurait l'indépendance de ses votes, s'est toujours refusé de la changer malgré que deux fois on le lui ait proposé.

Dans la nouvelle constitution, les droits individuels furent mieux caractérisés que dans celle qui avait précédé, mais ils le furent sans emphase et les précisant bien. Une loi particulière constitutionnelle fut élaborée pour établir la liberté individuelle et l'inviolabilité du domicile; dans cette loi, Genève eut la gloire d'être le premier Etat qui abolit la contrainte par corps pour dettes, cet ancien premier degré de l'esclavage.

Malheureusement cette loi de liberté individuelle n'a pas encore atteint tout son effet par le maintien du code d'instruction criminelle français, qui laisse aux tribunaux, et sans assistance du jury, trop de latitude pour emprisonner préventivement, quoique dans cette loi l'élargissement sous caution, des prévenus, ait été très-étendu.

La liberté religieuse fut nettement précisée dans la

déclaration des droits, et quoiqu'elle eût été consacrée dans la précédente constitution, ce ne fut que depuis la nouvelle qu'elle devint d'une vérité complète, surtout pour les cultes reconnus dont, jusque-là, l'un des deux avait été étrangement contrarié. Ce fut aussi par celle-ci que l'autre, plus favorisé, recouvra la liberté par l'introduction de l'élection pour le renouvellement, tous les quatre ans, de son Consistoire.

La propriété fut reconnue inviolable, et, pour mieux l'assurer, la confiscation des biens et le séquestre des biens des accusés furent abolis.

La liberté de la presse consacrée, avec interdiction de toute mesure fiscale qui pourrait grever ses publications.

Le libre enseignement fut garanti aux citoyens du canton.

Avec ce point de départ de droits individuels bien caractérisés, le peuple genevois se trouva constitué, ainsi que nous avons indiqué que devait l'être l'agrégation de citoyens dont l'autonomie est reconnue comme condition essentielle et suprême avant de se soumettre à la loi sociale.

On comprend que pour première base de l'exercice des droits politiques par lesquels l'Etat se constituait, on déclara tous les citoyens également aptes à exercer toutes les fonctions de l'Etat. Pour la première fois peut-être il n'y eut d'autre exception que celles prononcées par les tribunaux comme peine prévue par la loi, sauf cependant en matière politique, où aucune interdiction ne pouvait être prononcée.

Mais les assistés, les insolvables jusque-là exclus de l'exercice des droits politiques, ne le furent plus. On comprit pour la première fois que les malheureux avaient autant de droits à faire valoir que ceux plus favorisés de la fortune. Les faillis ne furent suspendus de l'exercice de leurs droits politiques que pendant les formalités de leur faillite.

Ainsi le suffrage universel devint tout naturellement le seul mode électoral du canton.

En tête de la Constitution il était dit :

« La République de Genève forme un des cantons souverains de la Confédération suisse.

La souveraineté réside dans le peuple; tous les pouvoirs politiques et toutes les fonctions publiques ne sont qu'une délégation de sa suprême autorité.

Le peuple se compose de l'ensemble des citoyens.

La forme du gouvernement est une démocratie représentative. »

Par ce programme, le peuple genevois déterminait nettement le gouvernement qu'il voulait se donner, c'était bien en son nom, de par ses élus, et par son acceptation que la Constitution était faite.

Sa proclamation était faite par ces mots :

Le peuple genevois a décrété la Constitution suivante.

On avait adopté le gouvernement représentatif démocratique tel qu'il a été compris et perfectionné en Amérique; néanmoins, les souvenirs de l'ancien Conseil Général subsistaient encore, c'était par un Conseil Général spontané, à l'image des anciens Conseils Généraux de ce genre que le peuple avait repris ses droits, il était naturel que cette ancienne institution, si bien liée aux droits du peuple reprit naissance, du moins dans les limites des attributions résultant de la forme représentative.

Ce fut donc le premier corps de l'Etat institué par la Constitution.

Elle lui confère la nomination directe du Conseil d'Etat ou pouvoir exécutif et la votation sur les changements ou additions à la Constitution ou au Pacte fédéral.

Le Conseil Général se compose de l'ensemble des électeurs du canton, qui se rassemblent au chef-lieu du canton pour procéder à l'élection du Conseil d'Etat, et dans les trois arrondissements dont les votes sont réunis dans un dépouillement public, lorsqu'il s'agit d'une votation sur les changements constitutionnels.

Le Conseil Général est appelé tous les quinze ans à décider s'il y aura lieu à une révision générale de la Constitution; dans ce cas, elle doit s'opérer par une Assemblée constituante, et le travail de cette assemblée soumis à la sanction du Conseil Général.

On le voit, par les attributions de ce Conseil, il se trouve en réalité le premier corps de l'Etat, la source de la souveraineté; il ne lui manque que la délibération sur les lois pour constituer une démocratie pure et directe.

La souveraineté du peuple ainsi bien posée s'exerce d'abord par la nomination directe de son pouvoir exécutif élu pour deux ans seulement. Ce fut là une grande innovation dans le système représentatif usité jusque-là dans toutes les constitutions des cantons, excepté dans les cantons primitifs, qui avaient conservé l'image d'une démocratie directe.

Jusque-là, les Conseils d'Etat étaient nommés par les Grands Conseils, et n'étaient dès lors en réalité qu'une commission déléguée par ce Grand Conseil, sans aucune indépendance réelle. C'était un acheminement à une omnipotence parlementaire, premier échelon à l'établissement d'une aristocratie, c'était toujours par là que les constitutions suisses avaient dégénéré. Et cela se conçoit, les Grands Conseils ne trouvant pas de contrôle, se laissaient volontiers aller à se considérer, en qualité de représentants du peuple, comme le remplaçant réellement, et comme pouvant quelquefois méconnaître sa voix. Nous l'avons signalé dans l'exposé des rouages qui composent l'intelligence collective d'un peuple, toute réunion des différents pouvoirs dans un seul corps a l'inconvénient de créer une autorité absolue. Or, un pouvoir exécutif élu par un corps législatif tend inévitablement à cet absolu, surtout si le Grand Conseil n'est renouvelé qu'à de longs intervalles ou partiellement, ce qui était le cas dans beaucoup de cantons suisses.

L'élection directe par le peuple du conseil exécutif est un correctif de cette fatale disposition des corps à cumuler tous les pouvoirs dans leur sein.

D'abord il y a dans l'élection d'un Conseil d'Etat par le peuple pour celui-ci une bien plus grande facilité à choisir ses hommes, et par eux à transmettre ses vœux dans les corps délibérants de la nation, puis le contrôle sur ceux-ci est également plus facile, surtout si le renouvellement en est plus fréquent.

Le pouvoir exécutif ainsi nommé est le véritable tribun du peuple, et, en face de lui, aucun corps législatif ne saurait longtemps essayer de législater dans un sens qui ne serait pas celui de la véritable majorité du pays, majorité qui peut être intervertie momentanément dans la représentation législative, si celle-ci n'est pas ramenée à une meilleure entente de sa mission par un corps peu nombreux, responsable, élu directement et ne pouvant guère s'associer impunément à une marche contraire aux véritables sentiments du pays.

A Genève donc, dans la nouvelle Constitution de 1847, on introduisit pour la première fois l'élection directe du Conseil d'Etat par le Conseil Général, et l'on s'en est bien trouvé dans les différentes péripéties que nous avons traversées depuis vingt-cinq ans; quelquefois la majorité du Grand Conseil a trahi la véritable volonté du pays, mais jamais le Conseil d'Etat n'osa le suivre en entier dans ses dispositions réactionnaires.

L'omnipotence d'un parlementarisme réactionnaire fut sans cesse contrebalancée par ces élus directs du peuple qui comprenaient mieux, malgré le torrent réactionnaire, qu'il ne fallait pas aller trop loin dans cette pente si l'on ne voulait pas sombrer.

L'innovation de faire nommer le Conseil d'Etat par le peuple fut longtemps critiquée par nos confédérés, mais l'évidence des faits justifie toujours les conceptions qui partent du respect des droits du peuple et des institutions qui les consacrent. L'élection directe dans les remaniements constitutionnels de plusieurs cantons a été adoptée, comme à Genève; elle fera le tour de la Confédération, et finira par être adoptée pour la nomination du Conseil fédéral, pouvoir exécutif de la Confédération, car elle est dans la nature des choses; sans elle, point de division exacte des pouvoirs, et, sans cette division, point d'intelligence collective correcte.

Le Grand Conseil de Genève, chargé du pouvoir législatif, se renouvelle intégralement tous les deux ans; dans l'ancienne Constitution il se renouvelait partiellement, et, de cette manière, de tradition en tradition, pouvait former un corps prenant trop l'esprit de corps, premier acheminement aux empiétements aristocratiques et à la consécration entre les mains de ce corps d'un pouvoir qui ne doit être que la délégation de la suprême autorité du peuple.

Le Grand Conseil de Genève est à la fois le représentant du peuple au point de vue de la spontanéité législative, mais aussi son sénat dans lequel les lois seraient soumises à un examen de plus grande maturité. Il aurait été difficile, à Genève comme dans presque tous les cantons, d'établir deux chambres législatives, comme dans les constitutions américaines, on était trop près des temps où de semblables corps existaient comme Conseils d'Etat, Conseils alors très-nombreux, qui faisaient fonction législative suprême, ayant seuls l'initiative des lois, sur lesquels on votait dans les Grands Conseils. Aujourd'hui l'on a bien laissé aux Conseils d'Etat une part de l'initiative des lois, comme aussi un droit de suspension momentanée des lois votées en Grand Conseil sur l'initiative de ce Conseil, ce qui fait comme un contre-poids d'un trop grand entraînement dans le Grand Conseil; mais ce n'est plus guère que comme renseignements de la part de la puissance exécutive et non comme partie tout à fait intégrante et souveraine de la législation que cela s'exerce. Un tel pouvoir complet donné à un corps intermédiaire entre le pouvoir exécutif et le Grand Conseil serait un embarras en Suisse et une superfétation.

Nos Grands Conseils sont, dans la délibération des lois, habitués à procéder avec une prudence qui rassure sur leurs déterminations trop hâtives, qui pourraient d'ailleurs être suspendues par le Conseil d'Etat.

Le Grand Conseil de Genève possède en outre un moyen de se brider lui-même, c'est son règlement intérieur, dont nous avons eu déjà l'occasion de parler, règlement emprunté à ceux du Parlement anglais et des corps délibérants de l'Amérique, règlement fondé sur la manière naturelle dont la pensée s'élabore dans l'esprit humain.

Mais la meilleure surveillance sur les décisions du Grand Conseil, c'est l'attention que leur donne le public et le renouvellement intégral de ce Conseil tous les deux ans.

Ce renouvellement, qui alterne avec celui du Conseil d'Etat à une année d'intervalle et chacun, pendant que l'autre n'a pas lieu, donne au peuple de Genève l'occasion de manifester son opinion sur la manière dont ses représentants ont géré la chose publique.

Mais cette harmonie est-elle si nécessaire si l'un des deux corps s'est trouvé s'écarter des vœux du peuple, et le désaccord ne peut-il pas servir à suspendre une mauvaise marche entamée par l'un des deux?

Le pouvoir judiciaire est, par la Constitution, rigoureusement séparé des pouvoirs législatif et exécutif.

L'institution du jury en matière criminelle, qui avait été déjà introduite quelques années avant par la loi, y est maintenue constitutionnellement.

Genève avait eu aussi, sur ce point, l'honneur de devancer les autres cantons, mais jusque-là ce n'était qu'en matière criminelle. La nouvelle Constitution portait en outre que les attributions du jury pourraient être étendues par la loi. Ce qui eut lieu, en effet, lorsque par une loi toute l'organisation judiciaire fut refondue et que le jury fut étendu aux affaires correctionnelles. Mais il reste de l'étendre aux affaires civiles et commerciales et aux chambres d'accusation.

L'institution des justices de paix fut aussi garantie par la Constitution, ce qui était nécessaire dans un pays où cette institution avait eu bien de la peine à renaître, après avoir été abolie en 1814.

Mais, où la Constitution nouvelle ne se montra pas à sa propre hauteur, ce fut de confier la nomination de tous les magistrats de l'ordre judiciaire, ainsi que le ministère public, au Grand Conseil, au lieu de les avoir fait nommer par le peuple, si bien organisé pour exercer les fonctions électorales. Suivant nous, cette élection devrait appartenir au Conseil Général.

A la suite des dispositions constitutionnelles sur le pouvoir judiciaire, il fut rendu une loi qui avait été prescrite par la constitution sur l'organisation judiciaire tout entière.

Dans cette loi, en outre du jury en matière correctionnelle, ce qui la distingue ce fut d'attribuer à un juge unique les premiers jugements en matière civile, ce qui était considéré comme un progrès sanctionné par l'expérience, car depuis, le nombre des appels a été bien moins considérable.

L'organisation municipale fut calquée sur l'organisation même de l'Etat, le Conseil municipal nommé par tous les membres de la commune, et les maires et adjoints directement par les mêmes électeurs. Il y eut cependant deux exceptions, l'une concernant la durée des fonctions municipales, qui fut fixée à quatre ans, et l'autre relative à la ville de Genève seulement où, à la place d'un maire, on institua un Conseil administratif qui au lieu d'être nommé directement par le peuple de la commune l'était par le Conseil municipal lui-même.

Ces restes de forme aristocratique, maintenus par l'obstination d'un membre de la Constituante qui rêvait nous ne savons quoi sur l'organisation des communes et qui influença le vote des députés qui crurent agir en faveur de l'organisation communale, ces restes ont porté leurs fruits et la marche démocratique de l'Etat a été quelquefois arrêtée par la marche plus pesante des communes, entre autres de celle de la ville.

Ainsi constituée, pour former son intelligence collective, Genève avait, à peu de chose près, rempli toutes les conditions naturelles qui composent cette intelligence et elle devait en donner des preuves par le mouvement rapide en avant qui fut alors imprimé au pays sur tous les points de la prospérité publique et de la liberté.

La constitution avait d'ailleurs réglé largement des points secondaires sur lesquels il était nécessaire de statuer constitutionnellement, pour les mettre en rapport avec une véritable démocratie représentative.

En premier, nous mentionnerons le règlement de la question religieuse dont nous avons déjà dit quelques mots.

A côté de la liberté religieuse la plus complète, il y avait deux cultes reconnus comme nationaux, soit par les antécédents historiques et constitutionnels, soit par les traités; il s'agissait de les rassurer sur leur existence qui, sur bien des points, reposait sur le concours de l'Etat, surtout en ce qui concernait les frais de leur culte. En les rassurant et en leur donnant l'indépendance il était convenable de bien préciser, à la fois, ce qu'ils étaient et quels étaient leurs rapports avec l'Etat.

On se tira heureusement des difficultés d'une pareille réglementation, et cela à la satisfaction des deux cultes, qui se conformèrent sans murmurer à la loi constitutionnelle.

Par cette réglementation, les anciens édits ecclésiastiques sur l'organisation du culte protestant furent remplacés par des dispositions organiques par lesquelles le Consistoire, corps dirigeant suprême de cette Eglise, fut soumis à l'élection, ainsi que les pasteurs chargés d'office d'âmes dans les paroisses.

Quant au culte catholique, on le maintint dans sa propre organisation, sauf l'intervention de l'Etat pour agréer les ecclésiastiques chargés d'exercer dans le canton.

Les deux cultes restèrent salariés par l'Etat, mais complétement indépendants de celui-ci, chacun dans l'exercice de leur culte.

On parle de séparation complète de l'Eglise et de l'Etat, mais il nous semble qu'elle est déjà prononcée par la Constitution. Nous verrons comment ceux qui en parlent l'entendront.

Il s'agissait aussi de garantir, dans la Constitution, l'instruction publique donnée par l'Etat; cette garantie fut donnée largement par elle, et ce fut par elle que pour la première fois l'instruction primaire devint entièrement gratuite dans le canton.

Il restait à régler l'usage de propriétés qui avaient fait partie du domaine de l'ancienne République avant la réunion à la France et des restes du produit de la taxe révolutionnaire.

Ces propriétés étaient gérées par une société dite Société économique, qui était loin de comprendre quel parti elle pouvait tirer de ces propriétés pour en remplir la destination. Cette destination avait pour objet l'entretien des bâtiments communaux destinés au culte protestant et aux écoles des anciennes communes, ainsi que de rétributions annuelles en faveur du culte protestant et des écoles. En outre, elle devait seconder le crédit de l'industrie par un établissement d'escompte. On crut devoir, sur ces capitaux, fonder deux grands établissements de crédit, l'un pour seconder le crédit foncier, l'autre le crédit industriel et commercial, que l'on plaça sous la surveillance d'une commission dite communale des biens des anciens Genevois, commission élue par les anciens conseils municipaux et par le Conseil d'Etat. Les revenus de ces deux institutions devaient servir à remplir la destination de ces biens; non-seulement elles ont, ainsi organisées, rempli leur mission d'aider le commerce, l'industrie et l'agriculture, mais par ce moyen, les revenus ont augmenté de manière à ce que les allocations prévues pour chaque commune ou pour l'Etat ont été sensiblement dépassées.

Preuve à ajouter à tant d'autres, que l'ancienne administration aristocratique était impuissante à remplir la tâche d'aider le développement du travail par une sage intervention de l'Etat pour favoriser le crédit du travailleur. Exemple frappant qui a été perdu pour les obstinés sectateurs de l'aristocratie; car, récemment, dans une question toute semblable, celle de faire valoir les fonds de l'Hospice cantonal récemment créé, ils se sont refusés à les employer, à l'imitation de la Caisse hypothécaire et de la Banque de Genève, en faveur du crédit des particuliers; ils se raidissent contre l'établissement d'un mont-de-piété qui serait d'une grande utilité et rapporterait beaucoup. Aussi, comme l'ancienne Société économique, ils ne peuvent, au sein de l'abondance, suffire à leurs charges; ils se plaignent de déficits, tandis que leurs émules de la Caisse hypotécaire et de la Banque de Genève n'ont que l'embarras de répartitions supplémentaires à toutes les charges qui leur étaient imposées.

Espérons que les électeurs de cette administration, en la voyant aussi mal à l'œuvre, sauront la rappeler au véritable sens des intérêts qui leur sont confiés, et que, de son côté, la législation y mettra ordre.

Il semble d'ailleurs que cet esprit obstiné, de peu de sympathie pour le travail, s'est manifesté pour faire mieux ressortir combien la Constitution avait été plus sage et plus prévoyante quand elle sortit des mains d'une constituante.

C'était l'époque où l'on comprenait tout ce qu'il fallait faire pour mettre une bride à cet esprit d'accaparement de toutes les directions utiles, par des corps qui, sous prétexte de bienfaisance ou d'utilité publique, formaient dans Genève des corporations puissantes, petits Etats dans l'Etat, qui empruntaient tant qu'ils pouvaient le concours de l'Etat pour agir contre lui.

La Constitution coupa net à cet abus, et, tout en laissant complètement libre l'association, refusa le concours de l'Etat, soit comme fondation, soit comme subvention à quiconque n'était pas autorisé par le Grand Conseil.

Enfin, la Constitution n'osant pas toucher aux biens de l'Hôpital de Genève que les anciennes communes prétendaient leur appartenir, fonda un Hôpital cantonal accessible à tous les citoyens nécessiteux du canton ainsi qu'aux étrangers, et un Asile des vieillards.

Plus tard, comme supplément à la Constitution, on a affecté à tout le canton les biens de l'Hôpital de Genève, y ajoutant tous les biens destinés à la bienfaisance des nouvelles communes qui, réunis sous le nom d'Hospice cantonal, sont destinés à l'assistance de tous les citoyens, mais nous avons vu plus haut comment les fonds de cette création sont administrés avec égoïsme et peu d'intelligence.

Enfin, la Constitution décida que les fortifications de la ville de Genève seraient le sujet d'une nouvelle loi qui intervint peu après et qui en décida la démolition. Décision qui découlait naturellement d'un système de défense complétement illusoire et qui, à un jour donné, pouvait amener la destruction de Genève sans aucun intérêt. Décision qui a donné des ressources à la révolution, mis à la disposition du public de vastes terrains et amené des embellissements et une augmentation qui ont fait de Genève une charmante cité, qui peut compter parmi les plus agréables de l'Europe.

Telle est cette Constitution républicaine qui a rendu à Genève son antique liberté, qui a développé sa prospérité, à laquelle les citoyens sont tellement attachés qu'ils l'ont maintenue intacte à plusieurs reprises lorsqu'on avait tenté d'y porter une main téméraire.

Nous n'avons pas dissimulé les progrès qui lui restent à faire, mais telle qu'elle est, bien des peuples s'en contenteraient, et elle est une preuve combien les peuples doivent faire attention aux moindres conditions de leur existence et se payer moins des mots que des faits.

Sous le régime aristocratique, Genève s'intitulait aussi du beau titre de République, et pourtant, quelle différence avec la République actuelle!

On a pu remarquer que nous n'avons pas fait mention, dans cette séance, des nouvelles lois qui ont été rendues dans le canton de Genève sur l'organisation du culte catholique.

Nous avons cru devoir laisser tel que nous l'avons prononcé notre jugement sur ce que la Constitution de 1847 contenait sur la manière dont la question des cultes y avait été réglée.

L'éloge même que nous en avons fait est une critique de ce qui s'est fait depuis, et nous avons une telle confiance dans le bon esprit de la population de Genève que nous n'avons pas de doute qu'au premier remaniement de la Constitution on n'en revienne à laisser chaque culte à lui-même, comme en Amérique. C'est la logique de tous nos principes qui doit triompher d'une erreur passagère.

VINGT-TROISIÈME SÉANCE

De la Confédération de l'Amérique du Nord et de la Confédération de l'Allemagne.

On a vu tout le long de ce Cours combien nous avons insisté sur la découverte moderne des conditions qui donnent à une confédération d'Etats une consistance et une intelligence collective, si ce n'est supérieure du moins égale sous beaucoup de rapports à la meilleure unité politique. Supérieure en réalité, comme offrant une garantie de plus en faveur des droits individuels des citoyens.

Cette supériorité, qui est le fond réel d'une bonne organisation fédérale, fait de la garantie des droits individuels d'une confédération suivant le modèle américain la base fondamentale d'une union fédérale. Dans le monde, tout ce qui est bon ne vient pas d'un seul coup, et, faut-il le dire, cette base essentielle avait été omise dans le premier acte organique de la Confédération américaine qui sortit de la convention où la nouvelle forme introduisant dans le Congrès l'élément populaire, avait eu cependant la main si heureuse.

Plus tard, sur les instances de Jefferson, on s'aperçut de l'oubli et l'on se hâta de le réparer, si bien que la Confédération ne fut pas seulement une confédération d'Etats se garantissant réciproquement l'intégralité de leur territoire vis-à-vis de l'étranger, mais aussi une confédération des citoyens des divers Etats se garantissant leurs droits individuels contre qui voudrait y porter atteinte.

C'était là le complément de cette admirable organisation fédérale qui en faisait un tout auquel chacun tiendrait, parce que les individus aussi bien que les Etats y trouvaient la suprême garantie de leur existence soit comme citoyens, soit comme corps politiques.

On voit d'ici la gradation des garanties. Chaque individu n'est soumis aux lois d'un Etat qu'à la condition que l'on respecte en lui les droits fondamentaux de liberté, d'égalité et de participation aux fonctions politiques qui le constituent membre d'un peuple souverain. L'Etat dans lequel cette première garantie lui est donnée et s'unissant à d'autres par un lien fédéral, n'est admis dans l'Union qu'à la condition que le peuple qui le compose jouira des libertés qui en forment un peuple réel. Ces libertés, si elles venaient à être enfreintes dans l'Etat particulier, trouveraient par la forme fédérale un recours auprès de la confédération, recours qui ajoute une garantie suprême à des droits déjà garantis dans chaque Etat, mais qui, s'ils étaient méconnus, trouveraient protection au-dessus de l'Etat lui-même. C'est là ce qui a fait de la constitution américaine un modèle unique dans le monde, tout nouveau dans l'histoire, et ce qui donne une véritable supériorité à la forme fédérative pour la garantie des droits naturels dont l'homme ne peut pas être privé dans l'état de société.

C'est donc à la présence ou non présence de cette

garantie des droits individuels dans une confédération que l'on peut juger si cette confédération est sincère et remplit bien les conditions qui peuvent assurer son existence.

Nous sommes appelés à nous servir de ce criterium dès notre premier coup-d'œil sur la forme fédérative du nouvel empire d'Allemagne, qu'un ministre des Etats-Unis à Berlin a bien témérairement osé comparer à la confédération américaine. Nous avons toujours douté qu'une confédération de ce genre pût s'établir entre Etats monarchiques; néanmoins, si les princes qui se trouveraient à la tête de chacun des Etats confédérés consentaient à n'être que des premiers magistrats soumis aux lois, peut-être que cela aurait pu être possible, non de par la vertu monarchique, mais de par son abnégation, surtout si elle allait au point que la confédération garantisse aux sujets de chaque Etat des droits individuels qu'ils ne pourraient pas enfreindre.

Mais cela est-il en Allemagne? Si nous nous en rapportons au texte de la constitution fédérale du nouvel Empire nous n'y trouvons rien de semblable.

Il y avait quelque chose d'approximatif dans la Confédération du Nord qui avait précédé celle de l'Empire, mais on a bien eu soin de l'effacer dans la nouvelle rédaction, premier témoignage que cet Empire, qui s'est élevé sur la maxime que la force prime le droit, est tout prêt à servir à des réactions funestes contre les droits individuels plutôt qu'à les garantir. Il est même curieux de noter comment le peu que la Confédération du Nord contenait à ce sujet a été rayé de la nouvelle constitution fédérale. Il s'agissait de ces droits dans la discussion qui eut lieu dans le Reichsrath sur cette question; des députés catholiques réclamaient pour le maintien d'un article qui garantisse la liberté religieuse; or, cela ne leur fut pas accordé, en invoquant contre eux l'intolérance catholique, et partant de là pour rayer une garantie qui, mal comprise, pourrait protéger l'intolérance plutôt que la tolérance, et cela aux applaudissements de toute l'Allemagne, hélas! si instruite et si imbue de sophismes, mais si peu éclairée de fait. La Confédération germanique manque donc de la base véritable d'une confédération, suivant les conditions qui lient ensemble d'une façon indestructible les peuples et les Etats qui la composent.

Ceci faisant défaut, tout le reste est comme frappé de stérilité.

C'est toujours, quant aux peuples, la vieille Constitution fédérale germanique, d'où découlaient pour eux plutôt des moyens de compression que des garanties de liberté.

Mais ce n'est pas assez d'avoir refusé de garantir les droits individuels des citoyens (lisez sujets) des divers Etats (lisez royaumes ou principautés) de la Confédération; celle-ci s'est encore réservée d'y porter atteinte quand elle le jugera convenable; ainsi de la liberté de la presse, qu'elle entend législater à son gré; ainsi du droit de réunion et d'association.

De fait privés de la garantie de leurs droits individuels, la partie des devoirs, et surtout en ce qui concerne le service militaire, y est fortement accentuée; tout Allemand est sujet à ce service, sans aucune exception; d'abord trois ans sous les drapeaux, puis quatre ans dans une réserve toujours soumise à des exercices; puis enfin, c'est-à-dire pendant sept ans, dans ce qu'on appelle l'armée active; puis pendant cinq ans dans la landwehr qui doit être toujours prête à un service actif. Ainsi les douze meilleures années de la vie sous la discipline militaire, comme si le rôle de l'homme sur la terre était de se tenir toujours prêt à égorger son semblable et, pour le faire avec plus de régularité, d'être pendant le service soumis à une discipline sévère, privé de toute liberté, et, si l'on n'est pas noble, arriver rarement au poste d'officier.

On comprend que dans un Etat libre chaque citoyen soit astreint au service militaire et s'y prépare convenablement sous une organisation qui lui laisse sa dignité de citoyen, ne l'arrache pas à ses travaux et n'entrave pas sa carrière, mais cet esclavage militaire, imposé à tout Allemand, sous le coup d'une discipline fantasque et humiliante, c'est le fait le plus monstrueux des temps modernes et que rien ne saurait excuser, pas même la nécessité d'une défense nationale, qui n'a pas besoin de cet appareil et de cette confiscation au profit d'exercices abrutissants des plus belles années de la vie. Pour couronner cette exception à tous les droits de l'humanité sur terre, cette armée est mise sous le commandement absolu de l'empereur, et l'on appelle cela une confédération!

Avec un tel point de départ, qu'est-ce au fond que l'Empire allemand? un vaste camp où tout doit plier sous la discipline militaire. Sur une telle base, à quoi servent les corps constitués pour avoir l'air de représenter les intérêts du peuple et des Etats? On en a cependant fait la comédie. Il y a, dans la soi-disant Confédération de l'empire germanique, deux corps qui sont censés représenter l'un les Etats et l'autre le peuple, et auxquels semble être confié le pouvoir législatif de la Confédération dite de l'Empire.

L'un, le Bundesrath, (Conseil des Etats) est composé des députés des différents Etats, tous monarchiques, moins les villes dites libres de Hambourg, Brême et Lubeck; tous ces Etats monarchiques, humblement groupés autour du royaume de Prusse, sont représentés dans ce Bundesrath en raison de leur population, quand, pour défendre leurs droits comme Etats ils devraient, même les plus petits, avoir un nombre égal de députés, chaque Etat représentant une unité d'un droit égal, pour le plus petit comme pour le plus grand, comme c'est en Suisse et en Amérique. Mais avec ce mode de procéder, que serait devenu l'ascendant de la Prusse, qui, à elle seule, possède une population surpassant celle de tous les autres Etats réunis? elle a cependant bien voulu consentir à ne compter que pour 15 voix sur 58 voix, nombre qui résulte de ce qu'on n'a pas pu refuser à chacun des petits Etats au moins une voix. Voix qui, d'ailleurs, appartiennent à la Prusse, sauf peut-être les 17 qu'on a bien voulu accorder à l'Allemagne méridionale depuis qu'on l'a incorporée dans la prétendue Confédération, et qui se répartissent par six voix pour la Bavière, quatre pour la Saxe, quatre pour le Wurtemberg et trois pour la Hesse; nous ne comptons pas celles de Bade, dès longtemps acquises à la Prusse.

Ainsi, les quatre Etats qui auraient pu un peu contrebalancer l'influence de la Prusse dans le Bundesrath, n'ont entre eux quatre que le même nombre de voix que la Prusse seule, qui commande d'ailleurs aux voix de tous les petits Etats.

On le peut dire, la garantie que les Etats, pour la conservation de leur quasi indépendance, auraient pu tirer de ce corps censé les représenter, est tout à fait illusoire et ne fait que masquer pour un temps la marche rapide de leur absorption entière dans un empire tout à fait unitaire.

L'acheminement vers cette unité est encore mieux accusé par le Reichsrath (conseil de l'empire) qui, lui, est composé des députés directs du peuple allemand en raison de la population.

Une telle assemblée, que dans la constitution fédérale de l'Amérique nous avons considérée comme une heureuse inspiration, qui donnait à la confédération un élément qui lui rattachait le peuple entier et neutralisait les rivalités entre Etats, n'altérait pas le sens fédératif, quand d'ailleurs il était contrebalancé par de vigoureuses constitutions d'Etats, représentés chacun dans la confédération par un sénat, avec un nombre égal de voix n'a plus la même signification, alors qu'elle est dominée de haut par un pouvoir exécutif héréditaire concentrant entre ses mains toute la force militaire, la nomination à tous les emplois fédéraux, et en outre, chef de l'Etat le plus peuplé et le plus puissant de la confédération.

A côté d'un tel pouvoir exécutif, l'assemblée nationale qu'on a bien soin de désigner sous le nom de Conseil de l'empire, n'a plus la même importance que dans la confédération américaine, il semble n'être appelé que pour sanctionner, au nom du peuple allemand, en général assez mécontent de tous ses roitelets, toutes les tendances vers l'unité qui passeront par la tête de l'empereur, en outre roi de Prusse, dont les sujets sont d'ailleurs déjà représentés dans le Reichsrath dans une proportion plus forte que celle des autres Etats, y composant ainsi une majorité disposée à jeter par dessus bord tous les princes qui entravent l'unité, comme on a déjà fait du Hanovre, de la Hesse-Electorale, de Nassau et de la république de Francfort.

Comme consécration de l'unité vers laquelle on marche, on a déjà mis entre les mains des deux conseils de l'Empire à peu près toute la législation administrative, économique, civile et pénale, sur quels points la Confération du Nord s'était empressée de faire des lois obligatoires pour toute la confédération, que l'on s'est également empressé, depuis la proclamation de l'Empire, d'imposer aux Etats nouvellement réunis, à qui il ne reste plus rien à faire chez eux qu'à voter des listes civiles pour leurs princes et à entretenir leurs petites cours.

Nous n'avons pas le temps d'examiner ici ce déluge de lois unitaires, rendues à la hâte, depuis quelques années, que l'on a présentées aux bons Allemands comme un progrès et qui n'ont fait, en réalité, que de coucher ce vaste empire dans un lit de Procuste dans lequel on tranche les membres de qui les a trop longs. Qu'il nous suffise de dire que par bien des lois économiques, sur le commerce, sur les associations, sur les banques, sur l'émission des billets au porteur, etc., ils n'ont fait qu'introduire en Allemagne à peu près tous les abus qui, sur de tels points, sont en France la principale cause du mécontentement des classes inférieures, mécontentement qui, grâce à ces lois unitaires, très-mal étudiées ou plutôt étudiées seulement au point de vue des hautes classes, du commerce et de la finance ira toujours croissant en Allemagne, car sur de telles questions, rien de si funeste que ces lois réglementaires tout d'une pièce, qui prétendent diriger ce qui ne se résout convenablement que par la liberté.

Mais de la liberté, il en est bien question dans la prétendue Confédération germanique. Nous avons vu qu'il n'y est nulle part question de droits individuels garantis, mais bien de devoirs accablants, comme le service militaire le plus pédantesque, tout aussi bien approprié à dompter l'esprit d'indépendance de chaque citoyen, qu'à menacer celle des pays voisins.

Pour couronner cet échafaudage unitaire, on a mis en tête, comme empereur héréditaire, le prince le plus puissant de la Confédération, sans aucune précaution quelconque contre les abus de son autorité. Il n'y est pas même question d'un ministère responsable, il communique avec les Conseils fédéraux par l'intermédiaire d'un chancelier de l'empire dont rien n'indique qu'il serait responsable des abus d'autorité de son maître. Quelle différence entre ce pouvoir exécutif fédéral et celui de la Confédération américaine, et combien ici l'on peut voir encore comment l'intervention d'un pouvoir monarchique, dans une constitution, en altère le sens libéral et au fond l'annihile.

Est-il possible, après cet examen de la constitution dite fédérale de l'Empire allemand, de la considérer comme établissant pour l'Allemagne une véritable confédération. Tout y est calculé pour arriver au régime unitaire à la première occasion. Dans tous les cas, déjà dans ce moment, ce n'est plus en réalité qu'un empire unitaire de la plus dangereuse espèce, car ce qui constitue cette unité, c'est le régime militaire tout entier entre les mains de l'empereur sans aucune responsabilité. Régime qui fait de l'Allemagne un vaste camp où les perfectionnements dans l'art de la guerre sont les seuls auxquels le gouvernement s'associe de cœur.

Le nouvel Empire allemand ainsi organisé est une apparition nouvelle dans l'histoire de l'humanité, et de la nature la plus menaçante.

Elle en a déjà donné des preuves dans la dernière guerre. Un peuple dont la principale occupation, dont le premier devoir public est l'exercice à la prussienne, perd bien vite les sentiments qu'inspire la civilisation, il retourne aisément à la barbarie. Qui aurait jamais cru que la sentimentale et philosophique Allemagne, qui se disait à la tête de la *culture* humaine, c'est son expression, car le mot *civilisation* est une expression démocratique, et le mot *culture* est tout à fait monarchique et signifie que l'humanité est un champ que les monarques améliorent par leur *culture*. Qui aurait cru, dis-je, que cette culture se ferait connaître sur le sol étranger par les actes les plus déplorables contre les particuliers désarmés. Le monarque qui avait présidé à la culture de ce peuple avait solennellement déclaré qu'il ne faisait point la guerre au peuple français, mais seulement à son souverain, et, pour preuve de la bonne foi de ce prince, ses *cultivés*, habillés en soldats, ont procédé par le meurtre, l'incendie et la rapine contre les simples particuliers.

Jusqu'à cette guerre qui a tellement ressemblé aux anciennes invasions de barbares, il était du droit des gens d'épargner autant que possible les simples particuliers. Or, rien n'égale les terribles ravages opérés de sang-froid par les hordes *cultivées* du roi Guillaume. Exactions publiques par des contributions hors de proportions avec les ressources du pays ; exactions particulières partout où un habitant s'est trouvé en contact avec les soldats allemands. Leur rapine surtout a dépassé toutes les bornes, ils ont dépouillé toutes les maisons particulières où ils ont été introduits.

Mais, arrêtons-nous, laissons à l'inflexible histoire à signaler les faits odieux qui ont caractérisé cette guerre où la victoire a été due bien plus à l'imprévoyance et à l'impéritie de cet empire *archi-unitaire*, qui avait prétendu être nécessaire au maintien de l'ordre en France.

Nous devions ici signaler ce qui se rapporte à notre sujet, c'est que cette Constitution dite fédérale de l'Allemagne, dont tout l'objet semble être d'entretenir sous les armes une population entière, a pour premier effet de ramener les mœurs douces des Allemands à toutes les sauvageries soldatesques des temps de barbarie.

Quel contraste avec cette Confédération américaine, tout entière calculée pour aider la civilisation de l'époque, développer l'esprit, et porter aux limites seules de l'infini les conquêtes de l'homme sur la nature, au lieu de les diriger contre ceux qui, s'en fiant à la paix, seraient considérés comme une proie pour ceux qui s'ingénient à former des armées de pillards.

Il est impossible de ne pas craindre dans l'organisation actuelle de l'empire d'Allemagne, le principe du retour à ces temps où les peuples considéraient comme leur principale occupation l'art de guerroyer, et, comme moyen de s'enrichir celle d'aller piller leurs voisins.

En face des armements de l'Allemagne, toute l'Europe doit aussi s'armer et adopter le même système. Ainsi, des millions d'hommes continueront à être arrachés aux travaux productifs et devront être entretenus, en prélevant cet entretien sur le salaire des travailleurs qu'on voudra bien se laisser morfondre pour vivre péniblement et fournir à la dépense d'un régime abrutissant et détestable.

N'est-ce pas là un retour forcé vers l'ancienne barbarie, et doit-on désespérer de la civilisation en Europe ?

Non, pas encore, et, de l'excès du mal naît souvent le remède.

Disons d'abord que par le fait même de l'organisation militaire que l'on donne aujourd'hui à l'Allemagne, bien loin de préparer les ressources pour l'avenir on les diminue sensiblement. On était jaloux de l'unité française, de cette unité excessive. Eh bien, qu'a-t-elle produit entre les mains d'un despote, comme le sera infailliblement tout empereur d'Allemagne, malgré les meilleures dispositions à ne pas l'être de qui en portera le titre. Chef d'une armée innombrable, d'une marine naissante qu'on voudra essayer, et d'une noblesse qui dédaigne l'industrie et le commerce, qui ne verra que dans les armes la perspective de s'enrichir, il ne pourra qu'avoir le ton haut avec tous les voisins. On y est porté malgré soi par les institutions qu'on s'est données. Or, un Etat militaire, comme on a fait la prétendue Confédération germanique, domine tout dans l'Etat et entraîne des conséquences imprévues d'autant plus graves que, dans le premier étourdissement d'une gloriole militaire peu justifiée cependant par des exploits réels, la nation elle-même, oubliant sa liberté, s'abandonne à ce prestige militaire qui devient l'objet capital de l'attention publique.

Pour peu qu'avec cela le mauvais régime économique introduit par l'unité rende plus pénible le développement du commerce et de l'industrie qu'il ne l'était avant, l'Allemagne se trouvera presque malgré elle entraînée dans de nouvelles guerres.

Or, l'Allemagne serait ainsi condamnée à toujours triompher, car elle a tellement tendu la corde qu'aujourd'hui l'Europe et la civilisation sont également intéressées à rabattre son orgueil et son organisation militaire.

Nous l'avons dit, tout le monde est aujourd'hui forçé de suivre l'exemple de l'Allemagne et d'accoutumer aux armes les populations entières. Mais, est-il bien nécessaire de le faire sur le modèle prussien? Nous ne le croyons pas, et c'est là où est l'avenir de la résistance que doit rencontrer en Europe ce retour à la barbarie, inauguré par l'armement général de l'Allemagne.

Un système de défense fondé aussi sur l'obligation de chaque citoyen de s'instruire dans le maniement des armes et d'être prêt de marcher à l'ennemi, peut très-bien s'établir avec moins de pédantisme, moins de contrainte, et n'en serait pas moins efficace. On en a déjà eu la preuve lorsque les armées républicaines françaises, levées à la hâte, défirent les armées régulières de la Prusse, de la Confédération germanique, de l'Autriche et de la Russie. Opposer à la nouvelle barbarie l'esprit de liberté, c'est là le grand moyen d'arrêter celle-ci dans l'extension qu'elle semble méditer.

Si la France parvient à se constituer en république et qu'elle sache adopter un système de milices républicaines, comme en Suisse et en Amérique, elle pourrait être le ralliement de tous les peuples qui, fatigués de la tension militaire où l'Allemagne les tiendra, voudront invoquer un nouveau droit européen fondé sur un désarmement général.

Il ne faut pas se faire d'illusion sur les dangers que fait courir à l'Europe cette organisation militaire de l'Allemagne que l'on a essayé de recouvrir du beau semblant d'une confédération défensive; elle est en fait plus offensive que défensive, et n'aura de repos de par sa propre impulsion que quand elle aura soumis tout le continent européen aux caprices de sa domination soldatesque.

Nous devions, dans la modeste sphère qui nous est

dévolue, d'examiner les questions constitutionnelles au point de vue scientifique, signaler cette prétendue Confédération comme un piége grossier, n'ayant d'autre but que de fonder une puissante unité militaire, destinée à la conquête, bien plus qu'à la défense, et menaçant à la fois l'indépendance et la liberté de tous les Etats et de tous les peuples de l'Europe, sans avoir pour excuse ni les besoins de la défense ni le développement intérieur du bien-être de la Confédération.

Sur ce point elle s'est montrée des plus inhabiles; elle a semblé croire que dès qu'on avait adopté l'unité politique, tout venait de soi, tandis que c'est en réalité le contraire, du moins en ce qui concerne la liberté d'action des individus; celle-ci est protégée dans la Confédération américaine; dans la prétendue Confédération germanique, elle est comprimée à l'image de ce qu'elle a été en France sous l'Empire, et dont celle-ci doit chercher à se débarrasser.

Chose curieuse, l'Allemagne a vaincu la France parce que celle-ci, embarrassée dans les entraves d'une unité exagérée, n'était pas prête, et aujourd'hui l'Allemagne cherche à imiter cette unité, qui peut lui donner un élan momentané, mais sous le despotisme arbitraire d'un seul finira par dégénérer; ce serait une juste compensation des mauvais desseins qni la font naître.

Nous espérons être parvenu à prouver que la prétendue Confédération germanique n'en est pas une, et qu'il ne faut pas la confondre avec une confédération à l'américaine.

L'une, c'est l'absorption des nationalités diverses de l'Allemagne, la négation des droits individuels, la servitude militaire, l'esprit de conquête, la guerre, la barbarie.

L'autre, c'est le maintien de l'indépendance de chacun des Etats, membres de la Confédération, la garantie des droits individuels, le maniement des armes comme un droit autant que comme un devoir, et destiné seulement à la défense de la patrie. Enfin c'est l'horreur des conquêtes à main armée, c'est la paix, la civilisation !

Entre ces deux confédérations l'abîme est profond et il est bien nécessaire d'en mesurer la profondeur.

Par sa machiavélique conception fédérale, l'Allemagne a cherché à donner le change et à faire croire qu'elle voulait entrer dans une carrière de développement pacifique. On pouvait l'espérer lorsque dans la première conception de la Confédération du Nord elle avait appelé le peuple à élire, par le suffrage universel, une seconde chambre à laquelle la législation fédérale serait confiée ; dans ce moment, en voyant avec quelle facilité l'Empire français maniait ce suffrage, on ne désespéra pas de le manier aussi bien en Allemagne. Et il a rendu ce qu'on espérait, une chambre docile, à qui l'on a fait voter ce qu'on a voulu, des lois unitaires préparées par les faux docteurs de la *culture* monarchique, et l'oubli le plus complet de toutes les garanties du citoyen jusqu'à laisser introduire dans le pacte fédéral cette servitude de douze ans imposée à chaque citoyen, pour un service militaire confié sans contrôle à l'omnipotence du monarque. Mais l'usage que l'on a fait de cette omnipotence a dû ouvrir les yeux de qui cherche à se rendre compte de la portée des constitutions et faire comprendre que cette chambre, élue du peuple, seule trace d'une intervention populaire, n'est là que pour enregistrer et donner toute force aux empiétements unitaires qui réduiront à rien l'importance des Etats.

Nous ne comprenons pas comment un ministre des Etats-Unis a pu être assez complaisant pour trouver dans ce trompe-l'œil de la confédération germanique la moindre ressemblance avec la confédération américaine. C'est surtout cela qui nous a conduit à nous occuper de cet Empire allemand qui, loin de participer à aucun des progrès constitutionnels de l'époque, semble n'en avoir pris l'apparence, sur de certains points, que pour mieux cacher son perfide esprit réactionnaire.

Ce n'est pas elle qui pourrait réaliser l'établissement de la paix par des confédérations bien entendues, ainsi qu'on peut l'espérer de cette forme, pour réunir des peuples sous un même intérêt. Quel est l'Etat où le citoyen qui voudrait se réunir fédéralement à un empire, où l'Etat serait sans cesse menacé d'être absorbé dans une unité despotique et le citoyen sans garantie de ses droits les plus chers et soumis à une servitude militaire abrutissante.

Ce n'est pas la paix, c'est la guerre, nous le répétons, qui a été organisée par cette confédération. Puissent tous les peuples avoir les yeux ouverts sur les dangers qu'elle fait courir à la civilisation.

Mais reposons-nous un peu du cauchemar qu'a fait peser sur nous l'examen de cette constitution fédérale unitaire, que le sophisme de la *culture* monarchique a imposée à un peuple brave et généreux dont elle doit pervertir tous les instincts sous la discipline prussienne. Rafraîchissons-nous en jetant encore un coup-d'œil sur cette constitution fédérale américaine qui, contrairement à celle de l'Allemagne, ouvre la voie d'un avenir de paix et de civilisation pour l'humanité.

Il y eut un temps où elle était calomniée parce qu'elle contenait encore dans son sein les restes de la plaie antique de l'esclavage, qui avait été introduite dans les colonies anglaises sous le couvert monarchique. Nous ne prétendons pas excuser qu'elle n'ait pas su s'en défaire au moment même où elle proclamait son indépendance et où elle faisait divorce avec la forme monarchique. Considéré comme un bétail humain, d'une race inférieure, ceux qui étaient intéressés à maintenir cet esclavage soutenaient qu'il n'était pas possible de donner aux nègres les mêmes droits qu'aux blancs. La couleur servait de ligne de démarcation et avait constitué une prééminence par laquelle on prétendait justifier l'esclavage, soutenant que les noirs étaient incapables de se conduire eux-mêmes, et que c'était heureux pour eux qu'ils fussent tenus en tutelle.

Ce préjugé, soutenu par des intérêts privés, semblait devoir à tout jamais perpétuer l'esclavage, et cette exception, dans le pays le plus avancé dans la liberté moderne, devenait un continuel argument contre cette liberté. Mais cette liberté n'était pas un vain mot, elle n'acceptait pas les sophismes par lesquels on voulait deshériter toute une race humaine des droits de l'humanité, et, enfin, dans une lutte héroïque, au prix des plus grands sacrifices, le véritable sens des constitutions américaines et de la confédération, qui avaient adopté pour base les droits imprescriptibles de l'humanité, triompha, et la tache qui souillait la liberté américaine fut effacée.

Ce grand effort, après celui de l'indépendance, a achevé de prouver que c'est à la manière que l'on conçoit l'organisation des sociétés dans cette heureuse Amérique que doit se rattacher tout ami du progrès constitutionnel.

Quelle différence avec l'Allemagne! Tandis que celle-ci, sous une forme fédérative, impose aux citoyens une nouvelle servitude, celle de renoncer à sa liberté pendant des années pour apprendre un métier que les hommes libres apprennent facilement en trois mois sans gémir sous une discipline humiliante et ridicule, bien au contraire, la confédération américaine, prenant en mains la cause de l'humanité offensée par l'esclavage des noirs, affranchissait une race qu'on avait voulu considérer comme n'étant pas au niveau des blancs.

Mais non, pour le citoyen libre il n'y a pas de différence entre les races, toutes ont le même droit à la liberté, et cette reconnaissance, quoique tardive, a donné la dernière preuve de l'excellence d'une constitution qui a su se réformer elle-même en abjurant une grave erreur.

C'est bien là une constitution de progrès et qui, nous l'espérons, fera le tour du monde. Mais il ne faut pas s'y tromper et prendre pour une imitation la constitution allemande dont nous venons de parler.

Que Dieu pardonne au ministre américain à Berlin qui n'a pas craint de faire une pareille confusion.

Encore un mot sur cette constitution, et qui doit montrer combien elle se respecte peu elle-même. C'est, dit-on, une confédération d'Etats. Qu'y avait-il donc de plus simple, en acquérant l'Alsace et la Lorraine, que d'en faire un Etat qui se serait donné sa constitution, aurait élu son prince, puisqu'il faut des princes dans ce pays-là, et serait entré comme l'un des autres Etats dans la Confédération germanique; mais non, dès le lendemain de sa création la Confédératisn se ment à elle-même, et, au lieu de recevoir l'Alsace et la Lorraine comme Etat confédéré, on en fait un territoire conquis auquel on ne donne aucune garantie constitutionnelle.

On remet à l'empereur d'Allemagne ce territoire conquis pour qu'il en dispose au nom de la Confédération germanique comme il l'entendra. Comme roi de Prusse, l'empereur est dans son pays d'origine, tant bien que mal lié par une constitution, mais en Alsace il n'est lié par rien. Dès le premier pas dans la carrière des conquêtes, cette confédération montre le bout de l'oreille. On prétendait convoiter l'Alsace et la Lorraine parce que, disait-on, c'étaient des territoires allemands qu'on voulait rendre à leur origine. Eh bien, que fait-on de ces anciens pays, tant bien que mal gouvernés jadis par des princes indépendants ou par des institutions républicaines, on en fait des pays sujets sans aucune garantie constitutionnelle. Il aurait été logique de rétablir la république de Strasbourg et celle de Mulhouse; quand il y aurait deux villes, dites libres, de plus dans la Confération, où aurait été le mal! mais non, elles auront pour souverain arbitre S. M. impériale, et, du premier coup, la Confédération germanique tombe dans la faute d'établir des pays sujets, ce qui a été cause de tant de complications et d'injustices dans l'ancienne Allemagne et même en Suisse.

Mais sait-elle elle-même où elle va cette Confédération germanique! Il n'y a que ceux qui veulent la monarchie unitaire qui sachent ce qu'ils font, et la manière dont l'Alsace et la Lorraine ont été remises, sans garantie, entre les mains de l'empereur en est une preuve si évidente que nous ne savons pas comment quelqu'un pourrait encore en douter.

VINGT-QUATRIÈME SÉANCE

De la Confédération suisse.

Reposons-nous du triste examen de cette constitution fédérale allemande, dont le fond est l'esclavage militaire, en jetant un coup-d'œil sur celle d'un bien petit pays, mais qui, dans les derniers temps, avait heureusement résolu le problème de se constituer de manière à voir se résoudre avec facilité dans son sein tout ce qui autrefois l'achoppait dans sa marche et l'empêchait d'appliquer à son bien-être tous les développements de la civilisation actuelle.

La Suisse, dès longtemps composée de petits Etats indépendants, confédérés dans l'intérêt d'une défense commune, a eu le bonheur, il y a maintenant bientôt vingt-six ans, de trouver enfin les véritables conditions d'une confédération bien entendue. L'épreuve qu'elle en a fait dans ce quart de siècle a été des plus satisfaisante et a répondu victorieusement à toutes les fausses accusations auxquelles la réforme à la fois de ses constitutions cantonales et de sa constitution fédérale avait donné lieu de la part de tous les retardataires de l'Europe, et surtout de cette école doctrinaire à la Guizot, qui ne voyait dans le travail qui s'opérait en Suisse que l'anarchie.

Le croirait-on? En face même du résultat obtenu, et dont la réussite est aujourd'hui reconnue par tout le monde, M. Guizot, dans ses Mémoires, ose encore prétendre qu'à l'occasion du Sonderbund l'intervention étrangère était nécessaire.

Il cherche à démontrer que les intentions du roi Louis-Philippe et les siennes étaient toutes favorables à la Suisse, mais qu'on sentait qu'il fallait intervenir parce que les Suisses n'avaient jamais su se constituer eux-mêmes. A cette outrecuidance doctrinaire la Suisse a répondu dignement en se donnant la constitution fédérale qui a le mieux réussi depuis cinq cents ans et qui, si de nouveaux docteurs doctrinaires ne viennent pas la gâter, lui assure un heureux avenir.

C'est bien à cette occasion que depuis le commencement de ce siècle on a eu à lutter à la fois contre les préjugés aristocratiques et contre les vues révolutionnaires de ceux qui prétendaient mieux connaître la liberté que les Suisses.

L'ancienne alliance des cantons, sans avoir jamais reposé sur une base bien correcte, avait dégénéré; elle n'était plus, à la fin du dernier siècle, qu'une espèce d'assurance mutuelle des aristocraties qui avaient usurpé le pouvoir dans presque tous les cantons, et qui s'appuyaient les unes sur les autres pour résister aux aspirations démocratiques des peuples, qui avaient tous, soit des vieux droits à revendiquer, soit à se débarrasser du joug que l'on faisait peser sur des pays sujets, ou des prépondérances que les villes prétendaient exercer sur les campagnes.

Lorsque la Révolution française éclata, les peuples

opprimés en Suisse par l'aristocratie jugèrent le moment opportun pour revendiquer leurs droits en les fondant sur l'égalité. Ce furent les pays sujets comme le Pays-de-Vaud, l'Argovie, des districts de la Thurgovie, St-Gall, le Tessin, qui les premiers cherchèrent à se débarrasser du joug aristocratique et à former de nouveaux cantons ; puis vinrent les campagnes, opprimées par les villes, puis enfin la démocratie qui se réveillait dans les villes. Une lutte générale s'était établie sur le sol helvétique, alors que la République française, qui avait plus d'un grief contre l'aristocratie bernoise entre autres, jugea à propos de venir en Suisse au secours du mouvement démocratique.

Il y eut, dans ce moment, de la part de Berne et des petits cantons, une résistance glorieuse mais mal combinée, et qui accusait bien la mauvaise organisation de l'alliance fédérale, entièrement disloquée à l'instant du péril, et disloquée précisément parce que depuis longtemps elle avait perdu de vue le véritable objet de son existence, et qu'au moment du danger ceux qu'elle avait servi à contenir sous le joug s'étaient détachés de la défense commune et ne voyaient que des libérateurs dans les soldats français.

La République française respecta l'indépendance de la Suisse et protégea l'établissement en nouveaux cantons des pays sujets qui s'étaient émancipés, ainsi que les formes démocratiques fondées sur l'égalité qui, dans plusieurs des anciens cantons, succédaient à l'aristocratie, à laquelle seule on avait fait la guerre.

Mais malheureusement il se forma en Suisse un parti unitaire qui, au lieu de rétablir l'union fédérale sur des bases démocratiques, comme en Amérique, crut que la démocratie serait sans cesse opprimée si l'on conservait des gouvernements dans des cantons jusque-là encroûtés d'aristocratie, comme celui de Berne entre autres, où le peuple ne savait pas encore être libre.

Pour donc plier chacun à la liberté, un parti crut bien faire que d'établir un gouvernement unitaire qui fut imposé à toute la Suisse et qui, grâce à l'ascendant de la France, fut calqué sur celui de la République française, avec ses deux chambres et un Directoire.

Mais c'était là ôter à la Suisse sa physionomie particulière ; dans tous les cantons on regrettait les anciens gouvernements, non pas en raison de leur excellence mais en raison de ce que l'on aimait mieux encore être mal gouverné en famille que de l'être aussi mal d'en haut et par des inconnus.

Le gouvernement unitaire helvétique n'eut pas le talent de bien gouverner, il fit sentir tous les inconvénients de l'unité sans savoir en faire comprendre les avantages. Sous lui, la Suisse fut faible, sans crédit et exposée à voir la guerre étrangère emprunter son territoire sans qu'il pût ou sût rien faire pour l'empêcher.

L'aristocratie, en s'associant à l'idée de rétablir les cantons, trouva moyen de reprendre de l'influence, et la Suisse était sur le point de voir éclater dans son sein une guerre civile, déjà commencée sur plusieurs points, lorsque l'aristocratie trouva moyen de faire intervenir le Premier Consul de la République française, qui offrit sa médiation pour reconstituer la Suisse. On lui persuada que le mieux était de rétablir les souverinetés cantonales, et l'on n'avait pas tort. Sur ce point l'aristocratie rendit un service à la Suisse qui, comme petit Etat unitaire, n'aurait probablement plus compté en Europe qu'en raison de la statistique, de ses revenus et de son armée permanente, et à qui, dans quelque grand mouvement européen, on eût peut-être imposé un roitelet. Au lieu qu'une confédération, vigoureusement assise sur de petits peuples républicains, fiers de leur histoire, de leurs ancêtres, tenant à leurs habitudes, et en général estimés dans le monde, offrait un tout compacte bien plus puissant qu'une petite unité attendant un souverain et mal vue par les peuples.

Mais si l'aristocratie avait réussi à faire rétablir les cantons, elle ne réussit pas également à y rétablir son influence. La reconstitution des cantons eut lieu sur le principe de l'égalité ; les pays sujets qui s'étaient affranchis formèrent de nouveaux cantons : ainsi Léman (Vaud), Argovie, Thurgovie, St-Gall, Tessin, (Grisons) Rhétie. Le nombre des cantons fut porté à dix-neuf, et il fut déclaré que dans aucun il ne pourrait être rétabli de priviléges de naissance, de lieux, ni d'aucune espèce rappelant les anciennes distinctions.

Mais lorsqu'on en vint à la forme fédérale, on fut moins heureux pour l'établir sur les bons principes. Au lieu de former deux corps, l'un représentant les cantons avec égalité de voix pour chacun, et l'autre le peuple, en raison de la population, on remit le pouvoir législatif fédéral à une Diète où les cantons étaient représentés par des députés : deux pour les grands un pour les petits, mais qui n'étaient pas élus par le peuple et recevaient leur mandat de chacun des gouvernements cantonaux. Le pouvoir exécutif, d'ailleurs très-restreint, était confié au gouvernement d'un des cantons dirigeants, au nombre de cinq, qui alternaient chaque année et dont le premier magistrat prenait le titre de landamman de la Suisse, n'ayant d'ailleurs qu'un pouvoir provisionnel, le Conseil d'Etat du canton dirigeant étant le véritable pouvoir exécutif.

Cette forme fédérale était d'une faiblesse excessive et ôtait toute importance à la Suisse, que la France ambitionnait de tenir sous sa dépendance. Ce qui manquait encore à cette constitution, c'était une garantie des droits individuels et l'on s'en aperçut dans plusieurs cantons où, sans blesser l'égalité, la liberté fut souvent méconnue, surtout en ce qui concernait le suffrage universel électoral presque partout soumis à des conditions censitaires ou autres, surtout à deux degrés, où la liberté de la presse n'était pas protégée.

Néanmoins, d'après le tempéramment de la Suisse, quant à son bonheur, cette constitution fédérale, toute imparfaite qu'elle était, valait mieux que le gouvernement unitaire qui avait si mal réussi. Sous le gouvernement de la Médiation la Suisse vécut assez libre et assez heureuse. Mais la faiblesse politique qui lui avait été imposée par le médiateur, à un jour donné, tourna contre lui. Malgré sa bonne volonté de maintenir sa neutralité, la Confédération suisse se trouva impuissante pour empêcher les alliés de pénétrer en France par la Suisse. A la fin de 1813, des forces considérables pénétrèrent par Bâle et se portant rapidement sur Genève, alors français, s'emparèrent de cette ville et se portèrent sur Lyon.

On a dit qu'une trahison leur livra le pont de Bâle où une petite armée suisse était réunie, et où l'on aurait pu du moins essayer un combat qui eût peut-être décidé les alliés, peu d'accord entre eux, au sujet de la neutralité de la Suisse, de la respecter. Mais il paraît certain que l'aristocratie suisse trâmait dès longtemps le projet d'accomplir une contre-révolution avec l'appui de l'étranger. Aussi, dès que les troupes alliées furent entrées, les aristocraties se hâtèrent de renverser les autorités cantonales établies sur le principe de l'égalité et de reprendre leurs anciennes prétentions. Il n'y eut que dans les nouveaux cantons où les constitutions établies par l'Acte de Médiation furent maintenues. Ce que les cantons réactionnaires eurent de plus pressé, ce fut de renverser l'Acte de Médiation et de convoquer une Diète sur l'ancien pied. Ils voulaient d'abord en exclure les nouveaux cantons, mais grâce à la protection de l'empereur Alexandre, qui connaissait assez bien la vérité sur les affaires intérieures de la Suisse et qui s'intéressait au canton de Vaud, d'où était La Harpe, qui avait été son instituteur, après avoir joué un rôle dans l'émancipation de son canton, le zèle aristocratique fut arrêté sur ce point. Mais une formidable réaction n'en eut pas moins lieu dans tous les anciens cantons.

Elle eut été plus loin encore sans la présence de Capo d'Istria, que l'empereur Alexandre avait délégué en Suisse pour aider à concilier les différends que faisaient naître les prétentions aristocratiques qui voulaient rétablir le passé avec tous ses abus.

Ce fut grâce à son influence que le nouveau pacte fédéral qui sortit de là ne fut pas complétement réactionnaire. Comme dans l'Acte de Médiation, on y consacrait jusqu'à un certain point l'égalité, en interdisant de faire renaître les anciens priviléges, mais ni la liberté ne fut protégée contre les réactions cantonales, ni une forme convenable donnée à l'organisation fédérale. Celle-ci ne fut qu'une alliance d'Etats mal cousus ensemble. Ce fut bien alors que la Confédération put n'être considérée que comme une alliance d'assurance mutuelle de l'aristocratie pour maintenir les usurpations réactionnaires qu'elle s'était permise dans les cantons.

Mais bientôt dans ces cantons le côté démocratique reprit le dessus; plusieurs révolutions cantonales dans ce sens triomphèrent, et petit à petit la majorité de la Diète se trouva libérale. On commençait un peu à marcher dans ce sens, lorsqu'on sentit le besoin de réformer aussi le Pacte fédéral. Mais malheureusement le projet qui fut alors élaboré et dont M. Rossi était le rédacteur, n'était qu'une espèce de retour à l'Acte de Médiation, et n'était qu'une de ces quasi réforme qu'il vaut mieux ajourner que de rester à moitié chemin.

Le peuple suisse et la majorité des cantons en jugèrent ainsi, et la réforme fut renvoyée à un temps où l'on serait mieux éclairé à ce sujet.

Il est surpenant que dès ce moment on n'eût pas songé à imiter la constitution fédérale de l'Amérique, mais celle-ci était encore peu connue, et il est douteux que Rossi lui-même l'eût étudiée. Cependant, en dehors des hommes qui alors avaient de l'influence dans les délibérations fédérales, il y en avait plusieurs qui avaient porté leurs études sur ce point. Ils appartenaient en général à l'opinion radicale, mais alors il était de mode de les considérer comme anarchistes. Dès 1833 j'avais publié une brochure où j'indiquais à la place du projet Rossi un autre projet, à peu près semblable à celui qui a été adopté plus tard. Le Dr Troxler, professeur de philosophie à Lucerne, proposait également l'établissement d'un gouvernement fédéral à deux chambres. M. C. Kasthofer publia aussi un écrit dans le même sens où il indiquait nettement la constitution américaine comme devant nous servir de modèle. D'un autre côté, M. Bornhauser, de Thurgovie, et M. Druey, du canton de Vaud, recommandaient l'établissement d'une seule chambre députée par le peuple. On s'occupait d'ailleurs de la question dans presque tous les Grands Conseils de la Suisse; mais la révision, que tout le monde sentait nécessaire, était sans cesse entravée par ceux qui s'effarouchent devant toute nouveauté.

Il fallut enfin la crainte d'un déchirement de l'alliance entre cantons, alors qu'à l'occasion de querelles religieuses qu'il n'est pas de notre sujet d'aborder ici, sept cantons formèrent une alliance particulière et menacèrent de se séparer de la Confédération, pour que l'on comprît que le Pacte fédéral de 1815 avait fait son temps et qu'il fallait, pour assurer l'avenir de la Suisse, adopter une constitution fédérale qui, tout en respectant la souveraineté des cantons, formât un centre fédéral en état de donner à la Suisse une existence vraiment nationale, ce que, d'après notre méthode, nous appellerons une intelligence collective.

On eut beaucoup de peine à vaincre tous les préjugés et toutes les fausses notions de science sociale qui s'opposaient à cette réforme. Néanmoins, la Diète, qui était venue à bout de vaincre et d'apaiser la guerre civile, s'étant mise courageusement à l'ouvrage, on parvint à vaincre la plupart des difficultés, et la Suisse eut enfin une constitution fédérale par laquelle les droits des citoyens, ceux des cantons, se trouvèrent garantis, en même temps qu'on parvint à régler les intérêts intérieurs d'une manière satisfaisante. On peut dire que cette constitution n'avait rien ôté à personne, mais avait accru la puissance suisse de tout ce qui pouvait résulter d'une centralisation bien entendue.

Le libre établissement des citoyens d'un canton dans un autre fut reconnu, les douanes intérieures, les péages, qui gênaient les rapports des cantons entre eux furent supprimés et reportés aux frontières de la Suisse, comme devant faire partie des impôts fédéraux. Un système général de postes fut établi pour toute la Confédération; plus tard on y adjoignit les télégraphes. Un système monétaire uniforme fut adopté pour toute la Confédération.

Dès le début on reconnut que les deux Conseils que l'on avait dit devoir se contredire et vivre dans des conflits continuels, s'accordaient facilement. C'est bien là qu'on pût dire qu'une question bien posée est à moitié résolue. Dans les anciennes Diètes, ce qui faisait naître sans cesse les désaccords, c'était que chaque député étant muni d'instructions impératives, ne pouvait pas faire avancer la discussion alors qu'il y avait lieu à céder mutuellement sur quelques points. D'un autre côté, il fut bien prouvé que le nouveau mode de discussion ne compromettait pas les vrais intérêts des parties, car il s'est rarement rencontré des plaintes sur la manière dont les députés dans les deux Chambres représentaient les opinions de leurs cantons.

La Suisse a offert une preuve de plus, ajoutée à celle de l'Amérique que le système de deux chambres, l'une représentant les Etats, l'autre la nation, repondait bien aux besoins de l'époque.

On s'est très-bien trouvé aussi de l'institution du Conseil fédéral au lieu d'un président, et nous n'avons pas su que l'intérieúr de ce pouvoir exécutif ainsi constitué ait jamais été troublé par des dissentiments un peu graves.

Nous avons, dans de précédentes séances, assez analysé le gouvernement fédéral, tel que nous le comprenons, pour n'avoir pas besoin ici d'en expliquer de nouveau tous les ressorts.

En parlant de son application à la Suisse, nous avons voulu montrer qu'il est réellement dans les conditions naturelles, tel qu'il a été établi en Amérique pour donner une existence collective bien établie à une alliance de peuples.

Nous ne voulons pas prétendre qu'il ne peut pas s'y rencontrer des défauts et que la marche progressive de l'humanité ne puisse pas lui être appliquée.

Mais ce n'est jamais qu'avec hésitation, lorsqu'une constitution a donné des résultats évidents qui prouvent la marche bien entendue d'une société, que l'on doit songer à la perfectionner.

Il faut d'abord bien se rendre compte de ses défauts, des points sur lesquels elle semble fonctionner avec embarras, puis enfin bien étudier ce qui pourrait être ajouté ou retranché. En général, c'est l'opinion publique qui signale ces défauts, et, lorsqu'après les avoir signalés elle insiste pour les corriger, c'est aussi à cette opinion qu'il faut avoir recours pour déterminer les améliorations nécessaires.

Est-ce bien là le caractère de l'idée de la révision actuelle de la constitution fédérale ?

Nous venons de voir comment elle fonctionne et les services qu'elle a rendu à la Suisse. Les points sur lesquels son jeu a pu paraître embarrassé n'ont pas encore beaucoup agité l'opinion publique. On peut le dire, le peuple ne s'en est guère occupé. Néanmoins, dans le peuple, le côté qui, dans sa manière de juger les affaires politiques, a adopté la méthode radicale, n'est pas sans avoir aperçu quelques imperfections dans la constitution fédérale.

Mais il n'avait pas cru qu'il fallût en faire le sujet d'une agitation de l'opinion, il attendait du temps et d'une occasion favorable de pouvoir introduire la question avec un certain succès, ou du moins d'en obtenir quelque partie lorsque le besoin en serait plus vivement accentué.

Pour tout observateur impartial le défaut principal de la constitution fédérale actuelle réside dans le fait que la séparation des pouvoirs n'y est pas assez accentuée, et qu'il en résulte une espèce d'*omnipotence parlementaire* qui est tout à fait contraire à une bonne organisation fédérale.

Les pouvoirs législatifs, exécutifs et judiciaires y sont trop confondus. Ainsi, le Conseil fédéral, chargé du pouvoir exécutif, étant nommé par l'Assemblée fédérale, les deux Chambres réunies, et non pas directement par le peuple, n'est plus guère qu'une commission du pouvoir législatif, et n'a pas l'indépendance nécessaire pour contrôler, au point de vue des fonctions qui lui sont confiées, les décisions et même les influences du pouvoir législatif qui pourraient porter atteinte à ses attributions.

Cet inconvénient s'est déjà rencontré, et plus d'une décision qui pouvait donner lieu à la critique a été imposée au Conseil fédéral de par une majorité dans les Chambres.

Ce n'est pas toujours par des votes que cela a eu lieu, mais par les commérages qui s'établissent nécessairement entre ceux qui nomment le pouvoir exécutif et ceux qui sont comme leurs créatures. C'est surtout à l'occasion d'affaires étrangères que cela s'est rencontré, ainsi le rejet du traité avec la Perse, qui aurait pu mettre un terme à un certain monopole dans les rapports avec ce pays, exercé par des maisons zuricoises. Le prétexte invoqué pour le rejet était le même qui aurait pu entraver un semblable traité avec la France, et qu'on a bien su lever, même avant que la nation eût voté à ce sujet un changement dans la constitution, comme aussi sur la question de la protection de la propriété littéraire.

Sur ces points on eut raison d'invoquer une révision, mais où l'on eut tort, c'est d'abord de s'être privé d'un traité très-avantageux, sous le prétexte que les Juifs persans auraient pu venir s'établir dans les cantons où ceux-ci ne pouvaient point s'établir; puis, après avoir eu ce scrupule pour la Perse, d'avoir passé par dessus pour la France avant d'avoir obtenu la révision fédérale qu'on avait prétendu être nécessaire pour cet objet.

Le peuple suisse, avec le bon sens qui le distingue, accepta cette révision, qui était déjà dans sa conviction, ainsi que celle sur la propriété littéraire, mais rejeta ce qui concernait d'autres points qui n'étaient pas aussi fondamentaux et n'étaient que des desiderata doctrinaires.

Mais ce qui fut prouvé c'est que l'Assemblée fédérale, s'arrogeant une *omnipotenee parlementaire,* avait deux fois pris des décisions qui n'étaient pas dans ses attributions, ce qui n'aurait pas pu avoir lieu avec une plus rigide séparation des pouvoirs.

Mais là où le défaut de cette séparation se fait sentir c'est lorsqu'il s'agit, de par l'Assemblée, de juger au point de vue fédéral des conflits entre particuliers, entre particuliers et leurs cantons, et à l'occasion d'affaires intérieures des cantons, au lieu de soumettre tous ces cas au tribunal fédéral, organisé en conséquence, c'est-à-dire avec plus d'indépendance.

Ces procédures, devant une assemblée, manquent de toutes les garanties les plus vulgaires, celles entre autres pour les parties intéressées d'y plaider leurs causes. Aussi, que de jugements rendus dans lesquels on a pris ce que nous appelons à Genève tare pour bare, c'est-à-dire sans aucune connaissance réelle de la question. C'est ainsi que lorsque cette Assemblée a voulu juger un conflit électoral survenu à Genève elle a pris une décision où elle a mis complétement de côté le texte de la loi genevoise et a tranché la question de par une omnipotence parlementaire qui violait à la fois les droits des cantons, ses lois, et la séparation du pouvoir judiciaire du pouvoir législatif fédéral.

Les véritables défauts de la constitution fédérale, et sur lesquels une révision serait nécessaire, seraient donc de faire élire directement le Conseil fédéral par le peuple suisse, et de mettre dans les attributions d'un tribunal fédéral le jugement des conflits que l'Assemblée fédérale s'attribue aujourd'hui.

Ceci comporterait également une meilleure organisation du tribunal fédéral.

Ce sont là, si on voulait s'occuper avec sincérité des véritables défauts de la constitution fédérale, les réformes qui devraient faire l'objet d'une révision si l'on croyait le moment venu d'y procéder.

On pourrait y ajouter des moyens de publicité aux frais de la Confédération, des débats des deux Chambres, frais qu'aucune entreprise particulière ne peut supporter en Suisse, et qui est pourtant bien nécessaire pour bien faire connaître aux électeurs comment leurs représentants remplissent leur mission.

Mais, dans la révision que l'on propose en ce moment et dont le peuple ne s'occupe pas du tout, c'est bien de cela qu'il s'agit!

L'inspiration de cette révision est, d'une part, issue d'un certain pédantisme militaire, et, de l'autre, toute d'une coterie d'avocats ou d'aristocratie bourgeoise.

Ce qu'elle a de curieux, c'est qu'elle semble être calquée sur l'unitarisme allemand de la prétendue constitution fédérale de l'Allemagne.

Dans le projet du Conseil fédéral, comme dans ceux des commissions des deux Conseils qui s'en sont occupés il n'y a rien qui se ressente d'une inspiration populaire, sauf peut-être ce qui concerne le mariage.

Tout le reste n'est qu'une tentative de centralisation qui n'est pas le moins du monde justifiée et qui, si elle était adoptée, violerait les conditions fondamentales qui ont présidé à l'alliance des cantons et à l'établissement de la constitution fédérale.

Nous n'avons cessé de le rappeler tout le long de ce Cours, il y a à la base de toute constitution, unitaire ou fédérale, des droits individuels à consacrer, et cette consécration est tout à fait dans les attributions fédérales. Ainsi que le droit qu'a chaque citoyen de se choisir une compagne et, dans son union avec elle, ne puisse être entravé par aucune mesure fiscale ou autre, c'est un droit fédéral que de le bien constater, et sur ce point nous applaudissons à la partie de la révision qui concerne cet objet ; nous aurions applaudi de même à une disposition qui aurait proscrit les peines personnelles y compris la peine de mort, une autre qui eût aboli fédéralement la contrainte par corps pour dettes, une autre qui eût imposé comme garantie personnelle l'intervention du jury dans les affaires civiles, criminelles et correctionnelles, comme cela est dans la constitution américaine.

Tout cela est bien dans les attributions fédérales, car le premier et le plus grand bienfait d'une telle constitution, c'est de bien définir les droits individuels et de les protéger contre les empiétements qu'on pourrait se permettre contre eux dans les gouvernements particuliers des cantons. C'est sous cette forme que l'on peut unifier les législations, car lorsque à leur base tous les droits individuels y sont respectés, toutes les lois se ressemblent et vont au même but.

Mais retirer aux cantons leur souveraineté législative pour l'attribuer à la Confédération, en matière civile, pénale et économique, c'est un renversement complet de toute l'entente d'une confédération, c'est l'unité substituée à la forme fédérale, et cela sans que rien ne justifie que pour la confection des lois l'Assemblée fédérale serait plus capable que les conseils cantonaux. Il est même à peu près certain qu'elle le serait moins. En effet, ces Conseils qui se réunissent à Berne en courant, qui n'ont rien de plus pressé que de vite en finir avec leurs tractanda, qui, tous, appartiennent soit à leurs gouvernements cantonaux, soit à des carrières qui réclament leur présence chez eux, ne pourraient point avoir pour la confection des lois civiles, pénales et économiques, ni la suite ni le temps nécessaire à leur bonne conception.

Et s'ils parvenaient à bâcler de ces codes tout d'une pièce qui, dans le siècle actuel, sont le plus souvent à côté des questions, et qu'il fallût leur apporter des changements, faudrait-il, à ce sujet, soulever toute la machine fédérale, alors que très-souvent il faudrait agir avec promptitude.

Où, d'ailleurs, cette Assemblée fédérale prendrait-elle, sur un des points dont elle voudrait s'emparer, les notions nécessaires pour les bien résoudre? Elle voudrait faire des lois générales sur les obligations, sur les poursuites pour dettes, sur les faillites, sur les associations par actions, sur les banques, sur l'émission des billets de banque.

Ne voit-on pas que pour le mince avantage de simplifier les recouvrements des commis-voyageurs, on risque de compromettre tout ce qui, si on veut se donner la peine de bien l'étudier, est en général mieux résolu par les législations locales que par une législation centrale plus ou moins étrangère à toutes les habitudes et difficultés de la vie active, à laquelle il faut plutôt des ménagements paternels et la liberté, que ces lois raides comme les anciennes lois romaines, qui, loin d'être en rapport avec les faits économiques, les violentaient, et ont été cause plus que bien des oppressions, de la misère des peuples.

On ne sait pas assez que la prospérité de l'Angleterre et des Etats-Unis repose surtout sur ce fait, que l'on y a toujours rejeté ces codifications savantes qui prétendent tout prévoir, et, en effet, entravent tout développement progressif.

Rien que la rédaction même des projets ayant pour but de mettre la législation civile, pénale et commerciale, entre les mains de la Confédération, décèle déjà combien celle-ci est peu avancée dans les progrès législatifs de l'époque. Ils ont l'air de considérer l'introduction d'un code de commerce suisse comme une chose utile. Or, c'est précisément au moment où l'on commence à s'apercevoir que la division en droit civil et droit commercial n'a pas le sens commun au point de vue économique, car tout est civil ou tout est commercial, que l'on veut introduire cette distinction oiseuse alors qu'il serait bon d'y renoncer et surtout de n'établir aucun privilége de l'un sur l'autre, et dans la procédure et dans la portée des jugements.

La Confédération veut faire une loi uniforme sur les poursuites pour dettes. A ce sujet abolira-t-elle la contrainte par corps ou la rétablira-t-elle! Il y a des cantons où elle n'a jamais existé, d'autres où elle est récemment abolie, les soumettra-t-on de nouveau à ce principe de tout esclavage. A Genève la saisie des récoltes pendantes est abolie; la rétablira-t-on! Pour les expropriations immobilières et mobilières, prendra-t-on le milieu entre leur rigueur extrême dans de certains cantons et leur mansuétude dans d'autres?

Voudra-t-on uniformiser la législation hypothécaire de manière à détruire la mobilisation de la propriété, comme par les lettres de rentes dans le canton de Vaud et plusieurs lois du canton de Genève?

Voudra-t-on proscrire la liberté des banques, la libre émission des billets et créer ainsi ces priviléges du crédit qui font le malheur de la France?

En vérité, de la part de ceux qui se lancent avec une telle désinvolture dans toutes les aventures d'une législation centrale qui ne s'excuse que par une rage d'unitarisme sans portée réelle comme progrès, il y a peu de réflexion, et cela en face de problèmes sociaux qui sont à résoudre et qui ne pourront jamais l'être par des législateurs qui ne font pas partie de la vie active dans toutes les conditions comme les législateurs des cantons.

Mais ce qu'il y a de curieux et ce qui nous frappe dans ces propositions de révision dans un sens ultra-unitaire que le peuple n'a pas demandé et qu'il ne comprend pas, c'est qu'elles répondent exactement à des dispositons de ce genre prises dans la Confédération germanique.

L'esprit allemand est tout à l'unité en ce moment, il affecte d'y trouver la solution de toutes les questions; nous avons montré dans une précédente séance où il mène.

Garons-nous aussi que son exagération ne vienne porter un coup funeste à l'organisation républicaine de nos milices, et, dans ce sens, nous craignons surtout une imitation de l'organisation allemande, à laquelle on semble vouloir nous entraîner.

Il y a aujourd'hui sur la scène du monde deux modes de confédérations: celle de l'Amérique du Nord, qui était aussi la nôtre; gardons-nous de la déserter pour entrer dans celle de l'Allemagne, qui mène droit à une unité despotique. Si nous nous laissions aller à cette dangereuse imitation, il viendrait un jour où il ne resterait plus qu'un pas à faire pour nous imposer la monarchie.

Ce qui fait la force de nos institutions républicaines,

c'est leur diversité, c'est la physionomie particulière qu'ont tous nos cantons, c'est la vie animée et active de chacun, c'est notre Confédération dans laquelle toutes ces diversités sont si bien enchâssées, et dans laquelle nos citoyens comme nos cantons jouissent de la sécurité que donne la certitude de la garantie des droits de tous. Sécurité qui s'évanouirait quand on n'aurait en face de soi qu'un gouvernement unitaire, confié à une omnipotence parlementaire.

VINGT-CINQUIÈME SÉANCE

Des Etats-Unis d'Europe.

Par le procédé que nous avons employé dans ce Cours pour parvenir à trouver les conditions naturelles par lesquelles peut s'organiser une société humaine et se donner une intelligence collective qui la dirige suivant sa situation et ses besoins, nous sommes parvenus à constater que le même instrument qui sert à une société particulière, soit à un Etat, peut également s'appliquer à une alliance d'Etats, soit confédération, et cela sur la base la plus large comme la plus étroite, comme l'Amérique du Nord et la Suisse nous en offrent l'exemple.

La réussite incontestable de cette forme fédérale pendant presque un siècle entier dans l'Amérique du Nord, la réussite non moins remarquable en Suisse de cette même forme dans un espace d'un quart de siècle, alors que jusque-là tant d'essais infructueux pour obtenir le même résultat et tentés de bonne foi avaient échoué, cette réussite nous semble résoudre le problème d'arriver dans le monde à un état social qui permette aux peuples de s'entendre paisiblement et de résoudre pacifiquement toutes les questions qui pourraient les diviser.

Si les hommes ou plutôt les rois et les aristocraties pouvaient entendre la voix de la raison et de la science, le moyen d'établir la paix universelle serait trouvé.

Il est trouvé d'une manière aussi sûre qu'en physique ou en chimie une opération fondée sur l'analyse exacte des formes et des affinités de la matière, comme l'application de la vapeur comme force motrice, comme l'emploi du gaz hydrogène à l'éclairage. Cet asservissement des forces de la nature à l'emploi de l'homme était tout aussi difficile à débrouiller que les conditions naturelles qui constituent les sociétés, et l'on est pourtant parvenu à leur application, non sans rencontrer néanmoins des obstacles dans l'ignorance et la superstition, mais enfin on y est parvenu par l'évidence de la réalité de ces découvertes et du bien énorme que l'humanité retirait de leur application. Il en est de même des vérités sociales, elles feront leur chemin par leur évidence, et, ce qu'il y a de curieux, c'est que cette évidence commence à nous venir précisément par le même chemin où l'évidence pour l'application de la vapeur et du gaz nous est venue, c'est-à-dire de l'Amérique libre, où l'application aux besoins de l'homme suit bien vite la découverte.

C'est en France et en Angleterre que ces applications ont été inventées, c'est en Amérique qu'elles ont été en premier assez largement appliquées pour entrer dans le domaine de ces faits que tous doivent s'approprier sous peine de rester dans une grande infériorité.

Pourquoi les vérités sociales trouvées un peu partout, où certes les grands écrivains sur les questions de l'organisation des sociétés et de l'économie politique n'ont pas manqué, en Suisse, en France et en Angleterre, pourquoi ces vérités, transformées en faits patents et irrécusables, ne feront-elles pas le tour de l'univers, comme l'application de la vapeur et du gaz?

C'est à nous, qui nous occupons de sciences sociales, à ne pas négliger de bien faire ressortir l'évidence qui ressort des faits bien étudiés et des exemples qui les ont appliqués.

Les faits de la science bravent toutes les oppositions des partis, tous les sophismes de ceux qui veulent absolument se faire passer comme nécessaires pour maintenir l'ordre dans les sociétés, alors que la science démontre victorieusement qu'ils sont au contraire la cause de tous les désordres et que si les sociétés ont quelquefois fleuri, ce n'est pas par eux mais malgré eux.

Leurs sophismes, devant les faits, n'ont pas plus de force que les décisions de l'Inquisition contre la constatation du mouvement Diurne de la terre, « et pourtant elle tourne, s'écriait Gallilée!» et nous nous écrierons: et pourtant il n'y a et il ne peut y avoir de société humaine que par la formation pour chacune d'elles d'une intelligence collective qui fasse penser et agir une société comme un seul homme.

Et cette intelligence collective ne peut se former que dans un corps social composé d'individus à qui l'on garantit l'autonomie nécessaire à chaque homme pour qu'il puisse agir en conformité de sa nature; ses besoins sont ses droits, c'est une reconnaissance essentielle à la base de chaque société. Une réunion d'hommes à qui de tels droits sont reconnus forme un corps social, c'est-à-dire un peuple, et de ce peuple doit sortir la combinaison qui le fait penser et agir collectivement, tel que nous l'avons expliqué dans d'autres séances.

Ce sont là des faits irrécusables, reconnus et confirmés par leur application. Ces faits arrivent à leur suprême puissance alors qu'ils s'appliquent à une confédération de peuples divers qui, soit par des raisons historiques, par des conformations de lieux, par des éloignements, par des différences de langage et de coutumes, désirent conserver chacun leur physionomie particulière mais s'unissent en se reconnaissant réciproquement les bases essentielles de libertés individuelles et de gouvernements fondés sur les faits et par la même forme de chacun de leurs gouvernements appliquée à la confédération, résolvant toutes les questions qui les intéressent.

Qu'il nous soit permis, dans l'application de ce moyen fédératif d'assurer la paix universelle, de nous abandonner un instant à notre fantaisie et de nous promener dans le monde en en cherchant l'application.

L'Europe s'offre tout naturellement la première à notre attention et, tout naturellement aussi, cette grande confédération naturelle du Sud, Sud-Ouest de l'Europe, comprenant la France, l'Espagne, le Portugal, l'Italie, auxquels nous joindrions la Grèce, appelés à faire contre-poids aux tendances envahissantes du Nord, se présente à nous comme le premier pas dans un système général de confédérations pour assurer l'union et la paix des peuples.

Pourquoi, nous dira-t-on, puisque vous y êtes et que votre fantaisie galoppe, ne pas imaginer tout de suite la confédération générale de l'Europe à laquelle nous pensons bien que vous voulez aboutir un jour. Certes, et c'est bien là le but où l'on doit viser dans l'application d'un système fédératif efficace et qui éloigne à tout jamais la pensée du renouvellement de la guerre entre les nations. Mais, pour arriver là, lever tous les obstacles qui s'y opposent, il y a un espace à parcourir.

Le premier obstacle qui se dresse devant nous pour arriver à la confédération générale, aux Etats-Unis de l'Europe, c'est cet Empire allemand dans lequel le système fédératif, assis sur les bases qui en auraient dû faire une vérité a été si étrangement défiguré. On ne peut le nier, cet empire vise à la domination universelle, du moins à ce genre de domination qui consiste à user de son influence pour contraindre les autres Etats à suivre une politique intérieure et extérieure suivant son intérêt plus ou moins capricieux, ou plus ou moins bien ou mal entendu, de cet ascendant à la Napoléon Ier, contre lequel toute l'Europe dut réagir. Si l'Allemagne se fût réellement constituée fédéralement, suivant la forme américaine, elle eût pu devenir le commencement de la confédération générale européenne, mais nous avons déjà expliqué comment, en dédaignant tous les principes constitutionnels d'une confédération qui repose à la fois sur la garantie des droits individuels et sur celle des Etats, elle est devenue plutôt un repoussoir qu'une attraction pour les peuples et les Etats.

Constituée uniquement pour la guerre, son genre d'attraction à elle c'est la conquête.

Devant cette monstrueuse opposition, c'est aux peuples et aux Etats qui veulent rester libres et indépendants à prendre leurs précautions et à s'allier pour résister à ce retour inattendu vers le droit du plus fort. L'Allemagne ne s'est pas gênée dans les fanfaronades qui précédèrent la guerre avec la France, et depuis, dans l'ivresse du triomphe, d'exalter la supériorité des races du Nord sur celles du Midi. Ceci est une des utopies, des nébuleuses contemplations historiques de cette bonne Allemagne, elle-même si bien comprimée sous le joug abrutissant de la discipline militaire. Il y a du vrai et du faux dans cette appréciation. Certes, quand le Midi s'est corrompu après avoir conquis le monde, quand, après avoir subjugé toutes les nations, les ressorts de son état social s'étaient disloqués, il a été la proie des barbares que pendant des siècles il avait refoulés vers les contrées hyperboréennes. Mais il n'y avait là aucune supériorité de races ; il y avait, chez les peuples du Midi, relâchement de leur énergie, de leur génie, parce qu'en dérobant la liberté aux autres ils avaient eux-mêmes perdu la leur et tout ce que la liberté enfante pour développer le génie de l'homme.

Nous avons, dans une autre séance, démontré que ce fut le mépris des droits de l'humanité, par l'aristocratie et le despotisme césarien de Rome, que le monde entra en décadence et fut la proie des peuples sortis des forêts et qui n'avaient point d'autre industrie que la guerre. Nous le répétons, il n'y eut pas la supériorité de race ; il y eut, d'un côté, déclin d'énergie, d'activité et de bonne direction, dont les barbares, excités par l'amour du pillage, profitèrent pour se lancer au milieu d'une civilisation abâtardie dans laquelle ils jetèrent le désordre, longtemps prolongé par tous les genres de dominations, féodales, despotiques ou autres, qu'ils inventèrent pour le malheur du genre humain. Mais le réveil des peuples étant venu, les véritables conditions sociales étant retrouvées, toute la question maintenant sera celle-ci : c'est que le pouvoir restera à qui saura gouverner par la liberté. Ce ne sont pas les races qui seront plus ou moins inférieures, la supériorité sera dans les bonnes institutions sociales, soit dans la paix, soit dans la guerre, si l'on était encore réduit à cette extrémité pour asseoir d'une manière définitive les droits du genre humain.

Les récents malheurs de la France sont plutôt une confirmation de ce que nous avançons, qu'un doute à concevoir à ce sujet.

De l'aveu de tout le monde, la France a succombé parce qu'elle était mal préparée. Qui oserait dire que c'est par la supériorité de la race allemande ? Où était-elle cette supériorité quand les armées républicaines françaises repoussaient jadis la coalition des despotes de l'Europe contre leur liberté ? Où était-elle, même dans ces longs succès des armées de l'Empire français ?

Et quand le sort des armes a changé, d'où cela venait-il? de ce que la France, retombée sous le joug du despotisme avait perdu le caractère que la liberté lui avait donné dans ses jours de triomphe.

Toute la question, nous le répétons, n'est pas dans les races, mais dans le plus ou moins de bonne organisation sociale des peuples. Si les races latines plus que d'autres ont eu à subir des décadences, par le fait de mauvaises institutions, du fanatisme religieux et de l'ignorance des masses, c'est à elles à se relever sous l'influence du génie réformateur de notre siècle.

C'est pour cela que la plus efficace de toutes les confédérations à former aujourd'hui serait celle des trois grands peuples de la France et des deux péninsules de l'Espagne et de l'Italie.

Le moment est venu de se redresser vis-à-vis de ce monstre envahissant du Nord qui a déjà repris toute l'activité et toute l'audace des anciens barbares qui sortirent des contrées qu'il habite.

Ce serait un premier et grand pas de fait pour l'humanité que l'alliance de ces trois grands peuples à qui la civilisation est déjà si redevable, alliance inventée par une première application en grand des formes d'une confédération à l'américaine et à la suisse.

Mais voilà le difficile. Comment persuader à l'Espagne, au Portugal, à l'Italie et à la Grèce de se confédérer sur un pareil modèle? et pourtant combien cette alliance serait dans la nature des choses, et quel lien mieux entendu pourrait les réunir que la forme fédérale si bien éprouvée!

Nous ne venons pas ici discuter sur la constitution intérieure de chacun de ces pays. Nous espérons que la France restera république et se constituera sur les véritables bases de ce mode gouvernemental, celui qui donne à une nation le plus complétement une intelligence collective.

Il serait certes, pour bien cimenter l'alliance, plus désirable que les autres Etats fussent aussi érigés en républiques; mais, nous l'avons fait remarquer, ce qui reste dans chacun d'eux de monarchique ne serait point un obstacle si, en effet, se conformant bien au régime constitutionnel, chacun des monarques des Etats confédérés se tenait bien dans le rôle restreint de premiers magistrats assistés de ministres responsables amovibles.

En général, les constitutions des Etats que nous proposons de confédérer ensemble ont reconnu les droits individuels, des modes électoraux assez populaires, et des corps représentatifs remplissant les fonctions législatives nécessaires et séparées assez distinctement des fonctions exécutives et des fonctions judiciaires, le mouvement constitutionnel y dérive bien plus directement du peuple que jusque-là dans aucune autre monarchie constitutionnelle, et ces Etats pourraient être alliés de républiques, comme la république française et la république espagnole sans trop d'anomalie.

Cette confédération serait d'une grande puissance pour maintenir la paix en Europe et rendre à la civilisation les bords de la Méditerranée où elle fut si répandue autrefois, mais aujourd'hui sans les anciens antagonismes qui ne cessaient de la troubler et qui ne s'éteignirent que sous le joug commun imposé par les Romains, joug qui loin d'être protecteur finit par dissoudre cette civilisation qui ne vivait que de liberté. Après bien des siècles, qu'il serait beau de la voir renaître sous l'égide d'une confédération qui réunirait dans un but commun de bien-être et de prospérité ces races latines que l'on calomnie, et sans lesquelles, après la race hellénique, il n'y aurait pas de civilisation dans le monde.

Quand on pense combien cela serait facile pour peu que l'un des Etats à confédérer en prit vigoureusement l'initiative, sans arrière-pensée et en en démontrant la nécessité commune, dans l'intérêt de leur indépendance réciproque, on gémit sur l'étroitesse des hommes d'Etat qui ne paraissent pas y songer.

Le Congrès de ces cinq Etats pourrait se tenir dans une des villes maritimes de la Méditerranée de la France, de l'Espagne ou de l'Italie, ou alternativement dans chacun de ses Etats.

Quelle force aurait-elle cette confédération de quatre-vingt millions d'âmes pouvant parler au monde au nom de la liberté et de la paix ! Quelle réhabilitation des races latines que cette puissance qui pour éclore n'aurait besoin que de le vouloir, sans aucun sacrifice pour aucun des Etats, et comme augmentation de puissance pour chacun!

Nous parlons en premier de cette alliance des peuples latins parce qu'elle est la plus naturelle, et qu'aucun antagonisme fondé ne s'y opposerait. Cette alliance ne serait pas exclusive, et à mesure que d'autres peuples voudraient y entrer, ils pourraient y être admis, et ainsi, petit à petit, se formerait la grande association des peuples libres de l'Europe.

Mais, en attendant, qui empêcherait d'autres peuples de se constituer ainsi. Il est un grand empire qui doit le faire ou tomber, c'est l'empire ottoman. Le voudra-t-il, le pourra-t-il, le saura-t-il ?

Quant à nous, nous sommes convaincus que s'il le concevait de bonne foi il pourrait l'exécuter, tant nous avons de confiance dans les formes constitutionnelles bien entendues dès qu'on sait les appliquer. Nous avons entendu parler d'un semblable projet qui aurait été présenté à la Porte et qui aurait été pris en considération, mais laissé là beaucoup plus par l'indolence musulmane que par la répugnance à l'adopter.

Déjà cet empire est morcelé en pachaliks jouissant d'une certaine indépendance et dans lesquels il serait bien plus facile qu'on ne pense d'établir des gouvernements locaux sur un modèle de liberté. Déjà l'égalité est tout à fait dans les mœurs de l'Orient, et de là à la liberté il n'y a qu'un pas. L'empire ottoman s'est déjà réformé sur tant de points que s'il savait le faire dans le sens que nous l'indiquons il pourrait peut-être se préserver des révolutions et de la conquête qui le menacent de toutes parts.

Mais le saura-t-il?

Quoiqu'il en soit, c'est l'avenir de ses débris. Si jamais les Turcs quittent l'Europe, que les Grecs modernes, mieux avisés que leurs ancêtres, en se constituant en petits Etats, ainsi que la conformation de leur territoire semble le comporter, sachent se réunir sous une confédération à l'américaine, et que cette confédération sache elle-même, comme nous le proposons déjà pour la petite Grèce actuelle, s'adjoindre à la grande confédération de la Méditerranée.

En poussant vers le Nord, que deviendra la Perse moderne, ce colosse russe, qui s'affaissera sur lui-même s'il ne sait pas rendre la vitalité à toutes ses conquêtes et se constituer en confédération. Mais cet Etat, tel qu'il est, reste un mystère de l'avenir. Est-il destiné à devenir une preuve de plus que la monarchie absolue est destinée pour vivre de tout soumettre autour d'elle ou de périr sous les imperfections de son gouvernement? Se heurtera-t-il contre l'Empire allemand, et ces deux anomalies dans la constitution des sociétés s'associeront-ils contre la liberté, se dévoreront-ils d'abord, ou après avoir rétabli la barbarie l'un triomphera-t-il de l'autre?

Non, si la civilisation sait se défendre, et si pour se défendre elle sait se servir des vrais principes constitutifs des sociétés humaines, aussi puissante pour la guerre si elle y est contrainte qu'elle l'est pour la paix si elle peut suivre sa pente naturelle.

Mais comme première proie des monarchies menaçantes qui obscurcissent l'avenir de l'Europe, il y a d'abord l'empire d'Autriche, qui a si bien su se réhabiliter dans l'opinion des peuples depuis que, cessant d'être conquérant lui-même et trahi dans la guerre contre la Prusse par l'impuissance résultant de son despotisme, il a su se réfugier dans la liberté pour se sauver et reprendre son rang dans le monde. Que peut-il faire pour conjurer l'orage qui le menace de la part de ses voisins? c'est de continuer dans cette carrière de liberté où il a devancé la Prusse qui, pendant quelque temps, avait fait semblant de le prendre pour auxiliaire. L'Autriche est à la fois périlleusement et favorablement placée au centre de l'Europe sur un grand fleuve, l'une des grandes artères du commerce du monde, si l'on sait en user et lui donner l'importance qu'elle peut avoir.

Elle a dans sa population des Allemands, des variétés de races slaves, Polonais, Tschèques, Esclavons, enfin la grande et puissante Hongrie. Qu'elle sache, vis-à-vis des autres races, se comporter comme avec la Hongrie, qu'elle leur assure à chacun une existence en Etats libres, reliés par une confédération à l'américaine et non pas à la prussienne, formant un Etat puissant, et l'Autriche est sauvée. Formant une confédération danubienne jusqu'à la Mer-Noire, faisant régner une véritable liberté dans les provinces allemandes, polonaises, tchèques, slavones, hongroises, ce n'est pas elle que les rêveries slaves ou l'empire allemand pourront menacer, c'est elle qui les menacera, par le fait de réaliser le bien-être par la liberté dans toute l'étendue de sa confédération, qui déjà forte par elle-même pourrait, ainsi organisée, trouver un puissant secours dans la grande confédération méditerranéenne.

Si nous remontons plus au Nord que trouvons-nous encore? Des peuples intelligents qui ont un nom dans l'histoire, une attitude distinguée dans la civilisation actuelle, chez qui les idées de liberté ne sont pas nouvelles et qui sont également menacés dans leur indépendance par les deux empires fondés sur le sabre et le fusil à aiguille.

Nous voulons parler des peuples scandinaves, la Suède et le Danemark, l'un et l'autre ont été déjà mutilés ; l'un par la Russie qui a enlevé la Finlande à la Suède, l'autre par la Prusse qui a enlevé le Holstein et le Schleswig au Danemark. Une alliance fédérale entre eux semble des plus naturelles, mais hélas, elle serait bien faible s'il ne venait pas s'y joindre d'autres Etats comme la Hollande et la Belgique, par exemple, ou même l'Angleterre. Mais celle-ci, forte d'elle-même, forme déjà une confédération composée de l'Angleterre de l'Ecosse et de l'Irlande.

Hélas! l'Angleterre est-elle encore quelque chose dans le mouvement européen? Quel rôle lui assigner dans cet avenir des Etats-Unis de l'Europe, qui ne pourra s'établir que lorsque l'empire prussien et l'empire russe se seront amendés eux-mêmes ou y auront été forcés par la coalition générale de tous les peuples qui veulent que l'état social soit fondé sur la paix, et non pas sur la guerre. Certes, dans cette alliance de tous les peuples pour amener le règne universel de la liberté et de la paix, l'Angleterre pourrait jouer le premier rôle si elle savait y mettre autant d'ardeur qu'elle en a mis pour combattre la Révolution française.

Si elle voulait se mettre à la tête d'une confédération scandinave, hollandaise, belge et d'elle-même, ce serait un des plus grands appuis que la civilisation pourrait obtenir contre la nouvelle barbarie qui menace de sortir de cet embrigadement général sous le caporalisme inventé par la Prusse, et déjà mis à profit d'une façon si avide et si barbare.

Nous posons ce problème à la sagacité des hommes d'Etat de l'Angleterre, désireux que nous sommes de voir ce généreux pays, qui fut un jour le plus avancé dans la liberté et de laquelle la liberté américaine est née, ne pas rester en dehors des futurs Etats-Unis de l'Europe.

Dans toutes les confédérations partielles dont nous venons de parler, nous n'avons pas parlé de la petite Confédération suisse qui existe déjà et qui, heureusement placée au centre de l'Europe, tenant en mains les débouchés des Alpes, peut continuer à servir de modèle fédératif et de lien entre les races allemandes et latines, puisque ces races sont représentées dans sa confédération et y vivent en bonne intelligence sans affecter de se croire supérieures les unes aux autres.

Si jamais les Etats-Unis de l'Europe s'établissent, la Suisse est mieux placée que tout autre Etat pour siége neutre du congrès de ces Etats.

Nous venons de tracer d'une main hardie et fantaisiste ce que l'Europe pourrait faire pour hâter l'établissement d'un régime qui mît fin à ces égorgements, à ces rapines entre nations, qui déshonorent notre siècle qui se vantait d'une civilisation avancée.

Quand l'Europe s'était coalisée contre l'Empire français, après s'être coalisée contre la Révolution française, il semblait que l'on voulût inaugurer un régime de paix durable. Mais les événements ont prouvé toute l'impuissance des moyens employés. La diplomatie n'a jamais rien su prévenir, pourquoi? Parce que dans ses efforts on ne faisait pas intervenir des représentants directs des peuples, qui seuls auraient pu neutraliser l'ambition de leurs rois. Si dans une rencontre des ambassadeurs prussiens et français chargés de régler le différend qui a produit la dernière guerre, à côté d'eux, dans un congrès, il se fût rencontré des députés du peuple allemand et du peuple français, tout se fût facilement arrangé.

Ce qu'on appelle l'équilibre européen est un vain mot s'il n'est pas échafaudé sur une institution qui lui donne une base solide. Or, il n'en est pas d'autre que l'intérêt même des peuples opposé aux puérilités, aux malentendus et à l'ambition des princes qui jouent le premier rôle dans les négociations diplomatiques.

Qu'est-ce qu'ont produit pour l'avenir les Congrès de Vienne, de Paris, de Vérone, la Sainte-Alliance et toutes les négociations diplomatiques qui ont eu lieu depuis? Si, quand on croyait pouvoir reconstituer l'Europe par le bon plaisir, on avait davantage consulté les peuples dont l'opinion se manifestait dès lors sur tout ce qui se faisait, et contre les nationalités, et contre la liberté, et contre la dignité humaine, on se fût épargné bien des déboires. Des députés des peuples, admis dans les congrès, auraient pu éclairer sur la vanité de tout ce qu'on bâtissait sur le sable. Qu'on relise ce qui s'écrivait alors contre les vaines tentatives de plier l'Europe aux caprices de ceux qui prétendaient la reconstituer, et l'on verra que leurs prédictions contre des arrangements mal conçus se sont réalisées même au-delà.

Eh bien! si dès lors, les Etats-Unis de l'Europe eussent été réunis avec des représentants des Etats, assistés de représentants des peuples, nous n'aurions pas vu éclater les révolutions qui ont renversé tout le beau travail réactionnaire de la Sainte-Alliance, nous n'aurions pas eu les guerres terribles qui ont ensanglanté l'Europe, et nous ne serions pas en ce moment dans la position équivoque où nous nous trouvons.

Et maintenant, si l'Europe libre reste sans prendre un parti, sans chercher à trouver dans l'organisation naturelle des sociétés les moyens d'arrêter la guerre et la réaction contre la liberté, nous n'en aurons pas fini de nous dévorer de nouveau, et dans des guerres entre nations et dans des guerres civiles.

Le remède est là, il est connu, et l'on s'obstine à ne pas vouloir le comprendre. Cependant le mal nous presse et il faut y mettre un terme.

La civilisation pourra-t-elle souffrir encore longtemps cette lourde chaîne jetée sur les peuples européens, qui les condamne à plusieurs années de servitude militaire abrutissante, corruptrice et dévorant même en temps de paix la substance la plus nette du travail humain.

La vie moyenne est de trente-six ans, et, là-dessus, de par la constitution germanique, qui devient obligatoire pour le monde entier, les douze plus belles années de la vie sont vouées à l'exercice militaire et à la soumission à son caporal.

Le plus grand, le premier besoin de l'humanité est aujourd'hui de se débarrasser de ce cauchemar militaire. Le désarmement général est devenu l'aspiration de tous les peuples, et pour cela, pour y parvenir, pour forcer les derniers barbares à rentrer dans les limites de la civilisation, il n'y a que la confédération des peuples qui puisse en venir à bout. Ce doit être la tendance universelle, c'est le salut du genre humain.

Puisse la science être assez forte pour en porter la conviction dans tous les esprits.

VINGT-SIXIÈME SÉANCE

Conclusion.

Nous voici arrivés à la fin de ce Cours où j'ai essayé d'établir, autant qu'il a été en moi, que la science de la législation constitutionnelle, autrement dit de l'organisation des sociétés, peut être une science positive, comme les sciences naturelles, mais à la condition de suivre dans son étude les mêmes procédés d'analyse et d'observation qui n'admettent que des faits notoirement constatés.

Nous nous sommes efforcés à ne pas nous départir de cette méthode. Y avons-nous réussi ! ce n'est pas à nous d'en juger; c'est à nos auditeurs, c'est au public, si plus tard nous livrons ce Cours à l'impression.

Comme fait principal et qui domine tous les autres, nous avons constaté que pour donner à une société une véritable existence, elle devait se constituer une intelligence collective à l'image de celle de l'homme seul. Pour l'homme seul, son intelligence est son souverain guide, c'est un don par lequel il perçoit ce qui se passe autour de lui, par lequel il comprend la nature et en applique les produits à la satisfaction de ses besoins.

Une société, c'est-à-dire une réunion d'êtres pensants, n'a pour se conduire pas d'autre moyen que de se servir aussi de l'intelligence, qui est le privilége de l'humanité sur terre.

Pour ce faire, soumettra-t-on l'intelligence de tous à une intelligence supérieure, et, dans ce cas, comment choisira-t-on cette supériorité ? Dès ce premier pas, il est constaté que le corps social doit agir collectivement, et dès lors se créer une intelligence collective pour le guider dans tout ce qui concerne l'intérêt général de la communauté.

C'est ici que commence la difficulté, mais une rigoureuse analyse des facultés de l'entendement humain nous conduit sur la route et nous amène à construire l'intelligence collective de la société en la fondant sur les mêmes phénomènes qui composent l'intelligence de l'homme.

Tout cela est contestable, nous dira-t-on, qu'est-ce qui nous prouve que l'intelligence humaine se forme précisément comme vous le dites et que devient dès lors son imitation pour animer le corps social.

Nous répondrons à cela que nous ne nous embarrassons point de l'origine des choses qui, pour nous comme pour tout le monde, reste un mystère impénétrable. Dans notre étude, nous l'avons dit, nous suivons la méthode d'observation des sciences naturelles, et lorsque nous avons constaté un fait appliquable à notre nature, nous nous en emparons tout comme on applique le gaz hydrogène à l'éclairage, sans avoir encore découvert et l'origine de ce gaz et celle de la lumière qui s'en dégage.

Ainsi, pour appliquer au corps social le phénomène de la pensée en la copiant sur celle de l'homme isolé, nous n'avons pas besoin de savoir au juste ce que c'est que l'âme, quel est le secret de son existence ; ce que nous savons, c'est qu'elle existe et qu'elle se manifeste par des opérations de sentiment et de pensée qui sont incontestables.

Or, le corps social étant un composé de personnes intelligentes, est-il donc impossible de former une intelligence collective de toutes les intelligences particulières, en leur faisant appliquer à la collectivité précisément les mêmes opérations d'entendement qui forment la pensée humaine prise isolément.

Qui peut nier le sentiment des besoins, qui peut nier que ce sentiment n'éveille la pensée, et qui peut nier que cette pensée ne fasse naître dans l'esprit des comparaisons, des calculs qui en définitive forment la raison, ce suprême et souverain guide de notre être.

Eh bien, le corps social n'a-t-il pas son sentiment composé du sentiment de tous, ne peut-il recueillir ce sentiment et le soumettre à l'examen des plus capables, élus pour former la raison sociale; de là ne découle-t-il pas une intelligence collective?

Avons-nous besoin pour cela de connaître les mystères de l'âme? Non, nous nous servons de ses manifestations, qui nous dominent instinctivement, et nous les appliquons à la vie sociale comme Dieu nous les a données pour notre existence privée. Reporter à l'ensemble social l'exercice du phénomène qui fait penser l'individu, c'est donner à une société, à une communauté, le guide que la sagesse suprême a voulu accorder à l'homme pour le conduire sur terre.

Vivre en société est un besoin de l'homme, c'est pour lui un bonheur et un soutien, c'est la source des perfectionnements de sa nature, il y est poussé par un invincible instinct. Or, ce penchant ne peut pas lui avoir été donné pour s'entre-déchirer, il y a en lui le sentiment de se former une intelligence collective, et partout où il a pu se constituer librement, il en a presque trouvé les conditions naturelles. Mais que d'écarts, que d'erreurs dans leur application, presque toujours intervertie par des ambitions et des intérêts privés. Et pourtant, néanmoins, la véritable conduite des sociétés a été toujours par ces conditions naturelles qui se retrouvaient comme donnant ce mouvement, mais souvent mal définies, mal comprises et toujours contrariées, surtout par les faux systèmes qui cherchaient à faire cadrer la marche des sociétés avec toutes les dominations qui, loin de l'établir, contrariaient l'ordre social.

Nous avons cherché à constater ce point de départ, tout nouveau, que l'ordre social ne peut dériver que d'une intelligence collective de la société elle-même. Rien ne domine cette intelligence, c'est elle qui est le souverain, si l'on veut se servir encore de cette expression pour désigner la conduite, la gestion générale d'une société.

Peut-il y avoir pour le gouvernement des sociétés une origine moins contestable que celle de lui assigner la raison humaine, collectivement organisée pour guide suprême.

Pour tirer cette raison d'un corps social, encore faut-il former ce corps. De quoi se composera-t-il? d'hommes venant se soumettre aux devoirs de la société, mais conditionnellement. Nous ne parlons pas ici d'un contrat, nous parlons de la condition naturelle de l'homme en société, condition naturelle sans laquelle il n'y a pas de société, il n'y a que servitude. L'homme en se réunissant en société doit rester libre dans la mesure de ce qui ne porte pas atteinte à l'ordre social lui-même, mesure difficile à déterminer, mais qui plus on s'est avancé dans la civilisation, plus a acquis un caractère étendu et tout à fait indispensable pour former un corps social en état de se construire une véritable intelligence collective.

Nous avons donc montré que la base de tout bon système constitutionnel était une déclaration de droits qui établisse bien nettement les garanties par lesquelles le citoyen conserve son autonomie, sa liberté d'action personnelle et sa participation au gouvernement de la société dont il fait partie. C'est dans un corps social ainsi préparé que se forme la pensée collective, en employant pour la produire les mêmes procédés que ceux qui se manifestent dans le corps humain. La sensation prend naissance dans le peuple, et pour qu'elle soit véritable, elle doit émaner du peuple entier; c'est là le fondement du suffrage universel, c'est la base essentielle de tout l'édifice social; mais ce suffrage, pour être réel, doit être autant que possible donné dans des assemblées nombreuses, composées d'électeurs arrachés aux influences personnelles et pouvant exercer avec indépendance leurs fonctions électorales, sous le sceau du secret. C'est le point de départ indispensable pour arriver à la formation d'une véritable intelligence collective.

Cette intelligence on l'obtient surtout par de bonnes combinaisons représentatives.

Nous avons expliqué que pour parvenir à soumettre la sensation générale à l'examen et à l'épreuve de la raison il était nécessaire de bien distinguer les diverses fonctions par lesquelles cette sensation arrive à se transformer en décision, c'est-à-dire en loi, et ensuite être mise à exécution. C'est par la division de ces fonctions, autrement dits pouvoirs, que l'on parvient à former un entendement commun qui dirige la société sans lui imposer d'autre domination que celle de sa propre volonté, élaborée collectivement et appliquée dans les limites de la volonté commune, sans mélange d'aucune volonté arbitraire en dehors.

Nous avons reconnu que pour élaborer la pensée sociale il était nécessaire qu'elle passât par deux corps indépendants l'un de l'autre, mais également issus du suffrage universel, dont l'un représentât plus spontanément la sensation populaire, et dont l'autre appliquât aux questions un examen plus approfondi et plus de maturité, fruit de l'expérience.

Ces deux corps, nommés l'un et l'autre directement par le suffrage universel, trouvent leurs différences dans de certaines combinaisons d'éligibilité et, en général, l'un des deux jouant le rôle de sénat représentant d'intérêts locaux, et l'autre les aspirations nationales de la nation entière.

Ces deux corps, voués aux fonctions législatives, représentent dans leur action la pensée humaine se formant dans le cerveau. Puis, lorsque d'accord entre eux ils ont arrêté la décision, elle est transmise à la fonction exécutive qui, elle, également issue directement du suffrage populaire, complète par son adhésion la pensée sociale et la met à exécution.

Puis, comme pouvoir conservateur du corps social dans toutes les conditions qui l'ont formé, arrive une organisation judiciaire fonctionnant aussi sous la forme d'une pensée collective dans l'application des lois. Pensée collective qui naît des trois fonctions nécessaires à la formation de cette pensée, savoir: le juge nommé directement par le peuple, qui applique la loi après qu'un jury aura décidé du fait et qu'un avocat du peuple aura exposé la cause.

Ces formes collectives d'entendement se retrouvent lorsqu'il s'agit du gouvernement des communes, du gouvernement des divisions en provinces ou départements, dans les attributions que la loi générale constitutionnelle leur donne, enfin, à la sommité lorsqu'il s'agit de confédérer ensemble divers Etats.

Nous avons, autant qu'il a été en nous, essayé d'expliquer ce mécanisme dans les premières séances du Cours.

On dira qu'il n'y a rien là de nouveau, si ce n'est la

méthode. Des gouvernements représentatifs existent déjà, et il y en a qui existent si bien, fonctionnant sur ce que nous avons appelé une intelligence collective, que nous y avons cherché des preuves en faveur de nos démonstrations constitutionnelles.

Mais ce que nous avons cherché n'est pas d'inventer de ces vaines utopies comme la république de Platon, mais de retrouver dans la marche constitutionnelle des sociétés les conditions naturelles qui les font vivre.

Or, nous avons cru, par l'analyse, trouver que c'est toujours par une forme donnant une intelligence collective à une société qu'elles ont subsisté avec plus ou moins de bonheur, de stabilité ou de développement, malgré les obstacles et les sophismes qui les entravaient.

Reconnaître ce qu'il y a de vital dans une société par une méthode qui en facilite l'examen, pouvoir par là en distinguer ce qui en forme une condition essentielle de ce qui est superflu, embarrassant ou nuisible, a été le but de notre travail.

Nous ne fondons pas les droits des individus et des peuples sur de vaines déclamations générales, mais sur la nécessité de les consacrer pour donner à une société son existence normale.

Une étude ainsi conduite est un moyen victorieux à opposer à ceux qui prétendent toujours que les réformateurs marchent à tâtons et se laissent plutôt guider par leurs sentiments et leurs rêves que par la bonne entente des questions.

Nous leur opposons des faits, et des faits non pas seulement étudiés théoriquement, mais en les corroborant de toute l'histoire du genre humain et de la réussite contemporaine de constitutions qui sont presque en tout point conformes aux conditions naturelles qui donnent l'existence à une société.

C'est par l'évidence que nous ne croyons pas qu'il puisse y avoir pour une société d'autre guide régulier que celui du *self government*, c'est-à-dire le gouvernement de soi-même, autrement dit, suivant notre méthode, celui d'une *intelligence collective.*

Nous avons établi quels sont les organes essentiels de ce gouvernement, et en même temps montré quels sont, par suite d'anciennes oppressions, les organes dissolvants qui trop souvent le rongent encore.

Qu'est-il résulté de nos investigations? C'est qu'en réalité le gouvernement naturel des sociétés c'est le gouvernement représentatif démocratique républicain, pour nous servir des qualifications en usage. Par la rigoureuse analyse, par l'examen le plus consciencieux de toutes les sociétés, c'est ce gouvernement qui offre le plus de sécurité, de stabilité et d'ordre véritables, parce qu'il assure le mieux la liberté personnelle, tout en faisant concourir chacun au gouvernement sans que nul puisse en faire un instrument pour ses intérêts privés. Sous un tel gouvernement le respect de la loi est général, parce que la loi, avant de demander l'obéissance à elle-même, reconnaît les droits inaliénables de chacun.

Nous sommes ainsi parvenus à opposer aux écoles absolues une série de faits qui donne à la science de la législation constitutionnelle une certitude bien plus grande que toutes les assertions des rêveurs ou des sophistes.

J.-B. Say, dans les considérations générales dont il fait précéder son Cours d'économie politique pratique, dit fort bien:

« On met quelquefois en opposition la méthode expé-
« rimentale ou analytique qui est fondée sur des obser-
« vations et qui fait connaître *ce qui est*, c'est-à-dire
« des vérités, avec la méthode qu'on peut appeler doc-
« trinaire, qui est fondée sur des argumentations et qui
« a pour objet d'établir des systèmes. La méthode
« expérimentale est plus scientifique, car les sciences se
« composent de vérités et non pas d'opinions. »

Forts de notre méthode expérimentale, nous nous croyons armés par la constatation des faits qu'elle nous a fait reconnaître contre toutes les argumentations doctrinaires qui voudraient renverser notre échafaudage sans nous opposer une méthode semblable.

Comment serait-il possible à cette école de prouver par exemple l'excellence de la monarchie ou de l'aristocratie par une analyse rigoureuse de leurs fonctions. On ne peut les défendre qu'en les dépouillant de leur substance réelle pour en faire autre chose que ce qu'elles sont par elles-mêmes. Mais, dans leur nudité d'origine, est-il possible d'y reconnaître quelque chose de bienfaisant pour les sociétés. Il en est de même de toutes les savantes restrictions que l'on voudrait mettre à l'exercice des droits individuels et de la participation de tous au gouvernement du pays, soit comme électeur, soit comme accessible à tous les emplois publics. C'est sur des faits que nous établissons l'exercice de ces droits comme les conditions naturelles nécessaires pour former un bon organisme social.

Nos conclusions ne peuvent être attaquées que si l'on venait à prouver que les faits que nous avons avancés sont inexacts.

Or, pour les établir, nous avons conduit nos auditeurs à travers les siècles pour y contrôler l'existence des sociétés par notre méthode.

Nous avons montré que les législations qui ont subsisté, qui ont eu de la durée, n'ont pas méconnu les faits sur lesquels nous nous appuyons, et que c'est par eux qu'elles ont subsisté, déclinant d'ailleurs lorsqu'elles s'en éloignaient.

Nous sommes ainsi parvenus de faits en faits, d'inductions en inductions, jusqu'à ces nouvelles sociétés qui marchent à si grands pas et où tout ce que nous avons indiqué est en pleine exécution, non sans pouvoir être perfectionné, mais qui aidé d'une bonne méthode, pourra s'asseoir encore mieux, en reconnaissant que par le seul sentiment des besoins réels de l'humanité elles ont déjà établi les conditions naturelles qui constituent les sociétés humaines.

Ce serait un grand pas de fait dans les sciences sociales si, comme moyen le plus propre à résoudre les problèmes de l'époque l'on prenait confiance dans les *intelligences collectives* pour les résoudre. Ecarter tous les systèmes absolus pour ne se soumettre qu'aux faits constatés serait le vrai moyen d'avancer toujours plus dans la carrière indéfinie de la civilisation.

Nos faibles efforts auront-ils pu contribuer à ouvrir pour la science de la législation constitutionnelle celle qui a été ouverte pour l'économie politique par les grands maîtres de cette science.

Celle-ci s'égarait aussi, livrée qu'elle était aux utopistes et aux argumentations doctrinaires. C'est en prenant pour guide de son étude la nature des choses, étudié par la méthode expérimentale qu'elle est devenue une science positive.

Nous citerons encore J.-B. Say à ce sujet :

« Nous avons eu lieu, dit-il, de nous convaincre que « l'existence du corps social est soumise à des lois non « moins positives, non moins impérieuses que celles qui « président à l'existence du corps humain, à des lois « qui résultent de la nature des sociétés, que l'homme « n'a point établies, et qu'il n'a pas le pouvoir d'abroger. « Nous pouvons employer en notre faveur la puissance « de ces lois; quand nous les méconnaissons, au lieu « des services que nous pouvions en attendre, nous « n'avons que des malheurs à recueillir. »

Puis il ajoute : « Telles sont les lois que l'économie « politique a pour objet de découvrir et d'exposer. »

Or, ce que l'illustre économiste recommande si bien pour l'étude de la science de l'économie politique, n'est-ce pas ce que nous nous sommes efforcés tout le long de ce Cours, d'adopter comme notre méthode d'investigation des faits naturels, sans lesquels aucune société humaine ne saurait subsister sans être livrée à bien des malheurs.

Nous sommes dans un temps où il est plus nécessaire que jamais d'arriver à quelque chose de positif dans cette science de l'organisme des sociétés. Il faut pouvoir répondre à ceux qui veulent reculer l'époque de l'application des progrès sous le prétexte de ne pas s'abandonner à des théories inexpérimentées, que ce sont précisément leurs théories à eux qui ne peuvent pas supporter la moindre expérimentation sans qu'il soit prouvé que c'est par elles que s'engendre le désordre des sociétés.

Il faut sortir de l'argumentation pour arriver aux faits, et s'il y a encore dissidence c'est sur le plus ou le moins de réalité de ces faits qu'elle devrait éclater.

Nous ne sommes pas de ces hommes absolus qui supposent qu'ils ne peuvent pas se tromper, c'est avec bonne foi que nous recherchons la vérité; mais nous demandons à ceux qui ne l'aperçoivent pas de la même manière que nous, de vouloir bien procéder, pour nous prouver que nous sommes dans l'erreur, par une méthode expérimentale qui les conduise à opposer aux faits que nous croyons avoir constatés des faits ressortant aussi de la nature des choses.

Ce serait pour nous avoir fait faire un pas à la science, si du moins nous obtenions que notre méthode, qui est celle employée dans les sciences naturelles, qui a conduit l'économie politique à compter parmi les sciences positives, fût employée dans l'étude de l'organisme des sociétés.

En attendant, nous nous sommes confirmés dans l'exactitude des résultats que nous avons obtenus par notre méthode, par le fait qu'ils font chaque jour leur preuve par les institutions américaines et suisses.

Nous n'avons pas hésité d'après cela de conseiller leur

application aux questions difficiles qui s'agitent aujourd'hui en Europe.

Nous avons ainsi, dans ce Cours, cherché à grouper autour de l'exposition des conditions naturelles qui donnent à une société la faculté de penser et d'agir collectivement, tous les phénomènes qui sont résultés dans l'ordre social du plus ou moins d'application de ces conditions naturelles. Mais nous n'avons pu encore le faire que d'une manière bien superficielle et en posant seulement les jalons pour l'étude de cette science.

Nous voudrions faire comprendre par cet essai combien il importe à notre époque de s'adonner à de pareilles études et combien il serait heureux de les voir se propager davantage.

Nous avons l'espoir que notre petite république pourra devenir le centre d'un enseignement étendu dans ce genre. Dans la nouvelle loi sur l'instruction publique, qui s'élabore en ce moment dans notre canton, on parait vouloir en effet donner plus d'extension à l'étude des sciences sociales.

Les Genevois ont toujours eu de grandes dispositions pour ces études, et le nombre de nos concitoyens qui s'y sont adonnés a été remarquable dans tous les temps et surtout depuis 1814. Non pas que depuis ce temps leurs travaux aient été plus avancés que ceux qui les avaient précédés. Ceux de Rousseau resteront toujours en tête, quoique sous le rapport des déductions scientifiques exactes ils laissent à désirer, mais qui seront et restent incomparables au point de vue des droits des hommes en société qu'il fait découler de ceux imprescriptibles de la nature.

Parmi ceux qui, sans altérer en rien la portée de ces droits, ont apporté un peu plus de pratique dans leur application, il faut citer Delolme dans son excellent ouvrage sur la Constitution d'Angleterre.

Puis plus tard Dumont, commentateur de Bentham

et lui-même profond observateur, qui dans ses traités de législation, de tactique des assemblées délibérantes, a apporté de précieux matériaux aux sciences sociales.

Nous citerons encore Sismondi, auteur de l'Histoire des Républiques italiennes, d'une Histoire des Français, de quelques ouvrages d'économie politique et d'un livre sur les constitutions des peuples libres. Malheureusement Sismondi, plein d'amour pour la liberté, ne la concevait guère que sous des formes aristocratiques, et il fut plus doctrinaire que savant en matière d'organisation constitutionnelle.

Ce fut en général le défaut de nos écrivains qui dans les derniers temps se sont occupés de sciences sociales, souvent avec beaucoup de talent, comme M. A. Cherbuliez entre autres, même Rossi, et plusieurs moins notables.

Ce qui leur a manqué en général a été la méthode, et, par ce défaut, la compréhension de ce qui constitue réellement un peuple et de la nécessité absolue de faire émaner directement de ce peuple tous les pouvoirs constitués.

Ils n'ont pas voulu comprendre l'école radicale et l'ont accusée de n'être guidée que par des revendications odieuses contre les classes dites supérieures de la société.

Ils n'ont pas vu que cette école avait bien plus qu'eux creusé les sciences sociales. Ils se sont obstinés à la confondre avec les utopistes, se créant des systèmes fantaisistes, tandis qu'au contraire le radicalisme ne marchait en avant qu'en s'appuyant sur les faits constatés par l'observation et l'expérience, et s'étayant sur les exemples victorieux de l'Amérique.

Le triomphe définitif en Suisse de l'école radicale aurait dû les éclairer, surtout quand une complète réussite est venue prouver que c'était par sa méthode que les cantons et la Confédération avaient pu donner à la

Suisse une paix intérieure, une sécurité et un développement inconnus jusque-là, tout en lui donnant vis-à-vis de l'étranger une indépendance, une dignité également inconnues jusque-là.

Néanmoins, toutes ces preuves n'ont pas découragé l'école doctrinaire, et c'est pied à pied que chaque jour elle dispute encore le terrain et entrave les plus grands développements que nous pourrions obtenir par nos formes constitutionnelles actuelles.

Il serait bon que dans l'étude des sciences sociales à Genève il y eût enfin sur le terrain scientifique une rencontre entre la méthode radicale et les écoles doctrinaires et socialistes.

Nous l'avons expliqué dans ce Cours, les doctrines absolues qui ne résultent pas de la nature des choses bien étudiées sont le plus grand obstacle aux progrès des sociétés.

L'école doctrinaire conclut toujours au maintien de pouvoirs en dehors du suffrage du peuple, comme une monarchie ou une aristocratie, en faisant de ces deux dissolvants de toute société au contraire les pierres angulaires de son édifice constitutionnel. Erreur profonde, qui pouvait jusqu'à un certain point se soutenir lorsque la liberté ne subsistait plus guère dans le monde que sous la forme de la monarchie constitutionnelle de l'Angleterre et dans les républiques suisses. Mais aujourd'hui que les questions ont marché, comment nier les progrès constitutionnels dûs précisément à ce qu'on a su se débarrasser dans les constitutions qui prospèrent, et de la présence d'un monarque et d'une aristocratie. Tous les pouvoirs ou plutôt fonctions politiques découlant directement du suffrage du peuple.

Quant à l'école qui, d'avance, veut imposer des dispositions absolues qui bouleversent la société actuelle sous le prétexte d'inspirations d'une sociabilité mieux entendue et qui, pour les imposer, n'attendent pas de les faire discuter par une intelligence collective bien constituée, ceux-là tombent dans un despotisme égal à celui de l'école doctrinaire, voulant imposer ses doctrines de par la puissance exceptionnelle d'un monarque ou d'une aristocratie, étayés d'une armée, au lieu de recourir à l'intelligence générale de la nation.

Le socialisme absolu emploie, lui, ce qu'on a appelé le gouvernement révolutionnaire, pour imposer tout d'une pièce des utopies contradictoires, souvent mal digérées, et résultant de systèmes divers plus faits pour faire naître la discorde que pour créer un état définitif à un pays. Si une révolution est quelquefois utile pour renverser un pouvoir exceptionnel qui s'appuie sur la force, ce n'est qu'à condition de rentrer le plus vite possible sous un régime régulier, qui après en avoir élagué les vieux obstacles donne aux sentiments du pays le moyen de se manifester librement.

Une révolution permanente est un non-sens, elle aboutit presque toujours en usant de l'absolutisme qu'elle avait reproché aux pouvoirs exceptionnels qu'elle avait renversés, par en rétablir un autre, reculant ainsi le moment de l'émancipation humaine.

Cette émancipation, comme nous l'avons expliqué tout le long de ce Cours, nous l'attendons bien plus de l'établissement des intelligences collectives des peuples que de systèmes absolus.

Pour nous, aujourd'hui, la question se pose très-nettement et très-clairement pour résoudre les questions qui agitent en ce moment l'humanité.

Il y a trois écoles: l'école doctrinaire, celle des rois et des aristocrates; celle du socialisme absolu, soit de la révolution permanente; celle enfin du radicalisme, qui a entrepris de constituer les peuples par la recherche des règles naturelles qui régissent les sociétés en dépit de tous les faux systèmes et qui constituent, lorsqu'elles sont respectées, la constitution normale des sociétés.

Cette école a été confondue à dessein par les doctrinaires avec l'école révolutionnaire : dans le jargon de la doctrine, radicalisme veut dire exagération, révolution, systèmes absolus.

Or, c'est tout le contraire, c'est la constatation des droits de l'humanité considérés comme la base essentielle de toute société, c'est l'action directe du peuple considérée comme nécessaire pour obtenir une représentation correcte des fonctions législatives, exécutives et judiciaires, c'est la séparation exacte de ces fonctions donnant à une nation une intelligence collective, et c'est le suprême moyen d'ordre et de progrès des sociétés, comme le prouvent les constitutions qui sont établies sur sa méthode. C'est, en réalité, dans les questions actuelles, la véritable méthode à suivre.

Le vrai but des sciences sociales n'est pas d'inventer des systèmes plus ou moins mûris, mais de rechercher ce qui n'est pas système, savoir *ce qui est* parce que *cela est*, c'est-à-dire les conditions naturelles des phénomènes de la vie sociale par les sciences de l'organisme des sociétés, de la législation et de l'économie politique.

C'est dans cette direction d'études que nous attendons, le pied ferme, les écoles absolutistes, doctrinaires et socialistes.

Puisse, à l'avenir, l'école genevoise des sciences sociales secouer son attachement au doctrinarisme et parvenir à faire triompher dans cette étude la méthode expérimentale qui a si bien réussi dans les sciences naturelles et a déjà donné à l'économie politique le caractère d'une science positive.

Puissé-je y contribuer pour ma faible part.

Il me reste à remercier les honorables auditeurs qui ont bien voulu m'écouter jusqu'au bout de leur attention soutenue et de m'avoir ainsi encouragé à persister dans la carrière que j'ai entreprise dans un âge avancé, mais soutenu par ma bonne volonté et mon expérience.

TABLE DES MATIÈRES

Malgré tous les soins que l'on a mis à la correction des épreuves, il est resté quelques fautes typographiques, mais qui ne sont pas de nature à altérer le sens; la sagacité de nos lecteurs saura les redresser.

Nous les prions aussi de remarquer que la pagination offre une répétition dans la sixième feuille, dès la page 65, mais sans déranger la suite du texte.

Printed in Dunstable, United Kingdom

91220135R00268